Demeritorisierung der Alterssicherung

Sebastian Finkler

Demeritorisierung der Alterssicherung

Zur Rationalität individueller Altersvorsorgeentscheidungen im deutschen Rentenversicherungssystem – Ein mikroanalytisches Simulationsmodell

PETER LANG

Bibliografische Information der Deutschen Nationalbibliothek
Die Deutsche Nationalbibliothek verzeichnet diese Publikation in der Deutschen Nationalbibliografie; detaillierte bibliografische Daten sind im Internet über http://dnb.d-nb.de abrufbar.

Zugl.: Hamburg, Univ., Diss., 2017

D 705
ISBN 978-3-631-74247-1 (Print) · E-ISBN 978-3-631-74258-7 (E-PDF)
E-ISBN 978-3-631-74259-4 (EPUB) · E-ISBN 978-3-631-74260-0 (MOBI)
DOI 10.3726/b13092

Internationaler Verlag der Wissenschaften
Berlin 2018

Peter Lang – Berlin · Bern · Bruxelles · New York ·
Oxford · Warszawa · Wien

Diese Publikation wurde begutachtet.

www.peterlang.com

Inhaltsverzeichnis

Abbildungsverzeichnis

Tabellenverzeichnis

Vorwort und Dank

Die Arbeit an dieser Dissertation begann während meiner Tätigkeit als wissenschaftlicher Mitarbeiter am Zentrum für Sozialpolitik (ZeS)[1] und am Lehrstuhl für Volkswirtschaftslehre, insbesondere Finanzwissenschaft an der Universität Bremen. Der überwiegende Teil dieser Arbeit entstand während meiner Zeit als externer Doktorand. Die vorliegende Dissertation wurde im Herbst 2017 vom Ständigen Promotionsausschuss als Fachausschuss der Fakultät für Wirtschafts- und Sozialwissenschaften der Helmut-Schmidt-Universität/Universität der Bundeswehr Hamburg angenommen.

Zwischen dem Verfassen der ersten Zeile dieser Arbeit und ihrem Ende in Form der Disputation sind mehr als sechs aufregende Jahre voller Höhen und auch Tiefen vergangen. Ich möchte die Gelegenheit an dieser Stelle nutzen und einige wenige Worte des Dankes verlieren. Ich danke:

Meinem Doktorvater, Prof. Dr. Stefan Traub. Ihm gilt ein ganz besonderer Dank. Er hat während meiner Tätigkeit an seinem Lehrstuhl kontinuierlich Kräfte in mir freigesetzt und meine Arbeit stets engagiert wissenschaftlich begleitet. Insbesondere seine wissenschaftliche und moralische Unterstützung während meiner Zeit als externer Doktorand weiß ich zu schätzen und danke ihm dafür sehr herzlich.

Den Mitgliedern der Promotionskommission. Ich danke Herrn Prof. Dr. Michael Berlemann für die freundliche Betreuung als Zweitgutachter, Herrn Prof. Dr. Dierk Herzer und Herrn Prof. Dr. Florian Grotz für ihr Mitwirken in der Promotionskommission sowie die konstruktive Diskussion mit den Kommissionsmitgliedern im Rahmen der Disputation.

Meinen Kollegen am Lehrstuhl. Ich danke Dr. Katharina Crößmann, Dr. Fabian Paetzel, Dr. Philipp Krügel und Dr. Hongyan Yang für die tolle kollegiale, freundschaftliche Atmosphäre im Büro. Unsere Gespräche auf fachlicher und auch privater Ebene haben mich besonders motiviert. Die Diskussion über die graphischen Ergebnisse meiner Modellschätzungen, insbesondere die Aprilaktionen sowie deren Testläufe, das Krokodil und die kultur-kulinarischen Veranstaltungen im Viertel werden mir dauerhaft in angenehmer Erinnerung bleiben.

Meinen Kollegen im Landtag des Saarlandes. Danke für eure Rücksichtnahme und euer Verständnis während meiner Zeit als Externer.

Meinen Freunden. Ich danke vor allem Max, Silvia, Theo, Ela, Marc, Alex, Micha, Peter, Valli, Mahir, Daniel, Verena, Lukas, Chris und Christian. Jede/r von euch hat mich auf seine/ihre Art auf diesem langen Weg unterstützt und mir vor allem moralisch beigestanden. Ihr habt meine Zweifel zerstreut dafür gesorgt, dass ich stets meine Geduld behalten habe. Danke für eure Freundschaft.

---

1 Seit dem Frühjahr 2015 erweitert und umbenannt in das SOCIUM Forschungszentrum Ungleichheit und Sozialpolitik.

Meiner Familie, ganz besonders meinen Eltern Rosemarie und Wilfried. Euch gebührt mein größter Dank. Ihr habt mir jederzeit den Rücken freigehalten und dafür gesorgt, dass ich den Fokus behalten und diese Arbeit als externer Doktorand zusätzlich zu einem Vollzeitjob vollenden konnte. Ihr habt immer an mich geglaubt; dank euch habe ich meinen Mut nie verloren.

Meiner Freundin Lea-Sophie. Du hast mir auf den letzten Metern noch einmal Kraft gegeben. Ich liebe dich.

Für meine Familie.

1 Einleitung

Das vornehmliche Ziel der Gesetzlichen Rentenversicherung (GRV) besteht in der Sicherung des Lebensstandards ihrer Versicherten im Alter und gleichzeitig in der Verhinderung von Altersarmut. Sowohl angesichts der demographischen Entwicklung als auch aufgrund von zunehmend lückenhaften Erwerbsbiographien stehen Ausgaben- und Finanzierungsseite in einem sozialen Alterssicherungssystem bezüglich der Erfüllung dieser Zielvorgabe vor einer enormen Herausforderung. Sinkende Fertilitätsraten bei gleichzeitig stetig steigender Lebenserwartung sowie ein Anstieg von Erwerbsunterbrechungen[2] in Verbindung mit atypischer Beschäftigung im Verlauf des Lebenszyklus führen in einem Umlagesystem zu einem erheblichen Missverhältnis zwischen Einnahmen und Ausgaben (u. a. Beblo/Wolf, 2002; BMAS, 2003; 2016c; Schmähl, 2005a).[3]

Unter der Annahme eines ausgeglichenen Sozialversicherungshaushalts würde ein sinkendes Einnahmevolumen aufgrund weniger Beitragszahler und einer geringeren Anzahl an Versicherungszeiten *ceteris paribus* entweder zu einem sinkenden Versorgungsniveau im Alter führen oder umgekehrt würde eine gleichbleibend hohe monatliche Rente eine steigende Belastung der Beitragszahler erfordern.

Der insbesondere seit der 14. und 15. Legislaturperiode unter Führung der rot-grünen Bundesregierung eingeschlagene Reformkurs der Alterssicherung in Deutschland deutete zunächst eine Abkehr von der alleinigen Lebensstandard- und Statussicherung durch die erste Säule der Gesetzlichen Rentenversicherung an. Stattdessen wurde neben der Verlängerung der Lebensarbeitszeit[4] die dritte Säule der Alterssicherung stärker betont, um den Anteil der freiwilligen privaten Altersvorsorge durch staatliche Subventionierung zu erhöhen.[5] Dadurch, dass die Aufgaben der sozialen Absicherung des Altersrisikos in einem stärkeren Ausmaß

---

2 Siehe in diesem Zusammenhang Trischler (2012), der die Auswirkungen diskontinuierlicher Erwerbsbiographien auf die individuellen Anwartschaften an die GRV untersucht. Vgl. dazu auch Strauß/Ebert (2010) sowie Traub/Finkler (2015).

3 Derzeit wird knapp ein Viertel aller Einnahmen der GRV aus Steuermitteln finanziert. Die Deutsche Rentenversicherung schätzt in ihrer mittelfristigen Finanzplanung (Herbst-Schätzung 2016), dass der Anteil bis 2020 weiter ansteigen wird (DRV, 2016b).

4 Rechtsgrundlage für die Anhebung der Regelaltersgrenze (sog. „Rente mit 67") von 65 auf 67 Jahre bildet das „Gesetz zur Anpassung der Regelaltersgrenze an die demographische Entwicklung zur Stärkung der Finanzierungsgrundlagen der Gesetzlichen Rentenversicherung", vgl. BGBl. I 2007, S. 554 ff. vom 20. April 2007.

5 Rechtsgrundlage der sog. „Riester-Rente" bildet das Altersvermögensgesetz (AVmG) vom 26. Juni 2001, BGBl. I S. 1310. Das „Gesetz zur Reform der Gesetzlichen Rentenversicherung und zur Förderung eines kapitalgedeckten Altersvorsorgevermögens" beinhaltet im Wesentlichen die Einführung einer staatlich geförderten zusätzlichen Altersvorsorge.

auf mehrere Säulen verteilt werden, kann eine nachhaltige Finanzierung der Rente in Form eines stabilen Beitragssatzes auch langfristig sichergestellt werden (vgl. Börsch-Supan, 2015c; 2015d).

Tabelle 1-1: Personen älter als 65 Jahre in Grundsicherung nach Bildung und Aktivitäten

Bildung	*Anteil in Prozent*	*Erwerbsjahre*	*Anteil in Prozent*	*Jahre in Arbeitslosigkeit*	*Anteil in Prozent*
ohne Ausb.	42	0	33	0	55
Lehre	24	0–15	20	1–5	10
berufl. FS/Handel	8	15–30	20	mehr als 5	19
Meister, Ing./FH	10	30–45	19	ohne Angabe	15
Hochschule	11	mehr als 45	10		
sonst	5				

Anm.: Personen ab 65 Jahren nach Grundsicherungsbezug. Anteil der Grundsicherungsempfänger älter als 65 Jahre, die das jeweilige Kriterium erfüllen. Lesebeispiel: „Von allen Grundsicherungsempfängern älter als 65 Jahre sind 42 Prozent ohne Ausbildung.
Quelle: BMAS (2016c); eigene Darstellung.

Die mit einer stabilen Finanzierung einhergehende Absenkung des Versorgungsniveaus aus der GRV[6] trifft allerdings Personenkreise mit bestimmten soziodemographischen Merkmalen wie etwa Geringqualifizierte in besonderem Maße (siehe Tabelle 1–1). Dies gilt vor allem dann, wenn eine geringere monatliche Rentenhöhe nicht durch zusätzliche Jahre in Erwerbstätigkeit (etwa aufgrund von Arbeitslosigkeit oder Erwerbsminderung) oder durch zuvor betriebene freiwillige private Altersvorsorge (z. B. wegen eines zu geringen verfügbaren Einkommens) kompensiert werden kann. In naher Zukunft wird daher mit einem Anstieg des Altersarmutsrisikos zu rechnen sein (vgl. Arent/Nagl, 2010; Bäcker/Schmitz, 2013; Fratzscher, 2016; Geyer, 2014; Geyer/Steiner, 2014; Goebel/Grabka, 2011; Himmelreicher/Frommert, 2006; Kerschbaumer, 2010; Kumpmann et al., 2012; Schupp, 2009).

6 Obschon das RV-Nachhaltigkeitsgesetz (vgl. Kap. 2.2) eine maximale Absenkung des Mindestleistungsniveaus auf 43 Prozent garantiert, gehen einige Prognosen von einem Netto-Standardrentenniveau vor Steuern von 44,5 Prozent des durchschnittlichen Jahresentgelts in 2030 aus (BMAS, 2015; IAQ, 2016). Dieses lag 2010 noch bei knapp 52 Prozent. Ungeachtet dessen ist dabei die Referenz der Standardrente nach 45 Beitragsjahren problematisch, da diese beim heutigen Blick auf typische Erwerbsverläufe an Relevanz verloren hat.

Abbildung 1-1: Entwicklung des Gesamtversorgungsniveaus nach ausgewählten Typen

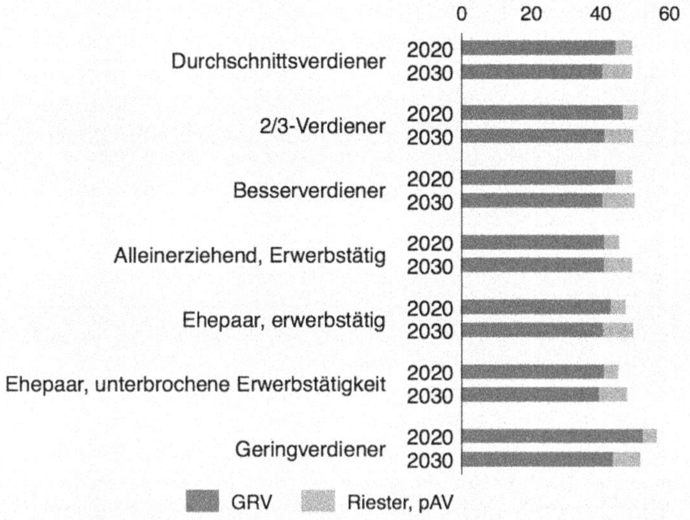

Anm.: Prognostizierte Entwicklung des Bruttogesamtversorgungsniveaus aus GRV, Riester-Rente und privater Alterssorge. Vergleich zwischen 2020 und 2030 für ausgewählte Merkmalstypen.
Quelle: BMAS (2012; 2016c); eigene Darstellung.

Auch anhand einer Prognose im Alterssicherungsbericht der Bundesregierung (BMAS 2012; 2016c) für beispielhaft ausgewählte Modellfälle wird deutlich, dass erstens die Risiken für die jeweiligen Einkommensklassen unterschiedlich hoch sind (vgl. Abb. 1–1). So erwartet ein durchschnittlicher Geringverdiener eine Absenkung des Bruttogesamtversorgungsniveaus aus der GRV von knapp zehn Prozentpunkten. Es geht aus dem Vergleich der Ehepaare außerdem hervor, dass sich eine Unterbrechung der Erwerbstätigkeit negativ auf die Versorgung im Alter auswirkt.[7] Drittens liegt der Schluss nahe, dass ein zukünftig sinkendes

7 Der Rückgang fällt auch deshalb besonders stark aus, weil Versicherte, in deren Erwerbsbiographie die die sog. „Rente nach Mindestentgeltpunkten" nach § 262 SGB VI noch Relevanz hat (d. h. vor dem Jahr 1992), im Jahr 2030 bereits zum Großteil in Rente sein werden. Außerdem ist bei diesen Modellrechnungen im Alterssicherungsbericht der Bundesregierung (BMAS 2012; 2016c) problematisch, dass bei Alleinverdienern stets 45 Jahre Erwerbstätigkeit angenommen werden. Aufgrund erhöhter Risiken von Erwerbsunterbrechungen erscheint die tatsächliche Aussagekraft in diesem Zusammenhang nicht sehr belastbar.

Versorgungsniveau in der GRV durch private Altersorge kompensiert werden kann bzw. muss.[8]

Aus diesen genannten Gründen wird es zunehmend wichtiger, private Alterssicherung zu betreiben, wenn der Lebensstandard im Alter gesichert und Altersarmut vermieden werden soll. Jedoch wird die staatlich subventionierte Altersvorsorge bisher noch nicht von allen Einkommensschichten entsprechend wahrgenommen (Geyer/Steiner, 2009). Vor dem Hintergrund der Tatsache, dass in der Alterssicherung der staatliche Einfluss auf das Angebot sinkt, muss diskutiert werden, ob die Klassifizierung der Alterssicherung als meritorisches Gut im Musgravschen Sinne[9] überhaupt noch zutreffend ist.

Als meritorisch werden solche Güter bezeichnet, deren private Nachfrage geringer ist als die sozial optimale Menge, sodass die Rechtfertigung für ein staatliches Angebot gegeben ist. Für die Situation der Alterssicherung stellt sich somit die Frage, ob die Partizipation an einem staatlichen Alterssicherungssystem bzw. die freiwillige private Altersvorsorge tatsächlich zu einem höheren Versorgungsniveau führt oder ob die soziale Absicherung des Lebensrisikos „Alter" ein demeritorisches Gut darstellt.[10] In diesem Fall wirkt ein Großteil der Altersvorsorgeaufwendungen wie eine Steuer und führt zu erheblichen Verzerrungen und individuellen Nutzeneinbußen. In der Konsequenz steht die Gesetzliche Rentenversicherung insbesondere aus Sicht heutiger Beitragszahler vor einem immensen Rechtfertigungsproblem. So formulierte die damalige Bundesarbeitsministerin von der Leyen drastisch, dass „nicht mehr und nicht weniger als die Legitimität des Rentensystems für die junge Generation auf dem Spiel" stünde.[11]

Färber (2004), Ruland/von der Heide (2004) und Schmähl (2004) weisen in diesem Kontext darauf hin, dass ein Großteil der Versicherten aufgrund zunehmend diskontinuierlicher Erwerbsverläufe selbst nach langjähriger Beitragszahlung nur noch eine Rente in Höhe einer Basisversorgung wird erwarten können. Deren Höhe entspricht der einer bedürftigkeitsgeprüften Grundsicherung, die ohne jede Vorleistung mit dem Ziel der Armutsvermeidung gewährt wird. Dies würde die Äquivalenz zwischen Beiträgen und Leistungen weiter konterkarieren und die GRV vor ein enormes Legitimationsproblem stellen.

---

8 Der Sozialbeirat (2012) kritisiert die im Alterssicherungsbericht getroffene Annahme, dass steuerfrei gestellten Beiträge tatsächlich in private Altersvorsorge investiert werden.

9 Vgl. Musgrave (1957).

10 Demnach führt die Demeritorisierung der Alterssicherung durch die Substituierung rein privater durch staatlich geförderte private Ersparnis zu einer privaten Nutzlosigkeit der staatlichen Zwangssicherung aus Sicht unterer Einkommensschichten.

11 Mit diesen Worten richtete sich die damalige Arbeitsministerin im Kabinett Merkel II, Ursula von der Leyen, an eine Gruppe junger Abgeordneter der CDU/CSU-Bundestagsfraktion. Vgl. Wochenzeitung „Die ZEIT" vom 2. September 2012 (ZEIT, 2012).

Börsch-Supan et al. (2006b) zeigen, dass insbesondere bildungsferne und somit meist Geringverdienerhaushalte eine zu niedrige Sparquote aufweisen und somit nicht in ausreichendem Maße für das Alter vorsorgen. Im Hinblick auf die angesprochenen institutionellen Hürden bei der Anrechnung privater Altersvorsorge stellt sich somit die Frage, ob aufgrund dessen aus Sicht des o. g. Personenkreises nicht genügend Anreize bestehen, eine private Ersparnis zum Aufbau einer kapitalgedeckten Altersvorsorge zu bilden.

Vor diesem Hintergrund lautet die zentrale Fragestellung dieser Arbeit, ob die Individuen durch ihr Sparverhalten ihre mangelnde Fähigkeit, zukünftige Ereignisse adäquat zu bewerten, zum Ausdruck bringen und sich somit beschränkt rational verhalten oder ob dieses Sparverhalten insbesondere für die Gruppe der Geringverdiener Ausdruck eines rationalen Entscheidungskalküls ist. Ist das zu geringe Ausmaß nachgefragter Alterssicherung eine Demonstration myopischen Verhaltens oder ist es für den relevanten Personenkreis nutzenmaximal, das Alterssicherungssystem durch den Verzicht auf den Aufbau einer Altersvorsorge auszubeuten? Welche Konsequenzen hat es für das Alterssicherungssystem, wenn Individuen sich vollständig bzw. beschränkt rational verhalten?

Diese Arbeit leistet einen Beitrag zur Beantwortung dieser Frage. Dazu wird das Altersvorsorgeverhalten zukünftiger Rentnergenerationen auf Grundlage von Mikrodaten simuliert, um nicht bloß Aussagen über Durchschnittswerte und Standardrentner machen zu können. Es wird beschrieben, für welche Einkommensschichten es in welchem Umfang gemäß einer angestrebten intertemporalen Konsumglättung rational ist, Alterssicherung nachzufragen. Mit Hilfe einer Mikrosimulation ist es möglich, unter Beibehaltung des Status quo die Entwicklung des Lebensstandards im Alter fortzuschreiben, die Verteilung der Renteneinkommen zu analysieren und Verhaltensänderungen der Haushalte zu simulieren.[12]

Bisher existierende Mikrosimulationsmodelle fokussieren sich mehrheitlich auf zukünftige individuelle Ansprüche an die GRV (z. B. Arent/Nagl, 2010). Das in dieser Arbeit entwickelte mikroanalytische Simulationsmodell betrachtet hingegen erstens die Renteneinkommen auf Haushaltsebene (wie z. B. auch Steiner/Geyer, 2010) und analysiert zweitens die Rolle betrieblicher und privater Altersvorsorge. Drittens wird die Entwicklung der Haushaltseinkommen in der Ruhestandsphase in den Kontext der Grundsicherung im Alter gesetzt. Somit kann zunächst beurteilt werden, ob die individuelle Altersvorsorgeentscheidung Ausdruck eines intertemporal optimalen Rationalitätskalküls ist. An dieser Stelle ist die Integration des Haushaltskontextes auch deshalb von Bedeutung, da bei der Diskussion um Altersarmut eine bedürftigkeitsgeprüfte Fürsorgeleistung (die Grundsicherung im

12 Mit einem Mikrosimulationsmodell können im Zeitverlauf variable Größen auf Mikroebene analysiert werden. Dadurch kann die Einkommensverteilung gemessen, politische Reformoptionen ex-ante hinsichtlich ihrer Aufkommens- und Verteilungswirkungen bewertet sowie Auswirkungen von Reformen ex-post untersucht werden. Vgl. Beznoska (2016).

Alter) als Referenzgröße dient und daher stets Bedarfsgemeinschaften betrachtet werden müssen. Mit Hilfe der Simulation wird sodann überprüft, ob (und wenn ja, in welchem Ausmaß) durch die Aggregation der Individualeinkommen auf Haushaltsebene eine Einkommensmobilität von jenen Rentnerinnen und Rentnern zu beobachten ist, die bei einer Individualbetrachtung noch ein Renteneinkommen unterhalb des Referenzwertes erzielen.

In dieser Arbeit werden darüber hinaus anhand verschiedener Szenarien die Auswirkungen vollständiger individueller Rationalität simuliert. Neben der Quantifizierung des betroffenen Personenkreises wird gezeigt, welche finanziellen Auswirkungen eine individuell rationale Entscheidung über die optimale Höhe des Arbeitsangebotes hätte und wie viele Personen und Haushalte davon betroffen wären. Dabei wird dargelegt, in welcher Höhe der GRV Beitragszahlungen derjenigen entgehen, aus deren Perspektive aufgrund eines Renteneinkommens unterhalb der gesetzlichen garantierten Existenzminimums keine Rechtfertigung für die Beitragsentrichtung besteht.

Als zentrales Ergebnis dieser Arbeit ist festzuhalten, dass es für einen bestimmten Personenkreis rational ist, weder gesetzliche noch freiwillige private Alterssicherung zu betreiben. Folgten die Haushalte gemäß der Lebenszyklushypothese einem intertemporalen Maximierungskalkül unter perfekter Voraussicht, wäre es für sie nutzenmaximal, das Arbeitsangebot zugunsten von mehr Freizeitnachfrage zu reduzieren oder in der Aktivphase Einkommen in der Schattenwirtschaft zu erzielen, vollständig für den eigenen Konsum aufzuwenden und so das Alterssicherungssystem auf Kosten der Gesellschaft auszubeuten.

Die Arbeit gliedert sich in insgesamt neun Kapitel. In *Kapitel 2* wird eingangs das deutsche Alterssicherungssystem ausführlich vorgestellt. Dazu gehören zunächst die institutionellen Grundlagen der GRV in Deutschland, deren Finanzierungsseite in den Jahren um die Jahrtausendwende mehreren Reformen unterzogen wurde. Bedingt durch den demographischen Wandel mit einem doppelten Alterungsprozess wurde neben der Erhöhung des Renteneintrittsalters die stärkere Betonung privater kapitalgedeckter Altersvorsorge auf den Weg gebracht. In der Konsequenz rückte angesichts eines sinkenden Versorgungsniveaus und drohender Altersarmut die Reform der Ausgabenseite in der jüngeren Vergangenheit in den Fokus des wissenschaftlichen und politischen Diskurses.

Vor dem Hintergrund der auf Ando, Modigliani und Brumberg[13] zurückgehenden Lebenszyklushypothese wird in *Kapitel 3* deren empirische Evidenz in einem Literaturüberblick untersucht. Es kann anhand verschiedener Studien insbesondere für Deutschland gezeigt werden, dass Konsum- und Sparverhalten nicht der klassischen Lebenszyklushypothese folgen, nach der in der Erwerbsphase eine Ersparnis gebildet wird, die im Alter aufgezehrt wird. Stattdessen weisen mehrere Untersuchungen zwar einen ähnlichen Verlauf der Sparfunktion nach;[14] allerdings ist die Ersparnis

13 Vgl. Modigliani/Brumberg (1954) und Ando/Modigliani (1963).
14 Vgl. etwa Rodepeter (1997), Börsch-Supan/Lusardi (2003) und Freyland (2005).

im gesamten Lebenszyklus positiv (modifizierte Lebenszyklushypothese). Daran anknüpfend wird mittels eines verhaltensökonomischen Ansatzes erklärt, warum die intertemporale Optimierung nicht einem rationalen Kalkül folgt, sondern durch zahlreiche Verzerrungen und Verhaltensanomalien charakterisiert ist.

In *Kapitel 4* wird das individuelle Rationalitätskalkül in einen modelltheoretischen Kontext eingebettet. Mit Hilfe eines Modells überlappender Generationen (OLG) wird die optimale Höhe des Arbeitsangebots ermittelt und gezeigt, dass ein bestimmter Personenkreis mit erhöhtem Altersarmutsrisiko seinen Nutzen maximiert, wenn er den Umfang seiner Altersvorsorge reduziert. In diesem Zusammenhang wird demonstriert, dass Personen mit einem Einkommen unterhalb eines kritischen Wertes unter der Annahme perfekter Voraussicht ihr Arbeitsangebot einschränken, wenn in der Ruhestandsphase eine staatlich garantierte Mindestrente existiert. In einem zweiten Schritt wird das OLG-Modell um eine verhaltensökonomische Komponente erweitert. Es wird gezeigt, dass ein beschränkt rationales Individuum vor einem intertemporalen Konflikt bzgl. seiner Arbeitsangebotsentscheidung steht. Dies führt zu dem Ergebnis, dass eine zeitinkonsistente Entscheidung hinsichtlich des optimalen Altersvorsorgeumfangs getroffen wird.

Das Kernstück dieser Arbeit bildet das Mikrosimulationsmodell über die zukünftige Höhe und Verteilung der Renteneinkommen der Haushalte. Dessen Datenbasis sowie methodischer Aufbau werden in *Kapitel 5* beschrieben. Anschließend werden die Simulationsergebnisse ausführlich in *Kapitel 6* diskutiert. Die Basis der Mikrosimulation besteht sowohl aus Daten der Deutschen Rentenversicherung als auch aus dem deutschen Sozio-oekonomischen Panel (SOEP) sowie den Daten der Deutschen Bundesbank mit Informationen über das Sparverhalten und die Vermögenssituation deutscher Haushalte. Mittels eines statistischen Matchings werden die beiden erstgenannten Datensätze miteinander verknüpft, sodass Schwächen einzelner Datensätze eliminiert und Stärken wechselseitig ergänzt werden können. Im Ergebnis liegen präzise Einkommen über die Rentenanwartschaften im Haushaltskontext vor. Nach der Schätzung von Kohorteneffekten sowie Alters-Lohn-Profilen wird für jedes Individuum eine vollständige Erwerbsbiographie sowie die korrespondierenden Renteneinkommen simuliert, sodass diese in *Kapitel 6* auf Haushaltsebene vor dem Hintergrund drohender Altersarmut in den Kontext der Grundsicherung im Alter als sozialpolitisch determinierte Referenzgröße gesetzt werden können.

In *Kapitel 7* wird zum einen eine umfassende Wohlfahrtbetrachtung vorgenommen sowie unter Zuhilfenahme verschiedener Verteilungsmaße zum anderen eine Aussage über die inter- und intragenerative Verteilungsgerechtigkeit gemacht. Anschließend werden die in *Kapitel 4* theoretisch ermittelten Ergebnisse quantifiziert, indem die fiskalischen Auswirkungen bei vollständiger Rationalität berechnet werden. Dabei geht es um die Frage, ob die Individuen durch die Entrichtung von Sozialbeiträgen im Rahmen eines sozialversicherungspflichtigen Arbeitsangebots dennoch Altersvorsorge betreiben, weil sie ihren Gegenwartskonsum befriedigen möchten oder ob sie dies tun, weil sie ihre Situation im Alter nicht antizipieren und somit myopisch agieren. In Anbetracht dessen werden zwei Szenarien simuliert, die die Konsequenzen individueller Rationalität behandeln.

In Zukunft drohende Altersarmut trotz geleisteter Beiträge zum Alterssicherungssystem stellt dessen Legitimation in Frage und führt zu einem verletzten Gerechtigkeitsempfinden von Teilen des in der GRV versicherten Personenkreises. Vor diesem Hintergrund fokussiert sich die aktuelle rentenpolitische Debatte auf das Konzept einer armutsvermeidenden Mindestrente, welches in *Kapitel 8* aus (ordnungs-)ökonomischer Perspektive bewertet wird. In diesem Kapitel werden zunächst verschiedene Reformvorschläge nach ihrem Ausmaß kategorisiert: Dazu zählen Reformen auf dem Arbeitsmarkt, solche innerhalb des Systems sowie ein partieller bzw. grundlegender Systemwechsel. Daraufhin wird der bereits präsentierte verhaltensökonomische Ansatz wieder aufgegriffen und zunächst gezeigt, wie mit Hilfe sog. „Nudges“[15] zu einer Erhöhung der betrieblichen und privaten Altersvorsorge beigetragen werden kann. Daraufhin wird analysiert, wie die Idee der „Deutschland-Rente“ in diesem Zusammenhang einzuordnen ist. Zuletzt wird ein Fahrplan notwendiger politisch möglicher Handlungsoptionen skizziert und dargelegt, auf welche Problemgruppen sich künftige Reformanstrengungen fokussieren müssen, um die enormen Herausforderungen, vor denen das deutsche Alterssicherungssystem steht, zu meistern.

Abschließend werden in *Kapitel 9* die zentralen Ergebnisse der Arbeit zusammengefasst. Dabei wird ein Fazit gezogen und ein Ausblick darüber gegeben, auf welchen Feldern künftige Forschungsanstrengungen liegen müssen, um einen Beitrag zur Bekämpfung von Altersarmut zu leisten.

15 Unter einem *nudge* (wörtlich „Schubser“) wird eine schwache Lenkung des individuellen Verhaltens in eine gesellschaftlich relevante Richtung verstanden, die allerdings zu sehr geringen Kosten wieder revidiert werden kann. Solche Instrumente werden umschrieben durch das Konzept des „libertären Paternalismus“. Individuen werden demnach nicht zu einer Entscheidung gezwungen (etwa durch konkrete Gesetze oder Verbote), sondern durch einen *nudge* zu dieser motiviert Siehe auch Thaler/Sunstein (2009).

2 Alterssicherung in Deutschland

Die Gesetzliche Rentenversicherung (GRV) bildet einen Grundpfeiler im deutschen Sozialversicherungssystem. Sie hat im Wesentlichen die Aufgabe, den Lebensstandard der Versicherten im Ruhestand zu sichern und darüber hinaus Altersarmut zu vermeiden.[16] Bereits an diesem Punkt stellt sich die Frage, welches Ziel ein Alterssicherungssystem primär verfolgen sollte; Aufgabe und Zweck einer Sozialversicherung stehen daher in einem ständigen Zielkonflikt zwischen Versicherungs- und Fürsorgeprinzip (Bismarck- vs. Beveridge-Modell).[17] Diese grundsätzliche Frage ist insbesondere vor dem Hintergrund der Aufgaben und Probleme, denen die sozialen Sicherungssysteme in Industrienationen gegenüberstehen, von zentraler Bedeutung.

Anders jedoch als zum Zeitpunkt der Einführung des Umlageverfahrens[18] im Jahr 1957 muss heute der Lebensstandard im Alter nicht mehr nur von der GRV als erster Säule alleine, sondern von allen drei Säulen – gesetzlicher, betrieblicher und privater Altersvorsorge – zusammen getragen werden (Rische, 2004).[19] Auch angesichts der demographischen Entwicklung steht die Realisierung dieses Ziels in einem umlagefinanzierten Alterssicherungssystem vor einer enormen Herausforderung. Unter der Annahme einer geringen Bevölkerungsmigration impliziert ein doppelter Alterungsprozess, d. h. eine sinkende Fertilitätsrate (und somit ein geringeres Erwerbskräftepotential) in Kombination mit einer höheren

16 Das Recht der gesetzlichen Rentenversicherung in Deutschland ist im Sechsten Buch Sozialgesetzbuch (SGB VI) geregelt. Vgl. BGBl. I S. 2261 vom 18. Dezember 1989.

17 Vgl. Kraft (2010), die in einem europaweiten Vergleich die Rentensysteme in ihrer jeweiligen Ausgestaltung als Bismarck- oder Beveridgesystem in Hinblick auf die Wirkung auf Arbeitsmarkt, Versorgungsniveau, Altersarmut und Rentenverteilung analysiert. Siehe auch Krieger/Traub (2008) sowie Börsch-Supan/Reil-Held (2001).

18 Rechtliche Grundlage der Einführung des Umlageverfahrens im Rahmen der Rentenreform 1957 waren die einzelnen Neuregelungsgesetze: Das Arbeiterrentenversicherungs-Neuregelungsgesetz (ArVNG; „Gesetz zur Neuregelung des Rechts der Rentenversicherung der Arbeiter" vom 23. Februar 1957), das Angestelltenversicherungs-Neuregelungsgesetz (AnVNG; „Gesetz zur Neuregelung des Rechts der Rentenversicherung der Angestellten" vom 23. Februar 1957) und das Knappschaftsrentenversicherungs-Neuregelungsgesetz (KnVNG; „Gesetz zur Neuregelung der knappschaftlichen Rentenversicherung" vom 21. Mai 1957).

19 Vgl. Schreiber (1955, S. 44). Der als Begründer der dynamischen Rente geltende Prof. Dr. Wilfrid Schreiber betrachtete die drei Säulen der Alterssicherung nicht als Substitute, sondern in einem potentiell komplementären Verhältnis zueinander. Vgl. auch Schmähl (2007).

Lebenserwartung, steigende Beiträge und/oder ein reduziertes Niveau an Leistungen, wenn man als Prämisse die Erhaltung der Nachhaltigkeit[20] des Systems unterstellt.

Unter dem Gesichtspunkt der Nachhaltigkeit haben die um die Jahrtausendwende – insbesondere unter der rot-grünen Bundesregierung – durchgeführten Reformen die langfristige Tragfähigkeit der Einnahmeseite in der GRV zwar erheblich verbessern können (Ehrentraut/Heidler, 2008, S. 430 ff.), jedoch andererseits zu einem tendenziell sinkenden Versorgungsniveau geführt. Dies hat einschneidende Wirkungen für die Empfänger von Leistungen aus der GRV, welche mit 85 Prozent den mit Abstand größten Anteil der Alterseinkünfte aus den drei Rentensystemen im Jahr 2005 (Ehrentraut, 2007, S. 587) repräsentieren.[21] Dieser Anteil wird in den nächsten Jahren nochmals deutlich geringer werden. Um ein lebensstandardsicherndes Rentenniveau gewährleisten zu können, werden eine Neuordnung der Lastverteilung zwischen den drei Säulen der Alterssicherung und weitere Maßnahmen, wie z.B. eine Verlängerung der Lebensarbeitszeit im Sinne einer (erneuten) Anhebung der gesetzlichen Regelaltersgrenze, zwingend erforderlich sein.

Das Problem eines unzureichenden Rentenversorgungsniveaus im Allgemeinen sowie in Zukunft drohender Altersarmut im Besonderen wurde in der Literatur bereits umfassend diskutiert (z.B. Faik/Köhler-Rama, 2013; Hauser, 2009b; Himmelreicher/Frommert, 2006; Schmähl, 2005b, 2011). Um Anreize für den Aufbau privaten Sparvermögens zu setzen, fördert der Staat seit 2002 die private Altersvorsorge durch die sog. „Riester-Rente".[22] Knapp 16,5 Mio. abgeschlossene Riester-Verträge[23] bedeuten eine bisher starke Inanspruchnahme der staatlichen Förderung. Erste Evaluierungen der Effektivität der Riester-Rente zeigen jedoch, dass die erwünschte Erhöhung der Sparquote bislang nicht stattgefunden hat und dass es somit lediglich zu Mitnahmeeffekten gekommen ist (Corneo et al., 2007; Pfarr/Schneider, 2010). Börsch-Supan und Gasche (2010a, 2010b) untersuchen, ob die Riester-Rente[24] einen Beitrag zur Schließung der Rentenlücke in der GRV leisten kann und kommen zu

20 Ein System wird als nachhaltig bezeichnet, wenn es bei gegebenen Rahmenbedingungen – im Kontext eines Rentenversicherungssystems sind Parameter wie etwa die Fertilitätsrate oder die Lebenserwartung relevant – dazu in der Lage ist, seinen dauerhaften Bestand zu sichern (vgl. Breyer et al., 2004, S. 14).

21 Sonstige Einkunftsarten, etwa Erträge aus Kapitalvermögen oder Vermietung sind hier nicht Gegenstand der Analyse.

22 Rechtsgrundlage bildet das Altersvermögensgesetz (AVmG) vom 26. Juni 2001, BGBl. I S. 1310. Das „Gesetz zur Reform der Gesetzlichen Rentenversicherung und zur Förderung eines kapitalgedeckten Altersvorsorgevermögens" beinhaltet im Wesentlichen die Einführung einer staatlich geförderten zusätzlichen Altersvorsorge.

23 Vgl. BMAS (2016a), Stand: 30. Juni 2016.

24 In Anlehnung an die Ausführungen von Börsch-Supan und Gasche (2010b, S. 3) steht auch in dieser Arbeit die Riester-Rente als bekanntestes Beispiel für die private Altersvorsorge pars pro toto für die gesamte kapitalgedeckte Altersvorsorge

dem Ergebnis, dass dazu bei einem Lohnwachstum von 1,5 Prozent eine Ersparnis von vier Prozent des Bruttoeinkommens in einem Riester-Vertrag erforderlich wäre (S. 32).[25]

Es stellt sich nun die Frage, ob die Individuen durch ihr Sparverhalten ihre mangelnde Fähigkeit, zukünftige Ereignisse adäquat zu bewerten, zum Ausdruck bringen und sich somit beschränkt rational verhalten oder ob dieses Sparverhalten insbesondere für die Gruppe der Geringverdiener Ausdruck eines rationalen Entscheidungskalküls ist. Aufgrund der institutionellen Ausgestaltung der Rentenversicherung durch hohe Anrechnungsquoten und die Grundsicherung im Alter ist es für diese Einkommensgruppe anreizkompatibel, auf private Altersvorsorge zu verzichten.

In dem Mikrosimulationsmodell in Kapitel 5 wird ein verhaltensökonomischer Erklärungsansatz zur Analyse und Bewertung der Altersvorsorgeentscheidung herangezogen, der es erlaubt, zwischen diesen beiden Erklärungsansätzen zu differenzieren. Dadurch wird gezeigt werden, ob eine stärkere Betonung des freiwilligen Charakters in der Alterssicherung überhaupt zielführend bezüglich der Sicherung des Lebensstandards wäre oder ob opportunistische Individuen als Trittbrettfahrer agieren und das Alterssicherungssystem ausbeuten. In dem Modell wird zunächst das Vorsorgeverhalten im Status quo danach beurteilt, ob der Umfang der betriebenen Altersvorsorge ausreicht, den Lebensstandard im Alter zu sichern. Gleichzeitig wird überprüft, ob die Individuen myopisch hinsichtlich ihrer Altersvorsorge agieren und ob somit die Alterssicherung von einem meritorischen zu einem demeritorischen Gut transformiert. Somit würde ihrem obligatorischen Charakter die Rechtfertigung zumindest teilweise entzogen.

In Kapitel 2.1 wird in das deutsche Alterssicherungssystem eingeführt, indem zunächst die institutionellen Grundlagen der Gesetzlichen Rentenversicherung präsentiert werden. Im Anschluss werden sowohl die Reformen der Finanzierungsseite um die Jahrtausendwende (Kap. 2.2) sowie die Reformen der jüngeren Vergangenheit (Kap. 2.3) rekapituliert. Dieses Kapitel schließt mit einer Definition des Begriffs der Altersarmut im Kontext der Alterssicherung in Deutschland (Kap. 2.4).

2.1 Institutionelle Grundlagen

Das System der Alterssicherung in Deutschland steht auf drei Säulen, von denen die erste Säule der gesetzlichen Rentenversicherung neben der betrieblichen[26] und der privaten Altersvorsorge als die wichtigste im Sinne des versicherten

---

25 Die Autoren gehen in ihrer Analyse vom Bruttorentenniveau des Jahres 2001 als angestrebtem Zielwert bei Renteneintritt aus. Möchte man dieses Niveau jedoch über den gesamten Rentenbezugszeitraum (und nicht nur im ersten Jahr) realisieren, wird dies bei einer geringen Lohnzuwachsrate für Rentenzugänge ab dem Jahr 2030 möglich sein.

26 In Deutschland existiert die betriebliche Alterssicherung sowohl in der Privatwirtschaft als auch im öffentlichen Dienst (ZÖD).

Personenkreises sowie des Anteils an der Gesamtversorgung im Rentenalter zu erachten ist.[27] Neben der gesetzlichen Rentenversicherung gehören die Beamtenversorgung, die Alterssicherung der Landwirte sowie die berufsständischen Versorgungswerke zur ersten Säule des deutschen Alterssicherungssystems (Halder, 2008).

Abbildung 2-1: Säulen der Altersvorsorge in Deutschland

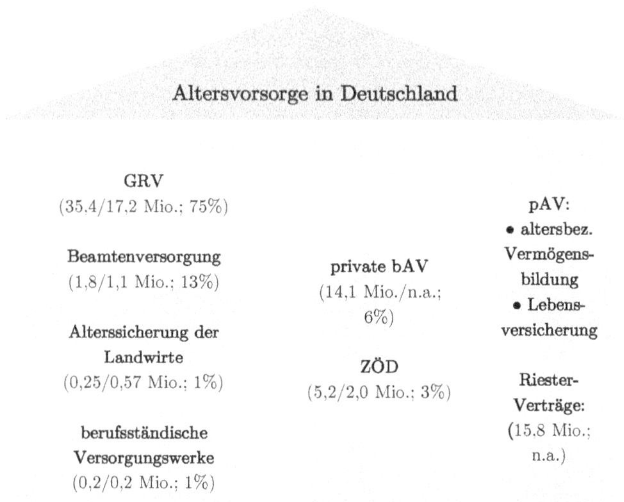

Quelle: BMAS (2011), BMAS (2012), BMAS (2016a); eigene Darstellung. In Klammern finden sich die Anzahl der Versicherten, der berechtigten Leistungsempfänger sowie der Anteil des jeweiligen Alterssicherungssystems am Leistungsvolumen (Bruttoleistungen). Alle Werte beziehen sich auf die Angaben im Alterssicherungsbericht der Bundesregierung aus dem Jahr 2012. Im Falle der Riester-Rente bezieht sich die Angabe auf den Vertragsbestand abzgl. stornierter Verträge im Jahr 2012.

Während in der ersten Säule für den Großteil des relevanten Personenkreises Versicherungspflicht besteht,[28] ist die Beteiligung an einer betrieblichen Altersvorsorge[29] grundsätzlich freiwillig. Beschäftige im öffentlichen Dienst sind jedoch in den meisten Fällen aufgrund tarifvertraglicher Bestimmungen in der ZÖD

27 Die folgenden Ausführungen orientieren sich an Halder (2008).

28 Ausgenommen sind z.B. Selbständige, für die grundsätzlich keine Versicherungspflicht besteht, die sich aber auf Antrag freiwillig in der GRV versichern können.

29 Die betriebliche Altersvorsorge umfasst in diesem Fall Durchführungswege in Form von Direktzusagen und Unterstützungskassen, Direktversicherungen, Pensionsfonds sowie Pensionskassen.

pflichtversichert (BMAS, 2011). Anders als im Fall der gesetzlichen Rente sind die Informationen bzgl. der Verbreitung der betrieblichen Altersvorsorge begrenzt, da letztere nicht auf prozessproduzierten, sondern auf repräsentativen Befragungsdaten[30] beruhen und andererseits ein verpflichtendes Meldeverfahren für Unternehmen fehlt (Bäcker/Kistler, 2014). Gleiches gilt analog für die Informationslage hinsichtlich des Verbreitungsgrades rein privater ungeförderter Altersvorsorge.

Sowohl bezogen auf die Versicherten (35,4 Mio.) und Leistungsempfänger (17,2 Mio.) als auch gemessen am Gesamtleistungsvolumen aller Alterssicherungssysteme nimmt die GRV mit drei Vierteln aller Bruttoleistungen den bedeutendsten Anteil der Versorgung ein (vgl. Abb. 2–1). Darauf folgen die Versorgung der Beamten (1,8/1,1 Mio.; 13 Prozent), die betriebliche Altersversorgung (14,1 Mio. erworbene Betriebsrenten; sechs Prozent), die Zusatzversorgung im öffentlichen Dienst (ZÖD; 5,2 Mio./2,0 Mio.; drei Prozent) sowie die Alterssicherung der Landwirte und die berufsständischen Versorgungswerke mit jeweils einem Prozent des gesamten Leistungsumfangs (BMAS, 2012). Bemerkenswert ist die unterschiedlich große Bedeutung der einzelnen Alterssicherungssystems in beiden Regionen Deutschlands. Während deren jeweilige Anteile im Westen ähnlich wie auf Bundesebene verteilt sind, deckt die GRV in den neuen Bundesländern mit 98 Prozent fast das gesamte Leistungsvolumen aller anspruchsberechtigten Empfänger ab. Diese Zahlen legen bereits an dieser Stelle den Schluss nahe, dass beide Regionen in Deutschland von den nachteiligen Effekten, die von der demographischen Entwicklung sowohl auf die Einnahmen- als auch auf die Ausgabenseite eines umlagefinanzierten Sozialversicherungssystems ausgehen, in unterschiedlichem Ausmaß betroffen sein dürften.

Rechtsgrundlage der GRV ist das sechste Buch des Sozialgesetzes (SGB VI). Die GRV ist eine selbstverwaltete Körperschaft öffentlichen Rechts, deren Organisation gegliedert ist in die Deutsche Rentenversicherung Bund und in die Knappschaftliche Rentenversicherung. In der GRV sind wirtschaftlich nicht selbständige Arbeitnehmer pflichtversichert; für Selbständige besteht die Möglichkeit, sich freiwillig zu versichern. Mit insgesamt knapp 53. Mio. Versicherten[31] hat die GRV den Charakter einer umfassenden Volksversicherung.

Die Einnahmen der GRV betrugen im Jahr 2014 knapp 270 Mrd. Euro[32], während sich die Ausgaben auf 266 Mrd. Euro[33] beliefen. Dies entspricht in etwa 9,3 Prozent

30 Die relevanten Informationen werden über Erhebungen bei den jeweiligen Versorgungsträgern (Trägerbefragung) oder direkt bei den Arbeitgebern erhoben, vgl. BMAS (2012).

31 Stand: 12. Juni 2015, vgl. DRV (2015).

32 Diese gliedern sich in ca. 202 Mrd. Euro Beitragseinnahmen, ca. 40 Mrd. Euro allgemeine und 21,5 Mrd. Euro zusätzliche Bundeszuschüsse zur allgemeinen Rentenversicherung sowie 5,3 Mrd. Euro Bundeszuschuss zur KnV (Defizithaftung). Vgl. DRV (2015).

33 Darunter sind 239 Mrd. Euro Rentenausgaben, 17 Mrd. Euro Beiträge und Zuschüsse zur KVdR sowie 5,85 Mrd. Euro Leistungen zur Teilhabe. Vgl. DRV (2015).

des deutschen Bruttoinlandproduktes (Statistisches Bundesamt, 2015a). Der Beitragssatz für das Jahr 2015 beträgt 18,7 Prozent vom Bruttoarbeitsentgelt bis zur Beitragsbemessungsgrenze (monatlich 6.050 Euro West resp. 5.200 Euro Ost[34]). Die Beitragszahlungen sind zwischen Arbeitgeber und Arbeitnehmer paritätisch organisiert. Neben Renten an Versicherte gewährt die GRV Renten an Hinterbliebene bei Alter, Invalidität und Tod. Zudem umfasst der Leistungskatalog Zahlungen im Rehabilitationsfall sowie die Entrichtung der GKV-Beiträge für Rentner[35].

Um die Anspruchskriterien für den Leistungsbezug in der GRV zu erfüllen, muss nach der Erfüllung der allgemeinen Wartezeit[36] in den meisten Fällen eine gewisse Anzahl rechtenrechtlicher Zeiten erreicht worden sein, zu denen gem. § 54 Abs. 1 SGB VI Beitragszeiten[37], beitragsfreie Zeiten und Berücksichtigungszeiten[38] zählen. Als Beitragszeiten gelten abhängige oder unabhängige Beschäftigung mit Pflichtversicherung in der GRV, Zeiten geringfügiger Beschäftigung mit freiwilliger Aufstockung, Zeiten der beruflichen Ausbildung, Wehr- bzw. Zivildienst, Zeiten der Kindererziehung und Pflege eines Familienmitglieds (unentgeltlich, mindestens 14 Stunden pro Woche)[39], Zeiten des Bezugs von Sozialleistungen wie z.B. Arbeitslosen- oder Krankengeld sowie Zeiten freiwilliger Beiträge. Zu den beitragsfreien Zeiten gehören Anrechnungszeiten[40], Ersatzzeiten[41] sowie Zurechnungszeiten[42].

Bis zum Jahr 2012 war im Alter von 65 Jahren nach fünf Beitrags- und Ersatzjahren (der sog. Wartezeit) die Regelaltersgrenze erreicht. Diese Grenze wird seitdem bis zum Jahr 2029 schrittweise auf 67 Jahre erhöht (siehe Kap. 2.2). Ungeachtet dessen wurden für bestimmte Gruppen Ausnahmeregelungen bezüglich des Eintrittsalters in die Regelaltersrente getroffen, etwa für (besonders) langjährig Ver-

---

34 Für die knappschaftliche Rentenversicherung gelten analog 7.450 Euro bzw. 6.350 Euro.

35 Bis zum Jahr 2004 wurden auch die Beitragszahlungen der Rentner zur Gesetzlichen Pflegeversicherung übernommen.

36 Vgl. § 50 SGB VI.

37 Vgl. § 55 SGB VI.

38 Berücksichtigungszeiten gem. § 57 SGB VI können von Bedeutung sein, um etwaige Lücken in der versicherungsrelevanten Erwerbsbiographie zu schließen und somit die Bewertung der beitragsfreien Zeiten zu beeinflussen. Dazu gehören insbesondere Zeiten der Erziehung eines Kindes bis zu dessen vollendetem Alter von zehn Jahren.

39 Diese Zeiten werden nicht automatisch von der GRV erfasst und müssen daher durch die Versicherten selbst gemeldet werden.

40 Zu Anrechnungszeiten gem. § 58 SGB VI gehören z.B. Zeiten der Arbeitsunfähigkeit, der Krankheit im Alter von 17 bis 25, der Rehabilitation, des Mutterschutzes im Rahmen einer Schwangerschaft.

41 Ersatzzeiten gem.§ 250 SGB VI können in der Versicherungsbiographie nur bis vor 1992 entstehen und hatten die Intention, Aus- und Nachwirkungen des zweiten Weltkrieges auf die Höhe der individuellen Rentenansprüche abzufedern.

42 Zurechnungszeiten gem. § 59 SGB VI dienen der Berechnung von Erwerbsminderungs- sowie Hinterbliebenenrenten.

sicherte[43] schwerbehinderte Menschen[44] sowie langjährig unter Tage beschäftigte Bergleute[45]. Für Arbeitslose besteht die Möglichkeit, im Alter von 60 Jahren und nach 15 Beitrags- und Ersatzjahren und einjähriger Arbeitslosigkeit in den (Vor-) Ruhestand zu treten.[46] Auch hier bestehen diverse komplementäre Vorruhestandsregelungen.

Der durchschnittliche monatliche Rentenzahlbetrag (Rente wegen Alters) im Jahr 2015 betrug 787 Euro im Westen und 964 Euro im Osten.[47] Die Höhe der monatlichen Rente resultiert aus der Rentenformel gem. § 64 SGB VI, indem die im Verlauf des Erwerbslebens erworbenen Anwartschaften in Form persönlicher Entgeltpunkte[48] mit dem Zugangsfaktor[49], dem Rentenartfaktor[50] und dem aktuellen Rentenwert[51] multipliziert werden. Der aktuelle Rentenwert betrug im Jahr 2015[52] 28,61 Euro im Westen und 26,39 Euro im Osten. Er stellt sich gem. Rentenanpassungsformel wie folgt dar:

$$\begin{aligned} A_t = A_{t-1} \times \frac{BE_{t-1}}{BE_{t-2}} \times \frac{100 - \tau_{t-1}^{RIESTER} - \tau_{t-1}^{SV}}{100 - \tau_{t-2}^{RIESTER} - \tau_{t-2}^{SV}} \\ \times \left(\left(1 - \frac{RQ_{t-1}}{RQ_{t-2}} \right) \alpha + 1 \right) \end{aligned} \tag{2.1}$$

43 Vgl. § 36 SGB VI. Demnach haben Versicherte, die das 67. Lebensjahr vollendet und die Wartezeit von 35 Jahren erfüllt haben, Anspruch auf Altersrente. Besonders langjährig Versicherte mit wenigstens 45 Versicherungsjahren in der GRV können bereits mit 63 Jahren abschlagsfrei in Rente gehen. Allerdings wird auch diese Altersgrenze gemäß der allgemeinen Regelung schrittweise angehoben. Vgl. dazu § 236b SGB VI sowie die korrespondierende Gesetzesänderung, das RV-Leistungsverbesserungsgesetz („Gesetz über Leistungsverbesserungen in der gesetzlichen Rentenversicherung", BGBl. I S. 787 vom 23. Juni 2014).

44 Vgl. § 37 SGB VI.

45 Vgl. § 40 SGB VI.

46 Vgl. § 237 SGB VI.

47 Vgl. DRV (2016a). Der Rentenzahlbetrag entspricht der Rentenhöhe inkl. Auffüllbetrag, nach Abzug der individuellen Beiträge zur Kranken- und Pflegeversicherung. Die Rentenzahlbeträge (Renten wegen Alters) betragen differenziert nach Geschlecht in den alten Bundesländern 1.040 Euro (Mann) bzw. 580 Euro (Frau). In den neuen Bundesländern erhalten Männer im Durchschnitt 1.124 Euro, Frauen 846 Euro.

48 Vgl. § 66 SGB VI.

49 Vgl. § 77 SGB VI. Der Zugangsfaktor trägt dem Renteneintrittszeitpunkt Rechnung. Entspricht der Renteneintrittszeitpunkt der Regelaltersgrenze, beträgt der Zugangsfaktor Z = 1. Für jeden Monat vor der Regelaltersgrenze wird die Rente mit einem Abschlag von 0,003 versehen, während jeder Monat nach dem Regelalter zu einer Anhebung um 0,5 Prozent führt.

50 Vgl. § 67 SGB VI. Der Rentenartfaktor gewichtet die unterschiedlichen Rentenarten, z. B. Regelaltersrenten (1,0), Erwerbsminderungsrenten (1,0 bzw. 0,5 bei teilweiser Erwerbsminderung) oder Hinterbliebenenrenten.

51 Vgl. § 68 SGB VI.

52 Die Beträge des aktuellen Rentenwerts beziehen sich auf den Zeitraum vom 01.07.2014 bis zum 30.07.2015.

Neben dem aktuellen Rentenwert des Vorjahres determinieren die Entwicklung der Bruttoentgelte der letzten beiden Jahre $\frac{BE_{t-1}}{BE_{t-2}}$ und der sog. Riesterfaktor den aktuellen Rentenwert der laufenden Periode. Letzterer berücksichtigt sowohl den Altersvorsorgeanteil als auch den Beitrag zur GRV der beiden vergangenen Jahre. Der dritte Multiplikand repräsentiert den Nachhaltigkeitsfaktor. Der Rentnerquotient $\frac{RQ_{t-1}}{RQ_{t-2}}$ gibt die Relation der Äquivalenzrentner zu den Äquivalenzbeitragszahlern an. Diese errechnet sich durch das Verhältnis vom Rentenvolumen zur Standardrente oder zur sog. „Eckrente"[53] dividiert durch das Verhältnis des Beitragsvolumens zum Beitrag auf das vorläufige Durchschnittseinkommen. Der Parameter gewichtet die demographiebedingte negative Wirkung des Rentnerquotienten auf den aktuellen Rentenwert mit einem Viertel. Er federt diese somit ab und lässt die Rentner an den nachteiligen Wirkungen des demographischen Wandels partizipieren.

In der der GRV gilt prinzipiell das Äquivalenzprinzip, wonach sich die Leistungen an den erbrachten Beiträgen orientieren. Die Rentenansprüche an die GRV werden durch die Anzahl der während des Erwerbslebens erzielten Entgeltpunkte sowie weiteren Faktoren, welche dann das Äquivalenzprinzip durchbrechen, der individuellen Erwerbsbiographie determiniert.[54] Grundsätzlich besteht Teilhabeäquivalenz aufgrund der Proportionalität zwischen erbrachten Beiträgen und der zu erwartenden Höhe der Rentenleistung.[55] Angesichts des demographischen Wandels gestaltet sich die Gewährleistung der Nachhaltigkeit einer umlagefinanzierten Alterssicherung als schwierig. Abnehmende Geburtenraten und ein demzufolge sinkendes Erwerbskräftepotential in Verbindung mit steigender Lebenserwartung implizieren eine doppelte Belastung. Ein steigender Rentnerquotient (bzw. allgemein Altenquotient[56]) zieht demzufolge eine steigende Last für die Beitragszahler in der GRV nach sich. Darüber hinaus führen lückenhafte Erwerbsbiographien zu einem Absinken des Lebenseinkommens und somit des Rentenleistungsniveaus.[57] Sowohl Arbeitslosigkeit als auch geringfügige Beschäftigung führen direkt oder indirekt

53 Eine Standardrente oder „Eckrente" erhält eine Person, die 45 Jahre lang exakt ein Einkommen in Höhe des Durchschnittsentgelts erzielt hat und somit einen Entgeltpunkt pro Versicherungsjahr erzielt bzw. 45 Entgeltpunkte am Ende des Erwerbslebens akkumuliert hat.

54 Die Höhe der monatlichen Rente ergibt sich aus der Rentenformel gemäß §§ 64 ff. SGB VI. Siehe auch Breyer/Buchholz (2007, S. 116 f.).

55 Vgl. Krieger/Traub (2008) und Krieger/Traub (2009).

56 Der Rentnerquotient gibt das Verhältnis der Äquivalenzrentner zu den Äquivalenzbeitragszahlern wieder (siehe § 68 Abs. 4 SGB VI), der Altenquotient das Verhältnis der Bevölkerung über 65 Jahren zur Bevölkerung zwischen 15 und 65 Jahren.

57 Vgl. Strauß und Ebert (2010), die zeigen, dass Erwerbsunterbrechungen nicht kurz- und mittelfristige, sondern auch langfristige Auswirkungen auf das Lebenseinkommen haben. Sie kommen zu dem Ergebnis, dass die Unterbrechung der Erwerbsbiographie bei Männern eher auf Arbeitslosigkeit zurückzuführen ist, wohingegen familiäre Gründe wie Elternzeit eher auf Frauen zutreffen. Diese Aussage hinsichtlich

zu einem sinkenden Arbeitseinkommen, in dessen Folge wiederum ein geringes Lebenseinkommen auftritt. Geyer und Steiner (2010a) beobachten in ihrer Mikrosimulationsstudie, dass dies vor allem junge Ostdeutsche sowie Geringqualifizierte betrifft.

2.2 Reformen um die Jahrtausendwende: Finanzierungsseite

Von Anfang der 1990er Jahre bis Mitte der 2000er Jahre unter der rot-grünen Bundesregierung wurden zentrale Elemente der GRV mehrfach reformiert.[58] Sowohl das Rentenreformgesetz[59] (RRG) von 1992 als auch das RV-Nachhaltigkeitsgesetz[60] von 2004 oder das Alterseinkünftegesetz[61] (AltEinkG) von 2005 haben eine Verringerung der Ansprüche an die GRV zur Konsequenz. In einer Stellungnahme zum RV-Nachhaltigkeitsgesetz bescheinigt der Verband Deutscher Rentenversicherungsträger (VDR, 2004, S. 29) dem Standardrentner im Jahr 2030 einen Rückgang des Nettorentenniveaus um 8,5 Prozentpunkte, verglichen mit dem Jahr 2005. Schnabel und Miegel (2001) kritisieren die Auswirkungen der Rentenreformen auf die Leistungsseite ebenfalls und prognostizieren ein Abschmelzen der Leistungen der GRV auf das Niveau einer Grundsicherung (S. 7). Färber (2004), Schmähl (2004) und Ruland/Von der Heide (2004) bewerten die Reformmaßnahmen vor dem Hintergrund einer nachhaltigen Finanzierung und langfristigen Stabilisierung der Alterssicherung im Sinne der Schaffung eines demographiefesten sozialen Sicherungssystems als Schritt in die richtige Richtung. Schmähl (2004) mahnt aber

geschlechterspezifischer Erwerbsunterbrechungen wird gestützt durch Traub und Finkler (2015).

58 Vgl. Heidler (2009, S. 24–28) für einen knappen Überblick über die wichtigsten Reformen der GRV von 1957 bis zum Jahr 2007.

59 Vgl. BGBl. I, S. 2261 vom 18. Dezember 1989, „Gesetz zur Reform der Gesetzlichen Rentenversicherung“. Die Reform beinhaltet neben der Nettolohnanpassung im Wesentlichen eine grundlegende Überarbeitung der Rentenformel durch die Einführung der Entgeltpunkte (EP), dem Zugangsfaktor (ZF), dem Rentenartfaktor (RF) und dem aktuellen Rentenwert (AR). Die Höhe der monatlichen Rente wird in erster Linie durch diese vier vorher genannten Variablen determiniert.

60 Vgl. BGBl. I Nr. 38, S. 1791 ff. vom 26. Juli 2004, „Gesetz zur Sicherung der nachhaltigen Finanzierungsgrundlagen der Gesetzlichen Rentenversicherung“. Die Reform umfasst im Wesentlichen die Einführung des Nachhaltigkeitsfaktors, welcher bei einem steigenden Rentnerquotienten zu einer verringerten Rentenanpassung führt. Außerdem garantiert das Gesetz eine Beitragsobergrenze von 20 Prozent (30 Prozent) bis zum Jahr 2020 (2030) und ein Mindestleistungsniveau von 46 bzw. 43 Prozent. Dass diese beiden Restriktionen in Konflikt miteinander stehen, konstatieren auch Börsch-Supan und Wilke (2004).

61 Vgl. BGBl. I Nr. 33, S. 1427 ff. vom 5. Juli 2004, „Gesetz zur Neuordnung der einkommensteuerrechtlichen Behandlung von Altersvorsorgeaufwendungen und Altersbezügen“. Kernpunkt der Reform ist die stufenweise Umstellung auf eine nachgelagerte Besteuerung der Renten.

gleichzeitig an, dass „angesichts der [damit verbundenen] Leistungsreduktionen wie auch sich ändernder Erwerbsbiographien ein großer Teil von Versicherten selbst nach langjähriger Beitragszahlung aus der gesetzlichen Rentenversicherung nur noch eine Rente wird erwarten können, die sich kaum von dem unterscheidet, was ohne jede Vorleistung aus bedürftigkeitsgeprüften Systemen zur Armutsvermeidung erreichbar ist." (vgl. Schmähl, 2004, S. 217). Dies käme einer Basisrente gleich, deren primäres Ziel Umverteilung zugunsten der Armutsvermeidung wäre und welche angesichts des Verhältnisses von Beiträgen und Leistungen den Leistungsgedanken konterkarieren würde. In diesem Fall stünde die GRV vor einem enormen Legitimationsproblem.

Im Rahmen des Rentenversicherungs-Altersgrenzenanpassungsgesetzes[62] (RVAGAnpG) ist 2012 die Anhebung der Regelaltersgrenze in Kraft getreten. Diese wird bis zum Jahr 2029 stufenweise in Einmonats- (von 65 auf 66 Jahre für die Jahrgänge 1947 bis 1958) bzw. Zweimonatsschritten (ab Jahrgang 1959) auf 67 Jahre angehoben. Somit ist für alle ab 1964 geborenen Versicherten die Regelaltersgrenze von 67 Jahren gültig. Vor dem Hintergrund des Effekts der „Rente mit 67" auf die Nachhaltigkeit kommen Ehrentraut und Heidler (2008) in einer Modellrechnung zu dem Ergebnis, dass das Erreichen der Rentenniveauziele für 2030 unter optimistischen Annahmen zwar wahrscheinlicher wird, jedoch eine weitere Anhebung der Regelaltersgrenze (allein aus Gründen einer weiter steigenden Lebenserwartung) unweigerlich folgen müsse (S. 437). Aufgrund zahlreicher Ausnahmeregelungen ist es dem anspruchsberechtigten Personenkreis jedoch gestattet, abschlagsfrei vor Erreichen der Regelaltersgrenze in Rente zu gehen. Vor diesem Hintergrund ist die vor Kurzem geschaffene sog. „Rente mit 63" auch insofern als Schritt in die falsche Richtung zu bewerten, als dass sie nicht nur dem Arbeitsmarkt Fachkräfte entzieht, sondern vor allem auch die Bemühungen um eine Verlängerung der Lebensarbeitszeit konterkariert.

Um dem sinkenden Leistungsniveau der Gesetzlichen Rentenversicherung und dem steigenden Risiko der Altersarmut Rechnung zu tragen, wird seit dem Jahr 2002 die dritte Säule der Alterssicherung stärker gefördert. Die Riester-Rente symbolisiert daher einen Paradigmenwechsel in der Altersvorsorge. Es sollen Anreize geschaffen werden, durch den Aufbau einer privaten Altersvorsorge den Leistungsrückgang der GRV zu kompensieren. Um valide Aussagen über die Effizienz einer verpflichtenden kapitalgedeckten Altersvorsorge treffen zu können, ist es wichtig, zunächst verschiedene (private) Sparmotive[63] hervorzuheben. Zu differenzieren ist

---

62 Rechtsgrundlage für die Anhebung der Regelaltersgrenze von 65 auf 67 Jahre bildet das „Gesetz zur Anpassung der Regelaltersgrenze an die demographische Entwicklung zur Stärkung der Finanzierungsgrundlagen der Gesetzlichen Rentenversicherung", vgl. BGBl. I 2007, S. 554 ff. vom 20. April 2007.

63 Bereits Keynes (1936) definiert acht verschiedene Sparmotive. Dazu zählen (1) Vorsichtsmotiv, (2) Vorsorgemotiv, (3) Zinsmotiv, (4) Verbesserungsmotiv, welches aus einem Einkommenseffekt hervorgeht, (5) Unabhängigkeitsmotiv, (6) Spekulationsmotiv, (7) Vererbungsmotiv und (8) Geizmotiv.

dabei, dass zwischen dem Sparverhalten der Haushalte Unterschiede in der Altersstruktur und sozioökonomischen Merkmalen bestehen.

So zeigen Börsch-Supan et al. (2000, S. 11) und Börsch-Supan et al. (2006b, S. 13) anhand Berechnungen aus der Einkommens- und Verbrauchsstichprobe (EVS) und neuer Erkenntnisse aus der SAVE-Studie[64], dass die Sparquote bis zu einem Alter von Mitte 30 stetig ansteigt und danach wieder abnimmt. Die Tatsache, dass bildungsferne Haushalte eine niedrigere Sparquote aufweisen als solche mit einem höheren Bildungsgrad könnte darauf zurückzuführen sein, dass Informationen bezüglich des zu erwartenden Versorgungsniveaus im Alter einen signifikanten Einfluss darauf haben, ob überhaupt privat für das Alter vorgesorgt wird. Es liegt also einerseits der Schluss nahe, dass speziell Personen aus der unteren Bildungsschicht zukünftige Ereignisse nicht angemessen bewerten können. Andererseits könnten diese sich aber auch individuell rational verhalten, da sie aufgrund der für sie negativen Anreizmechanismen (i.e. der Anrechnungsquoten) opportunistisch agieren und somit das Alterssicherungssystem ausbeuten (siehe dazu Kap. 5 und 6).

Die Subventionierung der freiwilligen privaten Altersvorsorge stellt einen Staatseingriff dar und soll dem einzelnen Individuum positive Anreize bieten, selbständig privat vorzusorgen. Demzufolge müsste man eine a priori zu geringe auf die Altersvorsorge bezogene Sparquote annehmen und sich durch die Politikmaßnahme den Effekt einer Erhöhung der Ersparnis erhoffen. Wie oben bereits betont wurde, sind die Gründe für den Aufbau einer Ersparnis unterschiedlich motiviert. Bemerkenswert ist allerdings, dass von den befragten Haushalten Sparen für eine Altersvorsorge als wichtig eingestuft wurde, wohingegen die staatliche Förderung per se keinen Anreiz bietet, mehr zu sparen (vgl. dazu Abbildung 2 in Börsch-Supan et al., 2006b, S. 27/28).[65] Dies lässt vermuten, dass die Haushalte unabhängig von der Existenz einer Subventionierung der privaten Altersvorsorge eine hohe Sparquote aufweisen und die Riester-Rente somit lediglich zu Mitnahmeeffekten führt, weswegen sie als ineffizient zu bewerten ist. Zu ähnlichen Schlussfolgerungen kommen auch Corneo et al. (2007).

Die Reformen der Finanzierungsseite der GRV sollten die langfristige Tragfähigkeit des deutschen Rentensystems sichern, indem eine stärkere Fokussierung insbesondere auf die dritte Säule der Alterssicherung forciert wurde. Das beabsichtigte Ziel – ein stärkerer privater Vorsorgeanteil – wurde jedoch bisher nicht erreicht,

---

64 Die Studie „Sparen und Altersvorsorge in Deutschland" ist eine als Paneldatensatz ausgestaltete repräsentative Stichprobe und gibt Auskunft über das Spar- und Finanzanlageverhalten privater Haushalte. Sie wird jährlich vom Forschungsinstitut Ökonomie und demographischer Wandel in München (MEA, früher Mannheim) durchgeführt.

65 Die befragten Haushalte bewerten den Zweck ihres Sparens auf einer Skala von 0 (unwichtig) bis 10 (wichtig).

da sich die Sparquote effektiv nicht erhöht hat[66], sondern nur ein Substitut für andere nicht-subventionierte Sparformen darstellt (Corneo et al., 2009; Corneo et al., 2010). Wenn die Subventionen die private Ersparnis also nicht stimulieren können, liegt die Vermutung nahe, dass staatliche Mittel ineffizient eingesetzt sind. Auf Grundlage von Daten des Sozio-oekonomischen Panels stellen Corneo et al. (2007) fest, dass die Riester-Rente keinen signifikanten Einfluss auf die Sparquote von Geringverdienern hat, für die das Armutsrisiko im Alter besonders hoch ist. Zu ähnlichen Ergebnissen kommen auch Coppola und Reil-Held (2009) und Geyer und Steiner (2009b). Sie bestätigen den niedrigen Verbreitungsgrad von Riester-Renten im unteren Einkommenssegment, fügen allerdings auch hinzu, dass die Nachfrage stetig wächst. Den niedrigen Verbreitungsgrad führen Börsch-Supan et al. (2006b, S. 6, S. 78) auf den unzureichenden Informationsstand der bildungsfernen (und damit oft einkommensschwachen) Haushalte zurück.[67] Die von den Autoren geäußerte These, dass die Durchführung privater Altersvorsorge positiv von Informationen über das zukünftige Rentenniveau abhängt, lässt auf den ersten Blick den Schluss zu, dass Geringverdiener und Geringqualifizierte vergleichsweise weniger vorausschauend agieren (s. o.).

2.3 Reformen der jüngeren Vergangenheit: Ausgabenseite

Ungeachtet der im vorangegangen Kapitel beschriebenen Reformen zur Sicherstellung einer nachhaltigen Finanzierung des deutschen Alterssicherungssystems besteht sowohl in deren unmittelbarer Folge als auch aufgrund gesamtwirtschaftlicher und demographischer Rahmenbedingungen auf der Ausgabenseite ebenfalls erheblicher Reformbedarf.

Das Problem gegenwärtiger bzw. sich in naher Zukunft noch verstärkender Altersarmut rückte vor der Bundestagswahl 2013 zunehmend in den Fokus der aktuellen politischen Debatte. Dabei konzentrierten sich die Reformansätze der Parteien im Wesentlichen auf Versicherte, die bestimmte Kriterien erfüllt haben und demzufolge zum Anspruch auf einen garantierten Mindestbetrag aus der GRV

66 Vgl. Carroll und Summers (1987), die die Entwicklung der Sparquote in den USA nach Einführung der Individual Retirement Accounts (IRA) im Jahr 1974 untersucht haben. Sie konnten keinen signifikant gestiegenen Anreiz zum Aufbau einer privaten Ersparnis feststellen. An dieser Stelle sei auch der Artikel von Gravelle (1991) empfohlen, die eine weitreichende Literaturübersicht über Verbreitung und Wirkung der IRA anbietet.

67 Stellt man einen internationalen Vergleich der Riester-Rente mit ähnlichen Produkten wie den US- amerikanischen *Individual Retirement Accounts* an, zeigt sich, dass es mitunter mehrere Jahre dauern kann, bis die neue Form der Altersvorsorge die Masse der Sparer erreicht hat (Börsch-Supan et al., 2006b, S. 77). Allerdings bescheinigen Geyer und Steiner (2009b, S. 535) der Entwicklung der Riester-Rente eine hohe Dynamik.

bzw. aus Steuermitteln berechtigt sein sollen[68]. Bei der Zielgruppe der sich in der Diskussion befindenden Reformvorschläge handelt es sich um solche Personen, die zwar überdurchschnittlich viele Beitrags- und Versicherungsjahre vorzuweisen haben, jedoch etwa aufgrund lückenhafter Erwerbsbiographien oder generell zu niedrigem Einkommen eine Rente unterhalb oder allenfalls knapp oberhalb der Grundsicherung im Alter erzielen.

Sowohl die in der 18. Legislaturperiode des Deutschen Bundestags amtierende Regierungskoalition aus CDU/CSU und FDP als auch die Oppositionsparteien haben im Vorfeld der Bundestagswahl 2013 verschiedene Konzepte vorgestellt, die sich in den Anspruchskriterien der gesetzlich garantierten Mindestleistung oberhalb der Grundsicherung unterschieden, wobei der Betrag bei allen Vorschlägen stets um etwa 850 Euro im Monat schwankt. Die „Lebensleistungsrente"[69] als seitens der Regierungskoalition aus CDU/CSU und FDP eingebrachter Vorschlag beinhaltet im Kern eine Aufstockung der individuellen Altersrente um 10 bis 15 Euro über die Grundsicherung[70], sofern der bzw. die Versicherte 40 Jahre lang Beiträge gezahlt und zudem privat vorgesorgt hat. Der Rentenzuschuss wird gänzlich aus Steuermitteln finanziert. Zudem findet eine Art Bedürftigkeitsprüfung statt, indem zunächst die Einkommen der jeweiligen Ehepartner bzw. Lebensgefährten geprüft werden.

Bei dem von der SPD eingebrachten Vorschlag der steuerfinanziertem „Solidarrente" handelt es sich um einen garantierten Rentenbetrag von monatlich 850 Euro. Anspruchsberechtigt sind langjährig Versicherte, die 30 Beitragsjahre vorzuweisen haben.[71] Die geplante „Garantierente" der Grünen beträgt ebenfalls mindestens

---

68 Vgl. Traub/Finkler (2013) sowie Finkler/Traub (2014). In ihrer Studie quantifizieren die Autoren die finanziellen Auswirkungen sowie den Kreis der Anspruchsberechtigten im Rahmen der Analyse eines Reformvorschlags zur Bekämpfung der Symptome der Altersarmut. Bei der Modellierung verschiedener Szenarien soll bei Erfüllung bestimmter Anspruchskriterien (d. h. eine mindestens erreichte Anzahl an Versicherungs- bzw. Beitragsjahren) den Versicherten ein garantiertes Renteneinkommen mit einem Aufschlag von 10, 15 bzw. 20 Prozent auf die durchschnittliche Grundsicherung im Alter gewährt werden. Neben erheblicher finanzieller Belastungen sowie einer unzureichenden Trennschärfe bei der Abgrenzung des Kreises der Anspruchsberechtigten gehen von einem solchen Reformvorschlag negative Anreize auf das Arbeitsangebot der jeweiligen Risikogruppen aus.

69 Für diesen Reformvorschlag existiert auch der Begriff „Zuschussrente". Beide Vorschläge unterschieden sich anfangs hinsichtlich ihrer Finanzierungsquelle, wonach die Zuschussrente aus Beitragsmitteln der GRV finanziert werden sollte. Vgl. CDU et al. (2012).

70 Der Aufstockungsbetrag orientiert sich dabei an der durchschnittlichen Höhe der Grundsicherung. Demnach ist es also durchaus möglich, dass sich eine Empfängerin der Lebensleistungsrente je nach Wohnort immer noch unterhalb der tatsächlichen Höhe der Grundsicherung befindet.

71 Zudem ist vorgesehen, Kindererziehungs- und Pflegezeiten stärker zu integrieren. Vgl. das Eckpunktepapier zur Rentenpolitik im Wahlprogramm der SPD (2012).

850 Euro und finanziert sich aus Steuermitteln. Anspruchsberechtigt sind Versicherte, die mindestens 30 Versicherungsjahre angehäuft haben.[72]

Für die aktuelle Legislaturperiode 2013–2017 ist ebenfalls die Umsetzung eines Maßnahmenpakets zur Bekämpfung von Altersarmut vorgesehen. Die im Koalitionsvertrag zwischen CDU, CSU und SPD festgeschriebene „solidarische Lebensleistungsrente"[73] möchte dabei das Renteneinkommen von langjährig Versicherten mit mehr als 40 Beitragsjahren aufwerten, die ohne die Reform nur ein Renteneinkommen kleiner als das Äquivalent aus 30 Entgeltpunkten (dies entspricht gegenwärtig ca. 850 Euro in West bzw. 750 Euro in Ost) erreichen würden. Die Reform soll vor allem Geringverdienern und Menschen mit Zeiten der Kindererziehung und der Pflege eines Angehörigen zu Gute kommen; eine bis 2023 geltende Übergangsregelung, bis wohin lediglich 35 Beitragsjahre zur Anspruchsberechtigung ausreichen sollen, soll insbesondere Menschen aus den neuen Bundesländern bzw. deren Erwerbsbiographien Rechnung tragen. In beiden Fällen sollen bis zu fünf Jahre Arbeitslosigkeit als Beitragszeiten behandelt werden. Ab 2023 soll bei der Prüfung der Anspruchsberechtigung auch die zusätzliche Altersvorsorge miteinbezogen werden. Geplant ist, die Maßnahme aus Steuermitteln zu finanzieren.[74] Im November 2016 hat das Bundesministerium für Arbeit und Soziales ein umfassendes Konzept zur Zukunft der Alterssicherung in Deutschland vorgelegt und darin die Idee einer gesetzlich garantierten Mindestrente mit der „solidarischen Garantierente" weiter konkretisiert (BMAS, 2016b). Eine ausführliche Bewertung dieses Reformvorhabens der Bundesregierung wird in Kapitel 8.2 vorgenommen.

Sinkende Renteneinkommen im Alter und demzufolge ein steigendes Risiko der Altersarmut insgesamt sind nicht nur ein Problem des deutschen Sozialversicherungssystems. Renteneinkommen unterhalb des soziokulturellen Existenzminimums stellen ebenso in anderen Industrienationen eine Herausforderung für Politik und Gesellschaft dar. Dabei sind Ursachen für Altersarmut in Form von unsteten Erwerbsverläufen und geringen Arbeitsentgelten zwar meist ähnlich, jedoch sind die Auswirkungen aufgrund unterschiedlich ausgestalteter Rentenversicherungs- bzw. Grundsicherungssysteme in den einzelnen Ländern nicht problemlos miteinander vergleichbar (Schulze Buschoff, 2011).

---

72 Der Vorschlag der Grünen geht zurück auf einen Fraktionsbeschluss vom 27.11.2012, siehe Bündnis90/Die Grünen (2012).

73 Vgl. den Koalitionsvertrag zwischen CDU/CSU/SPD (2013).

74 Vgl. dazu die Antwort der Bundesregierung (2015) auf eine kleine Anfrage der Bundestagsfraktion Bündnis90/Die Grünen (Drucksache 18/4558 bzw. Drucksache 18/4365) zum Ziel und Ausgestaltung der solidarischen Lebensleistungsrente.

Abbildung 2-2: Armutsgefährdungsquoten im europäischen Vergleich

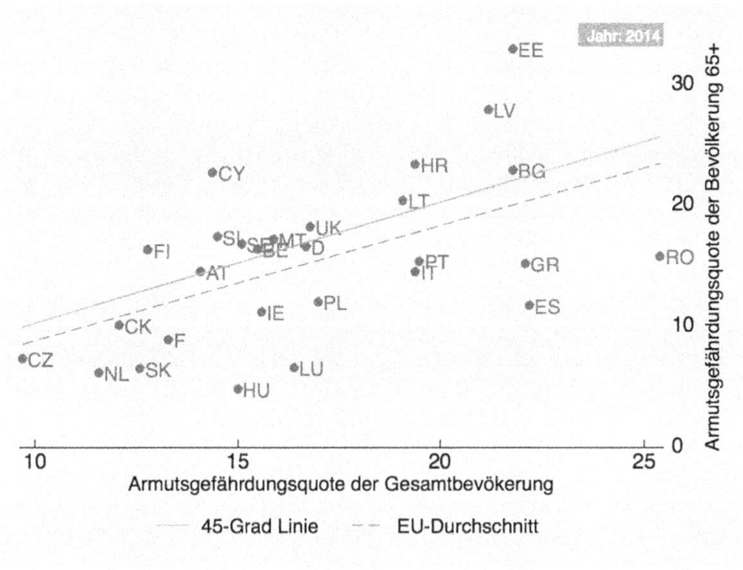

Anm.: Armutsgefährdungsquote der Gesamtbevölkerung verglichen mit der Armutsgefährdungsquote der Bevölkerung im Alter über 65 Jahren. Als armutsgefährdet gelten Personen, die ein verfügbares Äquivalenzeinkommen (Einkommen nach Sozialtransfers) von weniger als 60 Prozent des nationalen Medianäquivalenzeinkommens erzielen. Die Angaben beziehen sich auf das Jahr 2014.
Quelle: Eurostat (2016); eigene Darstellung.

Abbildung 2–2 setzt in einem europaweiten Vergleich (EU-28) die Armutsgefährdungsquoten der Gesamtbevölkerung in Relation zu denen der Bevölkerung im rentenfähigen Alter (65 Jahre und älter). Bezogen auf das Jahr 2014 wird deutlich, dass das Armutsrisiko im Alter auf gesamteuropäischer Ebene genauso stark bzw. nicht weiter verbreitet ist als innerhalb der Gesamtbevölkerung. Dies bringt die Lage der hellblauen 45-Grad-Linie oberhalb der roten Linie (EU-Durchschnitt) zum Ausdruck. Auch in Deutschland ist die Armutsrisikoquote niedriger als diejenige der Gesamtbevölkerung. Abweichungen vom europäischen Trend bilden hierbei etwa die baltischen Staaten, Ungarn, Zypern oder auch das Vereinigte Königreich, wo das Armutsrisiko im Alter das der Gesamtbevölkerung mitunter deutlich übersteigt. Allerdings dürften aufgrund der europaweit in ähnlichem Maße zu erwartenden demographischen Entwicklung andere Länder vor der gleichen Herausforderung stehen, was die zukünftige Entwicklung und demzufolge die Handhabung von (alters-)armutsrelevanten Risikofaktoren anbelangt.[75] Somit ist auch international für Personen im rentenfähigen Alter in Zukunft mit einem steigenden Armutsrisiko zu rechnen.

Analog zu den in Deutschland durchgeführten Rentenreformen der jüngeren Vergangenheit trugen die in EU-Mitgliedstaaten implementierten Maßnahmen zwar zur Verbesserung der finanziellen Nachhaltigkeit bei; in vielen Mitgliedstaaten ging mit der Setzung und späteren Erreichung dieses Ziels aber auch eine allgemeine Absenkung des durchschnittlichen Rentenniveaus einher (Stevens/Assche, 2013; OECD, 2013; Whiteford/Whitehouse, 2006). Zu den zentralen Reformmaßnahmen gehören die Einführung eines höheren Grades der Mischfinanzierung im Sinne einer stärkeren Kapitaldeckung[76], die Stärkung der Beitragsäquivalenz, eine Anhebung des Renteneintrittsalters sowie die Integration von demographischen Komponenten bei der Rentenberechnung zur Erhöhung der einnahmeseitigen Nachhaltigkeit. Die Entwicklungen auf den Finanzmärkten im Zuge der Weltwirtschaftskrise der vergangenen Jahre haben den Konflikt zwischen nachhaltiger Finanzierung und lebensstandardsicherndem Rentenniveau weiter verschärft.

Vor dem Hintergrund der seit der um die Jahrtausendwende forcierten Verschiebung der Beitragsfinanzierung hin zur dritten Säule stellt das Ziel, Altersarmut zu bekämpfen und zu vermeiden, eine noch größere Herausforderung dar (Kerschbaumer, 2010). Gleichwohl forciert die Europäische Kommission weiterhin den Ausbau des Anteils der privaten, zusätzlichen Altersvorsorge (EC 2010; 2012). Als Schritt in die richtige Richtung könnte sich eine erneute Verlängerung der Lebensarbeitszeit erweisen. Eine Erhöhung der Erwerbsquote älterer Menschen vorausgesetzt könnte durch eine Verlängerung der Lebensarbeitszeit (oder Allgemein: eine im Sinne der Nachhaltigkeit des Rentensystems gerechtere Aufteilung zwischen verbrachten Jahren in der Erwerbs- und Ruhestandsphase) sowohl ein höheres Rentenniveau als auch eine solidere Finanzierung durch ein höheres Beitragsvolumen erreicht werden.

Ungeachtet des unterschiedlichen Ausmaßes der jeweiligen nationalen sozialen Sicherungssysteme (gemessen am Anteil des Bruttoinlandsprodukts) bringen daran anknüpfend Atkinson et al. (2002) im Rahmen der Weiterentwicklung der Harmonisierung einer europäischen Sozialpolitik und den Zielen der Lissabon-Strategie die Idee einer europaweiten Mindestrente in die Diskussion ein und ermitteln deren

75 Darüber hinaus ist es wichtig zu betrachten, in welcher Phase ihres Lebens eine Person einem erhöhten Armutsrisiko ausgesetzt ist. Armut im Alter ist insofern anders zu behandeln, als dass ältere Menschen im Gegensatz zu jüngeren weniger Maßnahmen ergreifen können, an ihrer Einkommenssituation etwas zu ändern. Dazu gehören etwa weiterführende Bildungsmaßnahmen, Arbeiten oder Sparen (vgl. Börsch-Supan et al., 2013).

76 Vgl. auch Ehrentraut (2007), der im Fall des Alterssicherungssystems in Deutschland auf die Notwendigkeit einer stärkeren Betonung der kapitalgedeckten Finanzierung hinweist.

Auswirkungen.[77] Die Implementierung einer europäischen Mindestrente soll dabei Altersarmut innerhalb der europäischen Union unter gleichzeitiger Wahrung des Subsidiaritätsprinzips bekämpfen.

Darüber hinaus stellen Barrientos et al. (2003) fest, dass Armut im Alter auch in Schwellenländern ein Thema von wachsender Bedeutung ist. Die Probleme sind jedoch etwas anders gelagert als in Industrienationen; da die sozialen Sicherungssysteme keinen mit dem in Industrienationen vergleichbaren Entwicklungsgrad erreicht haben, muss dem Haushaltskontext und dem näheren sozialen Umfeld eine weitaus größere Bedeutung beigemessen werden. Älteren Personen, die ein zu niedriges Renteneinkommen haben und daher auf Hinzuverdienstmöglichkeiten angewiesen sind, ist der Zugang zu bezahlter Arbeit mitunter gänzlich verwehrt. Darüber hinaus fehlt es an (insbesondere lokalen) Basisdienstleistungen, sozialen Netzwerken und einem Angebot an Gütern des täglichen Versorgungsbedarfs, sodass eine soziokulturelle Teilhabe oftmals nicht oder nur kaum gegeben ist, weswegen die betroffenen Personen als relativ oder gar absolut arm gelten.

2.4 Altersarmut: Definition und empirische Evidenz

Sowohl das Problem der Notwendigkeit als auch der Dringlichkeit, Reformmaßnahmen zur Sicherstellung einer armutsvermeidenden Alterssicherung zu ergreifen, ist vielfach in verschiedenen wissenschaftlichen Beiträgen dokumentiert. Zwar wird bisher zumindest eher das Ausmaß der Altersarmut unter Bestandsrentnern quantifiziert,[78] jedoch wird der wachsenden Bedrohung durch ein steigendes Risiko der Altersarmut in der jüngeren Vergangenheit eine stetig größer werdende Aufmerksamkeit beigemessen.[79] Obschon die Armutsquote seit den 1990er Jahren relativ konstant ist (vgl. Strengmann-Kuhn, 2008), ist bedingt durch die Absenkung des Rentenniveaus insgesamt (resultierend aus den Komponenten der Rentenformel) sowie durch die zunehmende Verbreitung von unterbrochenen Erwerbsbiographien, atypischer Beschäftigung und längeren Ausbildungszeiten für die nähere Zukunft von einer Zunahme der Altersarmut auszugehen (Steiner/Geyer, 2010).

---

77 Siehe dazu auch die Ausführungen in von Weizsäcker (2003). Er kritisiert an einer staatlich garantierten Mindestrente insbesondere die Anreizproblematik, von der negative Effekte auf das Sparverhalten der Individuen ausgehen. Er zeigt in einem Modell, dass sich eine Pareto-Verbesserung durch eine Besteuerung erreichen lässt, die die angesprochenen verzerrenden Wirkungen auf das Sparverhalten auflösen.

78 Zur Analyse der Einkommenssituation aktuell in Renten befindlicher Personen steht hingegen eine umfassende und ausführliche Datenbasis zur Verfügung. Vgl. dazu die Ausführungen von Bieber/Stegmann (2008).

79 So macht Leiber (2009) macht darauf aufmerksam, dass die Datenlage es erschwere, valide Prognosen über das zukünftige Ausmaß von Altersarmut zu erstellen; gleichwohl ließe sich basierend auf bereits heute beobachtbarer Anzeichen darauf schließen, dass das Problem sich in naher Zukunft weiter verschärfe.

Bei der Diskussion um einen in Zukunft zu erwartenden Anstieg der Altersarmut ist zunächst eine Definition notwendig, nach der eine Person bzw. ein Haushalt im Alter als arm gilt. Es sei vorweggenommen, dass eine allgemein gültige und eindeutige Definition des Armutsbegriffes nicht existiert und je nach Untersuchungsgegenstand alternative Begriffsdefinitionen verwendet werden. Grundsätzlich gilt Armut als ein Zustand der unzureichenden Ausstattung mit ökonomischen Mitteln (vgl. Bäcker, 2008); es handelt sich dabei nicht nur um eine zeitlich begrenzte Periode, sondern um einen die Lebenslage bestimmenden, dauerhaft anhaltenden Umstand.[80] Der Armutsbegriff ist somit das Resultat aus Bestimmungen normativer Art, wobei zunächst unterschieden wird zwischen absoluter und relativer Armut. So ist absolute Armut als eine Situation definiert, in der lebensnotwendige Güter wie z.B. Nahrung, Kleidung und Wohnraum nicht verfügbar sind, sodass eine Gefährdung für die Sicherung der eigenen Existenz besteht. Man spricht daher auch von existenzieller Armut.

Der für moderne Wohlstandsgesellschaften relevantere Begriff der relativen Armut[81] setzt die Einkommensposition in Bezug zum direkten wirtschaftlichen Umfeld; demnach definiert dieses Konzept eine Person als relativ arm bzw. einkommensarm, wenn sie unterhalb des soziokulturellen Existenzminiums lebt, sodass die Teilhabe am gesellschaftlichen Leben nicht oder kaum mehr möglich ist. Relative Armut beschreibt also meist die Situation der Bevölkerung in einer Volkswirtschaft am unteren Ende der Einkommensskala. Dieser Begriff ist jedoch mit etlichen Abgrenzungsproblemen behaftet, da die Güter und Dienstleistungen dessen, was zur Erreichung des soziokulturellen Existenzminimums notwendig ist, unterschiedlich definiert sind. So wird etwa der Handlungsspielraum nicht nur durch seine Wirtschaftskraft determiniert, sondern auch durch die Höhe seines Human- und Sozialkapitals.

Weiter zu unterscheiden sind diese Begriffe von dem der Armutsgefährdung. Demnach gilt eine Person als armutsgefährdet, wenn sie nach Berücksichtigung von Steuern und Transferabgaben ein Einkommen unterhalb von 60 Prozent des Medianeinkommens des Landes erzielt, in dem sie lebt. In Deutschland lag im Jahr 2014 die Armutsschwelle bei einem monatlichen Einkommen von 987 Euro für Alleinstehende bzw. 2.072 Euro für zwei Erwachsenen mit zwei Kindern unter 14 Jahren.[82]

80 In einer breiteren, an moderne Wohlfahrtsstaaten angepassten Definition umfasst der Armutsbegriff eine „Lebenslage [...], die durch eingeschränkte Lebenschancen und unzureichende Teilhabe an gesellschaftlichem Wohlstand gekennzeichnet ist." (vgl. Leibfried/Voges, 2009, S. 22).

81 In der EU ist relative Armut definiert als ein Zustand, in dem eine Person oder ein Haushalt nicht in dem Maße über Mittel materieller, kultureller und sozialer Art verfügt, sodass soziale Teilhabe möglich ist. Sie sind somit von der als Minimum annehmbaren Lebensweise in ihrem Mitgliedsstaat ausgeschlossen. Vgl. dazu die Definition in Bäcker (2008).

82 Vgl. Statistisches Bundesamt (2015c) auf Basis von Daten der Erhebung „Leben in Europa" EU-SILC (2014).

Bäcker (2008) sieht es als „vorrangige Aufgabe des Staates [an], das Entstehen von Armutslagen präventiv zu vermeiden und bestehende Armut zu bekämpfen. Ein Alterssicherungssystem, das diese Aufgabe nicht erfüllt, steht vor massiven Akzeptanz- und Legitimationsproblemen." (ebd., S. 357). In diesem Kontext ist es nicht sehr vorteilhaft, mit der Armutsschwelle eine statistisch ermittelte relative Größe als Referenzwert heranzuziehen. Stattdessen ist es sinnvoller, mit den Werten von Sozialhilfe bzw. Grundsicherung eine (sozial)politisch determinierte Armutsgrenze aus dem Sozialgesetzbuch zu wählen. Diese Größen setzen sich zum Teil aus einem Regelsatz und zu einem anderen Teil aus einem Betrag für Wohnen und Unterkunft zusammen und stellen somit zwar auch eine relative Größe dar, die sich am allgemeinen, an die örtlichen Gegebenheiten angepassten Lebensstandard orientiert; allerdings werden – zumindest im Fall Deutschlands – die unterschiedlich hohen Lebenshaltungskosten verschiedener Wirtschaftsräume berücksichtigt.

Goebel und Grabka (2011) untersuchen die Entwicklung des Altersarmutsrisikos in der jüngeren Vergangenheit. Sie stellen in ihrer Analyse von Rentnerhaushalten im Sozio-oekonomischen Panel (SOEP) fest, dass das allgemeine relative Risiko, im Alter arm zu sein, verglichen mit dem Armutsrisiko der Gesamtbevölkerung in den vergangenen Jahren auf konstantem Niveau verharrt; dabei sind Paarhaushalte einem niedrigeren Risiko ausgesetzt als Alleinstehende.[83] Dies sei insofern erstaunlich, da angesichts sinkender Rentenzahlbeiträge und einer bisher geringen Bedeutung übriger Einkommenskomponenten eher ein Anstieg der Altersarmut erwartet wurde. Als Hauptgrund führen die Autoren die veränderte Haushaltsstruktur an, welche sich in einem Anstieg des Anteils der Paarhaushalte und dem damit einhergehenden niedrigeren Altersarmutsrisiko wiederspiegelt. Darüber hinaus ist die Erkenntnis wichtig, dass die Altersarmut zwar etwas relativiert wird, wenn man Vermögenspositionen mit in die Analyse einbezieht; Haushalte mit höherem Altersarmutsrisiko beziehen jedoch den Großteil ihres Alterseinkommens aus Ansprüchen an die Gesetzliche Rentenversicherung und weniger oder gar nicht aus anderen Altersvorsorgevermögen. Im Gegenteil: Es sind eher die einkommensstarken Haushalte, die mitunter erhebliche Altersvorsorgevermögen akkumuliert haben (vgl. Fratzscher, 2016). Aus diesem Grund wird durch die Einbeziehung von Vermögen zwar der Anteil der Altersarmut reduziert; die Ungleichheit nimmt jedoch zu.

Obschon die Gesetzliche Rentenversicherung so ausgestaltet sein sollte, Altersarmut zu vermeiden, sodass keine Bedürftigkeit nach einer Grundsicherung und Fürsorge seitens der Versicherten entsteht (Eichenhofer, 2008),[84] existieren hierbei rechtliche Bedenken. So benennt Merten (2008) hinsichtlich mancher Überlegungen

83 Dies ist bedingt durch haushaltsinterne Umverteilungsprozesse. Sowohl eine Fixkostendegression als auch der Ausgleich niedriger Einkommen durch hohe Einkommen in einem sog. „Single-Breadwinner"-Haushalt begünstigen einen solchen Prozess.

84 Habermann (2008) sieht Armutsvermeidung als vornehmliche Aufgabe der Gesetzlichen Rentenversicherung an und warnt vor einer Degradierung der ersten Säule in ihrer jetzigen Form zu einer reinen Grundsicherung.

einer armutsfesten Alterssicherung verfassungsrechtliche Probleme. Er stellt heraus, dass es zwischen den Aufgabenträgern zu Konflikten bei der Gesetzgebungskompetenz bzgl. des Fürsorge- und Sozialversicherungsauftrags kommen könne. In diesem Zusammenhang monieren Riedmüller und Willert (2008), dass die Rentenpolitik die Herstellung eines sozialen Ausgleichs zu stark in den Aufgaben- und Verantwortungsbereich der privaten Haushalte übertragen wolle. Sie kritisieren zwar mit Recht, dass dieser Umstand angesichts sich im Wandel befindender Haushaltsstrukturen so nicht mehr zu halten sei; allerdings muss man an dieser Stelle die Frage stellen, ob und in welchem Ausmaß eine solche (falsche) Erwartungshaltung an eine Alterssicherung dem Versicherungsgedanken zuwiderläuft und inwieweit man innerhalb eines sozialen Sicherungssystems den Konflikt zwischen Äquivalenz- und Fürsorgeprinzip strapazieren möchte.

In der Diskussion über die Bekämpfung der Altersarmut werden verschiedene Möglichkeiten und Handlungsoptionen ins Spiel gebracht. Bäcker und Schmitz (2013) unternehmen einen Versuch der Einordung etlicher bisher vorgebrachter Reformvorschläge und unterscheiden dabei vier wesentliche Kategorien (siehe Kap. 8.1). Erstens, Implementierung von Reformen auf dem Arbeitsmarkt, um dort die Voraussetzungen zu schaffen, ausreichend hohe (im Sinne von armutsvermeidenden) Rentenansprüche zu akkumulieren. Zweitens sollen solche Tätigkeiten in Zukunft von der Sozialversicherungspflicht umfasst werden, bei denen dies bisher nicht der Fall war. Dazu gehören zum Beispiel die Erhebung von verpflichtenden Sozialbeiträgen geringfügiger Beschäftigung und die Ausweitung des Versichertenkreises hin zu einer Erwerbstätigenversicherung (vgl. Döring, 2008), wie es bereits in zahlreichen anderen OECD-Staaten der Fall ist.[85]

Eine dritte Kategorie der Reformoptionen stellt ein partieller Systemwechsel bzw. eine Systemreform auf der Ausgabenseite dar. Dabei würde das Äquivalenzprinzip in weiten Bereichen durchbrochen und durch ein System mit einer Mindestsicherungskomponente ersetzt; dies würde insbesondere für die Rentenversicherung im Fall von Beziehern niedriger Renten ein Abschied vom Prinzip der Teilhabäquivalenz bedeuten. Eine Variante aus dieser Kategorie entspräche am ehesten dem der in der Politik diskutierten Reformvorschlag eines garantierten Mindesteinkommens im Ruhestand. Zuletzt bedeutete viertens ein grundlegender Systemwechsel die Aufteilung der Gesetzlichen Rentenversicherung in zwei Ebenen: Eine steuerfinanzierte Basisrente mit/und einer beitragsabhängigen Leistungskomponente nach etwa skandinavischem Vorbild. Einen breiten Überblick sowie eine ausführliche Diskussion mit anschließender Bewertung der bestehenden Reformvorschläge und Handlungsoptionen findet sich in Kapitel 8.

85 Vgl. dazu den Beitrag von Traub und Finkler (2014), die die einzelnen Zweige der sozialen Sicherung für mehrere OECD-Staaten einem ausführlichen Vergleich hinsichtlich ihres Absicherungsgrades unterziehen.

3 Intertemporale Optimierung: Theorie und Evidenz

In dem folgenden Kapitel wird die Theorie intertemporaler Konsumentscheidung vorgestellt. Zunächst wird dabei eine Übersicht über den theoretischen Rahmen und den aktuellen Forschungsstand gegeben (Kap. 3.1). Anschließend wird in Kapitel 3.2 anhand eines knappen Literaturüberblicks herausgearbeitet, ob sich die Lebenszyklushypothese für Deutschland empirisch belegen lässt oder ob die Haushalte eine alternative Entscheidung hinsichtlich ihrer optimalen intertemporalen Konsumallokation treffen.

In einem verhaltensökonomischen Ansatz wird in Kapitel 3.3 anhand der *Prospect Theory*[86] und hyperbolischer Diskontierung[87] sodann gezeigt, wann die intertemporale Optimierung nicht einem rationalen Kalkül folgt, sondern durch zahlreiche Verzerrungen und Verhaltensanomalien charakterisiert ist. Abschließend wird diskutiert, welche Implikationen die jüngsten Reformen der GRV für die Idee einer Konsumglättung haben und für welche Einkommensschichten es unter Umständen (ir)rational ist, Alterssicherung nachzufragen (Kap. 3.4).

3.1 Zur Entwicklung und Bedeutung der Theorie intertemporaler Optimierung

Die Lebenszyklushypothese geht in ihrer ursprünglichen Form zurück auf die Arbeiten von Ando, Modigliani und Brumberg[88]. Zentral ist dabei das Ergebnis, dass ein repräsentatives Individuum bzw. ein repräsentativer privater Haushalt vor einer intertemporalen Optimierungsentscheidung steht und den Gegenwartswert seines Nutzens maximieren will. Unter den getroffenen Annahmen (u. a. über den Zins, die Zeitpräferenzrate oder die Vollkommenheit des Kreditmarktes) ist die Glättung des Konsums über den gesamten Lebenszyklus das Resultat dieses Maximierungsprozesses. Die optimale Konsumhöhe in der laufenden Periode wird so gewählt, dass das Individuum befähigt ist, in jeder Phase in etwa die Menge zu konsumieren, die seinen Gegenwartswert des Nutzens maximiert.

---

86 Vgl. Kahneman/Tversky (1979), die mit der *Prospect Theory* eine deskriptive Alternative zur Erwartungsnutzentheorie präsentieren.

87 Vgl. Ainslie (1975), auf dessen Arbeiten dieser Ansatz basiert, sowie Laibson (1997).

88 Vgl. Modigliani/Brumberg (1954) und Ando/Modigliani (1963), deren Arbeiten als Gründungswerke der Theorie intertemporaler Optimierung betrachtet werden können. Für seine Arbeit im Zusammenhang mit der Entwicklung der Lebenszyklushypothese wurde Franco Modigliani 1985 mit dem Alfred-Nobel-Gedächtnispreis für Wirtschaftswissenschaften ausgezeichnet.

Übersteigt (bzw. unterschreitet) dabei das optimale Konsumniveau das aktuelle Einkommen, wird das Individuum einen Kredit aufnehmen (bzw. sparen). Dieser Aspekt ist von zentraler Bedeutung, wenn man unterstellt, dass das Individuum die Ressourcen im Rahmen der Konsumglättung intrapersonell und intertemporal transferieren will (Mankiw, 2011).[89] Angenommen wird dabei ein vorausschauendes, perfekt rationales Individuum, welches bei vollständiger Information seine konkave Nutzenfunktion maximiert. Eingedenk der zu erwartenden durchschnittlichen Einkommensentwicklung (niedrige bzw. keine Einkommen im jungen bzw. hohen Alter sowie relativ dazu hohe Einkommen im mittleren Alter)[90] kann für die Sparquote ein zyklischer Verlauf festgestellt werden. Demnach müssten typischerweise in jungen Jahren Kredite aufgenommen werden, während im Alter wieder entspart wird, um die einkommensbezogenen geringen Konsummöglichkeiten zu kompensieren. Das Altersvorsorgekapital würde sich folgerichtig hauptsächlich aus der im mittleren Alter akkumulierten Ersparnis speisen.

Die Lebenszyklushypothese stellt das Produkt der Weiterentwicklung verschiedener aufeinander aufbauender Ansätze dar, die sich ebenfalls mit dem Zusammenspiel von Einkommen, Ersparnis und Konsum sowohl in der kurzen und langen Frist auseinandersetzen. Keynes (1936) postuliert in seiner *absoluten Einkommenshypothese* in erster Linie einen engen Zusammenhang zwischen Konsum und Einkommen. Seine drei zentralen Axiome setzen voraus, dass der gesamtwirtschaftliche Konsum erstens nur vom Einkommen der laufenden Periode und nicht vom erwarteten Einkommen abhängt. Zweitens wird von zusätzlichen Einkommen ein bestimmter Anteil für den Konsum aufgewendet, wobei die marginale Konsumquote kleiner als eins ist. Analog dazu steigt mit zunehmendem Einkommen die Sparquote, während die durchschnittliche Konsumquote mit zunehmendem Einkommen fällt. Kuznets (1942) überprüft das Modell auf seine empirische Evidenz und stellt einen Widerspruch zur keynesianischen Konsumfunktion fest. Deren Gültigkeit ist nur in der kurzen Frist stabil, sodass langfristig von einer konstanten durchschnittlichen Konsumquote ausgegangen werden kann.

Duesenberry (1949) greift den Ansatz von Keynes auf und begründet in seiner *relativen Einkommenshypothese* (auch soziologische Konsumhypothese) die Höhe der durchschnittlichen Konsumquote des Haushalts mit der relativen Position in der gesellschaftlichen Einkommenspyramide.[91] Die langfristige marginale Konsumquote ist höher als in der kurzen Frist: Das höchste in der Vergangenheit erreichte Einkommen entspricht dem Lebensstandard, den es zu halten gilt. Dementsprechend wird der Konsum stetig an den Lebensstandard angepasst. Dabei

89 Die im nächsten Abschnitt folgenden Erläuterungen zur Lebenszyklushypothese und zur Idee des permanenten Einkommens sind, was den Aufbau angeht, angelehnt an die Ausführungen von Blanchard und Illing (2009, S. 472 ff.) in deren Lehrbuch zur Makroökonomie.

90 Vgl. dazu etwa Fachinger/Himmelreicher (2008).

91 Vgl. auch Ackley (1951).

wird die Existenz eines „Sperrklinkeneffekts" angenommen, sodass Einkommenssteigerungen den Haushalten zwar mehr Konsummöglichkeiten eröffnen, Einkommenssenkungen aber nicht zu einem Konsumrückgang führen, sondern durch eine verminderte Sparquote ausgeglichen werden. In Duesenberrys Ansatz wird der Nutzen der Haushalte nicht nur von den zur Verfügung stehenden Konsumallokationen determiniert, sondern hängt vor allem auch von den Auswirkungen ab, die ein Güterbündel auf den sozialen Status hat. Der Nutzen des eigenen Konsums wird also unmittelbar durch das Konsumverhalten des sozialen Umfelds determiniert.[92] In der Konsequenz substituieren Haushalte auf Kosten der Erhaltung des relativen sozialen Status solche Ressourcen, die sie ansonsten für die Bildung einer Ersparnis aufgewendet hätten.

In seiner *habit-persistence-Hypothese* berücksichtigt Brown (1952) den Vorperiodenkonsum der Haushalte und unterscheidet zwischen kurz- und langfristiger marginaler Konsumquote. Demnach wird in der *habit-persistence-Hypothese* eine Divergenz zwischen den jeweiligen marginalen Konsumquoten angenommen, sodass der Konsum überwiegend von unmittelbaren Einflüssen und Gewohnheiten determiniert wird; d.h., dass das Einkommen der laufenden Periode in erster Linie für den gegenwärtigen Konsum verwendet wird. Im Gegensatz zur relativen Einkommenshypothese behauptet Browns Hypothese also, dass ein repräsentativer Haushalt den Konsumgewohnheiten vergangener Perioden Rechnung trägt und sich nicht lediglich an einem einmal erreichten Maximaleinkommen orientiert.

Der letzte hier vorgestellte Ansatz des Lebenszyklusmodells ist die auf Friedman (1957) zurückgehende *permanente Einkommenshypothese* bzw. Hypothese des permanenten Konsums. Sie basiert auf der Idee, dass das Einkommen sich sowohl aus einer volatilen als auch einer permanenten Komponente zusammensetzt. Demnach ist der Konsum in der laufenden Periode nicht nur durch das Einkommen in eben dieser determiniert, sondern stets durch das permanente, über einen längeren Zeitraum erwartete Einkommen, sodass in der Konsequenz kurze Einkommensschwankungen keine wesentlichen Änderungen des Konsumverhaltens zur Folge haben. Die permanente Einkommenshypothese reagiert dabei auf die Kritik an der oben skizzierten keynesianischen Konsumhypothese. Die adaptive Ausrichtung in Form einer Überbetonung der Konsumgewohnheiten vergangener Perioden weicht einer Zukunftsorientierung, sodass die Haushalte Erwartungen über die zukünftigen Einkommen bilden. Neben der Erweiterung des Konsumbegriffes um das Vermögen wird dieser nun trennschärfer definiert, indem zwischen Konsum und Konsumgütern mit investivem bzw. konsumtivem Charakter unterschieden wird.

Für beide letztgenannten Ansätze gilt, dass der nutzenmaximierende Entscheider zu Beginn seines Lebens den Barwert aller zu erwartenden Einkommen ermittelt. Dazu zählen Vermögensgegenstände wie Aktien, Wertpapiere, Spar-

92 Demnach orientiert sich das Konsumniveau des Haushalts stark am Konsumniveau von Haushalten höherer Einkommensschichten („Demonstrationseffekt").

guthaben und Immobilien. Addiert mit dem Schätzwert des Humanvermögens, welcher dem Barwert des zu erwartenden Arbeitskommens entspricht, ergibt sich ein Gesamtwert, welcher nun über den künftigen Lebenszyklus aufgeteilt werden kann.

Durch den Begriff des permanenten Einkommens kann das durchschnittliche Lebenszykluseinkommen adäquat abgebildet werden. Im Gegensatz zu einem jahreseinkommensbasierten Ansatz ist er somit zur Beurteilung der Einkommensverteilung und zur Analyse der Ungleichheit am ehesten geeignet (Mankiw/Taylor, 2016; S. 558).

Obschon Probleme der Erfassung und Messbarkeit durchaus gegeben sind, bildet die permanente Einkommenshypothese ein wichtiges Instrument der Verteilungsmessung. Da transitorische Einkommensänderungen nicht berücksichtigt werden, ist der Einkommensverlauf glatter und die Einkommen über die einzelnen Perioden gleichmäßiger verteilt, sodass die relative Einkommensposition effizienter abgebildet werden kann.

Legt man diese Theorie zu Grunde, würde ein Individuum, welches seinen Konsum intertemporal glätten möchte, in seiner Ausbildungsphase einen Kredit aufnehmen und diesen in der Erwerbsphase zunächst tilgen und dann aus seinem laufenden Einkommen eine Ersparnis aufbauen. Im Alter würde es hingegen seinen akkumulierten Kapitalstock wieder verzehren. Börsch-Supan und Essig (2002) und Börsch-Supan (2005b) zeigen in ihren Studien, dass die aggregierte Sparquote sich nicht streng nach diesem Muster beschreiben lässt, da im Alter nicht entspart wird und die Ersparnis somit stets positiv ist. Sie liefern außerdem Befunde dafür, dass knapp ein Fünftel der Bevölkerung überhaupt nicht sparen kann bzw. ein geringer Teil (zwei Prozent) bewusst nicht sparen will.

Eine weitere Möglichkeit, intertemporale Konsumentscheidungen formal zu beschreiben, besteht in auf der Lebenszyklushypothese basierenden Modellen mit überlappenden Generationen (*overlapping generations*, OLG).[93] Mit OLG-Modellen in ihrer simplen Grundform ist es möglich, die Entwicklung der aggregierten Ersparnis sowie deren Reaktion auf Verhaltensänderungen der privaten Haushalte abzubilden. Mit Hilfe eines OLG-Modells wird in Kapitel 4 zum einen gezeigt, welche Auswirkungen von einem Sozialversicherungssystem mit einer gesetzlich garantierten Mindestrente auf die optimale Höhe des endogenen Arbeitsangebots ausgehen. In einem zweiten Schritt wird untersucht, wie sich das Arbeitsangebot unter der Annahme beschränkter Rationalität verhält.

---

93 Um einen einführenden Überblick über die Bedeutung und Methodik von OLG-Modellen zu erhalten, vgl. Romer (2006, S. 48 ff.). OLG-Modelle basieren auf neoklassischen Wachstumsmodellen von Solow (1956) sowie dem Ramsey-Cass-Koopmans-Modell, welches in Barro und Sala-i Martin (2003, S. 85 ff.) beschrieben ist. Der zentrale Unterschied zwischen beiden Modellen besteht in der Ausgestaltung der Sparquote, die im Solow-Modell exogen, im Ramsey-Cass-Koopmans-Modell hingegen eine endogene Größe ist.

3.2 Empirische Evidenz zur Lebenszyklushypothese

Im folgenden Abschnitt wird anhand eines Literaturüberblicks überprüft, ob empirische Evidenz für das Sparverhalten von Haushalten in Deutschland gemäß der im vorangegangen Kapitel vorgestellten Theorien vorliegt.

Für Deutschland lässt sich auf Basis verschiedener Mikrodatensätze[94] belegen, dass die Ersparnisbildung der privaten Haushalte (bzw. deren Verlauf) dem Muster der modifizierten Lebenszyklushypothese entspricht (vgl. etwa Rodepeter, 1997; Börsch-Supan/Lusardi, 2003; Freyland, 2005; SVR, 2011). Demnach folgt die Sparquote zwar immer noch einem umkehrt parabolischen Verlauf; jedoch sind die Sparquoten in jungen Jahren – anders als durch die klassische Lebenszyklushypothese postuliert – nicht negativ, sondern positiv, wenn auch gering. Es findet also kein „Negativsparen" bzw. eine zunehmende Verschuldung durch die Aufnahme von Krediten in jungen Jahren im Rahmen der Ausbildungs- und frühen Berufsphase statt, sodass eine durchweg positive Sparquote zu beobachten ist. Der Verlauf der Sparquote erreicht ein Hochplateau im mittleren Alter und sinkt im höheren Alter wieder ab. Es kann kein Entsparen im hohen Alter beobachtet werden, sodass das Altersvorsorgekapital nicht zur Finanzierung des gegenwärtigen Konsums verwendet werden muss.

In seiner Expertise im Auftrag der Bundesregierung beschreibt der Sachverständigenrat den Verlauf der Sparquote in Deutschland wie folgt:[95] Die Sparquoten in der früheren Phase des Lebenszyklus (20–24 Jahre) steigen zunächst stark an, halten sich bis zum mittleren Alter (45–49 Jahre) auf einem konstanten Niveau von zehn Prozent und sinken schlussendlich im rentenberechtigten Alter wieder auf vier Prozent ab (vgl. SVR, 2011; S. 46–47).

Die Unterschiede zwischen klassischer und modifizierter Lebenszyklushypothese gehen zurück auf verschiedene Faktoren, die die Sparquote der privaten Haushalte auf unterschiedliche Weise beeinflussen. In allererster Linie ist hierbei die Existenz eines staatlichen Alterssicherungssystems in Form der Gesetzlichen Rentenversicherung zu nennen, die in der korrespondierenden Literatur als eine der Hauptursachen für einen relativ flachen Verlauf des Sparprofils im Lebenszyklus ausgemacht wird (Börsch-Supan, 2001; Börsch-Supan et al., 2000, 2001).

Zweitens kann der vermeintliche Widerspruch zu der klassischen Lebenszyklushypothese mit der Existenz eines vornehmlich staatlich finanzierten Bildungssystems begründet werden. So müssen jüngere Menschen in der frühen Lebensphase kaum Kredite zur Finanzierung ihrer Bildungsausgaben aufnehmen, wodurch nicht vorhandenes Entsparen oder eine zumindest geringe Ersparnis in der frühen Lebensphase erklärt werden kann (SVR 2011; Busl et al., 2012). Darüber hinaus sind

---

94 Etwa die Einkommens- und Verbrauchsstichprobe (EVS) oder das Sozio-oekonomische Panel (SOEP).

95 Vgl. die Expertise „Herausforderungen des demographischen Wandels" des Sachverständigenrats zur Begutachtung der gesamtwirtschaftlichen Entwicklung (SVR) im Auftrag der Bundesregierung (SVR, 2011).

weitere endogene Faktoren (d. h. eine unterschiedliche Gewichtung der einzelnen Sparmotive) und exogene (d. h. gesellschaftliche, politische oder gesamtwirtschaftliche) Einflüsse für die Diskrepanzen beider Verläufe der Sparquote im Lebenszyklus verantwortlich.

In einer umfassenden Untersuchung des Zentrums für Europäische Wirtschaftsforschung (ZEW) im Auftrag des Bundesfinanzministeriums wird die Entwicklung der Ersparnis- und Investitionsbildung vor dem Hintergrund der demographischen Entwicklung in Deutschland untersucht (vgl. Busl et al., 2012). In erste Linie werden in der Studie die davon ausgehenden gesamtwirtschaftlichen Auswirkungen dokumentiert. Im Ergebnis halten die Autoren fest, dass die gesamtwirtschaftliche Ersparnis aufgrund des bereits angesprochenen doppelten Alterungsprozesses zurückgehen wird. Qualitativ ist zwar der für die Sparquote typische Verlauf zu beobachten (positive, aber geringe Sparquoten im jungen und hohen Alter sowie hohe Sparquoten im mittleren Alter); quantitativ ergeben sich jedoch mitunter deutliche Niveauunterschiede. Die noch im Alter hohe Sparquote wird u. a. determiniert durch die relativ hohe Substitution durch verschiedene Formen der gesetzlichen, beruflichen und privaten Altersvorsorge sowie das das bei der Ersparnis nach wie vor eine starke Rolle spielende Vorsichtsmotiv. Darüber hinaus spielen auch kohortenspezifische Effekte eine Rolle; gleichwohl wird im Alter zu Zwecken des Konsums des Altersvorsorgekapitals überwiegend entspart. Entgegen der „klassischen" Lebenszyklushypothese mit zyklischem Sparverhalten ist die Ersparnisbildung auch in jungen Jahren positiv. Dies lässt sich unterlegt durch Daten auf ein insgesamt breites staatliches Bildungsangebot sowie die relativ geringen Wohneigentumsquoten zurückführen, sodass keine direkte Notwendigkeit der Kreditaufnahme besteht.

Im Gegensatz zu der klassischen Theorie des Sparens gemäß der Lebenszyklushypothese zeigt die Empirie, dass Sparentscheidungen oftmals anderweitig motiviert sein können (vgl. Börsch-Supan et al., 2006, S. 14). Für den Aufbau eines Sparvermögens existieren innerhalb eines Haushalts mehrere (teilweise interdependente[96]) Motive, deren Bedeutung sich über den Lebenszyklus verändert. Das mit Sicherheit stärkste Sparmotiv in Deutschland bildet das Altersvorsorgemotiv.[97] Dabei bilden Haushalte in jungen und mittleren Jahren Ersparnisse, um damit den Konsum der Ruhestandsphase zu finanzieren.

Vor dem Hintergrund einer alternden Gesellschaft ist für die nähere Zukunft zu erwarten, dass das Altersvorsorgemotiv bei der Ersparnisbildung vermehrt an Bedeutung gewinnen wird. An dieser Stelle sei angemerkt, dass aufgrund unterschiedlicher Finanzierungsquellen das Altersvorsorgemotiv in einem kapitalgedeckten Alterssicherungssystem eine größere Rolle spielt als im Umlageverfahren. Zu diesen Ergebnissen kommen Bloom et al. (2007) bei der Analyse von Makrodaten

96 So reduziert etwa das Wissen um eine zukünftige Erbschaft den Anreiz zu sparen.

97 Vgl. Börsch-Supan et al. (2009b) stellvertretend für zahlreiche Studien bzgl. der Sparmotive deutscher Haushalte. In diesem Fall handelt es sich um die Ergebnisse der Studie „Sparen und Altersvorsorge in Deutschland" (SAVE).

im Rahmen einer internationalen Vergleichsstudie.[98] Daraus lässt sich der Schluss ziehen, dass die Sparquote in Ländern mit Kapitaldeckungsverfahren prinzipiell höher ist als in solchen mit umlagefinanzierten Rentensystemen. Während die Sparquoten in Haushalten jüngeren und mittleren Alters niedriger sind, sind im höheren Alter relativ hohe Sparquoten zu beobachten, da die in einem Umlagesystem bereitgestellten Renteneinkommen tendenziell einen geringen Abbau des angesparten (Altersvorsorge-)Kapitals bedingen.

Als zweites wichtiges Motiv ist in der Literatur das Sparen aus Vorsicht zu nennen. Dabei geht es darum, im Lebenszyklus auftretende Risiken mit Hilfe eines ausreichend hohen Kapitalstocks abzusichern. Zu diesen Risiken gehören z. B. Einkommensschwankungen, eine Verschlechterung des Gesundheitszustandes oder das Risiko eines langen Lebens und somit eine lange Phase ohne die Möglichkeit, aktiv Einkommen (aus Arbeit) zu erwirtschaften (vgl. Kennickell/Lusardi, 2005; Davies, 1981). Darüber hinaus zählen politische Risiken wie z. B. weitreichende Reformen des Rentensystems zu den bedeutenden Determinanten des Vorsichtssparens und erhöhen somit die Sparquote insgesamt über den Lebenszyklus (Schunk, 2007).[99]

Im höheren Alter und insbesondere nach dem Erwerbsleben stellt der Wille, Vermögen zu vererben, ein weiteres relevantes Sparmotiv dar (Hurd, 1987); das Motiv gewinnt umso mehr an Bedeutung, je höher das Vermögen der Vererbenden ist (Alessie et al., 1999) und ob es mit Kindern im Haushalt potenzielle direkte Erben gibt (Coppola, 2008). Grundsätzlich ist jedoch die eindeutige Identifikation des Vererbungsmotivs mit Schwierigkeiten behaftet. Neben einer Ersparnisbildung aufgrund klar beabsichtigter zukünftiger Vererbung[100] kann eine Ersparnis auch in ein unbeabsichtigtes Erbe übergehen, etwa aufgrund plötzlichen Ablebens (Davies, 1981) oder Haushaltsbudgetüberschüssen aufgrund gesundheitsbedingter eingeschränkter Konsummöglichkeiten (Börsch-Supan/Stahl, 1991). Weiterhin bildet ein geplanter Immobilienerwerb ein starkes intrinsisches Sparmotiv, das eher in jungen denn in älteren Lebensjahren zum Tragen kommt.

Neben den oben skizzierten endogenen Faktoren wird das Sparverhalten in gleichem Maße von exogenen Faktoren, d. h. den politischen, gesellschaftlichen, rechtlichen und ökonomischen Rahmenbedingungen beeinflusst. Stellvertretend beschreibt Feldstein (1974) den starken Einfluss der bloßen Existenz eines Sozialversicherungssystems auf die Sparquote.[101] Demnach verdrängt der Beitrag zur Sozial-

---

98 Zu ähnlichen Ergebnissen kommt Poterba (2004) bei der Analyse US-amerikanischer Daten. Er prognostiziert für die Zukunft einen starken Rückgang der Nachfrage nach Altersvorsorgeprodukten und somit zu einem Absinken der Kapitalmarktrenditen („*asset market meltdown*").

99 Insbesondere bei Personen mittleren und höheren Alters sowie selbständig Erwerbstätigen ist dieses Motiv stärker ausgeprägt.

100 Vgl. Bernheim et al. (1985), die von einem „strategischen Vererbungsmotiv" sprechen.

101 Exogene Faktoren beeinflussen die Ersparnis nicht nur auf direktem, sondern auch auf indirektem Wege über die einzelnen Sparmotive. So reduziert ein Sozial-

versicherung die private Ersparnis, sodass die Sparquote umso mehr zurückgeht, je stärker die Absicherung durch die (und demzufolge der Beitrag zur) Sozialversicherung ist.[102] Diese These lässt sich weiter spezifizieren: In einem umlagefinanzierten Alterssicherungssystem mit einer stark ausgeprägten Komponente der Lebensstandardsicherung, wie es in Deutschland seit der Nachkriegszeit der Fall ist (d.h. mit einer hohen *replacement ratio*), rückt Altersvorsorge als Sparmotiv weiter in den Hintergrund (Börsch-Supan, 2001; Börsch-Supan et al., 2001).

Caroll et al. (1992) bieten einen Gegenentwurf zur Lebenszyklushypothese und zur permanenten Einkommenshypothese an. In deren Modell sparen Individuen ungeachtet ihrer Konsumpräferenzen einen Puffer (*buffer-stock*) an. Dabei sparen ungeduldige Konsumenten aus einem Vorsichtsmotiv heraus, um unvorhergesehene Einkommensschwankungen kompensieren zu können. Die Höhe des Puffers orientiert sich dabei an dem Verhältnis zwischen Vermögen und permanentem Einkommen. Wird die optimale Rate unterschritten, dominiert das Vorsichtsmotiv die Zeitpräferenz und das Individuum spart. Umgekehrt entspart das Individuum, wenn das optimale Verhältnis überschritten wird, sodass die Konsumneigung stärker ist als das Vorsichtsmotiv (Caroll, 1997, S. 2). Caroll kommt nach Auswertung von US-amerikanischen Daten[103] zu dem Ergebnis, dass für lediglich 15 Prozent der Befragten der Aufbau einer Altersvorsorge der wichtigste Zweck des Sparens ist. Dagegen sparen 43 Prozent aus dem Vorsichtsmotiv. Ähnliche Ergebnisse finden sich in Börsch-Supan et al. (2006b, S. 26), in deren Studie sowohl das Vorsichtsmotiv als auch das Altersvorsorgemotiv von den Befragten als sehr wichtig eingestuft wurden.

Die Höhe der privaten Ersparnis wird ebenfalls durch die gesamtwirtschaftlichen Rahmenbedingungen beeinflusst. Die seit der Großen Rezession anhaltende Niedrigzinspolitik der Europäischen Zentralbank dürfte eine zumindest phasenweise niedrige gesamtwirtschaftliche Sparquote zur Folge haben (EC, 2010; 2012). Darüber hinaus stellen rechtliche Rahmenbedingungen wie steuerliche Aspekte (insbesondere vor dem Hintergrund der Regulierungsmaßnahmen auf dem europäischen Kapitalmarkt) einen weiteren nicht zu vernachlässigenden Einflussfaktor auf die Ersparnisbildung dar.

---

versicherungssystem mit einer hohen Ersatzrate (sowohl Alterssicherungs- als auch Gesundheitssystem) die Notwendigkeit, eine Ersparnis zur Erhaltung des Lebensstandards im Alter zu bilden. Analog lässt sich dieser Umstand auch auf andere Zweige der sozialen Sicherung übertragen. Z.B. impliziert eine Ausweitung des Leistungskatalogs in der Gesetzlichen Kranken- und/oder Pflegeversicherung eine zu erwartende Kostenreduktion und somit einen geringeren Anreiz, aus dem Vorsichtsmotiv heraus zu sparen.

102 Korrespondierend zu der obigen Anmerkung zu den Ergebnissen von Bloom et al. (2007) stellen diese darüber hinaus fest, dass bei steigender Lebenserwartung die Sparquote in kapitalgedeckten Systemen die in umlagefinanzierten Alterssicherungssystemen übersteigt. Dieser Effekt wird noch verstärkt, wenn die Ausgestaltung des Systems Anreize zu einem fixen Renteneintrittszeitunkt bietet.

103 Das *Survey of Consumer Finances* des Federal Reserve Board, 1983.

Aufgrund unterschiedlicher periodischer Einflüsse sind bei der Gewichtung einzelner Sparmotive Kohorteneffekte zu beobachten. Dieser ist zu trennen von einem Alterseffekt, der die reine altersabhängige Sparquote repräsentiert, welche sich im Lebenszyklusmodell widerspiegelt. In diesem Zusammenhang spiegeln sich kohortenspezifische Sparquoten insofern im Sparverhalten nieder, als dass ältere Generation aus anderen Gründen sparen als jüngere (Einflüsse der Nachkriegszeit, konjunkturelle Krisen und Massenarbeitslosigkeit, zukünftige demographische Entwicklung bzw. die des Sozialversicherungssystems). Diese These wird gestützt durch die Auswertung von Daten der Einkommens- und Verbrauchsstichprobe (EVS) des Sachverständigenrats (SVR, 2011). Darüber hinaus existieren zwischen den einzelnen Sparformen mit verschiedenen Motiven untereinander Verdrängungseffekte. Bspw. reduziert die Absicht, eine Ersparnis mit dem Ziel eines Immobilienerwerbs zu bilden, die Wahrscheinlichkeit der Existenz einer Riester-Rente im individuellen Altersvorsorge-Portfolio. Dafür finden Börsch-Supan et al. (2006b) klare empirische Evidenz.

Im Gegensatz zu der oben erläuterten klassischen Theorie des Sparens zeigt die Empirie, dass die Motivation der Ersparnisbildung oftmals breiter und feiner ausdifferenziert ist (ebd., 2006b). Sparentscheidungen können von einem myopischen Individuum getroffen werden, welches nicht perfekt informiert ist und nicht vollkommen rational handelt. Ein verhaltensökonomisches Erklärungsmodell (siehe nächstes Kapitel) sollte beispielsweise auch die mangelnde Disziplin hinsichtlich der Vollendung des Sparplans berücksichtigen. Gestützt wird diese These durch die hohen Abbruchquoten bei Riester-Sparplänen.[104] Da es einem beträchtlichen Anteil von Sparern offenbar an Selbstkontrolle mangelt, bedienen sich viele einem Vertrag mit Selbstbindungsmechanismen.[105] Dazu gehören etwa die konkrete Zweckbindung der akkumulierten Ersparnis oder die unmittelbare Überführung von einer laufenden Einnahmequelle in den Sparvertrag.[106]

---

104 Börsch-Supan (2005b, S. 451) bezeichnet die hohe Abbruchquote als größtes Risiko der freiwilligen privaten Altersvorsorge. Betrachtet man lediglich Kapitallebensversicherungen, werden geschätzte 50 % der Verträge vor Ende der Laufzeit beendet werden. Reifner und Tiffe (2002, S. 22) führen darüber hinaus Schulden, Scheidung und Arbeitslosigkeit als Gründe für den Abbruch eines Riester-Vertrages heran. Die Autoren beziehen sich dabei auf Ergebnisse aus einer von Allensbach für die cash.life AG durchgeführten Umfrage aus dem Jahr 2002.

105 Laibson et al. (1998) untersuchten Selbstbindungsmechanismen für private Altersvorsorgeverträge in den USA. Sie kamen zu dem Ergebnis, dass Versicherungsnehmer von Rentensparplänen einen solchen mit Liquiditätsbeschränkungen einem mit flexibler Verfügbarkeit vorziehen.

106 In Deutschland findet eine solche Form der Ersparnisbildung in vermögenswirksamen Leistungen (VL) Anwendung. Der Arbeitgeber führt dabei einen vertraglich fixierten Betrag auf ein separates Sparkonto des Arbeitnehmers ab. Diese Form der freiwilligen privaten Ersparnis wird ebenfalls durch die Arbeitnehmersparzulage (ANSpZ) staatlich subventioniert. Nach einem ähnlichen Prinzip verfährt auch die Entgeltumwandlung in der betrieblichen Altersvorsorge.

3.3 Verhaltensökonomischer Ansatz

In intertemporalen Optimierungsmodellen mit einer Aktiv- und einer Ruhestandsphase wird eine über beide Perioden konstante Zeitpräferenzrate angenommen. Dementsprechend diskontiert ein Individuum zukünftige Zahlungsströme mit einer stets gleichbleibenden Rate ab. In einem alternativen Ansatz mit hyperbolischen Diskontraten wird jedoch davon ausgegangen, dass sich die Zeitpräferenzrate über den Zeitraum seit der Anlageentscheidung verändert. Folglich werden zukünftige Auszahlungen über einen kurzen (langen) Anlagehorizont relativ stark (schwach) diskontiert, d.h. je weiter das Ereignis in der Zukunft liegt, desto stärker sinkt die Diskontrate (Soman et al., 2005).[107]

Das Prinzip der hyperbolischen Diskontierung geht zurück auf die Arbeiten von George W. Ainslie, der das Konzept abnehmenden Diskontraten aus psychiatrischer, psychologischer und verhaltensökonomischer Perspektive aufarbeitet.[108] Er folgert bei der Erforschung menschlichen und tierischen Verhaltens, dass Diskontierungsfunktionen annähernd einem hyperbolischen Verlauf folgen und misst dabei Selbstregulierungsprozessen eine besondere Bedeutung zu. Lange Zeit wurden diesen Mechanismen wenig Aufmerksamkeit geschenkt, was auch der Tatsache geschuldet ist, dass die Erforschung dynamisch inkonsistenter Präferenzen als problematisch galt und von Ökonomen lange vermieden wurde. Während verpflichtende Bindungen meist von einem Individuum mit zeitinkonsistenter Präferenzstruktur eingegangen werden, maximiert ein Individuum gemäß der Modellannahme des *homo oeconomicus* seinen Nutzen perfekt informiert, vorausschauend und rational, sodass es aus seiner Perspektive keiner solcher selbstregulierenden Bindungsmechanismen bedarf.[109]

Ein hyperbolisches Diskontierungsmuster stellt somit einen Konflikt zwischen heutigen und den Präferenzen der Zukunft dar, dem durch intrapersonelle (und intertemporal wirksame) Bindungsmechanismen entgegengetreten werden kann. Um dieses problematische Verhältnis beispielhaft zu quantifizieren, betrachte man aus heutiger Perspektive eine Diskontrate zweier weit in der Zukunft liegender Perioden t und $t+1$ als die langfristige (und daher entsprechend niedrige) Diskontrate. Befindet man sich nun in der Periode t, repräsentiert die Diskontrate zwischen

107 Vgl. dazu die Erläuterungen von Loewenstein und Prelec (1992), die die Auswirkungen von inkonsistenten Präferenzen auf die intertemporale Konsumentscheidung untersucht haben.

108 Siehe dazu unter anderem Ainslie (1975; 1986) und Ainslie/Haslam (1992a, 1992b), um nur beispielhaft einige seiner Forschungsarbeiten zu nennen. Chung und Hernstein (1961) beobachteten bereits 1961 bei Experimenten mit Tieren, dass sich Diskontierungsfunktionen näherungsweise durch standardisierte Hyperbeln beschreiben lassen.

109 Gleichwohl ist es auch in Modellen mit hyperbolischem Diskontierungsmuster durchaus möglich, rationale Entscheidungen zu treffen. Das Individuum antizipiert in diesem Fall, dass es sich ändernde Präferenzen hat.

beiden Perioden t und $t+1$ nun die Diskontrate in der kurzen Frist, die dementsprechend höher ist. Das bestens bekannte verhaltenspsychologische Phänomen der Prokrastination (Verschleppung) kann als Beispiel einer solchen zeitinkonsistenten Präferenzstruktur mit hyperbolischen Diskontraten herangezogen werden. Der Wunsch und der Wille, eine in der Zukunft liegende Aufgabe (zum Beispiel an Silvester gefasste Vorsätze für das neue Jahr) zu erledigen, ist zum gegenwärtigen Zeitpunkt stark ausgeprägt. Je näher das Ereignis und somit der Zeitpunkt rücken, die Herausforderung anzugehen, desto stärker gedeiht der Wille, die Aufgabe aufzuschieben.

Die intertemporale Nutzenfunktion eines Individuums lässt sich wie folgt formal beschreiben:[110]

$$U_t = E_t \left[u(c_t) + \beta \sum_{\tau=1}^{T-t} \delta^{\tau} u(c_{t+\tau}) \right] \tag{3.1}$$

Dabei werden Ereignisse, die τ Perioden in der Zukunft liegen, mit dem Faktor $(1+\alpha\tau)^{-\frac{\gamma}{\alpha}}$ diskontiert (mit α, $\gamma > 0$).[111] Ein Individuum mit einer hyperbolischen Diskontierungsfunktion verwendet Diskontraten, die umso höher sind, je näher das Ereignis zum heutigen Zeitpunkt rückt (d.h. je kleiner τ ist).[112] Laibson (1997) definiert die unmittelbare Diskontrate einer Diskontierungsfunktion $f(\tau)$ zum Zeitpunkt τ demnach als $-\frac{f'(\tau)}{f(\tau)}$. Während in exponentiellen Diskontierungsmustern die Diskontrate konstant $\log(\frac{1}{\delta})$ beträgt, sind hyperbolische Diskontraten zeitinkonsistent und hängen davon ab, wie weit entfernt das Ereignis in der Zukunft liegt. Die hyperbolische Diskontrate fällt mit steigendem τ und kann in diesem Fall durch $\frac{\gamma}{1+\alpha\tau}$ beschrieben werden. Stetige hyperbolische Diskontierungsfunktionen werden Modelle mit „quasi-hyperbolischen" bzw. „delta-beta" Zeitpräferenzen genannt, wenn für den Faktor β in Formel (3.1) gilt: $0 < \beta < 1$.
Kahneman und Tversky (1979) stellen mit der *Prospect Theory* einen deskriptiven Gegenentwurf zur Erwartungsnutzentheorie als Modell der Entscheidungsfindung unter Unsicherheit vor. Dabei handelt es sich im Wesentlichen um Entscheidungen, bei denen die Eintrittswahrscheinlichkeit zukünftiger Ereignisse bekannt bzw. die Risiken quantifizierbar sind. Allerdings bewerten Individuen die Konsequenzen nicht absolut, sondern in Abhängigkeit von einem Referenzpunkt (etwa dem aktuellen Einkommen oder dem erwarteten Zinssatz).

Die *Prospect Theory* gliedert den Entscheidungsprozess eines Individuums in zwei Stufen: In einem Bearbeitungsprozess werden sämtliche potenziellen Auszahlungen einer Entscheidung nach Heuristiken gewichtet und in eine Rangfolge gebracht.

---

110 Vgl. Laibson (1997), Laibson (1998) sowie Phelps/Pollak (1968).
111 Vgl. Chung/Herrnstein (1961).
112 Vgl. Loewenstein/Prelec (1992).

Dies geschieht unter Zuhilfenahme eines Referenzpunktes, demzufolge niedrigere Auszahlungen Verluste, höhere Auszahlungen Gewinne implizieren. Zweitens wird in einem Bewertungsprozess den potenziellen Auszahlungen mitsamt ihren jeweiligen Eintrittswahrscheinlichkeiten ein Nutzenwert zugeordnet, sodass schlussendlich die nutzenmaximierende Alternative gewählt wird.

$$U(x_1, p_1; \ldots; p_n x_n) = \sum_{i=1}^{n} \pi(p_i)\nu(x_i) \tag{3.2}$$

Formal kann die Bewertungsphase wie in Formel (3.2) beschrieben werden.[113] Dabei stellt U den erwarteten Nutzen, x_i die möglichen Auszahlungen einer Bewertungsfunktion ν und die $\pi(\rho_i)$ jeweiligen gewichteten Wahrscheinlichkeiten dar.

Abbildung 3-1: Wertfunktion

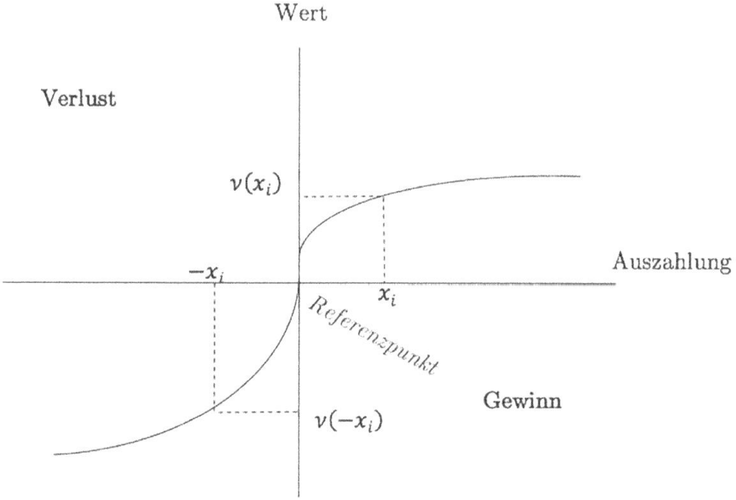

Quelle: In Anlehnung an Kahneman/Tversky (1979); eigene Darstellung.

Im Unterschied zur Erwartungsnutzentheorie folgt die Wertfunktion einem asymmetrischen Verlauf durch den Referenzpunkt. Sie verläuft konkav im Bereich von Gewinnen, konvex und zudem steiler bei Verlusten, sodass Verlusten ein größerer Wert als Gewinnen beigemessen wird (vgl. Abb. 3–1). Formal gilt demnach: $|-x_i| = x_i$ und $\nu(x_i) < \nu(-x_i)$. Die *Prospect Theory* nimmt also nicht vollständige Rationalität im Rahmen des Entscheidungsprozesses an, sondern erlaubt die Modellierung

113 Vgl. Kahneman/Tversky (1979).

kognitiver Verzerrungen, was u. a. in zeitinkonsistenten Präferenzen mit hyperbolischen Diskontraten zum Ausdruck kommt.

Die Haupterkenntnis bei der Untersuchung des Phänomens einer dynamisch inkonsistenten Präferenzordnung besteht im Wesentlichen aus folgenden Punkten:[114] Gewinne werden schneller bzw. stärker diskontiert als Verluste (*sign effect* oder auch *gain-loss asymmetry*, vgl. Thaler, 1981), große Beträge werden langsamer bzw. schwächer diskontiert als kleinere Auszahlungen (*magnitude effect*, vgl. Kirby, 1997; Green et al., 1997; Andersen et al., 2013), der Grad der Diskontierung ist höher, wenn ein positives Ereignis hinausgezögert wird im Vergleich zu einer Situation, in der es vorgezogen wird (*reference point effect* bzw. „Ankereffekt", vgl. Loewenstein, 1988). Im Gegensatz zur Annahme eines rationalen, perfekt informierten Nutzenmaximierers mit intertemporalen Optimierungskalkül werden Ereignisse in der kurzen Frist gegenüber solchen in fernerer Zukunft präferiert (*intransitive intertemporal choice* oder im Allgemeinen „Myopie", siehe u. a. Loewenstein/Prelec, 1992; Kirby/Marakovic, 1995; Roelofsma/Read, 2000); dabei hängt der Diskontierungsgrad davon ab, ob Güter bzw. zukünftige Auszahlungen oder Zustände isoliert voneinander oder im Zusammenhang einer Kette von Ereignissen bewertet werden (*sequence effect*, vgl. Ariely/Zauberman, 2000; Chapman, 1996; Loewenstein/Prelec, 1993).

Ein repräsentatives Individuum nach neoklassischer Lehre modelliert die Diskontierung der Werte zukünftiger Ereignisse nach exponentiellem Muster, d. h. nach zeitkonsistenten Präferenzen. Frederick et al. (2002) zeigen in ihrer Studie, dass die Annahme einer konstanten Diskontrate im Modell exponentieller Diskontierung verletzt ist. Demgegenüber stellt der Ansatz hyperbolischer Diskontierung insofern eine Weiterentwicklung dar, als dass der theoretische Modellkontext anhand Daten aus Befragungen und Experimenten mit empirischer Evidenz unterfüttert werden konnte. Thaler (1981) zeigt in seinem bekannten und häufig adaptierten Experiment[115], dass ein signifikanter Anteil von Versuchspersonen eher einen niedrigeren

114 Vgl. Read (2001), der in keiner seiner Untersuchungen diese Ergebnisse bestätigen kann, sondern – im Gegenteil – starke empirische Evidenz zu deren Widerlegung liefert.

115 In einer stark vereinfachten Version werden die Probenden in einer ersten Variante A vor die Wahl gestellt zwischen einem Apfel heute (A.1) oder zwei Äpfeln morgen (A.2). Die Variante B stellt die Teilnehmer des Experiments vor die Wahl, einen Apfel in einem Jahr (B.1) oder zwei Äpfel in einem Jahr und einem Tag (B.2) konsumieren zu können. Obschon bei beiden Varianten die Auszahlungen gleich hoch und die Differenz zwischen beiden Zeitpunkten gleich groß ist, würde man eher annehmen, dass manche Leute sich im ersten Szenario für den einen Apfel heute entscheiden als dass jemand im zweiten Szenario B.1 gegenüber B.2 vorzieht. Würden zeitkonsistente Präferenzen vorliegen, stünde das Individuum in beiden Varianten A und B vor zwei quantitativ völlig gleichen Wahlalternativen und wäre indifferent zwischen A.1 und B.1. Dynamisch inkonsistente Präferenzen liegen vor, wenn sich das Individuum in Variante B heute für B.2 entscheiden würde und je näher der Eintrittszeitpunkt rückt (im

Auszahlungswert bei kleinerem Zeithorizont einem höheren Auszahlungswert vorzieht, welcher allerdings erst in fernerer Zukunft realisiert werden könnte. Thaler liefert mit dem *present bias* somit ein Beispiel für zeitinkonsistente Präferenzen. Nichtsdestotrotz spielt bei hyperbolischer Diskontierung nicht nur der Verlauf, sondern vor allem der Diskontierungsgrad eine wichtige Rolle.

Green et al. (1994) zeigen in einem Experiment mit Teilnehmern verschiedenen Alters, dass insbesondere bei der Bewertung monetärer zukünftiger Ereignisse die Diskontraten in ihrer Höhe mitunter stark zwischen den verschiedenen Alterskohorten variieren. Neben dem Alter determinieren Faktoren wie der Wert des Ereignisses in Form seines Geldwertes sowie seiner Konsum- bzw. Nutzungsdauer die Höhe der Diskontrate (Rainieri/Rachlin, 1993). Der oben beschriebene Diskontierungsgrad unter der Annahme hyperbolischer Diskontierung – hoch bei kurzem Anlagehorizont und umgekehrt – läuft somit der Annahme in einem Modellkontext mit exponentieller Diskontierung zuwider, wo die Diskontrate unabhängig vom betrachteten Zeitraum konstant bleibt.

David Laibson macht sich in seinen Forschungsarbeiten[116] das oben beschriebene Konzept der hyperbolischen Diskontierung mit dynamisch inkonsistenten Präferenzen zu Nutze.[117] Er beschreibt damit die Möglichkeit für ein nutzenmaximierendes Individuum, sich selbst hinsichtlich seiner zukünftigen Entscheidungen zu restringieren und somit seinen zeitinkonsistenten Präferenzen durch Selbstbindungsmechanismen[118] entgegenzuwirken. Dadurch ist es myopischen Individuen erlaubt, sich durch freiwillige Selbstbindung in Zwangsmechanismen besser zu stellen als im Falle einer freiwilligen Lösung.[119] Laibson (1997) konnte in einer anderen Arbeit einen Rückgang der US-Sparquote zeigen, der auf reduzierte Selbstbindungsmöglichkeiten als direkte Folge von Finanzinnovationen zurückzuführen war. Im Gegensatz zur permanenten Einkommenshypothese von Friedman (1957) nimmt Laibson an, dass der Konsum sich am Einkommen der laufenden Periode ausrichtet (S. 446). Demnach glättet das Individuum seinen Konsum nicht, sondern spart einen fixen Betrag und konsumiert den Rest. Die Kernaussage seines Artikels besteht darin, dass Finanzmarktinstitutionen die Liquidität beschränken müssten, um langfristig Wohlstand (durch Kapitalakkumulation) zu sichern.

Extremfall 364 Tage später) zu B.2 tendieren und sich letzten Endes dazu entscheiden würde (analog zu der Wahl in Variante A).

116 Vgl. etwa Laibson (1997), Laibson (1998), Laibson et al. (1998).

117 Siehe auch Phelps/Pollak (1968).

118 Die Formulierung eines Ansatzes von Selbstbindungsmechanismen sowie dessen Einbindung in einen Theoretisches Rahmenwerk geht auf Strotz (1956) zurück. Er zeigte, dass es für Marktteilnehmer mit einem intertemporalen Maximierungsproblem optimal sein kann, sich in ihrer Handlungsfreiheit für zukünftige Entscheidungsprozesse zu beschränken. Siehe dazu auch Hoch und Loewenstein (1991).

119 Strotz (1956) verwendete zur Veranschaulichung ein berühmtes Beispiel aus der griechischen Mythologie. Odysseus ließ sich an den Mast seines Schiffes binden, um dem verlockend-betörenden Gesang der Sirenen nicht zu erliegen. Nur so war es ihm möglich, an der Insel vorbei zu segeln und zu überleben.

Die auf Freiwilligkeit basierte Entscheidung, zukünftiges Verhalten durch verschiedene kostenlose als auch kostenpflichtige Mechanismen selbstbeschränkend zu beeinflussen, ist in vielen Bereichen zu beobachten. Dies reicht von einer Aufforderung an Dritte, sein eigenes zukünftiges Fehlverhalten zu sanktionieren bis hin zur Teilnahme an den insbesondere in den USA beliebten „Christmas Clubs“[120], welche in den meisten Fällen aufgrund niedriger Renditen eigentlich keine attraktive Anlagemöglichkeit bieten.

Shefrin und Thaler (1988) integrieren das Problem der Selbstkontrolle in ein von ihnen entwickeltes verhaltensökonomisches Lebenszyklusmodell. Sie nehmen an, dass die Individuen versucht sind, ihre Ressourcen für gegenwärtigen Konsum zu verwenden. Durch verschiedene zweckgebundene oder hinsichtlich ihrer Liquidierbarkeit restringierter Anlageformen gelingt es den Sparern, das Problem der fehlenden Selbstkontrolle zu bewältigen.[121] Imrohoroglu et al. (2003) zeigen in ihrem Artikel, dass durch die Existenz einer Sozialversicherung ein geeignetes Instrument zur Verfügung steht, solchen zeitinkonsistenten Präferenzen vorzubeugen. Für myopische Individuen kann es daher optimal sein, durch eine Zwangsversicherung zur Altersvorsorge bewegt zu werden.

Die verhaltenswissenschaftliche Forschung kennt mittlerweile zahlreiche systematische Verzerrungen im Sinne einer Abweichung vom rationalen Optimierungskalkül des *homo oeconomicus*. Diese Anomalien in der Entscheidungsfindung können das Resultat psychischer oder kognitiver Kosten sein, die bei der Wahl verschiedener Alternativen entstehen (Bosworth/Bartke, 2014). Neben der bereits ausführlich beschriebenen mangelnden Selbstkontrolle, einer Gegenwartspräferenz sowie myopischen Verhaltens im Kontext hyperbolischer Diskontierung (siehe oben) benennt Haupt (2014) in ihrem Beitrag eine Auswahl weiterer solcher Verhaltensanomalien mit direktem Bezug zur freiwilligen Altersvorsorge. Dazu gehört der *Status quo Bias*[122], der aus einer systematischen *Verlustaversion*[123] abgeleitet werden kann. Damit wird das Phänomen beschrieben, dass Gewinne wie Ver-

---

120 Christmas Clubs sind ursprünglich von Banken angebotene Sparpläne. Diese haben zum Ziel, in regelmäßigen Abständen einen bestimmten Betrag auf ein separates Bankkonto einzuzahlen. Zum Ende des Jahres (vor Weihnachten) können die Kunden sich den angesparten Betrag auszahlen lassen.

121 Vgl. auch Levin (1998), der die Hypothesen des behaviouristischen Lebenszyklusmodells prüft. Er kommt zu dem Schluss, dass der verhaltenswissenschaftliche Erklärungsansatz dem Lebenszyklusmodell überlegen ist.

122 Darunter wird die starke Tendenz von Individuen verstanden, im Status quo zu verharren, weil die mutmaßlichen Nachteile eines neuen Status schwerer wiegen als Vorteile. Demnach werden getroffenen Entscheidungen (wie z. B. der Abschluss einer privaten Altersvorsorge) entweder nicht hinterfragt oder es kommt gar nicht erst zum Entscheidungsschluss, da der Status quo verglichen mit dem einzugehenden Risiko unbedenklich erscheint. Siehe korrespondierend dazu der daraus abgeleitete *Endowment Effect* (Thaler, 1980).

123 Dieser Begriff der Verlustaversion geht zurück auf Kahneman und Tversky (1984). Er beschreibt das Phänomen, dass Verluste tendenziell höher als Gewinne gewichtet werden.

luste nicht absolut, sondern relativ zu einem Referenzpunkt bewertet werden (vgl. Tversky/Kahneman, 1992).[124] Da erzielte Verluste in ihrem absoluten Betrag deutlich höher gewichtet werden als realisierte Gewinne, betreiben Individuen aus Angst vor finanziellen Verlusten (insbesondere im Hinblick auf eine unsichere Entwicklung der Kapitalmarktrenditen) keine freiwillige private Alterssicherung.

Eine weitere Anomalie mit direktem Praxisbezug stellt ein Überangebot an Auswahlmöglichkeiten dar, sodass das Individuum aufgrund einer (zu) großen Menge an zur Wahl stehenden Altersvorsorgeprodukten mit erhöhten Kosten der Informationsbeschaffung konfrontiert ist und in letzter Konsequenz in seiner Entscheidungsfindung überfordert ist.[125] Im Extremfall kann es somit zu einer Situation ohne Abschluss eines privaten Altersvorsorgevertrages kommen. Dabei stellt sich der Zustand der Überforderung umso eher ein, je geringer die Erfahrung im Umgang mit Altersvorsorgeprodukten ist und je weniger stark ausgeprägt die finanzwirtschaftliche Allgemeinbildung ist. Verstärkt wird dieser Umstand dadurch, dass das Risiko des Alters mit Folgeeffekten wie geringerer Produktivität, einem steigenden Risiko schlechterer Gesundheit und erhöhter Pflegewahrscheinlichkeit sowie weniger Teilhabe am soziokulturellen Leben (paradoxerweise nicht zuletzt bedingt durch ein erwartetes erhöhtes Armutsrisiko)[126] in Zusammenhang gebracht wird (*Finanz- und Altersaversion*). Damit direkt in Verbindung steht die Art der *Informationspräsentation*, d.h. in Bezug auf das Risiko des Alterns, ob der Prozess bzw. der Zustand des Alter(n)s positiv oder negativ konnotiert ist. Individuen, deren Erwartungen auf einen Gewinn (Verlust) ausgerichtet sind, sind eher risikoavers (risikofreudig).

Allerdings gibt es in der ökonomischen und psychologischen Literatur auch insofern Kritik an einem verhaltensökonomischen Ansatz, als dass er nicht zur Erklärung eines abweichenden Verhaltens herangezogen werden kann. Bei der Auswertung mehrerer Experimente kommt Rubinstein (2003) zu dem Schluss, seine Ergebnisse besser durch die Existenz von Entscheidungsheuristiken als durch hyperbolische Diskontierung erklären zu können; er zeigt, dass Probanden im Rahmen ihrer Entscheidungsfindung einfache (Ähnlichkeits-)Heuristiken verwenden.[127] In

124 Vgl. dazu Schmidt und Traub (2002), die in einem Experiment die der Verlustaversion zugrundeliegende Präferenzstruktur im Rahmen der kumulativen Prospect Theory untersuchen. Siehe auch Traub (1999).

125 *information overload*, vgl. Speier et al. (1999).

126 Diese letztgenannte Anomalie ist von der oben angesprochenen Myopie zu differenzieren.

127 Vgl. Kahneman/Tversky (1971). Demnach stellen sich die meisten Teilnehmer eines Experiments zunächst die Frage, wie ähnlich A ihrer Vorstellung von B entspricht, wenn sie gefragt werden, wie wahrscheinlich es ist, dass A nur eine Teilmenge von B ist. Thaler und Sunstein (2009) veranschaulichen die Anwendung dieser Heuristik an folgendem Beispiel: Die meisten Menschen nehmen an, dass ein überdurchschnittlich großer farbiger Amerikaner eher Profi-Basketballer ist als ein unterdurchschnittlich großer weißer US-Bürger. Dies ist die Schlussfolgerung

der Realität liegen dem Entscheider in den meisten Fällen nur unvollständige Informationen vor, sodass er aufgrund begrenzten Wissens nicht zu einer rationalen Entscheidung in der Lage ist. Daher bedient er sich einfacher Heuristiken und greift im Rahmen seiner Entscheidungsfindung auf Daumenregeln zurück.[128] Dadurch könne das Verhalten der Teilnehmer besser erklärt werden als durch eine individuelle zeitinkonsistente Präferenzstruktur mit hyperbolischer Diskontierung.

In Anlehnung daran kritisieren Andersen et al. (2014) eher die verwendete Datenbasis denn das zugrunde gelegte Modell hyperbolischer Diskontierung. Anstatt das Experiment wie im Allgemeinen üblich unter Studenten durchzuführen, verwenden die Autoren ein repräsentatives Sample der dänischen Bevölkerung und finden keine Evidenz für die Hypothese quasi-hyperbolischer Diskontierung bzw. nur schwache Evidenz eine Abweichung von der Annahme einer konstanten Diskontrate.

Read (2001) entwirft mit dem *subadditive discounting* ein alternatives Konzept. Der Autor illustriert dies an einem Beispiel eines Individuums, welches in einem Jahr eine Auszahlung erhalten soll. Das Individuum kann den Diskontierungszeitraum in mehrere Abschnitte (etwa auf Monatsbasis) unterteilen oder den Zeitraum im Ganzen ungeteilt belassen. Dabei definiert *additive discounting* den Umstand, dass der Barwert aller Auszahlungen unabhängig von der Tatsache ist, ob der Diskontierungszeitraum in Teilabschnitte untergliedert wird. Umgekehrt impliziert das Konzept des *subadditive discounting*, dass der Grad der Diskontierung über einen größeren Zeitraum steigt bzw. größer ist, wenn der Zeithorizont in mehrere kleine Perioden unterteilt wird. Durch diesen Ansatz lassen sich die der hyperbolischen Diskontierung zu Grunde liegenden Verhaltensannahmen – Ungeduld und mangelnde (Selbst-)Disziplin – auflösen. In drei Experimenten findet Read eindeutige Evidenz für die seine These und stellt darüber hinaus abschließend in Frage, ob der Ansatz hyperbolischer Diskontierung die individuelle Zeitpräferenz in ausreichender Form zum Ausdruck bringen kann.

3.4 Anreizprobleme in der Gesetzlichen Rentenversicherung

Wie oben bereits erläutert, ist es für Geringverdiener und Personen mit lückenhaften Erwerbsbiographien oftmals nicht anreizkompatibel, private Alterssicherung zu

---

aus der Beobachtung, dass es unter allen professionellen Basketballspielern in den USA mehr große Afroamerikaner gibt als kleine Weiße. Zwar funktionieren auf Stereotypen begründete Urteile in vielen Fällen; aufgrund dieser Heuristik können sich jedoch systematische Fehler in der Entscheidungsfindung aufgrund auf falschen Annahmen basierender Klischees verfestigen.

128 Siehe dazu zum Beispiel die populärwissenschaftlichen Arbeiten „*Bauchentscheidungen. Die Intelligenz des Unbewussten und die Macht der Intuition*" von Gigerenzer (2007) oder „*Nudge. Wie man kluge Entscheidungen anstößt*" von Thaler und Sunstein (2009) sowie die zahlreichen Beiträge von Kahneman und Tversky, für die pars pro toto ihr Buch „*Schnelles Denken, langsames Denken*" (Kahneman/Tversky, 2009) genannt sei.

betreiben.[129] Da die Grundsicherung im Alter[130] durch hohe Anrechnungsquoten von Einkommen und Vermögen gekennzeichnet ist, macht dies die Einbringung einer privat aufgebauten Altersvorsorge unattraktiv (Bonin, 2009, S. 24 f.).

Abbildung 3-2: Anreizkompatibilität in der Alterssicherung

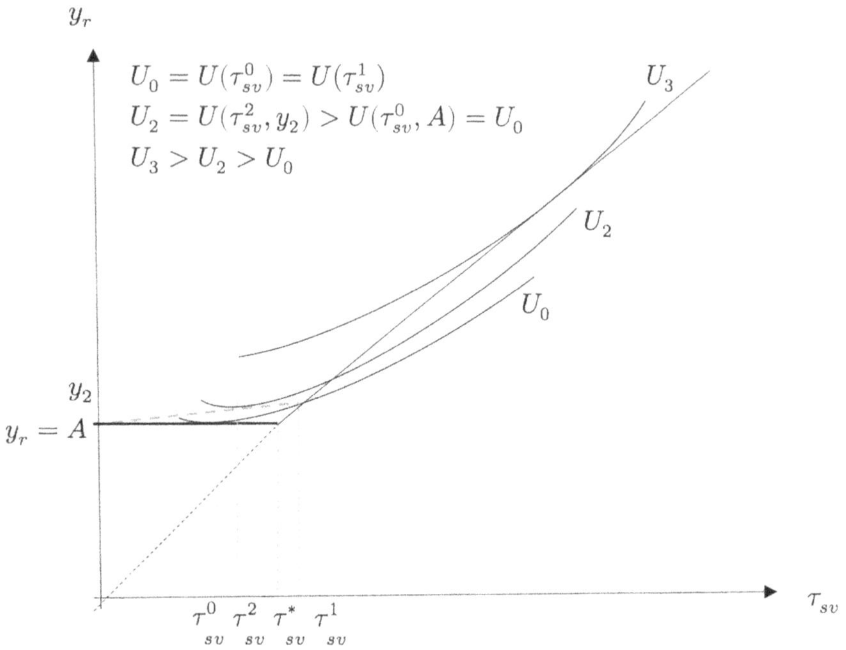

Quelle: Eigene Darstellung.

Abbildung 3–2 illustriert die Anreizproblematik im deutschen Alterssicherungssystem aus individueller Sicht. So führt ein geringes Maß an in der Aktivphase betriebener Altersvorsorge $\tau_{sv}^0 < \tau_{sv}^*$ dazu, in der Ruhestandsphase ein Einkommen unterhalb des Existenzminimums zu erzielen, was zu einem Anspruch auf ein Alterseinkommen in Höhe der Grundsicherung $y_r = A$ berechtigt. Ein Altersvorsorgeumfang in Höhe von $\tau_{sv}^1 < \tau_{sv}^*$ resultiert zwar in einem höheren Einkommen

129 Es wäre auch vor dem Hintergrund einer faktischen Mindestrente und des damit einhergehenden garantierten Alterseinkommens auch nicht rational, an einem umlagefinanzierten Sozialversicherungssystem mit einem hinreichend stark ausgeprägten Äquivalenzgedanken teilzunehmen. Die Gesetzliche Rentenversicherung tritt dieser Anreizproblematik durch eine Ausgestaltung als Zwangsversicherung entgegen.

130 Vgl. §§ 41 ff. SGB XII.

$y > A$ in der Ruhestandsphase und stiftet den gleich hohen Nutzen U_0, ist jedoch bei gegebenem Budget gleichzeitig mit einem entsprechenden Konsumverzicht in der Aktivphase verbunden. Es existieren demnach Einkommen mit einem Vorsorgevolumen oberhalb eines kritischen Werts τ^*_{sv}, für die negative Anreize bzgl. der Altersvorsorgeentscheidung bestehen können.

Ein linearer Übergangsbereich zwischen der Situation ohne Altersvorsorge (d.h. $\tau_{sv} = 0$) und einem Betrag τ^1_{sv} knapp oberhalb des kritischen Werts τ^*_{sv} würde zumindest die Anreizproblematik aus individueller Sicht entschärfen:[131] So würde ein Beitrag zur Alterssicherung in Höhe von $\tau^2_{sv} > \tau^0_{sv}$ bei der Existenz eines linearen Übergangs dazu führen, ein Renteneinkommen in Höhe von $y_2 > A$ zu erzielen und somit zu einem höheren Nutzenniveau $U_2 > U_0$ führen. Demnach würde ein Individuum in der Ruhestandsphase bessergestellt als in einer Situation, in der gar keine oder zu wenig Alterssicherung betrieben würde. Dadurch können Anreize zum Trittbrettfahrerverhalten minimiert werden.

Auch im konkreten Fall der gesetzlichen Rentenversicherung führt ein durchschnittliches Lebenszykluseinkommen unterhalb eines kritischen Wertes dazu, in der Ruhestandsphase eine Rente unterhalb oder nur knapp oberhalb des Niveaus der Grundsicherung im Alter zu beziehen. Dies erweckt den Anschein, dass davon betroffene Individuen eben nur vermeintlich eine mangelnde Fähigkeit zur Voraussicht besitzen und sich sogar individuell rational verhalten, wenn sie keine Alterssicherung nachfragen, da die institutionellen Rahmenbedingungen keine Anreize dazu setzen.

Selbst für das Altersvorsorgeverhalten von Personen mit einem Renteneinkommen knapp oberhalb der Grundsicherung bestehen Fehlanreize, da sie zwar ein geringfügig niedrigeres Alterseinkommen hätten, allerdings während des Erwerbslebens mehr Freizeit konsumieren könnten und weniger bis keine Sozialabgaben zahlen müssten. Diesem Umstand könnte durch eine Art Mindestabstandsgebot für GRV-Einkommen in Form eines prozentualen Aufschlags auf das Niveau der Grundsicherung entgegengewirkt werden.[132] Ein Rentenabstandsgebot analog zum Lohnabstandsgebot würde die Altersvorsorge in der Gesetzlichen Rentenversicherung honorieren und stünde solchen Personen zur Verfügung, die bestimmte Anspruchskriterien erfüllt haben. Die alte Fassung des entsprechenden Paragraphs im SGB XII wurde im Rahmen der durch das BVerfG geforderten Anpassung der Regelsätze novelliert, sodass das Lohnabstandsgebot in der ursprünglichen Form nicht mehr auftaucht. So hieß es im § 28 Abs. 4 SGB XII vor Inkrafttreten seiner Novellierung am 01.01.2011:[133] „Die Regelsatzbemessung gewährleistet, dass bei

131 Gleichwohl würde dieser auf die individuelle Altersvorsorge fokussierte Ansatz dem Subsidiaritätsprinzip zuwiderlaufen. Darüber hinaus würde die Aufwertung, die ein Entgeltpunkt unter einer bestimmten Schwelle in einem linearen Übergangsbereich erfährt, das Prinzip der Beitragsäquivalenz weiter konterkarieren.

132 Vgl. Traub/Finkler (2013).

133 Siehe dazu Art. 3 des Gesetzes zur Ermittlung von Regelbedarfen und zur Änderung des Zweiten und Zwölften Buches Sozialgesetzbuch (EGRBEG), BGBl. I 12 (2011), S. 453–496.

Haushaltsgemeinschaften von Ehepaaren mit drei Kindern die Regelsätze zusammen mit Durchschnittsbeträgen der Leistungen nach den §§ 29 und 31 und unter Berücksichtigung eines durchschnittlich abzusetzenden Betrages nach § 82 Abs. 3 unter den erzielten monatlichen durchschnittlichen Nettoarbeitsentgelten unterer Lohn- und Gehaltsgruppen einschließlich anteiliger einmaliger Zahlungen zuzüglich Kindergeld und Wohngeld in einer entsprechenden Haushaltsgemeinschaft mit einer alleinverdienenden vollzeitbeschäftigten Person bleiben."

Ein Lohnabstandsgebot besitzt in der Tat keine explizite verfassungsrechtliche Grundlage; jedoch ist die Gewährleistung eines soziokulturellen Existenzminimums sowohl durch die Steuer- als auch durch die Sozialgesetzgebung abgedeckt. Dies offenbart sich etwa in den Leitsätzen aus den Urteilen des BVerfG zum Grundfreibetrag[134], zum steuerfreien Existenzminimum[135], zum Existenzminimum für Kinder[136] sowie zum Regelsatz[137]. Obschon die zitierten Beschlüsse des BVerfG auf einen impliziten Lohnabstand abzielen, scheint eine analoge Regelung in Form eines Rentenabstandsgebotes, die demnach die Rentner anstelle der Erwerbsbevölkerung beträfe, jeder verfassungsrechtlichen Grundlage zu entbehren. Ein Keil zwischen Grundsicherung im Alter und Renteneinkommen aus der GRV wäre somit weniger juristisch motiviert, sondern baute sein Fundament vielmehr auf Gerechtigkeitserwägungen und Gründen der ökonomischen Anreizkompatibilität.

Der beispielhaft skizzierte Fall einer Person, die über ihr ganzes Erwerbsleben hinweg Beiträge an die GRV entrichtet bzw. darüber hinaus etwa durch Zeiten der Kindererziehung oder der Pflege eines Familienangehörigen Rentenansprüche erworben hat und im Ruhestand durch die gesetzliche Altersrente das verfassungsmäßig garantierte soziokulturelle Existenzminimum dennoch nicht erreicht, stellt sowohl aus individueller als auch aus gesellschaftlicher Perspektive eine fundamentale Störung des Gerechtigkeitsempfindens dar. Die versicherte Person, die über viele Jahre des Erwerbslebens Beiträge entrichtet hat, ist im Vergleich zu einer Person, die im Extremfall weder aktiv Beiträge entrichtet noch auf eine andere Art Ansprüche an die GRV erworben hat, nicht bessergestellt. Dieser Umstand stellt die Gesetzliche Rentenversicherung zumindest in diesem Bereich vor eine grundlegende Legitimationsfrage.

Darüber hinaus sendet das gesetzliche Rentenversicherungssystem in dieser Ausgestaltung klare negative Verhaltensanreize für die Versicherten. Demnach ist es für den betroffenen Personenkreis unter der Annahme rationalen Verhaltens und

---

134 Vgl. BVerfGE 87, 153 – „Grundfreibetrag": Beschluss des Zweiten Senats vom 25. September 1992; 2 BvL 5, 8, 14/91.

135 Vgl. BVerfGE 82, 60 – „Steuerfreies Existenzminimum": Beschluss des Ersten Senats vom 29. Mai 1990; 1 BvL 20, 26, 184 und 4/86.

136 Vgl. BVerfGE 99, 246 – „Kinderexistenzminimum I": Beschluss des Zweiten Senats vom 10. November 1998; 2 BvL 42/93.

137 Vgl. BVerfGE: Urteil des Ersten Senats vom 09. Februar 2010; 1 BvL 1/09, Rn. (1–220).

perfekter Voraussicht anreizkompatibel, ihre Beitragszahlungen zur GRV in größtmöglichem Maße zu minimieren, sofern diese eine Altersrente nur knapp oberhalb oder sogar unterhalb der Grundsicherung im Alter erwarten. Da aufgrund eines garantierten Existenzminimums der Anspruch auf die Gewährleistung der Grundsicherung im Alter unabhängig von der Zahlung des Rentenbeitrags besteht, wirkt dies wie eine hundertprozentige Steuer auf alle Rentenbeiträge, die zu einer Rente unterhalb des Existenzminimums führen. Somit bestehen für Versicherte eindeutige Fehlanreize, sich auf Kosten der Gemeinschaft der Steuerzahler als Trittbrettfahrer zu verhalten.

Darin liegt einer der Gründe, warum ein Alterssicherungssystem mit verpflichtender Beitragszahlung versehen ist. Vor dem Hintergrund der o. g. Problematik argumentiert Homburg (2000), dass bereits die bloße Existenz einer staatlichen Mindestrente Anreize zum Free-Rider-Verhalten bietet. Das von Homburg thematisierte „Zwangssparen" würde einen Trittbrettfahrer zur Altersvorsorge verpflichten und sein Verhalten dadurch unattraktiv machen, dass die Rentenbeiträge nun wie eine Steuer wirken würden. Dieser Problematik entgegnet Haupt (2014) einen Lösungsvorschlag durch die Verwendung weicher „Nudges"[138], wodurch innerhalb der dritten Säule der Alterssicherung ein staatliches Angebot als freiwillige Alternative zur privaten Altersvorsorgeangeboten bereitgestellt werden könnte.

Die Existenzgründe für eine als Zwangsversicherung[139] mit intragenerationaler Umverteilungskomponente[140] ausgestaltetes, auf Umlagefinanzierung basierendes Alterssicherungssystem sind in der wirtschaftswissenschaftlichen Literatur hinreichend erläutert und diskutiert (z. B. Breyer/Buchholz, 2007; Heidler, 2009). Als Hauptgründe werden zum einen die mangelnde Fähigkeit zur Voraussicht und die sich im Trittbrettfahrerverhalten äußernde Anreizproblematik genannt. Den ersten Aspekt betreffend bemerkte Diamond (1977, S. 281), dass die Existenz einer Sozialversicherung dadurch gerechtfertigt sei, dass Individuen aus eigener Motivation heraus nicht genügend Ersparnisse bilden würden. Zu einer ähnlichen Schlussfolgerung kommt Feldstein (1985, S. 303), der mangelnde Voraussicht hinsichtlich der Ersparnisbildung für den Ruhestand als Hauptargument für die Existenz einer Sozialversicherung anführt. Kotlikoff et al. (1982, S. 1056) weisen auf ein erhöhtes Armutsrisiko im Alter hin für den Fall, dass Individuen zukünftige Ereignisse nicht richtig einschätzen oder gar nicht berücksichtigen und daher nicht angemessen vorsorgen. Dem halten Bernheim et al. (2001) entgegen, dass eine zu geringe Erspar-

---

138 Eine ausführliche Diskussion vom „Nudging" als Reforminstrument in der Altersvorsorge findet sich in den Kapiteln 8.3 und 8.4.

139 An dieser Stelle sei darauf hingewiesen, dass ein obligatorisches Alterssicherungssystem nicht zwingend eine staatliche Ausgestaltung erfordert. Eine privatwirtschaftliche Institution wäre wohl ebenso in der Lage, ein Rentensystem bereitzustellen.

140 Vgl. Krieger/Traub (2008, 2009).

nis weniger auf Myopie zurückzuführen ist, sondern eher auf einer individuellen Präferenzstruktur beruht.[141]

Angesichts des sinkenden Versorgungsniveaus in der GRV, der – insbesondere unter den genannten Risikogruppen – geringen Nachfrage nach Altersvorsorgeprodukten und der institutionellen Ausgestaltung der Grundsicherung im Alter stellt sich die Frage, ob Alterssicherung (sowohl private als auch staatlich organisierte) für spezielle Gruppen überhaupt rational ist. Aus Sicht der auf die Babyboomer folgenden Generation wirkt ein Teil der Beiträge zum gesetzlichen Rentenversicherungssystem wie eine Steuer, da sich die GRV in ihrer derzeitigen Ausgestaltung unter gegebenen Rahmenbedingungen immer weiter vom Äquivalenzprinzip entfernt und dies zu erheblichen Verzerrungen führt.

141 Die Autoren weisen bei der Untersuchung US-amerikanischer Haushaltsdaten darauf hin, dass Schwankungen der Ersparnis und des Alterseinkommens vorliegen. Sie führen dies weniger zurück auf Unterschiede in Zeitpräferenzraten oder das Ergebnis einer Arbeitsangebotsentscheidung; sie kommen nach Auswertung der Daten vielmehr zu dem Schluss, dass Evidenz für die Existenz einer „Daumen- oder Faustregel" (*rule of thumb*), „mentaler Kontenführung" (*mental accounting*) oder hyperbolischer Diskontierung vorliegt.

4 Theoretisches Rahmenwerk

Die in den vorangegangenen Kapiteln aufgeworfene Frage, ob es für einen Personenkreis mit bestimmten sozioökonomischen Merkmalen rational ist, Alterssicherung nachzufragen, wird nun im Rahmen eines theoretischen Modellkontextes diskutiert. Dabei wird zunächst in Kapitel 4.1 die Entstehung der ersten OLG-Modelle und deren Weiterentwicklung in einem kurzen Überblick dargestellt. Anschließend wird anhand eines modifizierten OLG-Modells mit endogenem Arbeitsangebot und der Existenz einer gesetzlich garantierten Mindestrente analog zu einer Grundsicherung im Alter analytisch gezeigt, wie sich aus Sicht eines rational agierenden Haushalts die optimale Menge des Arbeitsangebots entwickelt (Kap. 4.2).

In einem zweiten Schritt wird in einem Modell mit drei Perioden demonstriert, dass die optimale Höhe des Arbeitsangebots eines Haushalts mit hyperbolischen Präferenzen davon abhängt, wann die Entscheidung darüber getroffen wird (Kap. 4.3). Diese Zeitinkonsistenz führt dazu, dass ein Haushalt bei einem Lohn unterhalb einer kritischen Schwelle von seinem ursprünglich gefassten Plan abweicht und sein Arbeitsangebot im Laufe des Erwerbslebens reduziert.

4.1 Sozialversicherungssystem und endogenes Arbeitsangebot im OLG-Modellkontext

Über die gesamte Bandbreite mikrofundierter Makromodelle gehören OLG-Modelle zu den einflussreichsten Erklärungsansätzen zur Analyse intergenerativer bzw. intertemporaler Ressourcenallokation. Die Entstehung und Entwicklung erster Modelle überlappender Generationen gehen zurück auf die grundlegenden Beiträge von Allais (1947), Samuelson (1958) und Diamond (1965). Diamond (1965) greift die Idee von Samuelson (1958) auf und entwickelt diese weiter, indem er neben der Integration des Unternehmenssektors mit dynamischen Produktionstechnologien die Beteiligung des Staates in Form von Steuer-Transfer-Mechanismen und somit der Staatsverschuldung in das Modell einführte.[142] Auerbach und Kotlikoff (1987) legen den Schwerpunkt ihrer Analyse weniger auf den demographischen Aspekt an sich, sondern eher auf die Beziehung zwischen staatlicher Fiskalpolitik und intergenerativer Verteilungsgerechtigkeit.

Im Rahmen eines OLG-Modells treffen die Individuen, oder genauer gesagt: die Individuen im Haushaltskontext, Optimierungsentscheidungen über ihren gesamten Lebenszyklus hinweg. Im Unterschied zu vorher beschriebenen Modellen existieren anstelle eines repräsentativen Haushalts mehrere Haushalte verschiedener Lebens-

142 Dieser Typus von OLG-Modellen bildet heute eine Art Standardversion, sodass bei Modellen überlappender Generationen mit Staatsverschuldung von Diamond-Modellen gesprochen wird.

phasen gleichzeitig. Außerdem findet ein kontinuierlicher Eintritt neuer Haushalte in die Modellökonomie statt.

Abbildung 4-1: Grundstruktur eines OLG-Modells

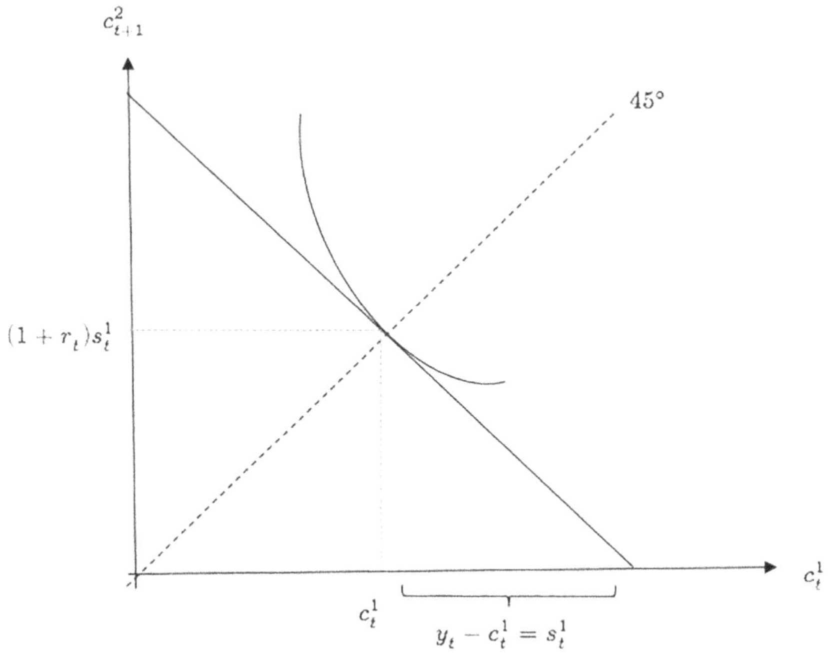

Quelle: Eigene Darstellung.

Die Funktionsweise des Modells wird durch seinen Namen charakterisiert und ist in Abbildung 4–1 dargestellt. Zu jedem Zeitpunkt des Modellrahmens können Individuen bzw. Haushalte unterschiedlicher Generationen Ressourcen direkt oder indirekt untereinander transferieren (zum Beispiel in Form von Umverteilung aufgrund eines Vererbungsmotivs). Jede Generation kann Lohn- und Kapitaleinkommen intergenerativ sowie intertemporal übertragen (Blanchard/Fischer, 1989). In einer Standardvariante mit einem Modell zwei überlappender Generation über zwei Perioden arbeiten die Haushalte lediglich in der ersten Periode zu einem festen Lohnsatz w, während sie die zweite Periode im Ruhestand verbringen und die in der ersten Periode erwirtschafteten Arbeits- und/oder verzinsten Kapitaleinkommen (im Allgemeinen: Konsumreste) in Höhe von $(1+r_t)s_t^1$ verkonsumieren. Im obigen Beispiel realisiert der Haushalt bei gegebenem Budget sein Nutzenmaximum, wenn er seinen Konsum zu gleichen Teilen auf beide Perioden verteilt.

In einem OLG-Modellkontext kann die Entwicklung der aggregierten Ersparnis sowie deren Reaktion auf Verhaltensänderungen der privaten Haushalte abgebildet werden. Aus Gründen der Vorsorge für die Ruhestandsphase bilden die privaten Haushalte in der ersten Phase eine Ersparnis und tragen so zur Akkumulation des gesamtwirtschaftlichen Kapitalstocks bei. Somit können die Determinanten des aggregierten Kapitalstocks, die unterschiedlichen Wohlfahrtseffekte auf die jeweiligen Generationen sowie die Effekte verschiedener Politikszenarien beobachtet werden.

Die ursprünglichen OLG-Modelle wurden insofern weiterentwickelt, als dass z. B. eine unterschiedlich ausgestaltete Sozialversicherung integriert oder indem die Rolle des Arbeitsangebots näher untersucht wurde.[143] Die hier vorgestellte Grundform eines OLG-Modells wird im Folgenden erweitert. Durch die Einführung eines Sozialversicherungssystems mit einem gesetzlich garantierten Mindesteinkommen in der Rentenphase werden Auswirkungen auf die optimale Höhe des endogenen Arbeitsangebots untersucht.

OLG-Modelle finden häufig im Sozialversicherungskontext Anwendung, wenn es darum geht, die Wohlfahrtseffekte eines umlagefinanzierten und eines kapitalgedeckten Systems bzw. beim Übergang zwischen beiden Systemen zu messen. Bereits Hu (1979) nimmt die Einbettung eines Sozialversicherungskontextes in eine OLG-Modellwelt nimmt vor. Die Modifikation ersetzt im Modell von Diamond (1965) und Samuelson (1958) die Staatsverschuldung durch ein Sozialversicherungssystem mit endogener Renteneintrittsentscheidung sowie einem Vererbungsmotiv. Hu zeigt, dass die Auswirkungen eines Sozialversicherungssystems in der kurzen Frist von den Nachfrage- und Angebotselastizitäten der Arbeit abhängen, während es in der langen Frist eher die der Ersparnis und der Vererbung sind. Er zeigt außerdem, dass eine Sozialversicherung langfristig die Wohlfahrt steigern kann, indem die Wachstumsrate des Kapitalstocks zum *Golden Rule*-Level konvergiert (vgl. Hu, 1979; S. 282).

Breyer (1989) kann in seiner Analyse mit Hilfe eines Ein-Sektoren-Modells mit überlappenden Generationen zeigen, dass umlagefinanzierte Sozialversicherungssysteme zwar aus intergenerationeller Sicht Pareto-effizient sind, selbst dann wenn der Zins größer ist als die interne Wachstumsrate der Sozialversicherung.[144] Dies ist allerdings nur der Fall, da es sich um pauschale Beitragszahlungen und Transferleistungen handelt.[145] Ungleich wichtiger aber ist die Erkenntnis, dass es bei einem Übergang von Kapitaldeckungs- zum Umlageverfahren unmöglich ist, die heutige Generation besser zu stellen, ohne die nachfolgende Generation schlechter zu stellen. Selbst wenn bei einer Transition der Finanzierungsmethode intergenerationelle Pareto-Effizienz gegeben ist, impliziert dies intergenerative Verteilungskonflikte. In die gleiche Richtung argumentieren u. a. Lüdeke (1988), Brunner (1996) und Sinn

---

143 Vgl. Spataro (2003). Er ergänzt Diamonds Modell durch die Endogenisierung des Produktionsfaktors Arbeit unter Beibehaltung der Staatsverschuldung im Modell.

144 Vgl. Spremann (1984).

145 Siehe in diesem Zusammenhang auch Verbon (1989).

(1997; 2000), indem sie eine Pareto-Verbesserung durch den Übergang zu einer kapitalgedeckten Alterssicherung ausschließen.

Homburg (1990) zeigt hingegen in seinem OLG-Modell, dass bei einem Übergang vom Umlage- zum Kapitaldeckungsverfahren Effizienzgewinne durchaus realisierbar sind. Er macht deutlich, dass ein Umlageverfahren nach amerikanischem Typus im Wesentlichen umverteilend zwischen den jeweiligen Generationen wirkt und analysiert ein System mit lohnabhängigen Beiträgen und pauschalen Transferleistungen unter dem Gesichtspunkt der Pareto-Effizienz. Er kommt zu dem Ergebnis, dass ein solches System stets ineffizient ist und modelliert in einem OLG-Ansatz ein Umlageverfahren, das ohne Effizienzverluste in ein kapitalgedecktes System überführt werden kann. Zu qualitativ gleichen Ergebnissen wie Homburg kommen Börsch-Supan (1998), Feldstein (1995) und Kotlikoff et al. (1998).

Die Arbeit von Breyer und Straub (1993) stellt weniger die Frage in den Vordergrund, ob ein Sozialversicherungssystem eher als ein Umlageverfahren oder ein Kapitaldeckungsverfahren ausgestaltet sein sollte; vielmehr rücken die Autoren die Auswirkungen eines nun endogen modellierten Arbeitsangebotes in den Fokus. In einem dem der Deutschen Rentenversicherung ähnlichen System kann es zu Wohlfahrtsverlusten kommen, indem die Höhe der lohnabhängigen Sozialversicherungsbeiträge verzerrend auf die Arbeitsangebotsentscheidung wirkt. Die Autoren stellen zudem heraus, dass verglichen mit lohnabhängigen Beiträgen ein Pauschalbeitrag eine intergenerationelle Pareto-Verbesserung herbeiführen kann.

Michel und Pestieau (2013) zeigen in einem Modell mit zwei einander überlappenden Generationen unter der Annahme einer endogenen Arbeitsangebotsentscheidung den Effekt eines umlagefinanzierten Alterssicherungssystems auf den Renteneintrittszeitpunkt. Als zentrales Ergebnis ist festzuhalten, dass sich sowohl in der Erwerbs- als auch in der Ruhestandsphase ein höheres Maß an sozialer Sicherung negativ auf die Höhe des Arbeitsangebotes auswirkt.

Ursprünglich geht die Untersuchung des Zusammenhangs zwischen sozialer Sicherung und Arbeitsmarktangebot zurück auf die Überlegungen von Feldstein (1974), Boskin (1977) und Boskin/Hurd (1978).[146] Dabei behandeln die Autoren den Ruhestand als einen Spezialfall der Arbeitsangebotsentscheidung, nämlich eine optimale Höhe von Null Zeiteinheiten, während in anderen Studien die Ruhestandsentscheidung im Kontext des Lebenszyklus differenzierter behandelt wird.[147] Sie untersuchen die Auswirkungen der beiden Schlüsselfaktoren eines Sozialversicherungssystems und begründen sowohl in der Existenz eines garantierten Ein-

---

146 Boskin (1977) kommt in seiner Untersuchung zu dem Schluss, dass die Existenz eines Sozialversicherungssystems der größte Treiber des Anstiegs von Frühverrentungen ist. Er zeigt anhand US-amerikanischer Daten (*Panel Study of Income Dynamics*), dass ein Rückgang des lohnabhängigen Sozialversicherungsbeitrages die jährliche Wahrscheinlichkeit reduziert, in den Ruhestand zu gehen.

147 Vgl. die Studien von Burbridge/Robb (1980), Gustmann/Steinmeier (1986) sowie Burtless (1986). Für die Untersuchung des Familienkontexts mit einem Modell überlappender Generationen, sie u. a. Hurd (1990).

kommens als auch in einer impliziten Steuer auf das Arbeitsangebot in Form eines Sozialversicherungsbeitrags einen negativen Effekt auf die Arbeitsangebotsentscheidung.

Gruber und Wise (1998) greifen die Idee auf und untersuchen für elf OECD-Staaten die Beziehung zwischen Ausmaß der Sozialversicherung und Ruhestandsentscheidung. Sie bestimmen anhand der Veränderung des Barwerts des zukünftigen individuellen Alterssicherungsvermögens die Auswirkung einer (positiven) Arbeitsangebotsentscheidung, indem sie die implizite Steuer für eine Person über 54 berechnen. Anschließend setzen sie die implizite Steuer ins Verhältnis zu dem brachliegenden Arbeitskräftepotenzial der 55–65-jährigen. Im Ergebnis weisen die Autoren einen engen Zusammenhang zwischen der Steuer auf den Frühverrentungszeitpunkt (im Sinne von den u. a. aus dem Deutschen Rentenversicherungssystem bekannten Abschlägen) und des ungenutzten Arbeitskräftepotenzials aus.

In ihrem Beitrag thematisieren Arnds und Bonin (2002) die Diskrepanz zwischen Regelaltersgrenze und tatsächlichem Alter bei Renteneintritt und skizzieren sowohl die arbeitsmarkt- als auch rentenpolitischen Determinanten der Entscheidung, früher in Rente zu gehen. Die Autoren attestieren dem deutschen Rentenversicherungssystem zum damaligen Zeitpunkt einen deutlichen Paradigmenwechsel, indem die Frühverrentungsmöglichkeiten älterer Arbeitnehmer sukzessive zu Gunsten einer Entlastung des Arbeitsmarktes abgebaut wurden. Die neu geschaffene sog. „Rente mit 63“[148] deutet dabei zwar noch keine Trendumkehr an, ist aber immerhin gegenläufig zu der Richtung der bisher unternommenen Reformschritte und daher unweigerlich als ein Schritt in die falsche Richtung zu interpretieren.

Die Entscheidung eines Haushalts über den Renteneintrittszeitpunkt lässt sich nach Spataro (2002) als diskrete, sequentielle und im Allgemeinen irreversible Wahl zwischen zwei Alternativen darstellen. Die Entscheidung wird dabei nicht vollständig frei, sondern nur in einem bestimmten gesetzlich definierten Zeitkorridor (orientiert an den Altersjahren) getroffen. Rationale Haushalte treffen eine sequentielle Entscheidung[149] unter Unsicherheit und agieren vorausschauend, sodass sämtliche Erwartungen über zukünftige Ereignisse in das Optimierungskalkül mit einfließen; dabei wird diese determiniert durch soziodemographische Charakteristika wie Familiengröße, akkumuliertes (staatliches und privates) Altersvorsorgevermögen, sowie gesetzliche Rahmenbedingungen und gesamtwirtschaftliche Faktoren.

Die empirische Evidenz des Einflusses bestimmter Faktoren auf die Ruhestandsentscheidung ist international in zahlreichen Beiträgen belegt. U.a. Gruber/Wise (1999), Gruber/Wise (2001) und Lumsdaine/Mitchell (1999) zeigen, dass zeitlich

---

148 Vgl. BGBl. I, S. 787 vom 23.06.2014, „Gesetz über Leistungsverbesserungen in der Gesetzlichen Rentenversicherung“. Die Reform beinhaltet unter anderem die Möglichkeit des abschlagsfreien Rentenzuganges für Versicherte mit 45 Beitragsjahren.

149 Individuen müssen zu Beginn jeder Periode die Situation unter Berücksichtigung der gegenwärtigen sowie der erwarteten Entwicklung der zukünftigen Ereignisse neu bewerten.

kurz vor dem Renteneintritt stehende Arbeitnehmer einem ökonomischen Rationalitätskalkül folgen, indem sie verschiedenen Wahlmöglichkeiten mit unterschiedlichen Maßen an Freizeit, Renten- und Arbeitseinkommen abwägen. Da dem Entscheidungsprozess nur ein begrenzter Zeithorizont zugrunde liegt und das Renteneinkommen ab dem Zeitpunkt des Renteneintritts determiniert ist, darf dem Informationsproblem eine geringere Bedeutung zugemessen werden als einer Entscheidung in der „Mitte" des Erwerbslebens.[150]

Breyer und Hupfeld (2009) erweitern den untersuchten Zusammenhang und fügen dem Modellkontext eine Verteilungskomponente hinzu. Sie stellen für das deutsche Rentenversicherungssystem fest, dass bei den derzeit herrschenden Abschlägen im Falle eines früheren Rentenzugangs eine Umverteilung von niedrigen zu höheren Einkommen stattfindet.

Alle genannten Arbeiten untersuchen im Wesentlichen den Zusammenhang zwischen dem Umfang des Sozialversicherungsschutzes (bzw. der Existenz einer Sozialversicherung per se) und dem Zeitpunkt des Renteneintritts und somit indirekt der Höhe des Arbeitsangebots. Allerdings bezieht sich diese Entscheidung erstens nur auf die Phase unmittelbar vor Eintritt in die Ruhestandsphase. Zweitens sind zumindest die Alterssicherungssystems in Europa derart ausgestaltet, dass für den Renteneintritt ein fixer Zeitkorridor existiert[151], sodass dieser nicht frei von Restriktionen gewählt werden kann; damit ist auch das Ausmaß, in dem das Arbeitsangebot reduziert wird, nach oben hin beschränkt. Der im Nachgang vorgestellte Ansatz zeigt in einem Modell überlappender Generationen, wie das endogene Arbeitsangebot auf die Existenz einer staatlich garantierten Mindestrente reagiert.

4.2 Optimales Arbeitsangebot bei zeitkonsistenten Präferenzen

In diesem OLG-Ansatz wird zwischen zwei Szenarien unterschieden. Im ersten Szenario maximiert der repräsentative Haushalt seinen Nutzen über zwei Perioden unter Berücksichtigung der Wahl seines optimalen Arbeitsangebots bzw. seiner optimalen Freizeitnachfrage bei Anwesenheit einer Alterssicherung mit lohnabhängigen Beiträgen.

---

150 Siehe dazu auch die Berechnungen zu den fiskalischen Auswirkungen der Arbeitsangebotsentscheidung mit unterschiedlichen Rationalitätsannahmen (Kap. 7.2).

151 Vgl. Traub/Finkler (2014), die die soziale Absicherung von Selbständigen im europäischen Vergleich untersuchen. Die die einzelnen sozialen Sicherungszweige in den meisten betrachteten Ländern als Erwerbstätigenversicherung ausgestattet sind, lassen sich die Ergebnisse für Selbständige auch auf abhängig Beschäftigte übertragen. Dabei wird bei Betrachtung der Alterssicherung deutlich, dass in den meisten Fällen Frühverrentungsmöglichkeiten existieren, wenn gewisse Bedingungen erfüllt sind oder der/die Versicherte Abschläge bei der Rente in Kauf nimmt.

Im zweiten Szenario wird eine Mindestrente[152] eingeführt, die jeder Haushalt in der Ruhestandsphase erhält, dessen Alterseinkommen sich unterhalb eines bestimmten Schwellwerts befindet. Präziser ausgedrückt ist bereits in der Erwerbsphase (Periode 1) anhand des erzielten exogenen Stundenlohnes ablesbar, welcher Haushalt in der Ruhestandsphase (Periode 2) Anspruch auf die Grundsicherung im Alter hat, da vollständige Rationalität angenommen wird und Myopie der Akteure somit ausgeschlossen ist.[153] Es wird nun modelltheoretisch untersucht, ob und inwiefern der nutzenmaximierende, vollständig informierte und perfekt rational agierende Haushalt mit zeitkonsistenten Präferenzen (exponentielles Diskontierungsmuster) dies antizipiert und die Wahl seines optimalen Arbeitsangebots bzw. seiner optimalen Freizeitnachfrage entsprechend anpasst.

In der Ökonomie dieses Modells gibt es nur einen Haushalt, der über zwei Perioden (Erwerbs- und Ruhestandsphase) betrachtet wird. Der repräsentative Haushalt steht vor folgendem Maximierungsproblem:

$$U_t = \ln c_t^1 + \alpha \ln l_t + \beta \ln c_{t+1}^2 \tag{4.1}$$

mit $\alpha > 0$, und $\beta, l \in (0,1)$. In die Nutzenfunktion fließen sowohl der logarithmierte Gegenwartskonsum c_t^1, der zukünftige logarithmierte Konsum der Ruhestandsphase c_{t+1}^2 als auch das gewählte Maß an Freizeit, l_t, mit ein. Daraus lässt sich direkt das gewählte Arbeitsangebot $1-l_t$ ableiten. Die Parameter α und β geben an, wie stark Freizeit bzw. der Konsum der Ruhestandsphase in der Nutzenfunktion gewichtet werden. Dabei wird implizit unterstellt, dass der Nutzen aus dem Konsum der Zukunft höchstens genauso stark gewichtet wird wie der Nutzen der Gegenwart aus der Erwerbsphase, d.h. es wird eine Zeitpräferenzrate angenommen, mit der zukünftiger Nutzen diskontiert wird.

4.2.1 Ohne Grundsicherung im Alter

Der Konsum der jungen Generation in Periode t ist gegeben durch c_t^1, sodass die Konsumfunktion der aktiven Phase lautet:

$$c_t^1 = (1-\tau_t) w_t (1-l_t) - s_t^1 \tag{4.2}$$

152 Da der Anspruch auf eine Mindestrente ein niedriges Einkommen in der Erwerbsphase voraussetzt, kann deren Ausgestaltung analog zu einer bedarfsgeprüften Grundsicherung im Alter modelliert werden.

153 Zwar wäre es grundsätzlich möglich, durch ein höheres Arbeitsangebot in Form eines geringeren Freizeitumfangs das Haushaltseinkommen trotz eines niedrigen Stundenlohnes zu erhöhen; allerdings ist das Arbeitsvolumen sowohl im Modell gedeckelt als auch in der Realität aufgrund rechtlicher Rahmenbedingungen in Form einer beschränkten Wochenarbeitszeit Restriktionen unterworfen.

Der Konsum untergliedert sich demnach in den Nettolohn, d. h. Bruttolohn w_t abzgl. des proportional vom Lohn erhobenen Sozialversicherungsbeitrags in Höhe von τ_t, vermindert um die private Ersparnis s_t^1. Außerdem wählt der Haushalt die Höhe seines Arbeitsangebotes über das Maß an Freizeit in der aktiven Phase, l_t, wobei die Konsummöglichkeiten mit steigender Freizeitnachfrage sinken, ${}^{\delta c_t^1}/_{\delta l_t} < 0$. Für die alte Generation in Periode t+1 gilt analog:

$$c_{t+1}^2 = (1+r_{t+1})s_t^1 + \tau_t w_t (1-l_t)(1+\eta_{t+1}) \tag{4.3}$$

Dabei stellt $\widehat{tr_{t+1}} = \tau_t w_t (1-l_t)(1+\eta_{t+1})$ das Renteneinkommen aus dem Alterssicherungssystem dar. Die Variable $\eta_{t+1} > 0$ repräsentiert die Rendite der Sozialversicherung. Diese umfasst unter der Annahme eines umlagefinanzierten Systems die demographische Entwicklung bzw. den verzinsten Lohnanteil, wenn man von einem als Kapitaldeckungsverfahren ausgestalteten System ausgeht. Die private Ersparnis wird mit dem Zins von Periode t zu Periode t+1, r_{t+1} diskontiert. In der zweiten Periode werden die gesamten Konsummöglichkeiten ausgeschöpft; ein Vererbungsmotiv wird nicht unterstellt.

Aus den Gleichungen (4.2) und (4.3) ergibt sich die Lebenszyklusbudgetrestriktion

$$c_t^1 + \frac{c_{t+1}^2}{1+r_{t+1}} = w_t(1-l_t)\left(1-\tau_t\left(1-\frac{1+\eta_{t+1}}{1+r_{t+1}}\right)\right) \tag{4.4}$$

Unter dieser Nebenbedingung wird die Nutzenfunktion (4.1) mittels des Lagrange-Ansatzes maximiert, sodass die notwendigen Bedingungen lauten:

$$\frac{\partial \Lambda}{\partial c_t^1} = \frac{1}{c_t^1} - \lambda = 0 \tag{4.5}$$

$$\frac{\partial \Lambda}{\partial c_{t+1}^2} = \frac{\beta}{c_{t+1}^2} - \lambda \frac{1}{1+r_{t+1}} = 0 \tag{4.6}$$

$$\frac{\partial \Lambda}{\partial l_t} = \frac{\alpha}{l_t} - \lambda\, w_t\, K = 0 \tag{4.7}$$

mit $K = 1-\tau_t(1-\frac{1+\eta_{t+1}}{1+r_{t+1}})$.[154] Nach einer Reihe von Umformungen[155] ergibt sich für die optimale Nachfrage an Freizeit:

---

154 Somit gilt: $K > 1$, wenn $\eta_{t+1} > r_{t+1}$ und $0 < K < 1$, wenn $\eta_{t+1} < r_{t+1}$.

155 Die einzelnen Zwischenschritte sind in Kapitel A.1 im Anhang ausführlich dargestellt und erläutert.

$$l_t = \frac{\alpha}{1+\alpha+\beta} \tag{4.8}$$

Für den optimalen Konsum in der aktiven bzw. Ruhestandsphase gilt dementsprechend

$$c_t^1 = \left(\frac{w_t}{1+\alpha+\beta}\right) K \tag{4.9}$$

$$c_{t+1}^2 = \left(\frac{w_t \; \beta(1+r_{t+1})}{1+\alpha+\beta}\right) K \tag{4.10}$$

Die Höhe des Arbeitsangebots bzw. der Freizeitnachfrage in (4.8) hängt also davon ab, wie stark in der intertemporalen Nutzenfunktion der Nutzen aus der Freizeit relativ zum Gegenwarts- und Zukunftskonsum gewichtet wird. Die Höhe des optimalen Konsums in Periode 1 richtet sich nach dem mit den Parametern α und β gewichteten Lohn sowie den Renditen des Kapitalmarkts bzw. der Sozialversicherung. Der optimale Konsum in Periode 1 ist umso niedriger, je höher der Nutzen aus Zukunftskonsum und Freizeit gewichtet werden. Die gleiche Wirkungsrichtung geht vom Sozialversicherungsbeitrag τ und dem Zins r_{t+1} aus, während sich die Rendite der Sozialversicherung positiv aus die Höhe des Gegenwartskonsums auswirkt. Dies gilt analog für den Konsum in Periode 2 mit dem Zusatz, dass der Parameter β dessen Höhe begünstigt, je höher er gewählt wird.
Für die Höhe der privaten Ersparnis ergibt sich durch Einsetzen:

$$s_t^1 = w_t \left((1-\tau_t)(1-l_t) - \left(\frac{1}{1+\alpha+\beta}\right) K\right) \tag{4.11}$$

Neben den bereits oben beschriebenen Parametern ist die Ersparnis in erster Linie abhängig vom Lohn. Dabei ist sie umso höher, je größer das Arbeitsangebot und je niedriger der Sozialversicherungsbeitrag ist.

4.2.2 Mit Grundsicherung im Alter

In einem nächsten Schritt wird das Modell um die Einführung einer bedarfsorientierten Fürsorgeleistung analog zur Grundsicherung im Alter A erweitert. Diese Leistung ist nur für solche Haushalte relevant, deren Einkommen unterhalb einer Schwelle w_t^L liegt. Bei einem Lohn $w_t = w_t^*$ mit $w_t^* < w_t^L$ tritt in der Ruhestandsphase die armutsvermeidende Grundsicherung in Kraft, sodass wir beim Lohn w_t^L von einem altersarmutsprovozierenden Lohn sprechen können.

$$\widehat{tr_{t+1}} = \begin{cases} \tau_t w_t(1-l_t)(1+\eta_{t+1}) & wenn\ w_t > w_t^L \\ A & wenn\ w_t \leq w_t^L \end{cases} \tag{4.12}$$

Die Konsumfunktion des repräsentativen Haushalts in Periode 1 bleibt verglichen mit dem Szenario ohne Grundsicherung unverändert. Der Konsum in der Ruhestandsphase verändert sich aufgrund des niedrigeren Lohns und des daraus resultierenden Anspruchs auf die Grundsicherungsleistung wie folgt:

$$c_{t+1}^2 = (1+r_{t+1})s_t^1 + A \tag{4.13}$$

Auflösen nach der Ersparnis liefert Folgendes für die intertemporale Budgetrestriktion:

$$c_t^1 + \frac{c_{t+1}^2}{1+r_{t+1}} = (1-\tau_t)w_t(1-l_t) + \frac{A}{1+r_{t+1}} \tag{4.14}$$

Unter dieser Nebenbedingung wird die aus (4.1) bekannte Nutzenfunktion maximiert, sodass die notwendigen Bedingungen bis auf folgende unverändert bleiben:

$$\frac{\partial \Lambda}{\partial l_t} = \frac{\alpha}{l_t} - \lambda\,(1-\tau_t)w_t^L = 0 \tag{4.15}$$

Durch Umformen ergeben sich im Szenario mit einer armutsvermeidenden Grundsicherung im Alter die Konsum- bzw. Freizeitnachfrage des Haushalts:

$$l_t^L = \frac{\alpha}{1+\alpha+\beta}\left(1+\frac{A}{w_t^L(1+r_{t+1})(1-\tau_t)}\right) \tag{4.16}$$

$$c_t^1 = \frac{w_t^L\ (1-\tau_t)}{1+\alpha+\beta}\left(1+\frac{A}{w_t^L(1+r_{t+1})(1-\tau_t)}\right) \tag{4.17}$$

$$c_{t+1}^2 = (1+r_{t+1})\frac{\beta\ w_t^L\ (1-\tau_t)}{1+\alpha+\beta}\left(1+\frac{A}{w_t^L(1+r_{t+1})(1-\tau_t)}\right) \tag{4.18}$$

Die Höhe der Ersparnis setzt sich wie folgt zusammen:

$$s_t^1 = w_t^L \left((1-\tau_t)(1-l_t) - \frac{1-\tau_t}{1+\alpha+\beta} \right) - \frac{A}{1+r_{t+1}} \tag{4.19}$$

D.h. die Ersparnis ist umso geringer, je größer die Höhe der Grundsicherungsleistung ausfällt. Vergleicht man die Ergebnisse beider Szenarien hinsichtlich der optimalen Freizeitnachfrage, lässt sich diese Beziehung in folgende Relation stellen:

$$\frac{\alpha}{1+\alpha+\beta} \leq \frac{\alpha}{1+\alpha+\beta} \left(1 + \frac{A}{w_t^L(1+r_{t+1})(1-\tau_t)} \right) \tag{4.20}$$

Die bedarfsorientierte Fürsorgeleistung A, der altersarmutsprovozierende Lohn w_t^L, der Zins r_{t+1} sowie der Sozialversicherungsbeitrag τ_t sind alle größer oder gleich Null, sodass l_t^L stets einen größeren Wert annimmt als im Fall ohne Grundsicherung, l_t^o. Die Freizeitnachfrage ist bei einem niedrigen Lohn und dem daraus resultierenden Renteneinkommen in Höhe der Grundsicherung demnach höher.

$$l_t^o \leq l_t^L \tag{4.21}$$

Daraus lässt sich ableiten, dass das Arbeitsangebot $1-l_t$ bei einem Lohn, der eine Rentenleistung unterhalb der gesetzlich garantierten Mindestsicherung (Grundsicherung im Alter) impliziert, geringer ist.

Analog ergibt sich für den Vergleich der Ersparnis in beiden Szenarien:

$$\begin{aligned} w_t \left((1-\tau_t)(1-l_t) - \left(\frac{1}{1+\alpha+\beta} \right) K \right) & \\ \geq w_t^L \left((1-\tau_t)(1-l_t) - \frac{1-\tau_t}{1+\alpha+\beta} \right) - \frac{A}{1+r_{t+1}} & \end{aligned} \tag{4.22}$$

Dadurch, dass per Definition $w_t^L \leq w_t$ gilt und K kleiner als $1-\tau_t$ ist, ist die rechte Seite von Gleichung (4.22) im Fall einer gesetzlich garantierter Mindestrente $A > 0$ im Rahmen einer Grundsicherung kleiner. D.h. es wird weniger gespart, wenn den repräsentativen Haushalt im Alter nur ein Einkommen in Höhe der Grundsicherung erwartet. Für ein Lohnniveau $w_t^L = w_t$ gilt in diesem Fall für das Verhältnis des Einkommens während der Erwerbsphase w_t zum Renteneinkommen in Höhe von A folgende Beziehung:

$$w_t \leq \frac{1+\alpha+\beta}{(\tau_t+K-1)(1+r_{t+1})}A \tag{4.23}$$

Bzgl. der Höhe des Arbeitsangebots, $1-l_t$, konnte anhand dieser Variation eines OLG-Modells theoretisch gezeigt werden, dass es bei Anwesenheit einer gesetzlich garantieren Grundsicherung in der Ruhestandsphase für Haushalte mit einem Einkommen unterhalb einer bestimmten Schwelle rational ist, ihr Arbeitsangebot in der Erwerbsphase zu reduzieren. Da eine Mindestrente in Höhe des oder meist oberhalb des Rentenniveaus existiert, welches durch einen Lohn in der Höhe des armutsvermeidenden Lohnes oder knapp darüber erzielt worden wäre, entscheidet er sich stattdessen, mehr Freizeit nachzufragen oder Einkommen in der Schattenwirtschaft zu erzielen, um seine Konsummöglichkeiten in der Aktivphase zu erhöhen.

4.3 Optimales Arbeitsangebot bei hyperbolischer Diskontierung

Bisher wurde ein perfekt informierter, rational agierender Haushalt mit zeitkonsistenten Präferenzen angenommen. In diesem Szenario werden dem repräsentativen Haushalt in einem drei Perioden umfassenden Lebenszyklusmodell zeitinkonsistente Präferenzen und ein hyperbolisches Diskontierungsmuster unterstellt. Der hier präsentierte Ansatz stützt sich auf die Arbeiten von Diamond und Köszegi (2003), Findley/Feigenbaum (2013), Feigenbaum/Findley (2015) sowie Zhang (2013). Sie alle modellieren die Entscheidung über den Zeitpunkt des Renteneintritts in einem drei Perioden umfassenden Ansatz als intrapersonelles Optimierungsproblem.[156] Dabei entscheidet das Individuum bzw. der Haushalt in jeder einzelnen Periode über die Höhe seines Arbeitsangebots,[157] um unter der Nebenbedingung der intertemporalen Budgetrestriktion seinen Nutzen zu maximieren.

In diesem Ansatz wird gezeigt, dass es bei einer unterstellten hyperbolischen Präferenzstruktur zu einem Konflikt zwischen dem „heutigen Ich" und dem „zukünftigen Ich" (*earlier self* bzw. *pre-retirement self*) kommt. Dies führt zu dem Ergebnis, dass der Haushalt keine zeitkonsistente Entscheidung bzgl. des Arbeitsangebots bzw. des Renteneintrittszeitpunkts trifft.

156 Dadurch, dass der Renteneintrittszeitpunkt von der Frage abhängt, ob sich das repräsentative Individuum für die Aufnahme von Arbeit oder den Genuss von Freizeit entscheidet, kann diese Frage ebenso als Entscheidung über die Höhe des Arbeitsangebots modelliert werden.

157 Im Unterschied zu diesem Ansatz modellieren Findley und Feigenbaum (2013) das Arbeitsangebot als Binärvariable.

Der repräsentative Haushalt generiert seinen Nutzen weiterhin aus dem Konsum $c_t > 0$ sowie dem Umfang an Freizeit $l_t \in (0,1)$ und lebt drei Perioden lang, t = 1,2,3. Während die gesamten Zeitressourcen in der ersten Periode ausgeschöpft und für das Angebot sozialversicherungspflichtiger Arbeit aufgewendet werden ($l_t = 0$), wird die dritte Periode im Ruhestand ($l_3 = 1$) verbracht. Der Haushalt entscheidet über die Höhe seiner Freizeitnachfrage in der zweiten Periode, $0 \leq l_2 \leq 1$, die ihm den Nutzen in Höhe von e stiftet (Kosten der Arbeit).[158]

Seine intertemporale Nutzenfunktion aus der Perspektive der ersten Periode lautet:

$$U_1 = ln\ c_1 + \beta\delta\ ln\ c_2 + \beta\delta e l_2 + \beta\delta^2\ ln\ c_3 + \beta\delta^2 e \tag{4.24}$$

mit $\beta \in (0,1]$ und $\delta > 0$ als kurz- bzw. langfristige Diskontierungsfaktoren. Zu Beginn der zweiten Periode lautet die intertemporale Nutzenfunktion:

$$U_2 = ln\ c_2 + e l_2 + \delta\beta ln\ c_3 + \delta\beta e \tag{4.25}$$

In einer Situation mit zeitkonsistenten Präferenzen ($\beta = 1$) unterscheidet sich die Nutzenfunktion in Periode 2 grundsätzlich nicht von der in Periode 1. Allerdings beträgt im Falle hyperbolischer Diskontierung mit dynamisch zeitinkonsistenten Präferenzen $\beta < 1$, sodass die Grenzrate der Substitution zwischen c_2 und c_3 aus Sicht der ersten Periode $\frac{\delta c_2}{c_3}$ beträgt, während sie $\beta\frac{\delta c_2}{c_3}$ beträgt und daher geringer ist, wenn die Situation aus Periode 2 betrachtet wird.[159] Der Konsum der einzelnen Perioden stellt sich wie folgt dar:

$$c_1 = (1-\tau)w - s_1 \tag{4.26}$$

$$c_2 = (1-\tau)w(1-l_2) - s_2 + s_1 \tag{4.27}$$

$$c_3 = \tau w + \tau w(1-l_2) + s_2 = \tau w(2-l_2) + s_2 \tag{4.28}$$

---

158 Im Gegensatz zum Modell mit zwei Perioden besteht für den Haushalt in dieser Variante grundsätzlich noch in der mittleren Periode die Möglichkeit, auf einen niedrigen Lohn durch einen entsprechenden Umfang seines Arbeitsangebots zu reagieren.

159 Es wird außerdem ein naiver Haushalt angenommen, der sich nicht über seine zeitinkonsistente Präferenzstruktur im Klaren ist. In der Folge bedeutet dies, dass der Haushalt in Periode 1 bei der Maximierung seines Nutzens eine Allokation von Freizeit und Konsum wählt, von der er glaubt, diese auch in den Folgeperioden beizubehalten.

Die Höhe der Alterssicherung umfasst einen Anteil τ am exogenen, über beide Perioden konstanten Lohn w. Ebenso wie für die Ersparnis wird auch aus Gründen der Übersichtlichkeit ein Zins bzw. eine Rendite des Alterssicherungssystems von Null angenommen.[160] Für die Lebenszyklusbudgetrestriktion eines Haushalts gilt:

$$c_1 + c_2 + c_3 = (2 - l_2)w \tag{4.29}$$

Unter dieser Nebenbedingung wird die Nutzenfunktion U_1 in Gleichung (4.24) aus Sicht von Periode 1 maximiert, sodass die notwendigen Bedingungen lauten:

$$\frac{\partial \Lambda}{\partial c_1} = \frac{1}{c_1} = \lambda \tag{4.30}$$

$$\frac{\partial \Lambda}{\partial c_2} = \frac{\beta\delta}{c_2} = \lambda \tag{4.31}$$

$$\frac{\partial \Lambda}{\partial c_3} = \frac{\beta\delta^2}{c_3} = \lambda \tag{4.32}$$

$$\frac{\partial \Lambda}{\partial l_2} = \beta\delta e = \lambda w \tag{4.33}$$

$$\frac{\partial \Lambda}{\partial \lambda} = c_1 + c_2 + c_3 - w(2 - l_2) \tag{4.34}$$

Für die optimale Höhe der Freizeitnachfrage in Periode 2 aus Sicht von Periode 1 ergibt sich nach einigen Umformungen aus (4.30)–(4.34):[161]

$$l_2^1 = 2 - \frac{1 + \beta\delta + \beta\delta^2}{\beta\delta e} \tag{4.35}$$

Aus Sicht eines zu Beginn der ersten Periode optimierenden Haushalts hängt dessen Nachfrage nach Freizeit bzw. sein sozialversicherungspflichtiges Arbeitsangebot, das er in Periode 2 zur Verfügung stellt, von den kurz- und langfristigen Diskont-

160 Vgl. Findley/Feigenbaum (2013) und Feigenbaum/Findley (2015), die ebenfalls so verfahren.

161 Deren Durchführung ist analog zu denen im Modell im vorangegangenen Kapitel. Die einzelnen Schritte werden daher nicht noch einmal gesondert dargestellt.

raten ab. Darüber hinaus ist das Ausmaß an Freizeit umso größer, je höher die Kosten der Arbeit (d. h. der Nutzen aus der Freizeit) sind.

Zu Beginn der Periode zwei unterliegt der Haushalt folgender Budgetrestriktion:

$$\begin{aligned} c_3 + c_3 &= (1-\tau)w(1-l_2) + s_1 - s_2 + s_2 + \tau w(2-l_2) \\ &= w(1-l_2+\tau) + s_1 \end{aligned} \tag{4.36}$$

Da die Entscheidung über die Höhe der Ersparnis s_1 bereits in der ersten Periode gefallen ist, ist diese bei der Frage nach der optimalen Höhe des Arbeitsangebots in der zweiten Periode als gegeben zu betrachten. Unter dieser Nebenbedingung (4.36) wird die Nutzenfunktion U_2 in Gleichung (4.25) aus Sicht von Periode 2 maximiert. Für die optimale Höhe der Freizeitnachfrage in Periode 2 aus Sicht von Periode 2 ergibt sich nach einigen Umformungen aus den Bedingungen erster Ordnung:

$$\mathrm{l}_2^2 = \frac{s_1}{w} - \frac{1+\beta\delta - e(1+\tau)}{e} \tag{4.37}$$

Im Gegensatz zum optimalen Umfang der Freizeitnachfrage hängt diese auch von der Ersparnis aus der ersten Periode sowie dem Lohnniveau ab, wenn man eine Periode vor Renteneintritt optimiert. Bei einem Vergleich des in Periode 2 bereitgestellten Arbeitsangebots aus Sicht beider Optimierungszeitpunkte ergibt sich folgende Relation. Der Haushalt arbeitet bei einer Betrachtung des Arbeitsangebots in Periode 2, $1-l_2^2$, weniger als bei einer Betrachtung in Periode 1, $1-l_2^1$, wenn gilt:

$$\mathrm{l}_2^2 > l_2^1 \tag{4.38}$$

$$\frac{s_1}{w} - \frac{1+\beta\delta - e(1+\tau)}{e} > 2 - \frac{1+\beta\delta+\beta\delta^2}{\beta\delta e} \tag{4.39}$$

$$w < w^* = \frac{s_1\beta\delta e}{\beta\delta e(1-\tau) - (1+\beta\delta^2 - \beta^2\delta^2)} \tag{4.40}$$

Es existieren also Löhne unterhalb der Schwelle w^*, für die das optimale Arbeitsangebot in Periode 2 aus Sicht eines in dieser Periode optimierenden Haushalts geringer ist als aus Sicht eines Haushalts, der bereits in Periode 1 über die nutzenmaximierende Höhe seines sozialversicherungspflichtigen Arbeitsangebots bestimmt. Daraus lässt sich ableiten, dass unter der Annahme einer hyperbolischen Präferenzstruktur insbesondere Geringverdienerhaushalte von ihrer in der ersten Periode getroffenen Entscheidung abweichen und ihr Arbeitsangebot in der zweiten Periode entgegen ihrer anfangs gegenüber ihren späteren Ichs erklärten Absicht reduzieren. Es wird ebenfalls ersichtlich, dass die Lohnschwelle w^* umso größer ist, je höher die in der ersten Periode getätigte Ersparnis ist. D.h. je mehr bereits zu Anfang des Erwerbslebens gespart wurde, desto höher muss der Lohn sein, sodass der Haushalt auch noch in der zweiten Periode zu seiner eingangs getroffenen Entscheidung steht und in gleichem Umfang arbeitet.

Im Folgenden werden die in diesem Kapitel ermittelten theoretischen Ergebnisse in ein mikroanalytisches Simulationsmodell übertragen. Dabei lautet die zentrale Fragestellung, ob das Altersvorsorgeverhalten insbesondere aus Sicht von Geringverdienern Ausdruck eines rationalen Entscheidungskalküls ist oder ob deren beschränkt rationales Verhalten die mangelnde Fähigkeit, zukünftige Ereignisse adäquat zu bewerten, offenbart. Aus dem in Kap. 4.2 präsentierten theoretischen Modellrahmen lässt sich ableiten, dass es für einen Personenkreis mit einem Lohn unterhalb eines kritischen Lohnniveaus nicht rational ist, Alterssicherung nachzufragen. Vor diesem Hintergrund wird durch die Simulation der Renteneinkommen gezeigt werden, welche sozio-demographischen Merkmale den relevanten Personenkreis beschreiben und welche fiskalischen Auswirkungen ein rationales Entscheidungskalkül im Haushaltskontext hat.

Darüber hinaus werden verschiedene Szenarien simuliert, die basierend auf dem in Abschnitt 4.3 modellierten Entscheidungskalkül das zeitinkonsistente Altersvorsorgeverhalten zum Ausdruck bringen. Das hyperbolische Diskontierungsmuster der Haushalte kommt dadurch zum Tragen, dass sie ihr simuliertes sozialversicherungspflichtiges Arbeitsangebot mit näher rückendem Renteneintrittszeitpunkt reduzieren.

5 Mikrosimulationsmodell

Die Auswirkungen der jüngeren Entwicklungen in der Alterssicherung in Deutschland auf die Alterseinkommen von Individuen und Haushalten werden nun mit Hilfe des im Folgenden beschriebenen Modells untersucht. Es wird gezeigt, wie sich der Lebensstandard im Alter bei Fortschreibung des Status quo entwickelt. Außerdem wird durch das Modell beschrieben, für welche Einkommensschichten es in welchem Umfang gemäß einer angestrebten intertemporalen Konsumglättung rational ist, Alterssicherung nachzufragen. Um nicht bloß Aussagen über Durchschnittswerte und Standardrentner machen zu können, wird ein Mikrosimulationsmodell konstruiert, mit dessen Hilfe es möglich ist, die Verteilung der Renteneinkommen zu beschreiben und Verhaltensänderungen der Haushalte zu simulieren.

Mit einem Mikrosimulationsmodell können im Zeitverlauf variable Größen auf Mikroebene analysiert werden. Dadurch kann die Einkommensverteilung gemessen, politische Reformoptionen ex-ante hinsichtlich ihrer Aufkommens- und Verteilungswirkungen bewertet sowie Auswirkungen von Reformen ex-post untersucht werden (Beznoska, 2016). In der Vergangenheit wurden bereits mehrere Mikrosimulationsmodelle zu verschiedenen Problemstellungen rund um die Alterssicherung entwickelt (Arent/Nagl, 2010; Krenz/Nagl, 2009; Schatz/Merz, 2000; Wilke, 2004). Allerdings fokussiert sich die Mehrheit bisheriger Studien dabei lediglich auf zukünftige *individuelle* Ansprüche an die gesetzliche Rentenversicherung. Das Mikrosimulationsmodell in dieser Dissertation betrachtet hingegen alle auf der *Haushaltsebene* zur Verfügung stehenden Einkommensarten und beinhaltet außerdem eine Prognose der Renteneinkommen aus privater Altersvorsorge, Einkünften aus sonstigen Kapitalvermögen, immobilen Vermögenspositionen und weiteren materiellen Vermögenspositionen. Anhand der Simulationsergebnisse wird dabei überprüft, wodurch – z. B. durch welche sozioökonomischen Merkmale – Wohlstand im Alter determiniert wird und wann lediglich ein Renteneinkommen in Höhe einer Basisversorgung erreicht wird.

Abbildung 5-1: Ablaufplan des Mikrosimulationsmodells

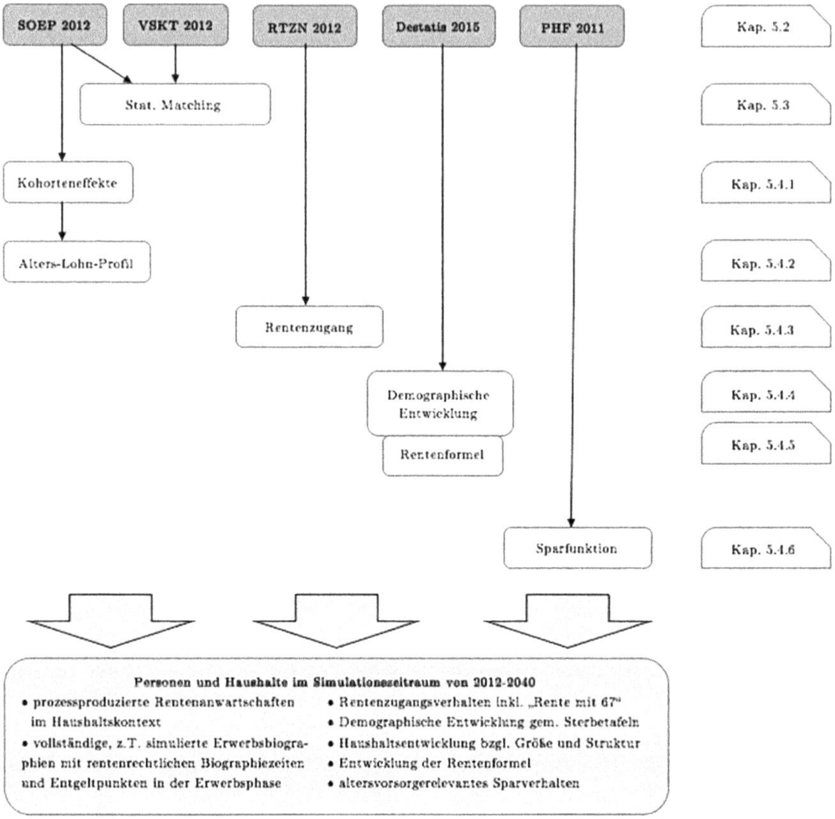

Quelle: eigene Darstellung.

In diesem Kapitel wird der Aufbau und die Funktionsweise des mikroanalytischen Simulationsmodells dargestellt. Dessen Ergebnisse sind lediglich als Zwischenergebnisse bei der Datenbearbeitung zu verstehen, während die Resultate der Mikrosimulation in Kapitel 6 präsentiert werden. Der Ablauf des Mikrosimulationsmodells ist in Abbildung 5–1 skizziert. Nach einem Überblick über die Entstehung von Mikrosimulationsmodellen als Analysetool sowie deren Anwendungsgebiete im Bereich der empirischen Wirtschaftsforschung in Kapitel 5.1 wird zunächst die Datenbasis der Mikrosimulation vorgestellt (Kap. 5.2).

Anschließend wird das methodische Vorgehen detailliert beschrieben, welches sich zum einen aus dem statistischen Matching der einzelnen Datensätze (Kap. 5.3), zum anderen aus der Schätzung der der Simulation zugrundeliegenden

Regressionsmodelle (Kap. 5.4.1 und 5.4.2) zusammensetzt. In Kapitel 5.4.3 wird dargestellt, wie der individuelle Zeitpunkt des Rentenzugangs im Simulationszeitraum modelliert wird. Die getroffenen Annahmen bzgl. der demographischen Entwicklung auf Individual- und Haushaltsebene sowie der Parameter der Rentenformel werden in Kapitel 5.4.4 bzw. 5.4.5 präsentiert. Abschließend wird basierend auf Haushaltsdaten der Deutschen Bundesbank eine Sparfunktion geschätzt (Kap. 5.4.6).

5.1 Entstehung und Anwendungsbereiche von Mikrosimulationen

Da in dieser Arbeit nicht bloß die Entwicklung des durchschnittlichen Rentenniveaus untersucht werden soll, werden die individuellen Renteneinkommen auf Mikroebene simuliert. Dadurch ist es möglich, sowohl die zukünftige Verteilung der Renteneinkommen auf Individual- und Haushaltsebene zu beschreiben, als auch die sozioökonomischen Determinanten der relativen Einkommensposition zu bestimmen und zu analysieren. Darüber hinaus können konkrete Szenarien von Verhaltensänderungen simuliert sowie deren Auswirkungen quantifiziert werden.

Die ersten Mikrosimulationsmodelle wurden bereits in den 1950er Jahren in den USA entwickelt. Sie wurden dazu verwendet, alternative Steuerreformen miteinander zu vergleichen oder verschiedene Politikmaßnahmen und Wohlfahrtsprogramme in der Familien- oder Gesundheitspolitik zu evaluieren. Die ersten bekannten Mikrosimulationsmodelle fanden in den 1960er Jahren Anwendung. Dazu zählen u.a. das *Reforms in Income Maintenance (RIM)* Model[162] sowie das *Transfer Income Model (TRIM)*[163], die sowohl selbst ebenso wie deren Abkömmlinge wichtige Beiträge zur Evaluation von Reformen des Steuer- und Transfersystems leisteten (vgl. Lewis/Michel, 1990).

Das erste dynamische Mikrosimulationsmodell geht zurück auf Guy H. Orcutt, der dieses Ende der 1950er Jahre entwickelt und auf diesem Forschungsgebiet wichtige Pionierarbeit geleistet hat (Orcutt, 1957; Orcutt 1961; Orcutt et al. 1961). Mit der Entwicklung des *Dynamic Simulation of Income Model (DYNASIM)* war es möglich, sämtliche demographischen und ökonomischen Entwicklungsprozesse einer Volkswirtschaft mit einzubeziehen, einschließlich Sozialtransfers und den Wechselbeziehungen zwischen Mikro- und Makroebene. Das Modell befasst sich überwiegend mit Fragestellungen der Renten- und Arbeitslosenversicherung sowie

162 Dieses Modell wurde entwickelt, um Sozialstaatsreformen zu evaluieren. Es diente dazu, die *National Commission on Income Maintenance* von Präsident Johnson zu beraten. Diese unterbreitete einen Reformvorschlag zur Einführung einer negativen Einkommensteuer.

163 Dieses Modell simulierte und analysierte die Auswirkungen von Steuer-, Transfer und Gesundheitsmaßnahmen auf die US-Bevölkerung.

des Familienlastenausgleichs. Es unterschied sich somit von seinen Vorgängern insofern, dass es in der Lage war, Verhaltenseffekte zu internalisieren, sodass daraus folgende Implikationen für Demographie und Gesamtwirtschaft abgeleitet werden konnten (Favreault et al., 2015).

In Deutschland wurde das erste Mikrosimulationsmodell *Sozialpolitisches Entscheidungs- und Indikatorensystem für die Bundesrepublik Deutschland (SPES-Projekt)* im Jahr 1974 auf Initiative der Sozialpolitischen Forschergruppe Frankfurt-Mannheim entwickelt (Sozialpolitische Forschergruppe, 1979). Mit Hilfe des Modells bzw. dessen Weiterentwicklungen konnten Berechnungen zu und Bewertungen von verschiedenen Rentenreformen durchgeführt werden.

In den 1980er Jahren fanden Mikrosimulationsmodelle vermehrt Anwendung in der deutschsprachigen Wirtschaftsforschung. In Folge dessen wurden Modelle entwickelt, die sich mit Fragestellungen und Themenkomplexen innerhalb des Steuer-, Transfer- sowie des Sozialversicherungssystems bzw. dessen einzelner Zweige auseinandersetzen, Reformmaßnahmen analysieren, entwickeln und Politikempfehlungen geben. Beispielhaft genannt seien an dieser Stelle die Mikrosimulationsmodelle von Bork et al. (1998), Bork/Petersen (1999), Drabinski (2004), Haan/Steiner (2004), Hauser et al. (1993), Merz et al. (2002), Petersen (1986) sowie das *Steuer-Transfer-Simulationsmodell (STSM)* des SOEP (Steiner et al., 2012) und die *Mikrosimulation ausgewählter ehe- und familienbezogener Leistungen im Lebenszyklus* des ZEW (Bonin et al., 2013).

Allerdings werden Mikrosimulationsmodelle nicht nur zur Analyse von Verteilungswirkungen verwendet, sondern dienen auch zur Modellierung konkreter Szenarien von Verhaltensänderungen. Bei dem Projekt *ServSim* werden Änderungen der tageszeitlichen Nachfrage nach Gütern und Serviceleistungen untersucht und alternative (Laden-)Öffnungszeiten vor dem Hintergrund einer alternden Gesellschaft, flexibleren Arbeitsmärkten sowie einem breiteren Angebot an öffentlichen Einrichtungen der Kinderbetreuung modelliert (vgl. z. B. Merz et al., 2007; Merz et al., 2011).

Mit EUROMOD wurde im Jahr 2012 an der University of Essex ein europaweites Mikrosimulationsmodell etabliert (Sutherland/Figari, 2013). Unter Verwendung von EU-SILC[164] Daten werden in einem statischen Modell die Auswirkungen des Steuer-Transfer-Systems auf die Haushalte und insbesondere deren Einkommen in den einzelnen Ländern der EU sowie auf aggregierter Ebene modelliert. Verhaltenseffekte werden dabei nicht berücksichtigt, sodass auch die sozio-demographischen

164 Die *European Statistics on Income and Living Conditions* („Leben in Europa") werden seit 2005 in allen 27 EU-Mitgliedstaaten sowie einigen Nachbarländern erhoben. Die Daten werden jährlich in Form einer ca. 14.000 Haushalte mit ca. 28.000 Personen in Deutschland umfassenden Stichprobe erhoben und dienen zur Analyse sowie einem internationalen Vergleich von Einkommen, Lebensbedingungen, Armut, Deprivation und sozialer Exklusion. Für eine detailliertere Übersicht sowie einen Vergleich mit deutschen Mikrodatenbasen, vgl. Hauser (2007).

Rahmenbedingungen und Charakteristika der Population als über den Simulationszeitraum konstant angenommen werden. Das EUROMOD ist demnach in der Lage, Reformszenarien von Steuer-Transfer-Mechanismen mitsamt deren Auswirkungen auf die Einkommens- und Vermögensverteilung, das Arbeitsangebot zu modellieren sowie deren fiskalische Effekte abzubilden.

5.2 Daten

Die Datengrundlage für dieses mikroanalytische Simulationsmodell setzt sich aus verschiedenen Datensätzen zusammen. Von der Deutschen Rentenversicherung stehen die Scientific Use Files der Versicherungskontenstichprobe aus dem Jahr 2012 (SUFVSKT2012) sowie über die Rentenzugänge (SUFRTZN12XVSBB) zur Verfügung. Die prozess-produzierten Mikrodatensätze liefern exakte Informationen über Biographiezeiten sowie erworbene Rentenanwartschaften während des Erwerbslebens und machen es außerdem möglich, das individuelle Rentenzugangsverhalten zu replizieren.

Die Befragungsdaten des Sozio-oekonomischen Panels (SOEP) des DIW in Berlin bilden die eigentliche Basis der Mikrosimulation. Sie liefern den für die Mikrosimulationsstudie elementar wichtigen Haushaltskontext und die Datengrundlage zur Schätzung von Kohorteneffekten und Alters-Lohn-Profilen aus den Erwerbsbiographien. Die VSKT und das SOEP werden mittels eines statistischen Matchings zusammengeführt (siehe Kap. 5.3). Beide Datensätze eignen sich dazu sehr gut, da sie sich aufgrund ihrer jeweiligen Stärken hervorragend wechselseitig ergänzen und gleichzeitig ihre Schwächen jeweils egalisieren.

Die Daten der Deutschen Bundesbank (Panel on Household Finances, PHF) enthalten sowohl auf Individualebene als auch im Haushaltskontext umfassende Angaben bezüglich der zweiten und dritten Säule der Altersvorsorge. Mit diesen Daten wird auf Haushaltsebene eine Sparfunktion geschätzt, sodass mittels *Matching by Regression* den Haushalten im oben beschriebenen gematchten Datensatz eine Sparquote zugeordnet werden kann. Die Bevölkerung wird basierend auf der 13. koordinierten Bevölkerungsvorausberechnung[165] fortgeschrieben, wobei auf der Ebene der Haushalte deren Entwicklung hinsichtlich zukünftiger Haushaltsgröße und -struktur Berücksichtigung findet.

5.2.1 Versicherungskontenstichprobe (VSKT)

Der FDZ-Biographiedatendatz für die Biographiedaten der Versicherten (VSKT) wird in Form einer Zufallsstichprobe seit 1983 aus den Versicherungskonten erhoben und seitdem als Panel fortgeführt (vgl. Kreyenfeld/Mika, 2008, S. 72). Zur

165 Vgl. Statistisches Bundesamt (2015b). Die 13. koordinierte Bevölkerungsvorausberechnung präsentiert die demographische Entwicklung in Deutschland bis zum Jahr 2060.

Grundgesamtheit des Paneldatensatzes gehören alle Personen, die zumindest einen Eintrag in ihrem Versicherungskonto aufweisen können und die am Stichtag des Berichtsjahres (jeweils am 31.12.) zwischen 15 und 67 Jahre alt sind. Der vorliegende Datensatz SUFVSKT2012 ist eine 25 %-Teilstichprobe und repräsentiert die Jahrgänge 1945 bis 1982 der im Inland lebenden Versicherten mit deutscher Staatsangehörigkeit. Die Fallzahl der Stichprobe beträgt 64.295 Fälle. Die Versicherungskontenstichprobe ist ein disproportional gestaltetes Panel. Durch Gewichtung der Fälle mit den Hochrechnungsfaktoren können repräsentative Aussagen für die 37.445.788 Personen umfassende Grundgesamtheit der Versicherten gemacht werden.[166]

Die Versicherungskontenstichprobe SUFVSKT2012 besteht aus einem festen Teil mit datentechnischen und demographischen Merkmalen sowie Ergebnissen resultierend aus der fiktiven Rentenberechnung. Sie enthält außerdem Teile mit biographiebezogenen Merkmalen. In dem Datensatz finden sich neben soziodemographischen Angaben Informationen über die exakte Höhe der individuellen Entgeltpunkte sowie monatsgenaue Angaben über die zu diesem Zeitpunkt ausgeübte rentenrechtlich relevante Tätigkeit des Individuums.

5.2.2 Versicherungsrentenzugang (RTZN)

Der Scientific Use File über die Rentenzugänge (SUFRTZN12XVSBB) gibt Auskunft über demographische Merkmale der Versicherten sowie wichtige rentenrechtliche Tatbestände (z. B. Rentenhöhe, Rentenart, Entgeltpunkte). Im jeweiligen Berichtsjahr gelten alle Rentenzugänge als solche, deren aktueller Rentenbeginn in eben jenem Berichtsjahr oder im Jahr davor liegt. Im Berichtsjahr entstehende Rentenzugangsdaten mit aktuellem Rentenbeginn im darauffolgenden Berichtsjahr werden erst im folgenden Jahr in die Analyse mit einbezogen. Im SUF zum Rentenzugang gehören jene Fälle zum relevanten Personenkreis, welche auch in den Publikationen der DRV Bund Berücksichtigung finden. Dies schließt vor allem Erwerbsminderungs- und Altersrenten[167] mit ein. Nicht zur Stichprobe zu zählen sind folglich Renten wegen Todes (Witwen-, Waisen- und Erziehungsrenten), Renten nach Art. 2 RÜG, reine Zusatzleistungen aus Steigerungsbeträgen, reine Kindererziehungsleistungen, Nullrenten (d. h. keine Rentenzahlung ob des Zusammentreffens von Rente und Einkommen) und Knappschaftsausgleichsleistungen.

---

166 Vgl. FDZ-RV (2012).

167 Zusätzlich werden im SUF Versichertenrentenzugang folgende Meldegründe berücksichtigt: a) Festsetzung ohne unmittelbar vorhergehenden Rentenbezug aus einer gesetzlichen Rentenversicherung, b) Übernahme von einer anderen Versicherungsanstalt oder Wiederzahlung nach Unterbrechung aus sonstigem Grund, c) Festsetzung nach unmittelbar vorhergehenden Rentenbezug von einem Träger der Gesetzlichen Rentenversicherung im Sinne von § 15 Abs. 2 FRG, d) Änderung der zu zahlenden Leistungsart, e) Änderung von Teilrente in Vollrente.

Die Stichprobe besteht aus einer systematischen Zufallsauswahl aus zehn Prozent der Grundgesamtheit und umfasst 82.911 Fälle. Grundlage der Statistik ist ein einheitlicher Statistikdatensatz zur Rentenzugangsstatistik nach § 6 der Allgemeinen Verwaltungsvorschrift über die Statistik in der Rentenversicherung (RSVwV) und zur Rentenbestandsstatistik nach § 7 RSVwV aus den Konten der Rentenversicherungsträger für das aktuelle Berichtsjahr (hier: 2012). Der Datensatz gliedert sich in datentechnische sowie demographische Merkmale. Weiterhin enthält er Informationen über Rentenart, -beginn, -wegfall und -beträge, Merkmale zur Pflege- und Krankenversicherung sowie für Vertragsrenten, zur Rehabilitation und zur Versicherung.

5.2.3 Sozio-oekonomisches Panel (SOEP)

Die Befragungsdaten des Sozio-oekonomischen Panels stellen die zweite zentrale Datengrundlage dieser Mikrosimulation dar. Das SOEP ist eine seit 1984 erhobene repräsentative Längsschnittbefragung deutscher Haushalte[168] und liefert umfassende Informationen über die Lebensverhältnisse von Haushalten und den darin lebenden Individuen in Deutschland (vgl. Wagner et al., 2008). An der 30. Befragungswelle im Jahr 2013[169] nahmen insgesamt 19.406 Personen teil, die sich auf 11.447 Haushalte verteilen.[170]

Im SOEP geben die Befragten Auskunft über eine Vielzahl von Einkunftsarten, sodass die Einkommens- und Vermögenssituation der Haushalte detailliert und umfassend analysiert werden kann. Der vergleichsweise lange Erhebungszeitraum von 30 Jahren und somit bis zu 360 theoretisch vorhandenen Versicherungsmonaten erlaubt zudem eine möglichst präzise Schätzung von Kohorteneffekten[171], da mehrere Jahrgänge gleichen Alters in verschiedenen Kalenderjahren beobachtet und analysiert werden können. Dies ist insbesondere für die Fortschreibung der Erwerbsbiographien (Kap. 5.4.1) sowie der Alters-Lohn-Profile von Bedeutung (siehe Kap. 5.4.2).

Hinsichtlich des statistischen Matchings in Kap. 5.3 erweisen sich die zahlreich vorhandenen gültigen Angaben bezüglich des Bildungsniveaus von großem Vorteil. Ein wichtiger und für die Forschungsfrage entscheidender Vorteil dieses Datensatzes besteht in dem im SOEP vorhandenem Haushaltskontext, wodurch Aussagen über die Haushaltseinkommen gemacht werden können. Charakteristisch für Befragungsdaten besteht auch im SOEP die Schwäche in der mangelnden

---

168 Bis zum Jahr 1990 beinhaltete die Stichprobe ausschließlich Haushalte in den alten Bundesländern sowie West-Berlin. Nach der Wiedervereinigung wurde das Sample um Befragungsdaten der Haushalte aus den Neuen Bundesländern erweitert.

169 Obwohl die Befragung in 2010 stattfand, sind darin monatsgenaue Angaben (z. B. über Erwerbstätigkeit) des vergangenen Jahres enthalten.

170 Vgl. Gerstorf/Schupp (2013), S. 76.

171 Kohorteneffekte berücksichtigen den marginalen Effekt des Geburtsjahrgangs bei gleichem Lebensalter und unterschiedlichem Kalenderjahr.

Präzision der Angaben zu Rentenansprüchen, welche auf individuellen Angaben der Befragten beruhen. Individuelle Rentenansprüche ließen sich zwar retrospektiv schätzen; diese wären allerdings nicht sehr exakt, da das Risiko besteht, dass Informationen entweder verweigert oder (wissentlich oder unwissentlich) nicht korrekt angegeben werden (*response* bzw. *non-response bias*)[172]. Abhilfe können Mikrodaten der Deutschen Rentenversicherung schaffen. Diese sind prozessproduziert, wodurch Anwartschaften sowie individuelle Erwerbszeiten präzise erfasst werden können.

Bei Angaben zu soziodemographischen Merkmalen (u.a. aus dem Datensatz *PGEN*) und Informationen über die personen- bzw. haushaltsspezifische Einkommens- (*PEQUIV*) und Vermögenssituation (*PWEALTH* bzw. *HWEALTH*) wird überwiegend auf generierte Variablen zurückgegriffen. Aufgrund der besonderen Bedeutung von Biographie- und Kalenderdaten werden beide diese Informationen enthaltenden Datensätze im Folgenden etwas detaillierter beschrieben.

Die Biographiedaten liegen als Spelldaten in dem Datensatz *PBIOSPE* vor und werden idealerweise für jeden Teilnehmer des Biographiefragebogens retrospektiv erhoben. Die Teilnehmer machen dabei beim Eintritt in das Panel Angaben über jede von ihnen seit dem 15. bis zum aktuellen Lebensjahr (maximal bis zum 65.) ausgeübte Tätigkeit. Der Zeitraum einer Aktivität umfasst jeweils ein Kalenderjahr. Demzufolge ist es also möglich, dass pro Kalenderjahr mehrere Tätigkeiten gleichzeitig ausgeübt und somit im Fragebogen angegeben wurden, sodass für etliche Zeiträume Überlappungen vorliegen. Die Angaben im Biographiefragebogen umfassen also nur den Zeitraum bis zum Eintritt in das Panel.

Mit Eintritt in das Panel werden Information über die Aktivitäten des Individuums monatsgenau erhoben und mit der jährlichen Erhebung aktualisiert, sodass die Tätigkeiten als Kalendarium in dem Datensatz *ARTKALEN* dokumentiert sind. Die ab dem Eintritt in das Panel aufgezeichneten Informationen über die jeweiligen Aktivitäten des Individuums werden in *ARTKALEN* monatsgenau aufgezeichnet, auf Jahresbasis aggregiert und gemeinsam mit dem Biographiedatensatz *PBIOSPE* in einem gesonderten Datensatz kombiniert. Um die Ansprüche an die GRV möglichst genau bestimmen zu können, ist es notwendig, sowohl auf Biographie- als auch auf Kalenderdaten zurückzugreifen. Dazu ist zunächst eine Harmonisierung der Kategorien der Aktivitäten in beiden Datensätzen erforderlich.

172 Vgl. Guilford (1959) und Cronbach (1970).

Tabelle 5-1: Klassifizierung der Aktivitäten in der Erwerbsbiographie

	VSKT		SOEP			
			PBIOSPE		***ARTKALEN***	
Schule	1	Schulische Ausbildung	1	Schule, Studium	8	Schule, Hochschule
Ausbildung, Lehre	2	Berufliche Ausbildung	2	Lehre, Ausbildung	4	Betriebliche Ausbildung
					13	in betrieblicher Erstausbildung
					14	in Fortbildung, Umschulung
Wehr-/Zivildienst	9	Wehr- und Zivildienst	3	Wehr-/Zivildienst	9	Wehr-/Zivildienst
Krankheit	5	Arbeitsunfähigkeit, Krankheit		*nicht verfügbar*		*nicht verfügbar*
Erwerbstätigkeit	10	Geringfügig Beschäftigte	4	Voll berufstätig	1	Voll erwerbstätig
	11	Selbständig	5	Teilzeitbeschäftigt	2	Kurzarbeit
	13	Sozialversicherungspflichtig erwerbstätig			3	Teilzeit-/geringfügige Beschäftigung
					11	nebenberufliche Tätigkeit
					15	Minijob (bis 400 Euro)
Arbeitslosigkeit	6	Arbeitslosenhilfe, ALG II	6	Arbeitslos	5	Arbeitslos gemeldet
	7	Arbeitslosengeld				
	8	Anrechnungszeit				
Familie	3	Nichterwerbsmäßige Pflege	7	Hausfrau, Hausmann	10	Hausfrau/-mann
	4	Kindererziehung und Haushalt	9	Andere Tätigkeit, Mutterschaftsurlaub	7	Mutterschaft, Freistellung
Rente	15	Rentenbezug (aus eigener Versicherung)	8	im Ruhestand	6	in Rente, Ruhestand
Sonstiges	12	Sonstiges			12	Sonstiges
	14	Zurechnungszeit				

Anm.: Aufgelistet sind die in der GRV anwartschaftsrelevanten Tätigkeiten. In der VSKT handelt es sich um monatsgenaue, prozessproduzierte Daten. Im SOEP hingegen werden monatsgenaue Befragungsdaten (*ARTKALEN*) bzw. Angaben auf Jahresbasis (*PBIOSPE*) herangezogen.
Quelle: SOEPv30, FDZ-RV – SUFVSKT2012; eigene Darstellung.

In Tabelle 5–1 sind die Tätigkeiten dargestellt, die in den jeweiligen Datensätzen die Erwerbsbiographien bilden und im Speziellen auf die Problemstellungen angepasst werden, die in diesem Mikrosimulationsmodell behandelt werden. Die wesentlichsten Tätigkeiten sind dabei Zeiten der Erwerbstätigkeit (Voll- und Teilzeitbeschäftigung) sowie in Arbeitslosigkeit und haushaltsnahe Tätigkeiten. („Familie"). Zeiten mit geringfügiger Beschäftigung (sog. „Minijobs") werden zur Erwerbstätigkeit gezählt, obschon für solche Tätigkeiten grundsätzlich keine Versicherungspflicht besteht. Da sich geringfügig Beschäftigte jedoch freiwillig versichern können und in diesem Fall für die Bildung von Rentenanwartschaften relevant werden, werden basierend auf einem Anteil freiwillig sozialversicherungspflichtig beschäftigter Minijobber (beobachtet aus vergangenen Perioden) Quoten gebildet, welche auch für die Zukunft angenommen werden.

Die Abgrenzung einzelner Formen der atypischen Beschäftigung in den jeweiligen Datensätzen verläuft nicht immer einheitlich, weswegen die Trennschärfe in manchen Fällen der Analyse nicht gegeben ist. Dabei gelten grundsätzlich solche Beschäftigungsformen als atypisch, die Teilzeit (weniger als 21 Wochenstunden), Minijobs, befristete Arbeitsverhältnisse und Zeitarbeit (Leiharbeit, Arbeitnehmerüberlassung) umfassen. Davon abzugrenzen sind sog. „prekäre" Beschäftigungsverhältnisse, d.h. solche, die nicht dauerhaft zur Existenzsicherung beitragen.[173] Aufgrund teilweise unterschiedlicher Definitionen und Ausdifferenzierungen atypischer Beschäftigungsformen in den einzelnen Datensätzen der Mikrosimulation (siehe Tab. 5–1) werden die Begriffe im Fortgang synonym verwendet, sofern nicht explizit auf das Gegenteil hingewiesen wird.

Insbesondere im Biographieteil des SOEP-Datensatzes sind innerhalb eines Kalenderjahres mehrere Tätigkeiten gleichzeitig angegeben, etwa wenn eine Person in diesem Zeitraum sowohl einer Erwerbstätigkeit nachgegangen ist als auch in Folge derer arbeitslos war. In diesem Fall wird eine Gleichverteilung aller ausgeübten Aktivitäten in dieser Periode angenommen. Da sowohl die unter „Familie" als auch unter „Sonstiges" gruppierten Tätigkeiten parallel zu den restlichen genannten Aktivitäten ausgeübt werden könnten, werden diese Fälle gesondert behandelt, indem beide Aktivitäten isoliert betrachtet in die Gesamtrechnung mit eingehen. Betrachtet man den insbesondere bei Frauen häufig auftretenden Fall einer Teilzeitbeschäftigung bei gleichzeitiger Kindererziehung innerhalb eines Jahres, werden in diesem Zeitraum beide Tätigkeiten mit jeweils zwölf Monaten bei der Kumulierung berücksichtigt.

Während in der VSKT bzgl. der Erwerbstätigkeit lediglich zwischen sozialversicherungspflichtiger und geringfügiger Beschäftigung[174] unterschieden wird,

173 Ebenfalls ist die sog. Solo-Selbständigkeit zum Kreis der atypischen Beschäftigten zu zählen. Da Selbständige grundsätzlich von der Analyse ausgeschlossen sind, ist dieser Personenkreis nicht weiter von Belang.

174 Außerdem werden im Erwerbstätigkeitsspell Zeiten der Selbständigkeit subsumiert. Dazu gehören Selbständige, die sich freiwillig in der GRV versichern.

weisen die Kalenderdaten des SOEP zusätzlich zu den in den Biographiedaten dokumentierten Zeiten der Voll- und Teilzeiterwerbstätigkeit Kurzarbeit, geringfügige Beschäftigung[175] und nebenberufliche Tätigkeit aus. Die beiden letztgenannten Aktivitäten sind im SOEP unter Teilzeit subsumiert, während Kurzarbeit der Vollzeittätigkeit zugerechnet wird.

Da im SOEP auch Selbständige und Beamte Voll- und Teilzeitbeschäftigung angeben, werden diese im Verlauf der Erwerbsbiographie identifiziert und von der weiteren Analyse ausgeschlossen. Während die Identifikation in den Kalenderdaten problemlos möglich ist, müssen in den Biographiedaten vor Beginn des Panelzeitraumes Annahmen getroffen und Rückschlüsse anhand verschiedener Merkmalsausprägungen gezogen werden.

5.2.4 Bundesbank Panel on Household Finances (PHF)

Der Datensatz der Panelstudie „Private Haushalte und ihre Finanzen" (PHF) ist Ergebnis einer von der Bundesbank durchgeführten Erhebung über Haushaltseinkommen und -vermögen in Deutschland.[176] Die Daten beinhalten umfassende Angaben über die Einkommen, Ersparnisse, Pensionsansprüche inkl. betrieblicher Altersversorgung sowie sonstige Vermögenspositionen wie z.B. privater Alterssicherung und insbesondere Immobilienvermögen. Dazu liefert der Datensatz Angaben über soziodemographische Charakteristika, Informationen zu den Erwerbsbiographien der Haushalte, Konsumverhalten und Zukunftserwartungen bzgl. gesamtwirtschaftlicher Größen.

Die erste Befragungswelle stammt aus dem Zeitraum zwischen September 2010 und Juli 2011. Das Sample besteht aus 3.565 zufällig ausgewählten Haushalten in Deutschland und liegt in Form anonymisierter Mikrodaten vor. Es handelt sich um eine repräsentative Stichprobe. Um eine belastbare Aussage über die Einkommens- und Vermögensverteilung sowie derer Komposition tätigen zu können, ist eine Gewichtung erforderlich, da Haushalte mit hohen Einkommen bzw. großen Vermögen überrepräsentiert sind.

Das PHF steht im Kontext einer europaweit durchgeführten, harmonisierten Befragung. Die Daten werden alle zwei Jahre erhoben. Ziel der Panelstudie ist es, bei der nächsten geplanten Befragung (Anfang 2014) möglichst viele Haushalte der ersten Welle erneut zu befragen. Die Panelstruktur des PHF orientiert sich dabei an der des Sozio-oekonomischen Panels.

---

175 In den Kalenderdaten des SOEP sind bis einschließlich zum Jahr 2004 Teilzeit und geringfügige Beschäftigung zusammengefasst.

176 Vgl. von Kalckreuth et al. (2012) und Zhu/Eisele (2013).

5.3 Statistisches Matching

5.3.1 Grundidee

Die zentrale Herausforderung eines statistischen Matchings besteht im Wesentlichen im Suchen und Finden von „statistischen Zwillingen".[177] Ein statistisches Matching (auch Daten-Merging oder synthetisches Matching genannt) kann dabei grundsätzlich in drei unterschiedlichen Formen auftreten. In der US-amerikanischen Literatur wird unter diesem Begriff allgemein eine Datenfusion inklusive der damit einhergehenden Identifikationsprobleme verstanden (Rässler, 2002). Während insbesondere im europäischen Raum das Auffinden von statistischen Zwillingen als statistisches Matching gilt (Bacher, 2002), kann ein Matching-Prozess ebenso eine einfache oder mehrfache Imputation darstellen (Rubin, 1987).[178]

Als statistische Zwillinge sind solche Beobachtungspaare gekennzeichnet, die sich einander in ausgewählten Merkmalsausprägungen nicht oder nur kaum unterscheiden. Handelt es sich dabei um dieselbe Beobachtung in zwei verschiedenen Datensätzen, könnten sie mittels eines *Record Linkage* miteinander verknüpft werden. Dabei werden Datensätze aus verschiedenen Quellen, jedoch mit denselben Beobachtungseinheiten (z. B. Individuen oder Haushalte) miteinander verlinkt. Da die beiden für die Simulationsanalyse relevanten Datensätze VSKT und SOEP nicht mittels eines identifizierbaren gemeinsamen Schlüssels (z. B. Sozialversicherungsnummer, Name oder Adresse) zusammengeführt werden können, ist die Durchführung eines solchen Verknüpfungsprozesses nicht möglich (vgl. z. B. O'Hare, 2000; d'Orazio et al., 2006). In Folge dessen wird eine Datenfusion zwischen der VSKT und dem SOEP unternommen, sodass unterschiedliche Beobachtungseinheiten aus jeweils beiden Datensätzen anhand identischer bzw. ähnlicher soziodemographischer Charakteristika zusammengeführt werden. Durch ein statistisches Matching können somit Informationen aus mehreren verschiedenen Datensätzen in eine Datenbasis integriert werden.

Da in dem im folgenden Kapitel beschriebenen Mikrosimulationsmodell Aussagen über die Renteneinkommen (vgl. Kap. 6.2.3) und Sparentscheidungen (vgl. Kap. 5.4.6 und 6.2.4) der Haushalte gemacht werden sollen, ist ein vorhandener Haushaltskontext in der Datenbasis unabdingbar. Zwar ist es möglich, die rentenrechtlich relevante Erwerbsbiographie für jede Beobachtung im SOEP aus den Befragungsdaten retrospektiv zu schätzen, allerdings liefern die Daten der VSKT wesentlich präzisere Informationen hinsichtlich der erworbenen Rentenansprüche. Der SOEP-Datensatz dient dabei als *Recipient*, während das Sample der VSKT als *Donor* fungiert. Konkret werden dabei die kumulierten Entgeltpunkte im SOEP als

177 Für eine ausführliche Übersicht bzgl. verschiedene Matchingverfahren und deren Systematik, vgl. dazu Rässler (2001).

178 Die unterschiedlichen Begriffe für einen statistischen Matching-Prozess werden im Folgenden synonym verwendet, sofern nicht anders deklariert.

Missing Values interpretiert, die dann basierend auf den Informationen der VSKT im Rahmen des gewählten Matching-Verfahrens ersetzt werden.

Die Datenfusion mit Hilfe statistischer Zwillinge findet häufig bei der Behebung des Problems fehlender Werte Anwendung und wurde daher bereits intensiv diskutiert, etwa von Rubin (1973), Rubin (1987), Little/Rubin (1987), Rosenbaum (1989), Rosenbaum/Rubin (1983), Rosenbaum/Rubin (1985) und Holland (1986), die sich in ihren Arbeiten insbesondere mit den jeweiligen Methoden der statistischen Effektschätzung befassen. Außerdem werden Matchingverfahren nicht selten in der Evaluierung von Politikmaßnahmen angewandt. So ist das Interesse auf die Wirkung einer solchen Maßnahme gerichtet, deren Einfluss auf die Zielvariable jedoch durch die Wechselwirkung mit anderen abhängigen Variablen verzerrt werden kann, wenn konventionelle multivariate Analyseverfahren verwendet werden (Bacher, 2002). Beispielhaft sei hier auf die Arbeiten unter der Federführung von Heckman[179] verwiesen, der in Zusammenarbeit mit Kollegen auf diese Methoden der Analyse von Treatment-Effekten bei der Evaluierung von Arbeitsmarktinstrumenten zurückgegriffen hat.

5.3.2 Matching-Vorhaben mit in Deutschland erhobenen Daten

In der deutschsprachigen Literatur finden sich vergleichbare Matching-Vorhaben mit zum Teil denselben Datengrundlagen. Auf Grundlage der gematchten Datenbasis werden dann gleicherweise Aussagen über die Verteilung aktueller und zukünftiger Renteneinkommen getroffen. Steiner und Geyer (2010) verwenden in ihrer Studie ebenfalls die Datensätze der VSKT und des SOEP und matchen beide mittels der „Propensity Score"-Methode nach dem „Nearest Neighbour"-Verfahren[180]. Die Autoren prognostizieren in ihrer Studie unter Berücksichtigung durchschnittlicher Vermögenswerte die Entwicklung der Alterseinkommen aus der GRV und kommen zu dem Ergebnis, dass sich insbesondere in Ostdeutschland die Situation zukünftiger Rentner deutlich verschlechtern wird.

Zu einem vergleichbaren Resultat kommen Arent und Nagl (2010), die die VSKT mit Daten des Instituts für Arbeit und Beschäftigung (IAB)[181] verbinden. Das Simulationsmodell prognostiziert die Alterseinkommen der Neurentner in den Jahren 2020 bis 2022 und kommt zu dem Fazit, dass bereits in naher Zukunft mit einem Anstieg der Altersarmut zu rechnen ist, wobei der Faktor Bildung eine wichtige Determinante darstellt. Rasner et al. (2007) führen unter Verwendung des SOEP und des Scientific Use File Vollendete Versichertenleben (SUFVVL2004) der Deutschen Rentenversicherung verschiedene Techniken des statistischen Matchings durch

179 Vgl. Heckman et al. (1997), Heckman et al. (1998a), Heckman et al. (1998b) sowie Heckman et al. (1999).

180 Vgl. dazu etwa die Arbeit von Cameron und Trivedi (2005).

181 Es handelt sich dabei um das Regionalfile der IAB Beschäftigtenstichprobe 1975–2004 (IABS-R04). Dies ist eine 2%-Stichprobe aller in Deutschland sozialversicherungspflichtig Beschäftigten Arbeitnehmerinnen und Arbeitnehmer.

und bewerten deren Güte. Wie im Mikrosimulationsmodell dieser Arbeit matchen Rasner et al. (2011) das SOEP mit der VSKT. Sie prognostizieren und analysieren allerdings nicht die Entwicklung zukünftiger Renteneinkommen der heutigen Erwerbsbevölkerung, sondern vergleichen zukünftige Alterseinkommen und -vermögen einer aktuellen Rentnerpopulation, d.h. aller 60–65-jährigen im Basisjahr 2007, im Barwert.

Zwar existieren sowohl hinsichtlich des Matching-Verfahrens als auch der verwendeten Datengrundlagen zahlreiche Gemeinsamkeiten zu bisherigen Arbeiten. Allerdings bestehen Unterschiede im weiteren Fortgang des Simulationsprozesses. Während die oben genannten Analysemodelle lediglich Aussagen über die derzeitige bzw. zukünftige Verteilung machen, werden in dieser Mikrosimulation Verhaltensanalysen derart modelliert, dass Haushalte ihr zukünftiges Alterseinkommen antizipieren und ihr Verhalten während des Erwerbslebens entsprechend anpassen.

5.3.3 Vorarbeiten

Beim Matching zweier Datensätze werden anhand gemeinsamer Merkmale statistisch ähnliche Beobachtungen identifiziert. Dabei müssen zunächst die Charakteristika identifiziert werden, anhand derer gematcht werden soll. Handelt es sich bei einer Matching-Variablen bspw. um eine kategoriale Variable im weiteren Sinne, müssen die Ausprägungen der Variablen entsprechend angepasst werden, sodass beide Kategorien in beiden zu matchenden Samples einander entsprechen.

Tabelle 5-2: Klassifizierung des Bildungsniveaus

Klassifikation	**Bildungs-/Berufsabschluss**	
Geringe Bildung	0:	Ohne Schulabschluss
	1:	Hauptschulabschluss/mittlere Reife ohne abgeschlossene Berufsausbildung
Mittlere Bildung	2:	Hauptschulabschluss/mittlere Reife mit abgeschlossener Berufsausbildung
	3:	Abitur/Fachabitur ohne abgeschlossene Berufsausbildung
	4:	Abitur/Fachabitur mit abgeschlossener Berufsausbildung
Hohe Bildung	5:	Abschluss an einer Fachhochschule
	6:	Hochschul-/Universitätsabschluss

Anm: Zur Darstellung des individuellen Bildungsniveaus wird in der VSKT die Variable *ttsc3_kldb1988*, im SOEP die Variable *psbil* herangezogen. Die sechsstufige Klassifikation orientiert sich dabei am internationalen Standard (ISCED).
Quelle: eigene Darstellung.

Im SOEP und in der VSKT bestehen unterschiedliche Klassifizierungen der Bildungsvariablen. Für sämtliche nachfolgenden Berechnungen wird das Bildungsniveau in die in Tabelle 5-2 dargestellten Klassen unterteilt:[182] Niedrig, mittel und hoch. Sowohl das Schul- als auch das Berufsausbildungsniveau determinieren dabei das Gesamtbildungsniveau des Individuums.

Tabelle 5-3: Stichprobe und Grundgesamtheit

	Population			**Alter**		
	Gesamt	*Männlich*	*Weiblich*	*Gesamt*	*Männlich*	*Weiblich*
VSKT	40,9 Mio. (58.271)	20,4 Mio. (27.192)	20,5 Mio. (31.079)	46,8	46,7	46,9
SOEP	40,8 Mio. (7.904)	20,5 (3.812)	20,3 Mio. (4.092)	47,7	48,0	47,5
VSKT (West)	32,2 Mio. (45.735)	16,0 Mio. (21.435)	16,2 Mio. (24.300)	46,5	46,5	46,6
SOEP (West)	31,2 Mio. (5.770)	15,7 Mio. (2.773)	15,5 Mio. (2.997)	47,5	47,8	47,3
VSKT (Ost)	8,71 Mio. (12.536)	4,41 Mio. (5.757)	4,29 Mio. (6.779)	47,7	47,5	47,9
SOEP (Ost)	9,68 Mio. (2.134)	4,83 Mio. (1.039)	4,85 Mio. (1.095)	48,3	48,7	48,0

Anm.: Anzahl der Beobachtungen in Klammern; Angaben zur Grundgesamtheit nach Anpassung der Hochrechnungsfaktoren. Altersangaben gewichtet; Personen zwischen 30 und 67 Jahren, keine Beamten, alle Versicherungsstatus.
Quelle: SOEPv30, FDZ-RV – SUFVSKT2012; eigene Darstellung.

In Tabelle 5-3 werden beide im Matching-Prozess verwendeten Datensätze gegenübergestellt, indem die Stichproben sowie die mit den Hochrechnungsfaktoren gewichteten Gesamtpopulationen beider Datensätze miteinander verglichen werden. Beim Vergleich beider Samples finden Beamte keine Berücksichtigung[183]. Es werden

182 Eine ähnliche dreistufige Gliederung findet sich ebenfalls in Rasner (2007), Rasner et al. (2007) und Geyer und Steiner (2009a). „Vorarbeiten", „Best of Both Worlds", „Stat. Matching SOEP/SUFVSKT". Unter anderem weil diese Studien mit den teilweise selben Datensätzen zu ähnlichen Fragestellungen arbeiten, wird in diesem Modell auf diese Klassifikation zurückgegriffen.

183 Dabei wurden im SOEP in der individuellen Erwerbsbiographie Beamtenzeiten identifiziert und die jeweilige Beobachtung aus dem Datensatz entfernt. In der VSKT sind ohnehin keine Beamtenzeiten enthalten.

nur Personen im Alter von 30 bis 67 Jahren im Beobachtungsjahr 2012 einander gegenübergestellt. Nach dem im Folgenden vorgenommenen Vergleich wichtiger Kennzahlen, die für den Matching-Prozess von Bedeutung sind, werden Bezieher von Erwerbsminderungsrenten, Altersrenten, Berechtigte sonstige Ansprüche an die GRV wie z. B. Witwen- und Waisenrenten aus beiden Samples ausgeschlossen.

Das Matching-Sample der VSKT entspricht mit über 58.000 Beobachtungen mehr als dem Siebenfachen des SOEP (ca. 7.900 Beobachtungen). In der zweiten Spalte der Tabelle ist die mit den Hochrechnungsfaktoren gewichtete Gesamtpopulation abgebildet. Vergleicht man die hochgerechnete Population vor der Umgewichtung[184] der Hochrechnungsfaktoren, ist die der VSKT mit über zehn Mio. wesentlich größer als die des SOEP (25,1 Mio.). Dies ist darauf zurückzuführen, dass sich die ungewichtete Altersstruktur des SOEP erheblich von der der VSKT unterscheidet. Da beim Matching-Verfahren nur Beobachtungen im Alter von 30 bis 67 Berücksichtigung finden, werden jene Beobachtungen aus dem SOEP von der weiteren Analyse ausgeschlossen, die dieses Alterskriterium nicht erfüllen. Beim Vergleich der hochgerechneten Population wird deutlich, dass in den einzelnen Subsamples zwischen der Bevölkerung im SOEP und der in der VSKT mehr oder meist weniger große Unterschiede bestehen. Dies war zu erwarten, da in der VSKT eben nur solche Personen repräsentiert werden, die über ein Versicherungskonto bei der Gesetzlichen Rentenversicherung verfügen, im SOEP hingegen die gesamte Bevölkerung[185]. Trotz marginaler Unterschiede in ihrer jeweiligen Gesamtpopulation lassen beide Stichproben aufgrund ihrer Zusammensetzung gleichwohl den Schluss zu, dass sie einander sehr ähnlich sind.

Betrachtet man die Altersstruktur der beiden Datensätze im rechten Teil von Tabelle 5–3, werden Gemeinsamkeiten und systematische Unterschiede in der Altersstruktur beider Stichproben sichtbar. Das Durchschnittsalter beider hochgerechneten Populationen auf Gesamtebene weicht um 0,9 Jahre voneinander ab.

---

184 Die Umgewichtung der Hochrechnungsfaktoren erfolgt nach einem Verfahren von Creedy (2003), Creedy/Tuckwell (2004) und Deville/Särndal (1992). Dadurch dass sich die jeweiligen Stichproben auf eine unterschiedliche Grundgesamtheit beziehen, werden die Hochrechnungsfaktoren im SOEP an die Ränder der hochgerechneten Bevölkerung im Mikrozensus angepasst. Die Stichprobengewichte in der VSKT orientieren sich hingegen nur an der Versichertenpopulation der Gesetzlichen Rentenversicherung. Die Grundgesamtheit der Versicherten im Alter von 30–67 besteht nun nicht mehr aus ca. 35 Mio., sondern aus gut 40. Mio. Versicherten. Dies liegt unter anderem daran, dass nun auch nicht-deutsche Versicherte berücksichtigt werden. In einem weiteren Schritt werden neue Sample-Weights für die Beobachtungen aus dem SOEP erstellt. Die bisherige Grundgesamtheit wird an die offiziellen Daten des Statistischen Bundesamts angepasst. Die verbliebenen knapp 8.000 Beobachtungen aus dem SOEP repräsentieren nun alle gut 40 Mio. Personen im Alter von 30–67 Jahren im Jahr 2012.

185 Die Anstaltsbevölkerung ist bei der Hochrechnung der Gesamtpopulation ausgenommen, vgl. Isengard (2002), Goebel et al. (2015) und Westermeier/Grabka (2015).

Differenziert nach Region und Geschlecht schwanken die Unterschiede hinsichtlich des Durchschnittsalters von 0,1 Jahren bei ostdeutschen Frauen bis 1,3 Jahren bei westdeutschen Männern. Auffällig ist hierbei, dass die Population des SOEP in allen Kategorien ein höheres Durchschnittsalter hat als die der VSKT. Auch diese Beobachtung lässt sich der obigen Argumentation folgend auf die unterschiedliche Stichprobenstruktur zurückführen.

Tabelle 5-4: Versichertenstruktur

	keine Rente	**Altersrente**	**Erwerbsminderungsrente**	**sonstige**
VSKT	92,9	3,1	4,0	0,1
SOEP	90,9	3,4	5,7	-
VSKT (West)	93,6	2,7	3,6	0,1
SOEP (West)	91,2	3,4	5,4	-
VSKT (Ost)	90,1	4,3	5,5	0,0
SOEP (Ost)	89,9	3,4	6,7	-

Anm.: Anteile der jeweiligen Versicherungsart in Prozent; Personen zwischen 30 und 67 Jahren, keine Beamten, alle Versicherungsstatus.
Quelle: SOEPv30, FDZ-RV - SUFVSKT2012; eigene Darstellung.

Tabelle 5-4 bildet die Struktur beider Datensätze hinsichtlich des Versichertenstatus ab. Dabei wird unterschieden zwischen aktiver Erwerbsbevölkerung (keine Rente), Personen in Altersrente und Beziehern einer Erwerbsminderungsrente (EM-Rente). In der VSKT existiert außerdem die Merkmalsausprägung „sonstige", welche alle außer der o.g. Rentenarten zusammenfasst. Dazu zählen z.B. Erziehungsrente, Knappschaftsausgleichsleistung, Rente nach Art. 2 Rentenüberleitungsgesetz (RÜG; Altersrente, Invalidenrente, Unterhaltsrente, Bergmannsaltersrente, Bergmannsinvalidenrente, Bergmannsvollrente, Bergmannsrente). Die Verteilung der unterschiedlichen Versicherungsstatus ist in beiden Datensätzen ähnlich. Der Anteil der Aktiven beträgt in beiden Datensätzen auf aggregierter Ebene sowie im Westen Deutschlands und im ostdeutschen VSKT-Datensatz mehr als 90 Prozent. Im Osten hingegen ist in beiden Datensätzen generell der Anteil der Personen, die keine Rente beziehen, etwas niedriger zu Lasten von Beziehern von Alters- und EM-Renten. Dies spielt für das statistische Matching insofern eine Rolle, als dass dabei die Region eine Slice-Variable[186] darstellt und Bezieher von Alters- und EM-Renten vom Matching-Prozess explizit ausgeschlossen werden.

186 Eine Slice Variable ist eine kategorische Variable, dessen jeweilige Merkmale die einzelnen Matching-Strata voneinander abgrenzen.

Tabelle 5-5: Bildung

	VSKT	**SOEP**
niedrig	8,3	9,6
mittel	75,8	72,2
hoch	15,9	18,1
Beobachtungen	*27.841*	*7.031*

Anm.: Anteile des jeweiligen Bildungsniveaus in Prozent; Personen zwischen 30 und 67 Jahren, keine Beamten, keine Alters- und EM-Renten, nur gültige Bildungsangaben. Quelle: SOEPv30, FDZ-RV – SUFVSKT2012; eigene Darstellung.

Eine weitere zentrale Rolle hinsichtlich des Matching-Prozesses nimmt die Variable Bildung ein. In Tabelle 5–5 ist die Verteilung des Bildungsniveaus in beiden Datensätzen dargestellt. Aus dem linken Teil der Tabelle geht bei einem Blick auf die Anzahl der Beobachtungen hervor, dass in der VSKT mehr als 40 Prozent aller Angaben zum Bildungsniveau entweder ungültig sind oder gänzlich fehlen. Im SOEP machen rund ein Zehntel aller Befragten keine Angaben zu ihrer Schul- und Berufsausbildung. Da (gültige) Bildungsangaben sowohl für den Matching-Prozess als auch für die Fortschreibung der individuellen Erwerbsbiographien (siehe Kap. 5.4.1) von elementarer Bedeutung sind, werden ungültige Angaben fortan nicht mehr berücksichtigt und vom Matching-Prozess ausgeschlossen. Gleiches gilt für Beobachtungen, die eine Alters- oder Erwerbsminderungsrente beziehen. Dennoch sind mit mehr als 27.841 in der VSKT bzw. knapp 7.031 im SOEP verbliebenen Beobachtungen mit gültigen Bildungsangaben immer noch ausreichend viele Beobachtungen für den Matching-Prozess vorhanden.[187]

Im Vergleich erreichen in beiden Stichproben knapp zehn Prozent höchstens einen Haupt- oder Realschulabschluss, ohne gleichzeitig eine Berufsausbildung abgeschlossen zu haben. Ungefähr drei Viertel aller Beobachtungen können mittleres Bildungsniveau vorweisen, d. h. mindestens Haupt- oder Realschulabschluss, höchstens jedoch Abitur oder Fachabitur (jeweils mit abgeschlossener Berufsausbildung). Mindestens 15 Prozent in beiden Samples erreichen in Form eines Fachhochschul- oder Universitätsabschlusses das höchste Bildungsniveau. Sowohl der Anteil der Beobachtungen mit niedrigem als auch mit hohem Bildungsniveau ist im SOEP etwas höher in der VSKT. Dies geht zu Lasten der Gruppe der Personen mittlerer Bildung, die in der VSKT verglichen mit dem SOEP etwas stärker repräsentiert ist.

187 Selbst der Wahl eines Matching-Verfahrens „ohne Zurücklegen“ stünden immer noch ca. vier Mal so viele potenzielle Matching-Partner in der VSKT zu Verfügung.

Aufgrund ihrer anwartschaftssteigernden Wirkung ist die Anzahl der Kinder eine bedeutende Variable sowohl für die Höhe des Renteneinkommens aus der GRV als auch für das statistische Matching.

Tabelle 5-6: Anzahl der Kinder

	Mutter		**Vater**	
	VSKT	***SOEP***	***VSKT***	***SOEP***
kein Kind	26,8	22,7	98,2	33,6
1 Kinder	27,3	25,7	1,2	22,3
2 Kinder	35,6	35,4	0,5	30,8
3 Kinder	8,1	12,1	0,1	10,6
4 Kinder und mehr	2,2	4,1	0,0	2,8

Anm.: Anteile der jeweiligen Anzahl der Kinder in Prozent; Personen zwischen 30 und 67 Jahren, keine Beamten, keine Alters- und EM-Renten, nur gültige Bildungsangaben. Quelle: SOEPv30, FDZ-RV – SUFVSKT2012; eigene Darstellung.

In Tabelle 5–6 ist die Verteilung der Kinderanzahl abgebildet. Dabei wird unterschieden, ob die Kinder der Mutter oder dem Vater „angerechnet" werden. In der VSKT ist diese Zuordnung eindeutig, da durch die Anrechnung und die daraus resultierenden Kindererziehungszeiten Rentenansprüche generiert werden. Im SOEP werden die Kinder eher der Mutter zugeordnet, was aus der Tabelle klar hervorgeht. Der Anteil kinderloser Frauen ist in der VSKT um ca. vier Prozentpunkte höher als im SOEP. Eine Erklärung dafür könnte die Tatsache liefern, dass im SOEP auch solche Kinder mit in die Statistik mit einfließen, die rentenrechtlich nicht relevant sind und für die keine Anwartschaften an die GRV entstehen. Dazu gehören Kinder von Selbständigen oder Angehörige berufsständischer Versorgungseinrichtungen.

Tabelle 5-7: Kumulierte Biographiezeiten

	Beschäftigung	**Arbeitslosigkeit**	**Familie**	**Rente**
VSKT	249,9	14,5	17,0	0,4
SOEP	267,7	17,0	26,2	87,2
VSKT (West)	244,5	12,4	18,8	0,3
SOEP (West)	265,0	12,1	31,4	81,9
VSKT (Ost)	269,6	21,9	10,5	0,6

	Beschäftigung	Arbeitslosigkeit	Familie	Rente
SOEP (Ost)	276,1	32,7	9,5	104,1
Ohne Alters- und EM-Renten				
VSKT	247,7	14,3	16,8	–
SOEP	257,0	15,4	25,5	–
VSKT (West)	242,6	12,3	18,6	–
SOEP (West)	255,1	10,4	30,4	–
VSKT (Ost)	266,6	21,8	10,5	–
SOEP (Ost)	267,4	31,8	9,5	–

Anm.: Anteile der jeweiligen rentenrechtlich relevanten Dauern in Monaten; Personen zwischen 30 und 67 Jahren, keine Beamten, nur gültige Bildungsangaben.
Quelle: SOEPv30, FDZ-RV – SUFVSKT2012; eigene Darstellung.

Tabelle 5–7 zeigt den Vergleich der kumulierten Dauern, für die eine rentenrechtlich relevante Tätigkeit ausgeübt wurde. Betrachtet wird entsprechend des Panelzeitraums im SOEP der Zeitraum von Januar 1983 bis einschließlich Dezember des Basisjahres 2012.[188] Der Vergleich ist deshalb auf diesen Zeitraum beschränkt, weil im SOEP Angaben über Tätigkeiten, die vor dem Panelzeitraum liegen, auf retrospektiven Angaben der Befragten beruhen und daher einem noch höheren Risiko hinsichtlich ihrer Genauigkeit ausgesetzt sind. Da die Angaben mit Eintritt in das Panel monatsgenau sind und jährlich erhoben werden, dürften die Werte innerhalb dieses Zeitraums präziser und daher besser mit den Angaben der VSKT vergleichbar sein. Dies wird gestützt durch die relativ geringen Abweichungen, die sich für einzelne Aktivitäten ergeben.

Klammert man Personen mit Alters- oder Erwerbsminderungsrentenbezug aus, so weisen Personen aus dem SOEP im Durchschnitt nur unwesentlich weniger als zehn Monate mehr Beschäftigung aus als Personen in der VSKT. Während sich für die Beschäftigungsdauer im Osten für beide Datensätze ein ähnliches Bild ergibt (der Unterschied beträgt im Durchschnitt nur weniger als einen Monat), ist die Differenz im Westen mit durchschnittlich zwölfeinhalb Monaten ungleich höher. Eine Erklärung für die teilweise großen Abweichungen von über einem Jahr in Beschäftigung könnte das höhere Durchschnittsalter im SOEP liefern (vgl. Tab. 5–3). Eine ältere Population hat folglich eine größere Menge an Zeit zur Verfügung,

188 Dies ist der maximal mögliche Beobachtungszeitraum, würde man sich im SOEP ausschließlich auf monatsgenaue Angaben zurückgreifen wollen. In den meisten Fällen ist der Zeitraum etwas kürzer und beginnt mit Paneleintritt des Befragungsteilnehmers.

um Biographiezeiten zu akkumulieren. Diese These wird bei näherer Betrachtung des oberen Teils der Tabelle verstärkt: Indem dort die Bezieher von Alters- und Erwerbsminderungsrenten noch in die Analyse mit einfließen, dürften demzufolge Personen höheren Alters im Datensatz verbleiben, was die mittleren kumulierten Biographiezeiten nach oben verschiebt.[189]

Ein umgekehrtes Bild stellt sich bei Betrachtung der verbrachten Zeit in Arbeitslosigkeit dar. Während Personen aus dem West-Sample in der VSKT im Schnitt knapp zwei Monate mehr Arbeitslosigkeit akkumuliert haben als im SOEP, dauert die Arbeitslosigkeit in einer ostdeutschen Erwerbsbiographie im SOEP exakt zehn Monate länger als in der VSKT. Zu erwähnen sei in dieser Stelle auch der recht deutliche Niveauunterschied beider Regionen. Die verbrachte Dauer in Arbeitslosigkeit ist im Osten fast doppelt (VSKT) bzw. dreimal (SOEP) so hoch wie im Westen. Im Aggregat über beide Regionen unterscheiden sich die Dauern im Schnitt um lediglich weniger als einen Monat.

Noch gravierender sind die Unterschiede, wenn man sich die Dauer der Tätigkeit „Familie", also mehrheitlich Nichterwerbs- bzw. häusliche Tätigkeiten, näher betrachtet. Mit über beide Regionen aggregierten 8,7 Monaten im Durchschnitt besteht ein erheblicher Unterschied zwischen beiden Datensätzen. Ein wesentlicher Grund für diese Abweichungen liefert die Tatsache, dass bei „Familie" im SOEP auch solche Aktivitäten im Rahmen einer häuslichen Tätigkeit angegeben werden, die nicht sozialversicherungspflichtig oder rentenrechtlich relevant sind (z.B. Hausfrau oder -mann).

Verzichtet man auf den Ausschluss von Beziehern von Alters- und Erwerbsminderungsrenten, fallen bei näherer Betrachtung Unterschiede in der Höhe der kumulierten Dauern der Rente bzw. des Rentenbezuges auf. Zum einen kann dieser Umstand auch hier durch das unterschiedlich hohe Durchschnittsalter beider Samples erklärt werden. Darüber hinaus wird dieser Effekt verstärkt durch die verschiedenen Stichtage, in den jeweiligen Datensätzen gelten.

Tabelle 5-8: Kumulierte Entgeltpunkte

	Gesamt	**Bildung**		
		gering	***mittel***	***hoch***
VSKT	21,9	17,8	22,2	23,0
SOEP	9,9	7,5	9,7	11,8

189 Die folgenden Erläuterungen beziehen sich, sofern nicht gesondert darauf hingewiesen wird, auf den unteren Teil der Tabelle ohne die Berücksichtigung von Alters- und Erwerbsminderungsrenten. Die dargelegte Argumentation für höhere mittlere Biographiezeiten im oberen Tabellenteil lässt sich auf alle anderen kumulierten Aktivitäten übertragen.

	Gesamt	Bildung		
		gering	*mittel*	*hoch*
	Männer			
VSKT	25,9	20,6	26,3	26,4
SOEP	11,9	10,2	11,5	14,0
VSKT (West)	26,5	20,9	27,3	25,8
SOEP (West)	12,2	11,0	11,8	13,9
VSKT (Ost)	23,7	18,1	22,7	29,1
SOEP (Ost)	10,7	6,3	10,4	14,3
	Frauen			
VSKT	18,0	15,3	18,2	18,3
SOEP	7,9	5,5	7,9	9,3
VSKT (West)	17,1	15,5	17,6	15,4
SOEP (West)	7,4	5,5	7,6	8,5
VSKT (Ost)	21,0	13,4	20,2	25,3
SOEP (Ost)	9,3	5,4	8,8	11,8

Anm.: Kumulierter relativer Lohn bzw. kumulierte Entgeltpunkte; Personen zwischen 30 und 67 Jahren, keine Beamten, nur gültige Bildungsangaben.
Quelle: SOEPv30, FDZ-RV – SUFVSKT2012; eigene Darstellung.

Beim Blick in die Tabelle 5–8 werden die gravierenden Unterschiede in der Höhe der Entgeltpunkte und die u. a. daraus resultierende Notwendigkeit eines statistischen Matchings deutlich. Trotz der Schätzung der vor Eintritt in das Panel erzielten Rentenanwartschaften liegt das Niveau der kumulierten Entgeltpunkte in nahezu allen Subsamples im SOEP deutlich unter dem in der VSKT.[190]

190 In einem gesonderten Schritt wurden die Entgeltpunkte für Perioden vor dem Panelzeitraum basierend auf den retrospektiv erhobenen Informationen geschätzt. Da vor Eintritt in das Panel wesentlich weniger Informationen verfügbar sind, können die Entgeltpunkte aus dem SOEP bei Weitem nicht so präzise rekonstruiert werden, sodass ein valider Vergleich mit den Werten aus der VSKT gezogen werden könnte.

5.3.4 Verschiedene Matchingverfahren

Nach den oben beschriebenen Vorarbeiten verbleiben in den beiden zu matchenden Datensätzen noch 27.841 (VSKT) bzw. 7.112 (SOEP) Beobachtungen. Dabei wird in allen Matching-Ansätzen gleich verfahren. Alle Werte der Variablen „kumulierte Entgeltpunkte" im SOEP-Sample werden von vornherein als *missing values* deklariert und basierend auf den Werten der Matching-Variablen in der VSKT gematcht bzw. imputiert. Als Matching-Variablen dienen im Wesentlichen die in Kapitel 5.3.3 beschriebenen: die kumulierten Dauern in Beschäftigung (Voll- und Teilzeit), Arbeitslosigkeit und häuslicher Tätigkeit (z. B. als Hausfrau/-mann) sowie deren Polynome. Darüber hinaus stellen die Anzahl der Kinder (sowohl einzeln als auch als Interaktionsterm mit dem Geschlecht), das Alter des ersten Kindes sowie das eigene Alter eine Matching-Variable dar.

Im Matching-Prozess werden zwei Szenarien mit jeweils unterschiedlichen Samples gewählt: Im ersten wird das gesamte Sample in das Verfahren mit einbezogen. In diesem Fall bilden Geschlecht, Region und Bildungsniveau ebenfalls eine Matching-Variable. Im zweiten Szenario werden beide zu matchenden Datensätze nach den drei genannten Variablen in einzelne Strata untergliedert, d. h. sie agieren in diesem Fall als Slice-Variable. Die Subsamples des Recipient-Datensatzes (SOEP) werden ebenfalls nach den Slice-Variablen untergliedert und entsprechen dabei den Strata des Donor (VSKT). Die exogenen Variablen sind in allen Ansätzen gleich, sodass ein Vergleich hinsichtlich der Güte des jeweiligen Matching-Verfahrens gewährleistet ist. Beispielsweise werden die kumulierten Entgeltpunkte einer ostdeutschen Frau mittleren Bildungsniveaus in der VSKT gemäß der jeweiligen Matching-Prozedur im entsprechenden SOEP-Datensatz imputiert und einer ostdeutschen Frau mit mittlerem Bildungslevel und ansonsten statistisch ähnlichen Merkmalen zugeordnet.

Im Folgenden werden verschiedene Matchingverfahren präsentiert. Die Ansätze werden abschließend anhand objektiver Kriterien miteinander verglichen.

Matching by Regression

In der VSKT wird eine OLS-Regression geschätzt. Dabei wird die Anzahl der kumulierten Entgeltpunkte auf die oben genannten Matching-Variablen regressiert. Basierend auf den geschätzten Koeffizienten werden die kumulierten Entgeltpunkte als *fitted values* mittels einer out-of-sample Prediction in das SOEP-Sample imputiert. Ein vergleichbares Vorgehen findet sich in Zanutto (2006), Domingue/Briggs (2009) und Rasner et al. (2011), die ebenfalls lineare Regressionsmodelle mit anderen Matching-Techniken vergleichen.

Hotdeck Imputation

Das Matching-Verfahren mittels Hotdeck-Imputation basiert auf der Grundidee, dass in einem Survey-Datensatz *missing values* durch *nonmissing values* derselben Variablen von Beobachtungen mit statistisch ähnlichen Eigenschaften ersetzt werden (Fuller/Kim, 2005). Obwohl das Hotdeck-Verfahren zur Imputation von fehlenden Werten in empirischen Arbeiten häufig Anwendung findet, ist die Methode in der Theorie im Vergleich zu anderen Verfahren wenig entwickelt (Andridge/Little, 2010). Die Imputation erfolgt sowohl über das gesamte Sample als auch auf der Ebene der einzelnen Matching-Strata. Dabei wird der fehlende Wert im SOEP durch den beobachteten Wert einer statistisch ähnlichen Beobachtung in der VSKT ersetzt. Obschon die Interpretation der Resultate dieses Verfahrens bei Vorhandensein stetiger Variablen mit Einschränkungen verbunden ist, ist es eine häufig angewandte Technik im Umgang mit fehlenden Werten in Befragungsdaten (vgl. Sande, 1983; Ford, 1983; Bankhofer, 1983; Kim/Fuller, 2004; Bankhofer/Joenssen, 2011).

Univariate Imputation Sampling (UVIS)

Univariate Imputation stellt eine Kombination aus parametrischen und nichtparametrischen Imputationstechniken dar, mit deren Hilfe man *missing values* einer einzelnen Variable mit Hilfe einer einer Mittelwert-Regression imputiert (Rasner et al., 2011). Bei univariaten Imputationsverfahren handelt es sich um einen Spezialfall, da nur bei einer Variablen fehlende Werte vorliegen, die imputiert werden sollen.[191] In einem ersten Schritt wird beim UVIS-Verfahren ein OLS-Modell geschätzt, welches die kumulierten Entgeltpunkte als endogene Variable als Funktion aller oben genannten Matching-Variablen verwendet. Anschließend wird anhand der exogenen Variablen die geringste Distanz zwischen der tatsächlichen Beobachtung im Recipient (VSKT) und der Beobachtung mit dem fehlenden Wert im Donor (SOEP) ermittelt und zugeordnet.[192]

Propensity Score Matching

Dieser Ansatz ist bekannt aus der Cluster-Analyse (Arpino/Cannas, 2015). Beim Propensity Score Matching (PSM) wird für eine Beobachtung im Recipient ein „Statistischer Zwilling" im Donor gesucht. D.h. jeder Beobachtung x_i im SOEP wird eine Beobachtung x_j in der VSKT zugeordnet, für die die Distanz d_{ij} am geringsten ist. Basierend auf einer aus den Matching-Variablen zu schätzenden Funktion wird anhand der Propensity Score die Wahrscheinlichkeit gemessen, dass die Beobachtung aus dem jeweiligen Datensatz stammt. Die Technik geht auf Rosenbaum und Rubin (1983)[193] zurück und erlaubt es, kausale Effekte zu identifizieren und wurde zunächst in der Medizin angewandt (Garrido et al., 2015). Mittlerweile ist es ein ebenfalls bei

191 Für einen Überblick über Univariate Imputation bzw. verschiedene Variationen basierende auf der linearen Imputationsmethode, siehe van Buuren (2007) und Rubin (1987).

192 Vgl. Rasner et al. (2011) sowie Raghunathan (2001) und Royston (2004).

193 Die Entwicklung dieser Methode geht zurück u. a. auf Rubin (1974).

der Analyse und Evaluation von Politikmaßnahmen weit verbreitetes Verfahren (vgl. Caliendo/Kopeinig, 2005; Becker/Ichino, 2002).

5.3.5 Bewertung

Um die Ergebnisse[194] der jeweiligen Matching-Verfahren zu bewerten, müssen objektive Bewertungskriterien herangezogen werden. Grundlage des Vergleichs sind die beobachteten sowie die aus dem jeweiligen Matching-Prozess resultierenden kumulierten Entgeltpunkte. Dabei werden der Korrelationskoeffizient und das Ergebnis eines *t*-Tests als Bewertungskriterien herangezogen.

Um Vergleichbarkeit der Ergebnisse herstellen zu können, folgen wir dabei der Idee von Rasner et al. (2011) und vergeben in jedem einzelnen Stratum und auf aggregierter Ebene Rangpunkte für die jeweiligen Matching-Verfahren.[195] Dabei werden alle Strata gleich stark gewichtet. Im Ergebnis wird die Methode ausgewählt, welche im Mittel den niedrigsten Wert erzielt.

Tabelle 5-9: Bewertung des statistischen Matchings

	Matching by Regression (OLS)		***Hotdeck Imputation***		***Univariate Imputation Sampling (UVIS)***		***Propensity Score Matching (nearest neighbour, no repl.)***	
	rho	***ttest***	***rho***	***ttest***	***rho***	***ttest***	***rho***	***ttest***
Alle Strata	0,32	0,07	0,13	0,00	0,31	0,07	0,12	0,00
Durchschnitt	*0,84*	*0,72*	*0,78*	*0,05*	*0,84*	*0,72*	*0,77*	*0,01*
Männer West								
gering	0,90	0,64	0,85	0,00	0,83	1,00	0,85	0,01
mittel	0,87	0,37	0,80	0,00	0,90	0,32	0,80	0,00
hoch	0,90	0,43	0,84	0,00	0,84	1,00	0,83	0,00

194 Die ausführlichen Ergebnisse des Matching-Verfahrens finden sich im Anhang (Kap. A.2).

195 Die Autoren gliedern das Sample zwar nach den gleichen Slice-Variablen und verwenden ebenfalls die oben beschriebenen Verfahren; allerdings handelt es sich in der Untersuchung bei der abhängigen Variablen um die kumulierten Entgeltunkte der Rentnerinnen und Rentner.

	Matching by Regression (OLS)		***Hotdeck Imputation***		***Univariate Imputation Sampling (UVIS)***		***Propensity Score Matching (nearest neighbour, no repl.)***	
	rho	***ttest***	***rho***	***ttest***	***rho***	***ttest***	***rho***	***ttest***
Männer Ost								
gering	0,86	1,00	0,85	0,86	0,87	0,98	0,79	0,62
mittel	0,77	0,64	0,69	0,00	0,81	0,46	0,68	0,00
hoch	0,87	0,86	0,82	0,04	0,81	1,00	0,82	0,01
Frauen West								
gering	0,79	1,00	0,81	0,80	0,81	0,79	0,79	0,05
mittel	0,80	0,98	0,76	0,00	0,82	0,94	0,75	0,00
hoch	0,86	0,74	0,75	0,00	0,86	0,73	0,77	0,00
Frauen Ost								
gering	0,78	0,93	0,60	0,00	0,76	0,92	0,66	0,19
mittel	0,79	0,83	0,74	0,00	0,80	0,91	0,73	0,00
hoch	0,85	0,89	0,78	0,00	0,85	0,89	0,79	0,01
Durchschnittliche Rangpunkte	1,57	1,36	2,86	3,14	1,64	1,57	3,36	3,29

Anm.: *rho*: Korrelationskoeffizient der beobachteten sowie die aus dem jeweiligen Matching-Prozess resultierenden kumulierten Entgeltpunkte; *ttest*: *p*-Value aus dem *t*-Test der beobachteten sowie die aus dem jeweiligen Matching-Prozess resultierenden kumulierten Entgeltpunkte; Personen zwischen 30 und 67 Jahren, keine Beamten, nur gültige Bildungsangaben.
Quelle: SOEPv30, FDZ-RV – SUFVSKT2012; eigene Darstellung.

Wie aus Tabelle 5–9 hervorgeht, eignet sich anhand der oben ausgewählten Kriterien ein Matching mit Matching by Regression (OLS) im Durchschnitt in allen zwölf Strata am besten. Sowohl was den Vergleich der Korrelationskoeffizienten (Durchschnittnote 1,43) als auch der Ergebnisse der *t*-Tests (durchschnittlicher Rang: 1,14) angeht, werden durch diese Methode die im Durchschnitt niedrigsten Rangpunkte erzielt. Die Methode der univariaten Imputation schneidet gemessen an den

Kriterien ähnlich gut ab, während das Hotdeck-Verfahren sowie das Propensity Score Matching im Vergleich zurückblieben.

5.4 Methodik

Die Simulation der Renteneinkommen gliedert sich methodisch in mehrere Schritte, die im Folgenden beschrieben werden.[196] Basierend auf den individuellen Erwerbsbiographien werden der relative Lohn sowie die Kohorteneffekte geschätzt, mittels derer die Erwerbsbiographien bis zum individuellen Renteneintrittszeitpunkt simuliert werden. Somit liegt für jede Beobachtung eine vollständige teils beobachtete, teils simulierte Erwerbsbiographie mit den bis zum Renteneintritt erworbenen Rentenansprüchen vor. In gesonderten Schritten werden die individuellen Renteneintrittszeitpunkte bestimmt sowie die Entwicklung der Bevölkerung auf Individual- und Haushaltsebene abgebildet. Außerdem wird mittels Annahmen über die Parameter in der Rentenformel die Entwicklung des aktuellen Rentenwerts dargestellt. Abschließend wird eine Sparfunktion der Haushalte geschätzt.

5.4.1 Konstruktion und Schätzung der Erwerbsbiographie

Aus den Biographie- und Kalenderdaten des SOEP wird für alle Befragungsteilnehmer, die bis dahin gültige Angaben gemacht haben, ein diskontinuierliches Panel erzeugt. Dabei werden im Zeitraum von 1984 bis 2012 die kumulierten Tätigkeitsdauern auf Jahresbasis gebildet, sodass für ein Individuum – unter der Prämisse einer lückenlosen Erwerbsbiographie – kumulierte Aktivitäten für insgesamt maximal 29 Jahre vorliegen können und sich aus der Stichprobe eine Erwerbsbiographie (bzw. Teile davon) konstruieren lassen. Somit liegen hinreichend viele Beobachtungen von Personen unterschiedlichen Alters- und Geburtsjahrgangs zu verschiedenen Zeitpunkten vor, aus denen sich mittels eines Tobit-Ansatzes Kohorteneffekte schätzen lassen. Dadurch können marginale Effekte der Geburtsjahrgangszugehörigkeit auf die kumulierte Dauer einer Tätigkeit identifiziert werden.[197]

Aufgrund des relativ großen Panelzeitraumes ist es möglich, Personen gleichen Alters in unterschiedlichen Kalenderjahren zu beobachten und echte Kohorteneffekte zu schätzen, um so die kumulierte Dauer einer relevanten Tätigkeit für den Simulationszeitraum nach 2012 vorherzusagen. Zu den für die Rentenanwartschaften relevanten Tätigkeiten gehört in erster Linie die Beschäftigung in Voll- und Teilzeit. Letztere beinhaltet auch Kurzarbeit, die Ausübung einer nebenberuflichen

196 Ein vergleichbares methodisches Vorgehen hinsichtlich des Aufbaus dieses Mikrosimulationsmodells findet sich in Steiner und Geyer (2010), welche in ihrer Studie den Zusammenhang zwischen individuellen Erwerbsbiographien und Alterseinkommen untersuchen. Die im Folgenden beschriebenen Schritte finden sich so in Traub und Finkler (2013), die sich in einem Simulationsmodell mit Daten der VSKT ebenfalls dieses methodischen Vorgehens bedienen.

197 Dies gilt unter der Annahme, dass alle anderen Variablen konstant sind.

Tätigkeit sowie einer geringfügigen Beschäftigung (sog. „Minijob") und ist insbesondere in weiblichen Erwerbsbiographien sehr stark ausgeprägt.[198] Da die Verbreitung der unter Teilzeit zusammengefassten Beschäftigungsformen unter Männern zunehmend gestiegen ist, wird für beide Geschlechter ein Teilzeitmodell geschätzt (vgl. Traub/Finkler, 2015).[199] Außerdem wird ein Modell für Zeiten der Arbeitslosigkeit geschätzt, da diese zwar Entgeltpunkte generieren, aber auch Humankapital erodieren und in der Folge zu geringeren Einkommen führen (vgl. z.B. Beblo/Wolf, 2002; Steiner/Geyer, 2010, S. 59/60). Die vierte betrachtete Aktivität gehört ebenfalls zur Nichterwerbstätigkeit und wird fortan unter dem Label „Familie" geführt. Familienzeiten umfassen Aktivitäten im Rahmen der Kindererziehung, Mutterschaft, nichterwerbsmäßige Pflege von Angehörigen sowie sonstige häusliche Tätigkeiten („Hausfrau/-mann").

Wie bereits im Matching-Verfahren angewandt, wird die Stichprobe zunächst in Strata nach den Merkmalen Geschlecht, Region (Ost-/Westdeutschland) und Bildung (niedrig, mittel, hoch) untergliedert, sodass sich bei vier verschiedenen Tätigkeiten 48 zu schätzende Tobit-Modelle ergeben. Da für Beobachtungen mit bestimmten sozioökonomischen Merkmalsausprägungen die kumulierte Dauer (z.B. die Dauer der Familientätigkeit bei Männern) gleich Null ist (sog. „strukturelle Nullen"), werden die kumulierten Dauern in einem linkszensierten Tobit-Modell[200] geschätzt.

$$Y_{it} = \alpha + \beta_1 AGE_{it} + \beta_2 PERIOD_t + \beta_3 COHORT_i + \gamma X_{it} + \epsilon_{it} \tag{5.1}$$

$$Y_{it} = \max(0, Y^*_{it}) \tag{5.2}$$

Die tatsächlich beobachtete kumulierte Dauer der verbrachten Jahre in Voll- und Teilzeit, Arbeitslosigkeit und haushaltsnaher Tätigkeit wird durch Y_{it} beschrieben. Diese wird auf das Alter AGE_{it} der Person i im Jahr t, das jeweilige Jahr, das Geburtsjahr $COHORT_i$ sowie eine Sammelvariable soziodemographischer Merkmale X_{it} regressiert. Zu letzterer gehören das Alter bei Berufseinstieg, Familienstand, die Anzahl der Kinder und deren Alter, Nationalität sowie eine feingliedrigere Unterteilung der Bildungsvariable. Hier wird im Vergleich zur VSKT eine wei-

198 Vgl. Definition und Ergebnisse in Traub/Finkler (2015).

199 Andere Simulationsmodelle wie z.B. das von Steiner und Geyer (2010) verzichten auf eine gesonderte Betrachtung von Teilzeit- und geringfügiger Beschäftigung unter Männern. Aufgrund der gestiegenen quantitativen und qualitativen Bedeutung atypischer Beschäftigung ist es vor dem Hintergrund der identifizierten Ursachen drohender Altersarmut wichtig, ein gesondertes Teilzeitmodell auch für Männer zu schätzen.

200 Das Tobit-Modell geht zurück auf Tobin (1958) und erlaubt die Analyse zensierter Variablen.

tere Stärke des SOEP deutlich. Es ist möglich, für ein weites Spektrum soziodemographischer Merkmale zu kontrollieren, welche in der VSKT nicht in dieser Breite verfügbar sind.

Da die Variablen Periode, personenspezifisches Alter und Kohorte als Linearkombination darstellbar sind, liegt ein Identifikationsproblem vor. Diesem wird durch den Ansatz von Deaton[201] Rechnung getragen, welcher periodisch auftretende Effekte als zyklische Abweichungen von einem Trend modelliert, sodass diese von den Kohorteneffekten β isoliert betrachtet werden können.

Tabelle 5-10: Schätzung der Kohorteneffekte (Marginale Effekte)

	VOLLZEIT			TEILZEIT			ARBEITSLOSIGKEIT		
Bildung	***gering***	***mittel***	***hoch***	***gering***	***mittel***	***hoch***	***gering***	***mittel***	***hoch***
Männer West									
1952–1956	-1,40***	-0,55***	-0,99***	0,14**	0,13***	0,58***	0,81***	0,09***	-0,03
1957–1961	-1,92***	-0,84***	-0,77***	0,42***	0,13***	0,37***	0,93***	0,14***	0,08***
1962–1966	-2,29***	-1,19***	-0,85***	0,24***	0,27***	0,63***	1,09***	0,14***	-0,08**
1967–1971	-2,27***	-1,55***	-1,45***	0,64***	0,36***	0,91***	1,28***	0,21***	-0,00
1972–1976	-3,15***	-1,55***	-1,30***	0,87***	0,36***	1,06***	1,57***	0,24***	-0,02
1977–1981	-3,70***	-1,78***	-0,86***	0,89***	0,41***	0,91***	2,03***	0,47***	0,01
1982–1986	-4,41***	-2,22***	-1,25***	1,15***	0,53***	0,92***	1,74***	0,39***	-0,06
Männer Ost									
1952–1956	0,01	-0,05	-0,43***	0,10***	-0,03	0,31***	-0,43***	0,09	-0,34***
1957–1961	-1,36***	-0,47***	-1,37***	0,62***	0,03	0,80***	-0,68***	0,11	-0,27***
1962–1966	-2,10***	0,26	0,42***	0,69***	-0,04	0,18***	-0,87***	-0,27***	-0,61***
1967–1971	-2,38***	0,66***	0,67***	0,92***	-0,02	0,34***	-1,55***	-0,31***	-0,77***
1972–1976	-1,94**	0,38	1,76***	0,97***	-0,06	0,45***	-1,89***	-0,29**	-1,25***
1977–1981	-2,48***	0,94***	1,60***	1,23***	0,05	0,64***	-2,12***	-0,63***	-1,27***
1982–1986	-2,48**	0,99***	1,82***	1,34***	-0,02	0,30***	-2,74***	-0,88***	-1,38***

201 Vgl. Deaton/Paxson (1994) sowie Deaton (1997).

	VOLLZEIT			TEILZEIT			ARBEITSLOSIGKEIT		
Bildung	***gering***	***mittel***	***hoch***	***gering***	***mittel***	***hoch***	***gering***	***mittel***	***hoch***
Frauen West									
1952–1956	-0,25*	0,72***	0,66*	0,94***	0,71***	0,81***	0,45***	0,18***	0,16***
1957–1961	-0,83***	0,43***	0,32	1,27***	1,19***	1,36***	0,65***	0,23***	0,02
1962–1966	-2,46***	-0,19***	0,01	1,45***	1,34***	1,24***	0,72***	0,35***	0,02
1967–1971	-2,86***	-0,15***	-0,21	1,27***	1,18***	1,62***	0,88***	0,14***	-0,21***
1972–1976	-4,17***	-0,93***	-0,335	2,00***	1,56***	2,02***	0,97***	0,31***	-0,18***
1977–1981	-4,18***	-1,40***	-0,06	2,54***	2,52***	1,98***	1,04***	0,31***	-0,18***
1982–1986	-4,59***	-2,22***	-0,80*	3,50***	3,46***	3,04***	1,07***	0,32***	-0,08
Frauen Ost									
1952–1956	-3,26***	0,72***	-1,36***	0,78**	-1,13***	0,56***	0,27***	-0,22***	-0,02***
1957–1961	-0,39	-0,28	-2,91***	-2,06***	-0,60***	1,04***	-1,43***	-0,61***	-0,06***
1962–1966	-2,65***	-1,50***	-5,44***	-0,08	-0,17	2,17***	-0,81***	-0,52***	-0,13***
1967–1971	-4,13***	-2,37***	-7,44***	0,55	0,07	3,02***	-1,04***	-0,81***	-0,29***
1972–1976	-4,60***	-2,19***	-7,39***	-0,68	0,48	3,43***	-1,08***	-1,67***	-0,54***
1977–1981	-4,97***	-2,54***	-9,52***	1,13	0,64	4,90***	-2,18**	-2,00***	-0,30***
1982–1986	-4,81***	-3,12***	-10,63***	0,42	1,36***	5,36***	-2,41***	-2,36***	-0,45***

Anm.: Der marginale Effekt gibt den Unterschied der betreffenden Kohorten bzgl. der durchschnittlichen kumulierten Dauer der jeweiligen Tätigkeit (Vollzeit, Teilzeit, Arbeitslosigkeit) bezogen auf die Referenzkohorte 1947–1951 an. Ergebnisse der Tobit-Schätzung; * / ** / ***: statistisch signifikant von Null verschieden auf 10 %- % 5 %- / 1 %-Niveau.
Quelle: SOEPv30; eigene Berechnungen, eigene Darstellung.

In Tabelle 5–10 sind die geschätzten marginalen Effekte der jeweiligen Kohorte abgebildet.[202] Ein Kohorteneffekt beschreibt den marginalen Effekt, den die Zugehörigkeit zu einem Geburtenjahrgang[203] auf die kumulierte Dauer hat, unter der

202 Die vollständigen Ergebnisse der aus den Tobit-Modellen resultierenden Schätzungen sind in Kapitel A.3 im Anhang dokumentiert.

203 Bzw. zu einer Gruppe von Geburtenjahrgängen. Es sind jeweils fünf Jahrgänge in einer Dummy-Variablen zusammengefasst.

Annahme, dass alle anderen Variablen konstant sind. Dabei gibt der marginale Effekt den Unterschied der betreffenden Kohorten bzgl. der durchschnittlichen kumulierten Dauer der jeweils verbrachten Zeit in Voll- bzw. Teilzeitbeschäftigung sowie Arbeitslosigkeit bezogen auf die Referenzkohorten 1947–1951 an.

Aus der Tabelle geht klar hervor, dass die westdeutschen Männer bei der Schätzung der Vollzeitmonate sinkende geschätzte Kohorteneffekte aufweisen, je jünger die Kohorten werden. Es ist festzustellen, dass der Effekt in der Gruppe mit geringer Bildung teilweise deutlich stärker ausgeprägt ist als in den Gruppen mittlerer und hoher Bildung. Verglichen mit der Referenzgruppe (die Jahrgänge 1947–1951) haben die jüngsten Jahrgänge 1982–1986[204] knapp viereinhalb Jahre weniger Vollzeittätigkeit kumuliert, wohingegen die gleichen Jahrgänge der mittleren Bildungsgruppe mit 2,22 Jahren einen nur halb so hohen Rückgang aufweisen. Bei den Jahrgängen der höchsten Bildungsstufe fällt der Rückgang mit 1,25 Jahren weniger in Vollzeitbeschäftigung nur knapp ein Viertel so stark aus. Allerdings sei der Präsentation der Ergebnisse in Kapitel 6.1 (Tab. 6-1) vorweggenommen, dass die kumulierte Dauer der Geringgebildeten in Vollzeit die der Mittel- und insbesondere die der Hochgebildeten aufgrund längerer Ausbildungszeiten deutlich übersteigt. Betrachtet man die Kohorteneffekte der Schätzung von Teilzeit und atypischer Beschäftigung insgesamt, so ergibt sich folgendes Bild: Auch hier kann in allen drei Bildungsgruppen eine signifikante Zunahme der Dauer in Teilzeit betrachtet werden. Die jüngsten Jahrgänge niedriger Bildung verzeichnen eine Zunahme von 1,15 Jahren verglichen mit dem ältesten Referenzjahrgang. Mit einem knappen Jahr mehr in Teilzeit lassen sich nach Betrachtung der Gruppe höchsten Bildungsniveaus ähnliche Schlüsse ziehen, wohingegen die Zunahme innerhalb der mittleren Bildungsgruppe mit 0,53 Jahren nur halb so groß ist.

Neben der teilweisen Substitution von Vollzeit- durch Teilzeitarbeitsverhältnisse sowie atypische Beschäftigung lässt die Betrachtung des rechten Drittels der Tabelle 5–10 den Schluss zu, dass der Rückgang von kumulierter Vollzeit auf eine allgemeine Zunahme der Jahre in Arbeitslosigkeit zurückzuführen ist. Bei der Gruppe der Geringgebildeten fällt die Zunahme mit knapp zwei Jahren besonders stark aus, bei der mittleren Bildungsklasse mit knapp fünf Monaten etwas geringer. Für die Gruppe höchsten Bildungsniveaus ist hingegen kein eindeutiger Trend festzumachen.

Die für die ostdeutschen Männer ausgewiesenen Kohorteneffekte verlaufen zu denen der westdeutschen Männer teilweise diametral entgegengesetzt. Wäh-

---

204 Zwar erlaubt das SOEP, die in die Tobit-Regressionen miteinbezogenen Jahrgänge 1987–1991 sowie 1992–1996 ebenfalls in der Tabelle darzustellen. Allerdings sind die Kohorteneffekte dieser Jahrgänge eher uninteressant, da die betroffenen Individuen vor Ende des Simulationszeitraums nicht in Rente gehen. Zweitens sei an dieser Stelle angemerkt, dass die Prognose einer vollständigen Erwerbsbiographie umso schwieriger ist, je jünger der jeweilige Jahrgang ist. Diese Gruppe verzeichnet teilweise starke Ausreißer auch aufgrund insignifikanter marginaler Effekte, welche überwiegend auf niedrige Fallzahlen zurückzuführen sind.

rend die erwartete kumulierte Dauer bei den Geringgebildeten durchschnittlich um knapp zweieinhalb Jahre zurückgeht, nimmt sie bei der mittleren Gruppe um ca. ein Jahr bzw. bei den Personen der höchsten Bildungsgruppe um 1,82 Jahre zu.[205] Die kumulierte Dauer der Teilzeitjahre nimmt unter den Gering- (1,34 Jahre) und Hochgebildeten (0,3 Jahre) zu. Die mittlere Bildungsschicht verzeichnet einen leicht abnehmenden, aber nicht signifikanten Trend. Konträr zur Entwicklung der Vollzeitbeschäftigung verläuft bei den ostdeutschen Männern die Entwicklung der Arbeitslosigkeit. In allen drei Bildungsschichten sinkt die kumulierte Dauer der Arbeitslosigkeit verglichen mit dem Referenzjahrgang. Während sie mit 2,74 Jahren im jüngsten Jahrgang der Gruppe geringster Bildung am stärksten gesunken ist, fällt der Rückgang in der höchsten Bildungsgruppe mit 1,38 Jahren etwas höher aus als in der mittleren (0,88 Jahre).

Ein auch quantitativ ähnlicher Effekt wie bei den westdeutschen Männern ist bei Betrachtung der Kohorteneffekte der westdeutschen Frauen zu beobachten. Relativ zum Referenzjahrgang verzeichnen die jüngsten Jahrgänge im Durchschnitt 2,22 Jahre (mittlere Bildung) bzw. 4,59 Jahre (geringe Bildung) weniger. In der höchsten Bildungsgruppe ist zwar ein negativer, jedoch nicht über alle Jahrgänge signifikanter Trend erkennbar. Die Jahrgänge 1982–1986 kumulieren im Durchschnitt 0,8 Jahre weniger Vollzeit als die Jahrgänge 1947–1951. Deutlich stärker als bei den Männern fällt der Aufwuchs der kumulierten Jahre in Teilzeitbeschäftigung aus. Bei den Frauen mit hohem Bildungsniveau nimmt die Dauer um gut drei Jahre zu, in der niedrigen und hohen Bildungsklasse gar um rund dreieinhalb. Der Anstieg der kumulierten Monate in Arbeitslosigkeit ist auch bei westdeutschen Frauen in der niedrigen Bildungsgruppe deutlich stärker ausgeprägt als in der mittleren Bildungsgruppe, wo der Effekt mit 0,32 Jahren nur gut ein Drittel so hoch ist.

Bei den ostdeutschen Frauen lässt sich anhand von Tabelle 5–10 ebenfalls ein dramatischer Rückgang der Vollzeittätigkeit ablesen. Während bei den Geringgebildeten der Rückgang mit durchschnittlich 4,81 Jahren noch im Bereich der westdeutschen Frauen liegt, verringert sich die Vollzeit bei der mittleren Bildungsgruppe mit 3,12 Jahren etwas stärker und mit 10,63 Jahren in der höchsten Bildungsgruppe wesentlich stärker. Zumindest teilweise substituiert wird dieser Rückgang in allen drei Bildungsschichten durch eine Zunahme der kumulierten Teilzeit in Höhe von 0,42 (gering)[206], 1,36 (mittel) und 5,36 (hoch) Jahren. Wie bereits bei den ostdeutschen Männern beobachtet, stellen wir auch bei den Frauen einen Rückgang der Arbeitslosigkeit fest. Konkret reduziert sich der

205 Dies ist auch insofern etwas überraschend, als dass sich in der Studie von Steiner und Geyer (2010) die Situation der ostdeutschen Männer dramatisch schlechter darstellt. Die Autoren skizzieren vor diesem Hintergrund gesondert ein optimistischeres Szenario für den ostdeutschen Arbeitsmarkt. Die Divergenzen hinsichtlich der Kohorteneffekte dürften sowohl auf die unterschiedliche Referenzgruppe als auch die unterschiedliche Datenbasis zurückzuführen sein.

206 Bei dieser Gruppe ist allerdings weder ein klarer noch signifikanter Trend ablesbar.

Kohorteneffekt für die kumulierte Dauer Arbeitslosigkeit in den beiden unteren Bildungsschichten in etwa gleichem Umfang (2,41 bzw. 2,36 Jahre). In der höchsten Bildungsklasse fällt der Rückgang mit knapp einem halben Jahr verglichen mit dem Referenzjahrgang etwas geringer aus.

Tabelle 5-11: Kohorteneffekte (Marginale Effekte); Familie

	WEST			OST		
Bildung	***gering***	***mittel***	***hoch***	***gering***	***mittel***	***hoch***
Männer						
1952–1956	0,18***	0,03***	0,03***	-0,33*	-0,72***	0,03*
1957–1961	0,01***	0,02***	0,01*	-0,04*	-0,04***	0,02*
1962–1966	-0,03***	0,02***	-0,02***	0,37*	-0,04***	0,02*
1967–1971	0,04***	0,02***	-0,05***	0,00	-0,04***	0,01
1972–1976	0,01**	0,01***	-0,09***	0,10	-0,05***	0,01*
1977–1981	-0,02***	0,05***	-0,03***	0,05	-0,08***	0,02*
1982–1986	-0,12***	0,05***	0,02**	0,06	-0,08***	0,01
Frauen						
1952–1956	-1,41***	-1,85***	-1,81***	2,40***	-0,07	0,15***
1957–1961	-2,03***	-2,05***	-2,02***	2,28***	0,32***	0,47***
1962–1966	-1,12***	-2,11***	-1,90***	3,25***	0,88***	0,91***
1967–1971	-1,21***	-2,39***	-1,88***	4,43***	2,13***	1,42***
1972–1976	-0,34	-2,07***	-2,44***	6,16***	2,39***	1,31***
1977–1981	-1,90***	-1,99***	-1,76***	6,17***	2,58***	1,67***
1982–1986	-1,15***	-1,41***	-0,71*	6,64***	2,52***	1,64***

Anm.: Der marginale Effekt gibt den Unterschied der betreffenden Kohorten bzgl. der durchschnittlichen kumulierten Dauer der jeweiligen Tätigkeit (Vollzeit, Teilzeit, Arbeitslosigkeit) bezogen auf die Referenzkohorte 1947–1951 an. Ergebnisse der Tobit-Schätzung; * / ** / ***: statistisch signifikant von Null verschieden auf 10%- % 5%- / 1%-Niveau.
Quelle: SOEPv30; eigene Berechnungen, eigene Darstellung.

In Tabelle 5-11 sind die Kohorteneffekte (marginale Effekte) der Nichterwerbstätigkeit abgebildet, d. h. Zeiten der Kindererziehung und die verbrachte Dauer als Hausfrau/-mann. Während sich bei Männern in beiden Regionen kein eindeutiger und meist nur schwacher Trend feststellen lässt, nimmt bei den Frauen die Anzahl der Jahre in Nichterwerbstätigkeit bei den jüngeren Jahrgängen im Westen eher ab, während sie bei denen in den jungen Bundesländern eher zunimmt. Frauen des jüngsten Jahrgangs aus Westdeutschland weisen relativ zur ältesten Kohorte in allen drei Bildungsschichten einen Rückgang der Nichterwerbstätigkeit aus, der in der mittleren Bildungsschicht am stärksten ist (knapp anderthalb Jahre), während die Stärke der Effekte der geringen (-1,15 Jahre) sowie der hohen Bildungsschicht (0,71 Jahre) dahinter zurückbleiben. Ein völlig anderes Bild bietet sich bei der Betrachtung der Frauen aus den jungen Bundesländern: Mit sinkendem Bildungsstand steigt die Größe des geschätzten Kohorteneffekts für Nichterwerbstätigkeit der jüngeren Jahrgänge verglichen mit den älteren. Die Frauen der unteren Bildungsschicht verzeichnen einen Zuwachs von 6,64 Jahren, während der Anstieg bei der mittleren (zweieinhalb Jahre) und hohen Bildungsklasse (1,64 Jahre) etwas geringer ausfällt.

In einem nächsten Schritt werden basierend auf den obigen Tobit-Schätzungen mitsamt Kohorteneffekten die rentenanwartschaftsrelevanten Tätigkeiten für den Zeitraum nach 2012 fortgeschrieben, sodass für jede Beobachtung eine vollständige Erwerbsbiographie vorliegt. Die Ergebnisse sind in Kapitel 6.1 dargestellt.

5.4.2 Schätzung der Entgeltpunkte

Basierend auf dem gleichen im vorangegangenen Kapitel beschriebenen Datensatz werden Random-Effects-Modelle für die einzelnen nach bekannten Kriterien gegliederten Strata geschätzt. Der Aufbau des Regressionsmodells folgt dabei grundsätzlich dem der Einkommensfunktion nach Mincer (1974). Dabei wird der logarithmierte Relativlohn der jeweiligen Periode[207] auf die bis dahin kumulierten Dauern Voll- und Teilzeit, Arbeitslosigkeit sowie haushaltsnahe Tätigkeiten und Kindererziehung (zuzüglich ihrer jeweiligen Polynome zweiten und dritten Grades) regressiert. Die soziodemographische Sammelvariable X_{it} umfasst das Alter bei Berufseinstieg, die Nationalität, den Familienstand sowie die Anzahl der Kinder. Für den Geburtsjahrgang wird nicht gesondert kontrolliert, da der Kohorteneffekt schon bei der Schätzung der Erwerbsbiographie berücksichtigt wird und somit indirekt Einfluss auf die im weiteren Zeitablauf erzielten Rentenanwartschaften nimmt.

---

207 Analog zum Verfahren zur Ermittlung der Entgeltpunkte wird ein in den jungen Bundesländern erzielter Lohn auf das durchschnittliche Lohnniveau Ostdeutschlands bezogen. Gleiches gilt entsprechend für Westdeutschland.

$$\log\left(\frac{w_{it}}{\overline{w}}\right) = \alpha + \beta_1 AGE_{it} + \beta_2 VZ_{it} + \beta_3 TZ_{it} + \beta_4 ALOS_{it} + \beta_5 FAM_{it} + \gamma X_{it} + \epsilon_i + u_{it} \quad (5.3)$$

$$E[u_{it} \mid \epsilon_i, AGE_{it}, VZ_{it}, TZ_{it}, ALOS_{it}, FAM_{it} X_{it}] = 0 \; \forall \; t \quad (5.4)$$

$$E[\epsilon_i \mid AGE_{it}, VZ_{it}, TZ_{it}, ALOS_{it}, FAM_{it} X_{it}] = 0 \quad (5.5)$$

Die Residualkomponente u_{it} und der für jede Beobachtung spezifische, über die Zeit konstante Effekt ϵ_i beschreiben die unbeobachteten Effekte des Random-Effects-Modells. Beide sind voneinander unabhängig, normalverteilt und unkorreliert mit den erklärenden Variablen.

Die der Schätzung zugrundeliegende Stichprobe umfasst alle Personen im erwerbsfähigen Alter von 15 bis 65 Jahren. Da der Relativlohn als logarithmierte Größe in die Schätzung mit eingeht, werden nur solche Personen betrachtet, die tatsächlich einen Lohn in der jeweiligen Periode beziehen. Selbständige und Beamte werden, soweit diese identifizierbar sind, aus der Schätzung ausgeschlossen, sodass fast nur noch potenziell sozialversicherungspflichtige Lohneinkommen berücksichtigt werden dürfen.[208]

Mit Hilfe des in Tabelle 5–12 dargestellten Regressionsoutputs lässt sich für jedes Stratum ein Alters-Lohn-Profil schätzen (siehe Kap. 6.1). Die Koeffizienten liefern prinzipiell zu erwartende Ergebnisse, sodass diese an dieser Stelle nicht ausführlich diskutiert werden.[209]

Das Lebensalter in Jahren hat mit Ausnahme der hochgebildeten ostdeutschen Frauen in allen Gruppen einen positiven, jedoch abnehmenden Effekt auf den relativen Lohn. Gleiches gilt für die kumulierten Jahre in Vollzeit. Eine negative Wirkung auf die relative Lohnposition haben sowohl Arbeitslosigkeit als auch Teilzeit- und atypische Beschäftigung, deren Ausmaß insbesondere in den unteren beiden Bildungsgruppen der Männer das der Arbeitslosigkeit übertrifft. Verheiratet zu sein hat lediglich bei westdeutschen Frauen einen (negativen) Effekt auf den Relativlohn. Diese Gruppe ist auch die einzige, für die Kinder eine lohnerhöhende Wirkung erwarten lassen.

---

208 Es wäre immerhin möglich, dass Bezieher von Einkommen aus geringfügiger Beschäftigung auf die Möglichkeit verzichten, sich freiwillig zu versichern.

209 Die Koeffizienten entsprechen den Erkenntnissen der Humankapitaltheorie. Vgl. Mincer (1957), Mincer (1958), Becker (1962) und Becker (1964).

Tabelle 5-12: Schätzung des Relativlohns

	MÄNNLICH						**WEIBLICH**					
	WEST			**OST**			**WEST**			**OST**		
Bildung	*gering*	*mittel*	*hoch*	*gering*	*mittel*	*hoch*	*gering*	*mittel*	*hoch*	*gering*	*mittel*	*hoch*
Alter	5,555***	5,367***	11,105***	8,279***	3,759***	15,597	7,514***	7,505***	0,651	6,968*	3,868**	-4,405
$Alter^2$	-33,202***	-33,504***	-63,911**	-50,902***	-23,789***	-86,998	-49,532	-49,232***	-2,840	-42,886	-27,119**	26,902
$Alter^3$	1,023***	1,088***	1,938**	1,608*	0,776**	2,541	1,683***	1,662***	0,048	1,371	0,981**	-0,851
$Alter^4$	-0,172***	-0,194***	-0,327*	-0,277*	-0,139**	-0,411	-0,313***	-0,305***	0,000	-0,241	-01,93***	0,148
$Alter^5$	0,002**	0,002***	0,003*	0,002	0,001*	0,004	0,003***	0,003***	-0,000	0,002	0,002***	-0,001
$Alter^6$	-0,000**	-0,000***	-0,000*	-0,000	-0,000*	-0,000	-0,000***	-0,000***	0,000	-0,000	-0,000***	0,000
kumulierte Dauer in Jahren												
Vollzeit												
VZ	0,098***	0,085***	0,101***	0,124**	0,081***	0,103**	0,125***	0,116***	0,151***	0,083**	0,087***	0,054*
VZ^2	-0,383***	-0,332***	-0,410***	-0,523*	-0,368***	-0,400**	-0,396***	-0,494***	-0,634***	-0,444**	-0,332***	-0,245*
VZ^3	0,005***	0,005***	0,007***	0,006	0,005***	0,007**	0,005***	0,006***	0,009***	0,006**	0,005***	0,004*
Teilzeit												
TZ	-0,187***	-0,242***	-0,091**	-0,532***	-0,198***	-0,160**	-0,018	-0,045***	-0,063**	-0,071	-0,048***	-0,055

	MÄNNLICH						WEIBLICH					
TZ^2	1,820***	2,772***	0,882**	11,861***	2,376***	1,486*	0,279***	0,375***	0,798***	0,567*	0,435***	0,333
TZ^3	-0,036***	-0,058***	-0,020**	-0,732***	-0,058***	-0,037	-0,005***	-0,008***	-0,018***	-0,015*	-0,008***	-0,003
Arbeits-losigkeit												
ALOS	-0,076*	-0,154***	-0,206*	-0,203*	-0,169***	-0,268***	-0,124***	-0,158***	-0,007	-0,160	-0,184***	-0,307***
$ALOS^2$	-0,180	0,996	3,886	3,321*	1,431*	2,617	1,419**	0,974	-6,890	0,535	1,573***	4,971*
$ALOS^3$	0,009	-0,024	0,295	-0,171*	-0,067	-0,040	-0,061**	-0,045	0,635	0,006	-0,060***	-0,293*
Familie												
FAM	-0,221	-0,251***	-0,801**	-0,448	-0,294	1,288	-0,044**	-0,103***	-0,167***	-0,020	-0,004	0,134
FAM^2	7,274	4,016***	22,514	37,367	20,377	-543,341	0,297**	0,557***	1,522***	0,081	-0,244	-5,034**
FAM^3	-0,678	-0,137**	-1,077	-6,179	-4,342	382,443	-0,005*	-0,010***	-0,036***	-0,007	0,008	0,230*
Alter bei Berufsein-stieg	0,065***	0,045***	-0,017	0,064	0,046**	0,038	0,040***	0,049***	-0,005	0,019	0,067***	0,002
Alter bei Berufsein-stieg^2	-0,001**	-0,000*	0,001	-0,001	-0,001*	0,000	-0,000*	-0,001***	0,000	-0,000	-0,001**	0,000
Bildung (0)	-38,916***			-54,802***			-0,204***			-47,332*		

	MÄNNLICH						WEIBLICH					
Bildung (1)	-38,771***			-54,616***						-46,964*		
Bildung (2)		0,031			-25,085**			0,115*			-23,571**	
Bildung (3)					-25,127**						-23,793**	
Bildung (4)		0,114***			-24,998**			0,156**			-23,559**	
Bildung (5)			-0,157***			-0,074			-0,120**			-0,142***
Bildung (6)												
Na-tionalität: Deutsch	0,173***	-0,008	-0,043	-0,675	0,125	-0,034	-0,278***	-0,046	0,002	0,000	-0,285	0,175
Anzahl der Kinder (keine Kinder= Referenz)												
ein Kind	-0,244	-0,335*	0,880*	0,698	-0,138	-0,321	0,965**	1,163***	0,295	0,028	-0,714	-0,631
2 oder 3 Kinder	-0,246	-0,319*	0,913*	0,714	-0,144	-0,231	0,907*	1,033***	0,171	-0,118	-0,740*	-0,666
4 oder mehr Kinder	-0,356	-0,271	0,879*	0,693	-0,188	-0,372	0,866*	1,034***	0,156	-0,116	-0,721	-0,430

	MÄNNLICH						**WEIBLICH**					
Verheiratet	0,040	0,031**	0,030	0,108	-0,011	-0,027	-0,090**	-0,138***	-0,152***	0,017	-0,021	0,025
Alter bei Geburt des ersten Kindes	0,014	0,018	-0,049	-0,052	0,012	0,017	-0,064*	-0,077***	-0,019	0,012	0,054	0,028
Alter bei Geburt des ersten Kindes[2]	-0,000	-0,000	0,001	0,001	-0,000	-0,000	0,001	0,001**	0,000	-0,000	-0,001	-0,000
Konstante	0,00	-36,09***	-79,34***			-115,193	-47,304***	-47,595***	-5,928			28,513
σ_u	0,301	0,279	0,290	0,301	0,302	0,316	0,385	0,384	0,405	0,386	0,347	0,337
σ_ϵ	0,593	0,441	0,530	0,488	0,413	0,506	0,638	0,554	0,628	0,518	0,461	0,431
N	8.378	44.310	10.910	871	16.578	3.534	12.600	42.010	6.090	953	16.242	3.507
N_{group}	1.388	5.762	1.612	216	2.252	488	2.453	6.758	1.136	298	2.701	509

Anm.: Ergebnisse der Random-Effects-Schätzung; abhängige Variable ist der logarithmierte Relativlohn der jeweiligen Periode. Bei den Variablen *Alter bei Berufseinstieg* und *Alter bei Geburt des ersten Kindes* handelt es sich jeweils um Interaktionsterme mit den Binärvariablen *job* bzw. *kid*. Die Klassifikation der Bildungslevel orientiert sich an der eingangs des Kapitels erläuterten Gliederung. σ_u: Standardabweichung der Residualkomponente; σ_ϵ: Standardabweichung des zeitinvarianten Fehlerterms. * / ** / ***: statistisch signifikant von Null verschieden auf 10 %- % 5 %- / 1 %-Niveau.

Quelle: SOEPv30; eigene Berechnungen, eigene Darstellung.

5.4.3 Zeitpunkt des Renteneintritts

Der erwartete individuelle Rentenzugangszeitpunkt wird für jede Merkmalsgruppe aus dem Scientific Use File über die Rentenzugänge (SUFRTZN12XVSBB) bestimmt. Dabei wird die Stichprobe in die üblichen Strata nach Geschlecht, Region und Bildungsniveau untergliedert. Im Datensatz ist das Zugangsalter eine diskrete Häufigkeitsverteilung vom ersten Quartal des 61. Lebensjahres bis zum ersten Quartal des 71. Lebensjahres in Vierteljahresschritten, enthält also 41 verschiedene Ausprägungen. Die ermittelte Häufigkeitsverteilung eines jeden Subsamples wird auf das gem. soziodemographischer Merkmale entsprechende Stratum in den Datensatz des SOEP übertragen. So ist es möglich, das tatsächliche individuelle Rentenzugangsverhalten exakt zu replizieren. Es wird angenommen, dass das Zugangsverhalten in die Altersrente über den Simulationszeitraum mit Einschränkungen konstant bleibt. Die Anhebung der Regelaltersgrenze von 65 auf 67 Jahre wird dadurch in das Modell integriert, dass das simulierte Renteneintrittsalter für die von der Reform betroffenen Geburtsjahrgänge im Reformzeitraum um einen bzw. zwei Monate steigt.

Differenzierte Verhaltensanpassungen werden nicht explizit modelliert, obwohl denkbar wäre, dass sich das tatsächliche durchschnittliche Rentenalter nicht gemäß der gesetzlichen Anhebung der Regelaltersgrenze erhöht, sondern geringer ausfällt und von den Versicherten somit Abschläge in Kauf genommen werden. Alle Individuen schieben demnach den Renteneintrittszeitpunkt entsprechend ihres Geburtsjahres auf. Diese Modellierung ist allerdings mit der Einschränkung verbunden, dass die Reform aufgrund der Datenbeschaffenheit nur näherungsweise abgebildet werden kann. Die Intervalle der Altersanhebung betragen ein bzw. zwei Monate, wohingegen das Renteneintrittsalter im Datensatz lediglich in Quartalsschritten vorliegt.

5.4.4 Demographische Entwicklung

Die Annahmen über die zukünftige Bevölkerungsentwicklung basieren im Wesentlichen auf den Annahmen der 13. koordinierten Bevölkerungsvorausberechnung des statistischen Bundesamts (Statistisches Bundesamt, 2015b). Es wird grundsätzlich das Bevölkerungsszenario W2 mit einem positiven Wanderungssaldo von derzeit 230.000 unterstellt.[210] Bezüglich der Fortschreibung der Haushalte und deren Zusammensetzung werden Verhaltensannahmen getroffen, um die Entwicklung hin zu einer geringeren durchschnittlichen Haushaltsgröße adäquat abbilden zu können.

210 In diesem Szenario wird nicht davon ausgegangen, dass sich selbst unter Berücksichtigung der gegenwärtig hohen Nettozuwanderung im Rahmen der aktuellen Flüchtlingssituation der Wanderungssaldo langfristig signifikant erhöht. Wanderungssalden wie der von 550.000 im Jahr 2014 stellen nur einen kurzfristigen Effekt dar, der sich im Zeitverlauf wieder abschwächt und dem Grenzwert von 230.000 annähert.

Alterung der Bevölkerung

Die Fortschreibung der Bevölkerung erfolgt statisch, d.h. Verhaltensanpassungen wie Migrations- oder Fertilitätsentscheidungen werden über eine Umgewichtung der Hochrechnungsfaktoren modelliert (*static ageing*). Dabei werden in einem ersten Schritt die Gewichte der verbliebenen Beobachtungen im SOEP an die Ränder der offiziellen Statistik des Statistischen Bundesamts altersjahrgangsgenau angepasst.[211] Die Entwicklung der Datenbasis im darauffolgenden Schritt orientiert sich dabei an den in den Generationensterbetafeln dargestellten Tabellen (Statistisches Bundesamt, 2011).[212] Für jeden Geburtsjahrgang existieren für jedes Altersjahr Sterbewahrscheinlichkeiten, mit denen die Hochrechnungsfaktoren ab 2012 bis zum Renteneintrittszeitpunkt bzw. bis zum Ende des Simulationszeitraums abgeschmolzen werden, sodass jeder Jahrgang in der Summe seiner Sample-Gewichte kleiner wird. Da die Stichprobe weder durch Migration noch durch Geburten Zuwachs erfährt, wird das Sample der Erwerbstätigen jährlich kleiner, wohingegen das der Rentner bis zum Ende des Simulationszeitraums 2040 stetig wächst.

Entwicklung der Haushalte

Da in diesem Modell die Alterseinkommen auf Haushaltsebene relevant sind, müssen hinsichtlich Größe und Typ der Haushaltszusammensetzung Annahmen für die weitere Fortschreibung getroffen werden. Wie beim methodischen Ansatz der Fortentwicklung der Bevölkerung auf Individualebene werden die Hochrechnungsfaktoren der SOEP-Haushalte umgewichtet. Dabei wird die Entwicklung sowohl basierend auf den Berechnungen der Statistischen Ämter des Bundes und der Länder (2011) als auch nach der in der Studie von Buslei et al. (2007) verwendeten Methode abgebildet. Die Umgewichtung der Hochrechnungsfaktoren orientiert sich an den Haushaltsvorständen, welche nach den Merkmalen Alter (in Gruppen), Geschlecht und Bundesland differenziert werden können. Außerdem wird nach verschiedenen Haushaltstypen, nämlich nach „Alleinstehend/-erziehend" sowie „Paar mit/ohne Kinder" unterschieden. Da in Rentnerhaushalten die Existenz von

---

211 Das hier verwendete Verfahren geht ebenfalls zurück auf Creedy (2003), Creedy/Tuckwell (2004) und Deville/Särndal (1992).

212 In einer Generationensterbetafel sind die durchschnittlichen Lebenserwartungen der im jeweiligen Jahr geborenen Kinder unter Berücksichtigung der möglichen künftigen Entwicklung der Sterblichkeit abgebildet. Das Statistische Bundesamt modelliert bei der Berechnung seiner Generationensterbetafeln hinsichtlich der Sterblichkeit zwei verschiedene Trends. Einen langfristigen Sterblichkeitstrend (V1, Entwicklung seit 1871) sowie eine Kombination aus dem langfristigen Sterblichkeitstrend und einem kurzfristigen Sterblichkeitstrend (V2, Entwicklung seit 1871 und 1970). Beide Trends nehmen für die Zukunft eine abnehmende Sterbewahrscheinlichkeit an, wobei die V2 eine noch stärker sinkende Sterblichkeit unterstellt, welche im vorliegenden Simulationsmodell zugrunde gelegt wird.

zu erziehenden Kindern vernachlässigbar sein dürfte, werden in erster Linie Single- und Paarhaushalte betrachtet.

Abbildung 5-2: Entwicklung der Haushalte nach Typen

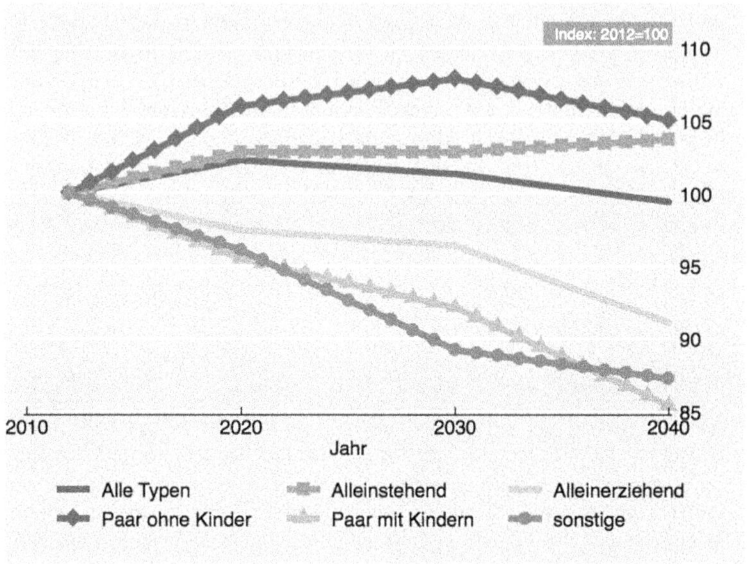

Quelle: Buslei et al. (2007), Statistisches Bundesamt (2015b), SOEP (2012); eigene Berechnungen.

In Abbildung 5–2 ist die Entwicklung des jeweiligen Haushaltstypus von 2012 bis 2040 abgebildet. Nachdem die Gesamtzahl der Haushalte zunächst ansteigt, kehrt sie 2040 wieder bis knapp unter ihren Ausgangswert von 40,3 Mio. Haushalten zurück. Die Anzahl der Haushalte von Alleinstehenden sowie kinderlosen Paaren zeigen seit 2012 eine positive Entwicklung von 16,5 Mio. bzw. 12,1 Mio. bis hin zu 17,2 Mio. bzw. 12,9 Mio., wenngleich die der letztgenannten eine Trendumkehr andeutet. Die demographische Entwicklung mit sinkenden Geburtenraten wirkt sich in ihrer Konsequenz auch auf die Entwicklung der verschiedenen Haushaltstypen aus: Beide Haushalte mit Kindern, i.e. Alleinerziehende und Paare mit Kindern, sinken auf bis unter 90 Prozent ihres Niveaus in 2012 ab. Im Jahr 2040 gibt es nur noch 1,98 Mio. Haushalte mit Alleinerziehenden (in 2012: 2,18 Mio.) und nur 7,26 Mio. von Paaren mit Kindern bewohnte Haushalte (in 2012: 8,6 Mio.).

Im Ergebnis ist auch festzuhalten, dass die durchschnittliche Haushaltsgröße im Zeitverlauf sinkt. Lebten im Jahr 2015 im Durchschnitt noch knapp zwei Personen in einem Haushalt, sind es 15 Jahre später nur noch knapp 1,9 Personen. Damit einher geht ein Anstieg der Einpersonen-, aber auch der Zweipersonen-Haushalte.

Der Anteil der Haushalte mit einer Größe von mehr als zwei Personen nimmt hingegen mehr oder weniger deutlich ab.

5.4.5 Rentenformel

Die monatliche Rentenhöhe ergibt sich aus der Höhe der individuellen Entgeltpunkte E, dem Zugangsfaktor Z, dem Rentenartfaktor R und dem aktuellen Rentenwert A.[213]

$$monatliche\ Rente = E \times Z \times R \times A \tag{5.6}$$

Die kumulierte Anzahl der Entgeltpunkte ergibt sich unmittelbar aus dem in Kapitel 5.4.2 beschriebenen Teil des Simulationsmodells (bzw. aus der zuvor simulierten Erwerbsbiographie, Kap. 5.4.1). Analog trifft diese Aussage auch auf den Zugangsfaktor zu, welcher sich direkt aus dem in Kapitel 5.4.3 ermittelten Rentenzugangszeitpunkt und den damit implizierten Abschlägen ableiten lässt. Der Rentenartfaktor nimmt annahmegemäß den Wert eins an, da in diesem Modell lediglich Altersrenten betrachtet werden.[214] Für die Höhe und Entwicklung des aktuellen Rentenwerts wurden weitere Annahmen getroffen, welche im Folgenden erläutert werden.

Zunächst wird die Zusammensetzung des aktuellen Rentenwerts gem. Rentenanpassungsformel an dieser Stelle nochmals dargestellt:[215]

$$A_t = A_{t-1} \times \frac{BE_{t-1}}{BE_{t-2}} \times \frac{100 - \tau_{t-1}^{RIESTER} - \tau_{t-1}^{SV}}{100 - \tau_{t-2}^{RIESTER} - \tau_{t-2}^{SV}} \times \left(\left(1 - \frac{RQ_{t-1}}{RQ_{t-2}} \right) \alpha + 1 \right) \tag{5.7}$$

Als Berechnungsgrundlage zur Fortschreibung des aktuellen Rentenwerts, der Bemessungsgrundlage sowie des Durchschnittsentgelts bzw. dessen Änderungsrate der letzten beiden Jahre $\frac{BE_{t-1}}{BE_{t-2}}$ dienen die Werte im Zeitraum von 1996 bis 2015.[216] Dabei

213 Vgl. dazu die Erläuterungen in Kapitel 2.1.

214 Für andere Renten als die Rente wegen Alters wird die monatliche Rentenhöhe in Form eines niedrigeren Rentenartfaktors mit Abschlägen versehen. Gem. § 67 SGB VI findet für Renten wegen teilweiser Erwerbsminderung (0,5) Renten im Anschluss an kleine (0,25) bzw. große (0,55) Witwenrenten sowie für Halb- (0,1) bzw. Vollwaisenrenten (0,2) ein Rentenartfaktor kleiner eins Anwendung.

215 Vgl. die Erläuterungen in Kapitel 2.1.

216 Für die zeitliche Abgrenzung werden die Jahre unmittelbar nach der Wiedervereinigung nicht berücksichtigt, um Verzerrungen durch übermäßig hohe Wachstumsraten zu vermeiden.

wird angenommen, dass die Durchschnittsentgelte über beide Regionen Deutschlands mit 1,82 Prozent pro Jahr wachsen. Die Höhe der jährlichen Beitragsbemessungsgrenze steigt nach gleicher Daten- und Berechnungsgrundlage mit 1,45 % jährlich.[217]

Die Anpassung des Umrechnungsfaktors zwischen Ost und West gem. Anl. 10 SGB VI beträgt entsprechend des Durchschnitts der letzten 20 Beobachtungszeitpunkte 0,0025 Punkte pro Jahr, sodass über den Simulationszeitraum eine Angleichung der Bruttoentgelte und der Beitragsbemessungsgrundlage in den neuen Ländern erfolgt. Durch die Rentengarantie[218] wird berücksichtigt, dass der aktuelle Rentenwert seinen Vorjahreswert nicht unterschreiten darf, selbst wenn etwa die Entwicklung der Bruttoentgelte Anlass dazu gäbe. Nicht vollzogene Senkungen des aktuellen Rentenwerts (entsprechend den Determinanten der Rentenformel) können durch Nullrunden oder durch mäßigere Lohnentwicklung bedingte weniger starke Steigerungen nachgeholt werden. Die Komponenten des Riester-Faktors werden als im Simulationszeitraum konstant bleibend angenommen.

Der als Teil des Nachhaltigkeitsfaktors wirkende Rentnerquotient $\frac{RQ_{t-1}}{RQ_{t-2}}$ kann hier nur näherungsweise bestimmt werden, indem das Verhältnis von Altersrentnern zu sozialversicherungspflichtig Beschäftigten (d. h. Zahlerinnen von Sozialversicherungsbeiträgen) herangezogen wird.[219] Im Zuge der Erhöhung des Eintrittsalters in die Regelaltersrente verändert sich ungeachtet etwaiger Verhaltensanpassungen das Verhältnis von Rentnern und Beitragszahlern.[220] Der Rentnerquotient ist im Vergleich zu seinem Vorjahreswert niedriger (bzw. steigt weniger stark), was sich positiv auf den aktuellen Rentenwert auswirkt.

---

217 Zum Jahreswechsel 2002/2003 hat sich die Beitragsbemessungsgrenze außergewöhnlich stark um 13,3 % erhöht. Dieser Sprung findet bei der Berechnung der durchschnittlichen Rate keine Berücksichtigung, um eine Verzerrung in Form einer Überschätzung zu vermeiden.

218 Rechtsgrundlage bildet das „Gesetz zur Anpassung der Regelaltersgrenze an die demographische Entwicklung zur Stärkung der Finanzierungsgrundlagen der Gesetzlichen Rentenversicherung“ (RV-Altersgrenzenanpassungsgesetz), vgl. BGBl. I 2007, S. 554 ff. vom 20. April 2007. Dabei handelt es sich um eine im Jahr 2010 eingeführte Schutzklausel. Im Jahr 2009 bestand die Möglichkeit sinkender Löhne, was gem. der Rentenformel eine Rentensenkung zur Folge gehabt hätte. Daraufhin beschloss die Bundesregierung die Einführung der sog. Rentengarantie, welche in § 68 SGB VI und § 68a SGB VI geregelt ist. Zu weiteren Einzelheiten sowie Implikationen der Rentengarantie, siehe Gasche (2010).

219 Korrekterweise müsste bei der Berechnung des Rentnerquotienten bzw. dessen Änderungsrate die Anzahl der Äquivalenzrentner zu der der Äquivalenzbeitragszahler in Relation gesetzt werden. Dies errechnet sich durch das Verhältnis vom Rentenvolumen zur Eckrente dividiert durch das Verhältnis des Beitragsvolumens zum Beitrag auf das vorläufige Durchschnittseinkommen.

220 Berechnungsgrundlage für die Größe der jeweiligen Population sind Daten aus der offiziellen Statistik der Rentenversicherung sowie der 13. koordinierten Bevölkerungsvorausberechnung des Statistischen Bundesamts (Statistisches Bundesamt, 2015b).

Für den Faktor α, der die negative Wirkung des Rentnerquotienten auf den aktuellen Rentenwert gewichtet und somit die intergenerative Lastenverteilung des demographischen Wandels quantifiziert, wird ein konstantes Niveau von $\alpha = 0{,}25$ angenommen.[221]

Abbildung 5-3 zeigt die Entwicklung des Durchschnittsentgelts sowie des aktuellen Rentenwerts mit den jeweiligen Ober- und Untergrenzen des Bevölkerungsszenarios für Ost und West. Es wird deutlich, dass die Entwicklung des aktuellen Rentenwerts hinsichtlich ihrer Dynamik unterhalb der Durchschnittsentgelte liegt. Die Durchschnittsentgelte wachsen wie oben beschrieben mit 1,82 Prozent p.a. linear an. Ebenfalls klar erkennbar sind die „Knicke“ beim Verlauf des aktuellen Rentenwerts 2024 und 2029. In diesen Jahren erfährt die Anhebung des Regelrentenalters eine gröbere Abstufung bzw. ist abgeschlossen. Ab dann entspannt sich der Verlauf (West) bzw. steigt sogar wieder leicht an (Ost).

Abbildung 5-3: Aktueller Rentenwert und Durchschnittsentgelt bis 2040

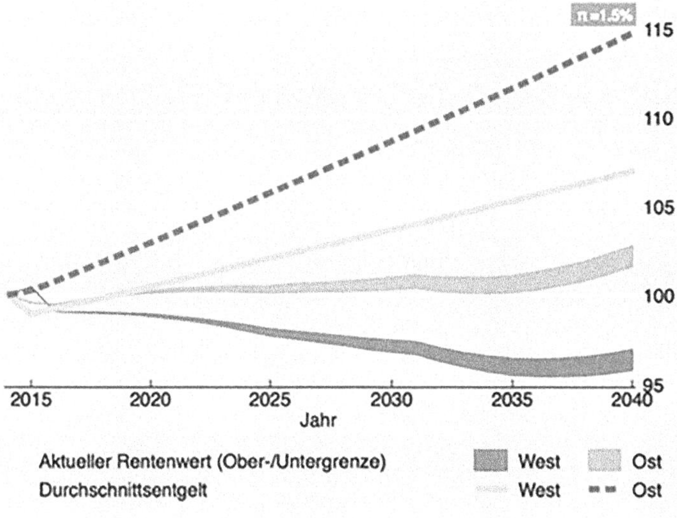

Anm.: Alle Beträge in Preisen des Jahres 2014, Inflationsrate 1,5 %. Index: 2014=100.
Quelle: Statistisches Bundesamt (2015b); eigene Berechnungen.

221 Durch den sich im Zuge der gegenwärtig hohen Nettozuwanderung ergebenden „Verjüngungseffekt“ für die in Deutschland verbliebene Bevölkerung dürfte sich diese negative demographische Wirkung in der nahen Zukunft etwas abschwächen, da die Zuziehenden durchschnittlich jünger sind als solche, die aus Deutschland abwandern. Darüber hinaus ist jedoch ungewiss, wie schnell die Integration in sozialversicherungspflichtige Beschäftigung gelingt.

Während die Entwicklung einiger Determinanten entweder anhand exogener Prognosen (z. B. die demographische Entwicklung) oder eigenständiger Berechnungen (bspw. die Entwicklung der Bruttoentgelte) modelliert wird,[222] werden die Werte mancher Variablen über den Simulationszeitraum als konstant angenommen. Es wird erwartet, dass die Beiträge zur Sozialversicherung in naher Zukunft aufgrund stark steigender Ausgabenbelastungen ansteigen werden, da immer weniger Beitragszahler für die Alterseinkünfte immer mehr Rentnerinnen und Rentner aufkommen müssen (vgl. BMAS, 2012; BMAS, 2015).

Inwiefern sich diese Entwicklung auf die Höhe des aktuellen Rentenwerts niederschlägt und welche Wechselwirkungen mit anderen Determinanten der Rentenformel bestehen, ist nicht Gegenstand dieser Untersuchung. Zum Beispiel wären Effekte auf die Bruttoentgelte denkbar, da sich steigende Sozialabgaben in Tarifverhandlungen auf die Lohnhöhe niederschlagen. Darüber hinaus wären davon unter Umständen Auswirkungen auf das Ausmaß der Sozialversicherungspflichtigen Beschäftigung insgesamt zu erwarten.

5.4.6 Schätzung einer Sparfunktion im Haushaltskontext

Neben den lohnabhängigen Beiträgen zur Gesetzlichen Rentenversicherung gewinnt die Alterssicherung durch private sowohl geförderte als auch ungeförderte Ersparnisbildung zunehmend an Bedeutung (siehe Kap. 2.3). Gleichwohl bestehen zwischen verschiedenen Haushalten sowohl Unterschiede hinsichtlich der Höhe der Sparquote als auch der Entscheidung, überhaupt eine Ersparnis zu bilden bzw. bilden zu können.

Als Datengrundlage zur Schätzung einer Sparfunktion dient das in Kapitel 5.2.4 beschriebene Panel on Household Finances (PHF) der Deutschen Bundesbank. Neben den bereits genannten Charakteristika und deutlichen Vorteilen gegenüber anderen Datensätzen wie z. B. dem SOEP oder der SAVE-Studie lässt sich anhand zahlreicher im PHF abgefragten Vermögenspositionen ein direkter Kontext zur Altersvorsorge herstellen, was für die Forschungsfrage von besonderem Interesse ist. Zu den relevanten Assets im Altersvorsorge-Portfolio zählen neben Direktversicherungen insbesondere die betriebliche Altersvorsorge, ungeförderte (z. B. kapitalbildende Lebensversicherungen) sowie staatlich subventionierte Altersvorsorgeprodukte, insb. die Riester-Rente in den verschiedensten Ausprägungen[223].

222 Z.B. auf die 13. koordinierte Bevölkerungsvorausberechnung des Statistischen Bundesamts (Statistisches Bundesamt, 2015b).

223 Im PHF werden folgende Formen von Riester-Verträgen betrachtet: Banksparplan, Bausparplan, Fonds, „klassische" Form, betriebliche Altersvorsorge, sonstige.

Abbildung 5-4: Ersparnis und Sparquoten der Haushalte nach Alter

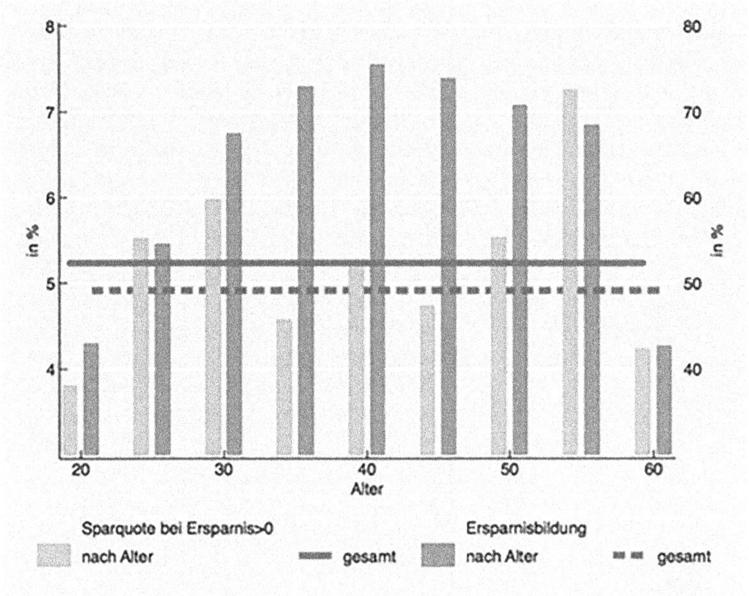

Anm.: *Ersparnisbildung*: Anteil der Haushalte, die überhaupt im Rahmen einer Altersversorgung sparen (rechte y-Achse). Die *Sparquote* (linke y-Achse) bezieht sich auf alle Haushalte mit einer positiven Ersparnis und drückt daher einen bedingten Wert aus. Unter einer Altersklasse sind jeweils 5 Jahrgänge zusammengefasst.
Quelle: Panel on Household Finances (2011); eigene Berechnungen.

Von den 3.565 Haushalten gibt knapp die Hälfte an, hinsichtlich ihrer freiwilligen privaten Altersvorsorge überhaupt keine Vorkehrungen zu treffen (vgl. gestrichelte horizontale Linie in Abb. 5-4). In Abbildung 5-4 ist der Anteil der Haushalte mit einer positiven Ersparnis auf der rechten y-Achse abgetragen. Die Höhe der Sparquote eben jener Haushalte, die überhaupt eine Ersparnis bilden (bedingte Sparquote), ist anhand der linken y-Achse abzulesen. Die durchschnittliche Sparquote beträgt unter den Haushalten, die eine positive Ersparnis haben, im Mittel über alle Altersklassen 5,3 Prozent (vgl. dunkelgrüne horizontale Linie). Zwischen den Altersklassen sind mitunter deutliche Unterschiede abzulesen. Während der Verlauf der Sparentscheidung eine umgekehrte U-Kurve darstellt, verläuft die Sparquote mehrgipflig. Nachdem sie bis zu einem Alter von 30 steigt und danach absinkt, steigt sie mit Mitte 40 wieder an und erreicht in der Klasse der 55- bis 59-jährigen ihr Maximum.

Es können also anhand der obigen Graphik die bereits in Kapitel 3 diskutierten Ergebnisse aus anderen Untersuchungen bestätigt werden. Die Sparquote der Haushalte folgt in diesem Querschnitt aus dem Jahr 2011 nicht der klassischen Lebenszyklushypothese insofern, dass in jungen Jahren und im Alter entspart wird. Vielmehr wird in allen Phasen des Erwerbslebens gespart, was in diesem Punkt den Charakteristika der modifizierten Lebenszyklushypothese entspricht. Etwas entgegengesetzt zu den Erkenntnissen aus der Empirie der Sparquote deutscher Haushalte aus Kapitel 2 erscheint auf den ersten Blick die Beobachtung, dass die Sparquote im Lebenszyklus kurz vor Renteneintritt ihr Maximum erreicht, nicht bereits im mittleren Alter zwischen 45 und 54 Jahren. Zieht man allerdings die bedingte anstelle der unbedingten Sparquote heran,[224] erreicht der Verlauf wieder im mittleren Alter sein Maximum.

Die Sparquoten all derer Haushalte, die überhaupt eine Ersparnis bilden, sind rechtsschief verteilt (Abb. 5–5). Nach Analyse der Verteilung der Sparquote auf Haushaltsebene lässt sich somit feststellen, dass eine Randlösung im Wert Null existiert. Einer positiven Sparquote stehen demnach viele Beobachtungen mit einer Sparquote von Null (i.e. die Haushalte, die überhaupt nicht sparen) gegenüber. Eine Ersparnis zu bilden lässt sich folglich als zweistufiges Entscheidungsverfahren modellieren, wonach im ersten Schritt entschieden wird, ob überhaupt gespart wird und wenn ja, wodurch anschließend die Höhe der Ersparnis determiniert wird.

Abbildung 5-5: Verteilung der Sparquote

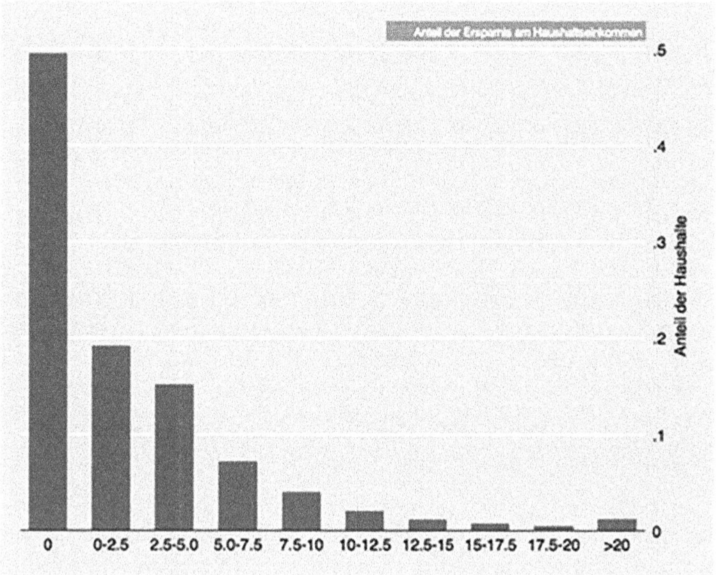

Anm.: Verteilung der gruppierten Sparquote der Haushalte in 2,5 %-Schritten. Anteil der Ersparnis am Haushaltseinkommen.
Quelle: Panel on Household Finances (2011); eigene Berechnungen.

224 D.h. man integriert alle Nullen bei der Analyse der Haushaltsersparnis.

Für Regressionen von Variablen mit einer rechtsschiefen Verteilung und zusätzlich einer Ecklösung böte sich die Schätzung eines Tobit-Modells an, so wie es bereits in Kapitel 5.4.1 Anwendung findet. Es stellt sich jedoch die Frage, ob die Sparentscheidung und die Höhe der Sparquote durch dieselben Faktoren determiniert werden.[225] Die Wirkungsrichtung einer erklärenden Variablen auf die abhängige Variable ist dabei nicht immer eindeutig. Am Beispiel der Höhe des Bruttoeinkommens eines Haushalts verdeutlicht ergibt sich folgende Beziehung: Zwar nimmt bei wachsendem Bruttoeinkommen die Wahrscheinlichkeit zu, überhaupt eine Ersparnis zu bilden; umgekehrt dazu bedeutet ein höheres Einkommen nicht unbedingt, dass der Anteil der Ersparnis mit dem Motiv der Altersvorsorge daran auch höher ist. Im Gegenteil, es konnte gezeigt werden, dass die Sparquote mit steigendem Bruttoeinkommen des Haushalts sogar abnimmt,[226] sodass das Vorzeichen negativ ist. Beide Koeffizienten haben in den jeweiligen Regressionsmodellen in der Folge unterschiedliche Vorzeichen.

Einen alternativen Ansatz zum Tobit-Modell verfolgt Cragg (1971) in Form eines zweistufigen Modells,[227] mit Hilfe dessen sich für unabhängige Variablen mit unterschiedlichen Vorzeichen der Koeffizienten kontrollieren lässt. Dabei ist entscheidend, ob die beiden Fehlerterme voneinander unabhängig sind, d.h. inwiefern die Sparquote von der Sparentscheidung abhängt. Handelt es sich um zwei voneinander unabhängige Entscheidungsprozesse, können diese in einem zweistufigen Verfahren mit Hilfe eines Logit- bzw. Probit-Ansatzes, welcher die binäre Sparentscheidung untersucht, und einem anschließenden OLS-Modell, welches nur Sparquoten größer Null betrachtet, dargestellt werden.[228]

Um Vergleichbarkeit der Ergebnisse herstellen zu können, folgen wir der Argumentation von Metzger (2015) und stellen die Sparquote in einem zweistufigen Regressionsverfahren (*lognormal-hurdle*) dar.[229] Auf der ersten Stufe wird in einem Probit-Model die Sparentscheidung als abhängige Binärvariable regressiert, während die in einem zweiten Schritt alle positiven Sparquoten logarithmiert in einer OLS-Regression geschätzt werden. Die Sparquote bildet dabei den Anteil des Haushaltseinkommens ab, der zur Bildung eines Kapitalstocks mit einem Altersvorsorgemotiv aufgewendet wird. Dazu gehören insbesondere sämtliche Riester-Produkte (u. a. Banksparpläne, Bausparverträge und fondsgebundene Riesterrenten), Lebensversicherungen sowie private ungeförderte Altersvorsorgeprodukte. Bezugnehmend auf den Regressionsoutput des zweistufigen Verfahrens sei vorweg-

225 Vgl. dazu auch Metzger (2015), der ebenfalls mit PHF-Daten eine Sparfunktion der Haushalte in verschiedenen Verfahren schätzt.

226 Vgl. ebenfalls Metzger (2015).

227 Sog. „two-tiered"- bzw. „double-hurdle"-Modelle.

228 Für diesen sequentiellen Ansatz sind „lognormal independent two-tiered model", „lognormal independent hurdle model" sowie „two part model" geläufige Begriffe.

229 Der Regressionsoutput eines alternativ dazu geschätzten Tobit-Modells findet sich in Kapitel A.4 im Anhang (Tab. A-9).

genommen, dass beide Entscheidungen voneinander unabhängig sind[230] und aus diesem Grund isoliert voneinander modelliert werden können. Die Ergebnisse des zweistufigen Regressionsverfahrens sind in der folgenden Tabelle 5–13 dargestellt.

Tabelle 5-13: Schätzung einer Sparfunktion

	Probit		**OLS**	
Abhängige Variable	***dsh* *Sparentscheidung (binär)***		***log_sh* *bedingte Sparquote***	
N	3.349		2.230	
Grundgesamtheit	36.184.759		17.492.982	
Design df	3348		2229	
F(20, 3329)	14,63		8,87	
Prob > F	0,0000		0,0000	
R2	0,318		0,1737	
Number of Strata	1		1	
Number of PSUs	3349		2230	
	Koeffizient	*Standardfehler*	*Koeffizient*	*Standard-fehler*
Alter	0,055423**	0,0251649	0,0762597***	0,0218471
$Alter^2$	-0,0008107***	0,0002597	-0,0007402***	0,0002427
Geschlecht	-0,3857769**	0,1612064	-0,3540955***	0,1376841
Region	0,0373518	0,1238114	-0,3346449***	0,1126464
Bildung				
2	0,4872334**	0,215859	0,6344161***	0,2112457
3	0,5767472**	0,2342722	0,7804296***	0,2290962
Haushaltseinkommen	0,0000147***	2,49e-06	-9,27e-06***	1,98e-06
$Haushaltseinkommen^2$	-2,19e-07***	4,32e-08	8,76e-08***	3,06e-08
Verheiratet	0,1651232	0,1279691	0,0218958	0,1181471
Kinder				

230 Siehe die Tabelle A-10 im Anhang.

	Probit		OLS	
Abhängige Variable	***dsh*** ***Sparentscheidung (binär)***		***log_sh*** ***bedingte Sparquote***	
1	-0,043121	0,2170371	-0,2146125	0,1798102
2	-0,2313949	0,1932612	-0,3051316*	0,1682943
3	-0,6273476*	0,3707491	-0,4780656	0,3536282
Haushaltsgröße	0,0612398	0,060207	-0,0522162	0,0443658
Erwerbshaushalt	0,1018357	0,0891554	-0,0640041	0,0785228
Beamtenhaushalt	-0,1619562	0,2072749	-0,190638	0,1492493
Selbständigenhaushalt	-0,0343841	0,15761	0,5130853***	0,1397796
derzeit vollzeitbeschäftigt	0,3506899*	0,1677921	0,143303	0,1648367
derzeit teilzeitbeschäftigt	0,321102*	0,1807393	-0,0525152	0,1535594
derzeit arbeitslos	-0,7621463***	0,2504053	-0,658868*	0,3959158
derzeit „Haushalt"	-0,1859529	0,2016208	0,0524607	0,1629004
Konstante	-1,699191***	0,5057927	-5,088899***	0,4802025

Anm.: Ergebnisse der Probit- und OLS-Schätzung in einem zweistufigen, voneinander getrennt durchgeführten Verfahren; abhängige Variable des Probit-Modells ist die Sparentscheidung (Dummy). In der OLS-Regression wird auf die Sparquote (größer Null) regressiert. * / ** / ***: statistisch signifikant von Null verschieden auf 10%- % 5%- / 1%-Niveau.
Quelle: Panel on Household Finances (2011); eigene Berechnungen.

Da die Ergebnisse mittels Out-of-Sample Prediction auf das dem Simulationsmodell zu Grunde liegenden Sample übertragen werden sollen, können für die Schätzung der Sparquote nur die Variablen verwendet werden, die sich in beiden Datensätzen wiederfinden. Insofern erklären sich die zum Teil vorhandenen Unterschiede zu der Wirkungsrichtung und Signifikanz einiger Koeffizienten in der z.B. von Metzger (2015) durchgeführten Schätzung.

Wie bereits in zahlreichen Untersuchungen festgestellt wurde (z.B. Busl et al., 2012)[231] steigen sowohl die Sparwahrscheinlichkeit als auch die Sparquote selbst mit zunehmendem Alter an. Dies entspricht der Lebenszyklushypothese insofern,

231 Die Autoren des Zentrums für europäische Wirtschaftsforschung (ZEW) Mannheim untersuchen in ihrer durch im Jahr 2012 das Bundesfinanzministerium in Auftrag gegebenen Studie die Auswirkungen des demographischen Wandels auf die Ersparnisbildung (Busl et al., 2012). Sie stellen u.a. fest, dass aufgrund der

dass in der aktiven Phase eine Ersparnis aufgebaut wird, die dann in der Rentenphase verzehrt wird. Dabei wird in der Phase mittleren Alters häufiger und stärker gespart als in jungen Jahren, sodass die Sparwahrscheinlichkeit und die Sparquote umso höher sind, je näher der Renteneintrittszeitpunkt rückt. Haushalte mit einem männlichen Haushaltsvorstand haben in diesem Modell im Durchschnitt eine signifikant niedrigere Wahrscheinlichkeit, eine Ersparnis zu bilden und wenn, sparen sie signifikant weniger als Haushalte mit weiblicher Bezugsperson. Im Bundesgebiet ist zwischen Ost und West kein signifikanter Unterschied festzustellen, was die Sparentscheidung angeht; allerdings ist die bedingte Sparquote in den jungen Bundesländern im Schnitt 33 Prozent niedriger als im Westen. Erwartungsgemäß steigt verglichen mit Haushalten geringsten Bildungsniveaus die Sparneigung eines durchschnittlichen Haushalts der jeweils höheren Bildungsklasse. Vorausgesetzt, dass der Haushalt überhaupt eine Ersparnis bildet, gilt Gleiches für die Höhe der Sparquote.

In Haushalten mit Kindern sind sowohl Sparwahrscheinlichkeit als auch -quote geringer als in kinderlosen Haushalten; dieser negative Effekt ist jedoch nicht signifikant. Dies könnte damit zusammenhängen, dass beim Vorhandensein von Kindern das Altersvorsorgemotiv bei der Bildung einer Ersparnis eine weniger wichtige Rolle spielt. In der aktiven Erwerbsphase könnten Konsumüberschüsse daher eher im Rahmen intrafamiliärer Transferleistungen an die Kinder weitergegeben werden, während im höheren Alter das Vererbungsmotiv an Bedeutung gewinnen dürfte.

Die Sparquote von Selbständigenhaushalten ist *ceteris paribus* um mehr als 50 Prozent größer als die von Haushalten, die nicht selbständig beschäftigt sind. Dies erscheint naheliegend, da für Selbständige grundsätzlich keine Versicherungspflicht, sondern lediglich die Möglichkeit besteht, sich freiwillig in der Gesetzlichen Rentenversicherung zu versichern (vgl. Traub/Finkler, 2014). Eine Beschäftigung in Voll- oder Teilzeitumfang erhöhen die Sparwahrscheinlichkeit signifikant, während Teilzeitmonate negativ auf die Höhe der Sparquote wirken.[232] Ersteres ist nachvollziehbar, da das Riestersparen in diesem Sample von mehr als einem Drittel aller Haushalte als Mittel zur Alterssicherung gewählt wird und für abhängig Beschäftigte aufgrund der staatlichen Zulagen eine günstige Alternative bei der privaten Altersvorsorge darstellt. Die Sparwahrscheinlichkeit des Haushalts sinkt ebenso wie die Sparquote (um knapp zwei Drittel) bei aktueller Arbeitslosigkeit.

Beim Vergleich des zweistufigen Modells mit den Tobit-Modellen[233] wird deutlich, dass zwischen einigen Koeffizienten beider Modellansätze mitunter erhebliche Unterschiede bestehen; dies gilt z. B. für das verfügbare Haushaltseinkommen und dessen Polynom. Während in den o. g. Regressionsmodellen das Einkommen

gestiegenen Lebenserwartung mit der Konsequenz starken Entsparens im Alter mit einem Rückgang der aggregierten Sparquote zu rechnen ist.

232 Eine Vollzeitbeschäftigung wirkt sich positiv auf die Höhe der Sparquote aus; allerdings sind beide Effekte nicht signifikant.

233 Vgl. Tabelle A-9 im Anhang.

einen schwachen, aber signifikant positiven bzw. negativen Effekt auf die Sparentscheidung bzw. Sparquote hat, weisen die Tobit-Modelle in jeder Imputation für die unkonditionierte Sparquote einen insignifikanten Effekt mit nicht eindeutiger Wirkungsrichtung aus. So kommt durch den Koeffizienten des Haushaltseinkommen in den Tobit-Modellen der Umstand nicht zum Tragen, dass Haushalte mit niedrigerem Einkommen eine geringere Wahrscheinlichkeit haben, überhaupt eine Ersparnis zu bilden, sodass die unkonditionierten Sparquoten von Geringverdienerhaushalten tendenziell überschätzt werden.[234] Die Wahrscheinlichkeit, eine Ersparnis zu bilden, nimmt mit steigendem Einkommen zu; die Wahrscheinlichkeit bleibt zwar positiv, die Wachstumsdynamik nimmt jedoch mit weiteren Einkommenszuwächsen ab. Dies gilt umgekehrt für die Höhe der Sparquote; mit steigendem Einkommen reduziert sich die Höhe der Sparquote, während die Dynamik mit zunehmender Einkommenshöhe abflacht.

Die oben vorgestellten Ergebnisse der in einem zweistufigen, voneinander getrennt durchgeführten Verfahren aus Probit- und OLS-Schätzung werden in einem nächsten Schritt auf den Datensatz der Mikrosimulation übertragen. Dadurch ist es möglich, eine Aussage über die unkonditionierten Sparquoten der Population des Simulationszeitraumes 2012–2040 zu treffen und Unterschiede im Altersvorsorgeverhalten zwischen Haushalten verschiedener soziodemographischer Merkmale festzustellen. Mittels Out-of-Sample Prediction werden die unkonditionierten Sparquoten sowie das daraus abgeleitete Altersvorsorgekapital der Haushalte dargestellt. Im folgenden Kapitel werden sodann die Ergebnisse präsentiert und bewertet.

Basierend auf den in diesem Kapitel präsentierten Schätzergebnissen lassen sich nun die vollständigen Erwerbsbiographien für alle Individuen bis zum Renteneintritt bzw. zum Ende des Simulationszeitraums im Jahr 2040 fortschreiben. Diese beinhalten sowohl die aus den Tobit-Modellen resultierenden Biographiezeiten als auch die mit Hilfe des Statistischen Matchings bzw. der Random-Effects-Modelle ermittelten Rentenanwartschaften. Die auf Individualebene simulierten Renteneinkommen werden in diesem Zusammenhang allerdings im Haushaltskontext betrachtet. Durch das Statistische Matching mit den Daten des SOEP steht bei der Analyse diese wichtige Information zur Verfügung, sodass anschließend ein Bezug zur Referenzgröße (der Grundsicherung im Alter) hergestellt werden kann.

234 Siehe dazu Tabelle 6–7 in Kapitel 6.

6 Ergebnisse und Diskussion

Im vorangegangen Kapitel wurde sowohl in einer deskriptiven als auch empirischen Analyse gezeigt, dass in den individuellen Erwerbsverläufen Unterschiede hinsichtlich soziodemographischer Charakteristika bestehen. Neben unterschiedlichen Effekten von Geschlecht, Region oder Bildung auf rentenrechtlich relevante Biographiezeiten konnten marginale Effekte einzelner Geburtsjahrgänge identifiziert werden. Durch die Schätzung von Kohorteneffekten wurde deutlich, dass jüngere Jahrgänge weniger anwartschaftserhöhende Biographiezeiten kumulieren und somit ein geringeres Rentenniveau zu erwarten haben. Um auf Grundlage dessen Aussagen über die Einkommen zukünftiger Rentnerjahrgänge treffen zu können, müssen die individuellen Erwerbsbiographien aller Individuen und Haushalte im Basisjahr bis zum jeweiligen Renteneintritt fortgeschrieben werden.

Demzufolge werden in Kapitel 6.1 auf Basis der im vorangegangen Kapitel geschätzten Modelle die rentenrechtlichen Biographiezeiten mitsamt den daraus resultierenden Anwartschaften an die GRV simuliert. In Kapitel 6.2 werden die sich aus den individuellen Entgeltpunkten ergebenden Renteneinkommen zunächst auf Individualebene dargestellt. Diese werden anschließend auf Haushaltsebene aggregiert, sodass sie in Relation zum armutsvermeidenden Existenzminimum (der Grundsicherung im Alter) gesetzt werden können. Basierend auf dem im vorangegangenen Kapitel geschätzten Modell werden die Sparquoten der Haushalte ermittelt. Abschließend wird daraus die altersvorsorgerelevante Ersparnis der Haushalte abgeleitet und in den Kontext zu den Implikationen des theoretischen Modells in Kapitel 4 gesetzt.

6.1 Simulierte Erwerbsbiographie

Nachdem im vorangegangen Kapitel 5 Aufbau und Funktionsweise des Mikrosimulationsmodells vorgestellt sowie dessen Zwischenergebnisse bei der Datenbearbeitung präsentiert wurden, werden nun die Resultate der Mikrosimulation dargestellt. Auf Grundlage der Tobit-Regressionen in Kapitel 5.4.1 wird nun für alle 9.903 verbliebenen Beobachtungen der Zeitraum bis zum Renteneintritt bzw. zum Ende des Simulationszeitraums simuliert. Im Ergebnis liegt für jede Beobachtung ein Datensatz von maximal 52 Jahren à zwölf Monaten mit teils vor 2012 beobachteten, teils simulierten Tätigkeiten vor, sodass für jedes Individuum eine vollständige Erwerbsbiographie existiert. Der Simulationszeitraum reicht für jedes Individuum bis zum Monat des erwarteten Renteneintritts (vgl. Kapitel 5.4.3), erstreckt sich jedoch maximal bis zum Dezember 2040.

Bei der Simulation der rentenrechtlich relevanten Tätigkeiten werden der gealterten Erwerbsbevölkerung die *predicted values* zugeordnet. Dabei werden sämtliche Dauern links und rechts zensiert, sodass alle jährlichen Aktivitäten jeweils in einem Intervall von [0, 1] vorliegen. Grundsätzlich ist es somit z. B. möglich, dass neben einer Vollzeitbeschäftigung mit einer Dauer von zwölf Monaten pro Jahr zeitgleich eine Nebentätigkeit oder eine geringfügige Beschäftigung ausgeübt wird.

Die Simulationsergebnisse sind mit den modifizierten Hochrechnungsfaktoren (vgl. Kapitel 5.4.4) gewichtet, sodass die kumulierten Biographiezeiten in den nachfolgenden Tabellen 6–1 und 6–2 sich stets auf die hochgerechnete Grundgesamtheit beziehen. Aus den in Kapitel 5.4.1 dargestellten Kohorteneffekten ergeben sich Unterschiede hinsichtlich der kumulierten Dauern der jeweiligen Aktivität, die in der Zugehörigkeit zu einem Geburtsjahrgang begründet sind. Obschon die Population erneut nach den Merkmalen Geschlecht, Region und Bildungsstand untergliedert wird, wird durch die Betrachtung der Grundgesamtheit auch Änderungen der demographischen Struktur Rechnung getragen. So wird etwa durch Wanderungsbewegungen von Ost nach West innerhalb Deutschlands das Gefälle hinsichtlich lückenhafter Erwerbsbiographien zwischen beiden Regionen verstärkt.[235]

Tabelle 6-1: Simulierte Erwerbsbiographien (I)

	VOLLZEIT				**TEILZEIT**			
Bildung	***gering***	***mittel***	***hoch***	***gesamt***	***gering***	***mittel***	***hoch***	***gesamt***
Männer West								
1947–1951	39,8	40,5	35,3	39,7	1,0	0,6	1,1	0,8
1952–1956	33,6	39,3	33,9	38,1	5,1	0,9	3,1	1,5
1957–1961	37,8	39,2	34,8	38,2	3,7	1,2	1,8	1,8
1962–1966	36,2	37,7	34,0	37,2	2,7	1,8	2,5	1,9
1967–1971	34,0	37,6	33,3	36,8	3,9	2,0	3,1	2,3
1972–1976	35,0	37,7	35,1	36,6	4,5	2,0	3,6	2,7
1977–1981	32,4	35,1	31,6	34,2	5,3	2,2	2,9	2,7
Männer Ost								
1947–1951	43,0	36,2	36,1	36,6	0,3	1,8	1,0	1,6
1952–1956	30,4	37,8	31,6	37,1	0,8	1,1	2,2	1,2

235 Zwar ist der Bevölkerungsrückgang zum Großteil durch sinkende Geburtenraten zu erklären. Gleichwohl ist etwa die mangelnde ökonomische Perspektive auf dem ostdeutschen Arbeitsmarkt als Emigrationsgrund zu nennen („brain drain“). Vgl. dazu Friedrich/Schultz (2005).

	VOLLZEIT				TEILZEIT			
Bildung	*gering*	*mittel*	*hoch*	*gesamt*	*gering*	*mittel*	*hoch*	*gesamt*
1957–1961	29,8	38,9	32,3	38,2	3,8	1,5	4,5	1,8
1962–1966	29,7	39,7	36,9	39,3	6,2	2,3	2,8	2,4
1967–1971	38,1	37,0	33,8	36,6	6,8	2,0	2,5	2,1
1972–1976	29,7	37,6	34,4	36,3	8,1	1,4	2,7	2,4
1977–1981	–	38,5	32,9	34,9	–	0,7	2,8	2,0
Frauen West								
1947–1951	15,5	21,3	24,8	19,8	9,6	8,8	6,4	8,9
1952–1956	15,1	20,4	21,5	19,8	11,3	9,6	7,3	9,6
1957–1961	15,8	21,6	16,1	20,8	9,6	9,9	13,8	10,1
1962–1966	25,9	17,8	25,5	20,6	6,5	11,1	9,5	9,9
1967–1971	14,4	19,2	19,1	18,7	9,1	10,8	11,0	10,6
1972–1976	11,8	18,0	19,6	17,4	9,7	8,8	11,2	9,5
1977–1981	2,5	17,4	22,5	17,7	4,3	9,2	8,5	8,6
Frauen Ost								
1947–1951	28,9	28,0	40,1	28,9	1,4	6,3	1,6	5,8
1952–1956	20,0	27,8	29,9	27,7	8,2	6,5	6,6	6,6
1957–1961	21,3	27,9	29,9	28,0	5,1	7,2	6,4	7,0
1962–1966	20,1	25,5	26,6	25,4	8,6	6,8	9,3	7,1
1967–1971	19,3	26,7	26,3	26,5	11,5	8,4	8,6	8,5
1972–1976	7,1	26,2	25,4	25,2	9,8	7,5	10,0	8,0
1977–1981	–	27,9	20,2	23,8	–	5,5	12,8	9,4

Anm.: Kumulierte Zeiten für Vollzeit und atypische Beschäftigung in Jahren. Mit modifizierten Hochrechnungsfaktoren gewichtete Werte.
Quelle: SOEPv30, FDZ-RV – SUFVSKT2012; eigene Berechnungen, eigene Darstellung.

Tabelle 6–1 zeigt die simulierten Biographiezeiten der Voll- und Teilzeiterwerbstätigkeit[236]. Sowohl für Männer als auch für Frauen ist bei den jüngeren Jahrgängen ein Rückgang der Vollzeitjahre festzustellen. Für Männer beider Regionen gilt, dass in den niedrigen Bildungsgruppen die in Vollzeit verbrachte Zeit stärker abnimmt als in höheren Bildungsschichten. Unter Berücksichtigung der Tatsache, dass die älteren Kohorten der unteren Bildungsklasse aufgrund längerer Schul- und Ausbildungszeiten ein vergleichsweise höheres Niveau an Vollzeitjahren kumuliert haben, fällt der relative Rückgang umso gravierender aus. Verglichen mit der obersten Bildungsklasse übertrifft das Niveau der unteren Bildungsschicht bei den ältesten Kohorten um knapp 13 Prozent im Westen. Dieser Abstand verringert sich im Zeitverlauf um zehn Prozentpunkte,[237] während er sich im Osten sogar ins Gegenteil verkehrt.[238]

Die simulierten Ergebnisse decken sich in dieser Hinsicht mit den geschätzten Kohorteneffekten in Tabelle 5–10. An dieser Stelle sei angemerkt, dass Aussagen über die ältesten bzw. jüngsten Kohorten mit Einschränkungen verbunden sind. Für die Jahrgänge 1947–1951 ist die Erwerbsbiographie nahezu vollständig in den Daten beobachtbar, während sie für die jüngsten Kohorten 1977–1981 zum überwiegenden Teil geschätzt werden muss. Darüber hinaus sind größere Teile der ältesten Kohorte im Basisjahr der Simulation (2012) bereits in Rente, während die jüngste Kohorte sich mehrheitlich noch im Erwerbsleben befindet, sodass bei der Interpretation der Ergebnisse die teilweise niedrigen Fallzahlen zu berücksichtigen sind.

Bei den Frauen in beiden Regionen stellt sich die Situation etwas differenzierter dar. Zum einen fällt die simulierte Erwerbszeit in Vollzeitbeschäftigung der Frauen in West niedriger aus als in Ost und insgesamt wesentlich niedriger als die der Männer. Zum anderen ist das Niveau der kumulierten Vollzeit im Osten mit mehr als neun Jahren über alle Bildungsklassen aggregiert deutlich höher als das im Westen. Obschon das Verhältnis der Vollzeitmonate zwischen der unteren und der oberen Bildungsschicht deutlich geringer ist als bei den Männern, bleibt es mit 60 Prozent über die Zeit konstant. Vergleicht man die älteren mit den jüngeren Kohorten aller Bildungsklassen, erreichen die gegen Ende des Simulationszeitraums in Rente gehenden Jahrgänge noch 88 Prozent (West) bzw. 90 Prozent des Niveaus älterer Kohorten. Männer erreichen mit 96 Prozent (West) bzw. knapp 98 Prozent ähnlich hohe Werte.

Bei Begutachtung der simulierten Jahre in Teilzeitbeschäftigung ergibt sich ein zu den vorherigen Ergebnissen kongruentes Bild. Der Rückgang der Vollzeit-

---

236 Hierbei handelt es sich überwiegend um die Tätigkeiten, die durch den Oberbegriff „atypische Beschäftigung“ umfasst werden (vgl. Tab. 5–1).

237 Die Kohorten 1947–1951 der unteren Bildungsschicht haben vergleichen mit der höchsten knapp 13 Prozent mehr Vollzeitjahre akkumuliert, während die Differenz zwischen den jüngsten Kohorten (1977–1981) beider Bildungsschichten nur noch 2,5 Prozent beträgt.

238 Von 19 Prozent mehr in der ältesten Kohorte zu minus 14 Prozent in den Kohorten 1972–1976.

beschäftigung wird zum Großteil „kompensiert“ durch einen Anstieg der Teilzeitbeschäftigung, welche mit der Zunahme der atypischen Beschäftigung insgesamt einhergeht. Für die Gruppe der Männer West implizieren die Simulationsergebnisse eine Verfünffachung der Teilzeitjahre in der unteren Bildungsgruppe, während der die Wirkung in der mittleren (Vervierfachung) und oberen Bildungsschicht (Verdreifachung) zwar in die gleiche Richtung, allerdings weniger stark verläuft. Für die Hochgebildeten bietet sich im Osten ein ähnliches Bild, während junge Jahrgänge geringer Bildung mit durchschnittlich 8,3 Jahren am Ende ihres Erwerbslebens knapp 30 Mal so lang in Teilzeit verbracht haben wie ältere Kohorten (0,3 Jahre).

Analog zu der obigen Analyse stellt sich die Situation der Frauen dar. Während die Teilzeitjahre der Westfrauen auf konstant hohem Niveau verharren, ist im Osten ein mitunter erheblicher Anstieg zu verzeichnen. Die Anzahl der simulierten Teilzeit steigt für die jüngeren Kohorten der obersten Bildungsschicht im Westen am deutlichsten an. Das Niveau der unteren und mittleren Bildungsschicht bleibt hingegen nach einem zwischenzeitlichen Anstieg nach oben auf einem konstanten Niveau von knapp zehn bzw. neun Jahren. Der Anstieg bei den Frauen im Osten wird am stärksten bestimmt durch die Zunahme der Teilzeit in der höchsten und untersten Bildungsgruppe, wo sie sich mehr als versechsfacht. Das Ausmaß der Teilzeitbeschäftigung unter den Frauen mittlerer Bildung bleibt im Zeitverlauf konstant bei circa sechs Jahren.

Obwohl bei den Männern eine teilweise große Dynamik des Teilzeitanstiegs zu beobachten ist, bleibt deren Ausmaß noch hinter dem der Frauen zurück. Diese Feststellung ist nicht unerheblich vor dem Hintergrund der unterschiedlichen Effekte einzelner Biographiezeiten auf die zu erwerbenden bzw. erworbenen Rentenanwartschaften (vgl. Tab. 5–12).

Tabelle 6-2: Simulierte Erwerbsbiographien (II)

	ARBEITSLOSIGKEIT				**FAMILIE**			
Bildung	***gering***	***mittel***	***hoch***	***gesamt***	***gering***	***mittel***	***hoch***	***gesamt***
Männer West								
1947–1951	1,7	1,3	0,4	1,3	0,3	0,3	0,3	0,3
1952–1956	3,6	1,4	0,5	1,5	1,5	0,4	0,1	0,5
1957–1961	4,2	1,6	0,7	1,9	0,5	0,3	0,3	0,3
1962–1966	6,0	2,6	0,6	2,5	0,3	0,3	0,2	0,3
1967–1971	8,1	1,9	0,8	2,1	0,8	0,3	0,1	0,3
1972–1976	7,0	1,8	0,8	1,8	0,4	0,2	0,4	0,3
1977–1981	5,9	2,9	0,9	3,0	0,3	0,3	0,1	0,3

	ARBEITSLOSIGKEIT				FAMILIE			
Bildung	***gering***	***mittel***	***hoch***	***gesamt***	***gering***	***mittel***	***hoch***	***gesamt***
Männer Ost								
1947–1951	3,1	2,1	1,6	2,1	0,0	0,4	0,0	0,3
1952–1956	11,9	3,7	2,2	3,7	0,0	0,1	0,1	0,1
1957–1961	8,4	3,6	2,6	3,7	0,0	0,2	0,4	0,2
1962–1966	14,6	3,1	0,9	3,2	0,0	0,4	0,1	0,4
1967–1971	4,7	3,9	1,5	3,6	0,0	0,4	0,1	0,3
1972–1976	9,2	3,5	0,9	4,0	1,3	0,2	0,2	0,3
1977–1981		1,9	0,7	1,1		0,0	0,5	0,3
Frauen West								
1947–1951	9,1	2,2	3,0	4,1	15,6	10,9	7,9	12,1
1952–1956	2,3	2,9	1,3	2,7	18,9	12,3	7,7	12,8
1957–1961	3,0	1,7	1,1	1,7	17,0	10,9	7,6	11,1
1962–1966	2,3	1,9	1,4	1,9	12,4	15,0	4,8	13,1
1967–1971	3,6	2,1	1,1	2,1	19,7	11,4	6,7	11,6
1972–1976	6,3	1,7	1,1	2,2	16,2	12,3	5,6	11,3
1977–1981	10,2	1,7	0,8	2,1	13,9	8,6	3,2	7,5
Frauen Ost								
1947–1951	15,0	2,8	1,3	3,0	1,0	1,8	1,3	1,7
1952–1956	8,7	4,9	2,0	4,6	6,4	3,3	2,4	3,3
1957–1961	3,7	4,2	2,5	4,0	12,2	4,0	3,8	4,2
1962–1966	6,9	5,4	1,6	5,1	7,6	5,8	4,6	5,8
1967–1971	7,0	3,1	1,7	3,0	18,2	6,7	5,2	6,8
1972–1976	12,8	3,6	1,2	3,6	15,3	7,3	5,0	7,3
1977–1981		1,5	2,6	2,1		4,9	6,2	5,6

Anm.: Kumulierte Zeiten für Arbeitslosigkeit, Kindererziehung und Hausfrau/-mann in Jahren. Mit modifizierten Hochrechnungsfaktoren gewichtete Werte.
Quelle: SOEPv30, FDZ-RV – SUFVSKT2012; eigene Berechnungen, eigene Darstellung.

Tabelle 6–2 gibt Aufschluss über die Entwicklung der Nichtbeschäftigung in Form der Arbeitslosigkeit und der Familienzeiten. Im Fall der westdeutschen Männer steigt die kumulierte Arbeitslosigkeit zwar in allen Bildungsgruppen an. Im Fall der Männer mittleren bzw. höheren Bildungsniveaus hat sie sich im Laufe des Simulationszeitraumes auf 2,9 Jahre bzw. 0,9 Jahre ungefähr verdoppelt, während sie sich in der untersten Bildungsgruppe auf knapp sechs Jahre mehr als verdreifacht hat. Jedoch lässt sich festhalten, dass je niedriger der Bildungsgrad ist, desto höher beträgt der Stand der kumulierten Arbeitslosigkeit zum Ende des Erwerbszyklus. Daraus lässt sich ableiten, dass sich das Arbeitslosigkeitsrisiko zwischen den einzelnen Bildungsgruppen im Zeitverlauf weiter vergrößert hat.

Bei den ostdeutschen Männern ist die Zunahme der kumulierten Arbeitslosigkeit in der untersten Bildungsgruppe stärker ausgeprägt als im Westen. Die Arbeitslosigkeit nimmt in den beiden höheren Bildungskategorien[239] sogar ein wenig ab, sodass sie bei den jüngsten Geburtsjahrgängen in etwa auf Westniveau angesiedelt ist. Hinsichtlich der Verteilung zwischen den einzelnen Bildungsgruppen ergibt sich im Osten wie auch im Westen ein ähnliches Bild. An dieser Stelle sei erwähnt, dass dies zwar auf der einen Seite zurecht für Bildung als das Hauptqualifikationsmerkmal zum Zugang zum Arbeitsmarkt spricht. Auf der anderen Seite deutet dieser Umstand aber auch auf eine Persistenz und allgemeine Fehlstellungen auf dem Bildungs- und Arbeitsmarkt hin, die es zu korrigieren gilt. Hier sei auf Kapitel 8 verwiesen, wo das Problem fehlender sozialer Mobilität ausführlich diskutiert wird.

Hinsichtlich der kumulierten Arbeitslosigkeit im simulierten Erwerbslebenszyklus verzeichnen Frauen in West- und Ostdeutschland einen leichten Rückgang bzw. eine Konstanz auf dem Niveau der ältesten Jahrgänge. Für den Westen bedeutet dies konkret einen Rückgang der Arbeitslosigkeit um die Hälfte (hohe Bildung) bzw. gar um ein zwei Drittel (mittlere Bildung), während im Osten der Vergleich von der Wahl der jeweiligen jungen Referenzkohorte abhängt, sodass keine eindeutige Aussage getroffen werden kann. Für Angehörige der untersten Bildungsgruppe ist in beiden Regionen kein eindeutiger Trend hin zu einem Anstieg der kumulierten Arbeitslosigkeit festzumachen.

Erwähnenswert sind bei Betrachtung des rechten Teils von Tabelle 6–2 die Entwicklung der kumulierten Familienzeiten, d.h. Zeiten der Nichterwerbstätigkeit wie z.B. Kindererziehung oder Aktivitäten als Hausfrau oder -mann. Frauen in Westdeutschland zeigen einen mitunter deutlichen Rückgang, insbesondere in der hohen Bildungsschicht. Aber auch in der niedrigen Bildungsgruppe ist ein Trend zu einem Rückgang der Familienzeiten zu beobachten, wenn man das Maximum der simulierten Biographiezeiten dieser Aktivität bei Betrachtung der Kohorte 1962–1966 als Referenzpunkt heranzieht. Auch für die Familienzeiten gilt, dass der Rückgang umso stärker ausfällt, je höher der erreichte Bildungsabschluss ist. Zumindest teilweise zu erklären dürfte der Rückgang der Familienzeiten durch die verlängerten Schul- und Ausbildungszeiten sein, da eine Substitution von regulärer

239 Bei der mittleren Bildungsgruppe kann allerdings aus den oben bereits genannten Gründen noch nicht eindeutig von einer validen Trendumkehr gesprochen werden.

durch atypische Beschäftigung nicht eingetreten ist (siehe Tabelle 6–1 mit der dazugehörigen Erläuterung).

Diametral zu den Ergebnissen der westdeutschen Frauen stellen sich die der Frauen in Ostdeutschland dar. Von einem über alle Bildungsklassen ungefähr gleichen Ausgangsniveau steigen die Familienzeiten für jüngere Kohorten je stärker an, desto niedriger das Bildungslevel ist. Für Männer beider Regionen sind die Änderungen der Familienzeiten wie erwartet nur marginal, sodass darauf nicht näher eingegangen wird.

6.2 Rentenniveau

In diesem Abschnitt werden basierend auf den im vorangegangenen Teil simulierten Erwerbsbiographien die kumulierten Entgeltpunkte präsentiert. Im Zuge dessen werden daraus unter Berücksichtigung der prognostizierten Entwicklung des aktuellen Rentenwertes (Kap. 5.4.5) die monatlichen Rentenzahlbeträge abgeleitet. Zunächst wird eine Betrachtung der individuellen Renteneinkommen vorgenommen. Anschließend werden diese auf Haushaltsebene analysiert und im Kontext der Grundsicherung im Alter betrachtet.

6.2.1 Individualebene

In Tabelle 6–3 sind die Rentenzugänge der jeweiligen Geburtskohorte nach Geschlecht, Region und Bildungsniveau getrennt. Die aus der Simulation der Biographiezeiten resultierenden kumulierten Entgeltpunkte sind im linken Teil der Tabelle dargestellt. In Verbindung mit den Determinanten der Rentenformel und den diesbezüglich getroffenen Annahmen resultiert daraus die monatliche Rente. Abzüglich eines Eigenanteils für Kranken- und Pflegeversicherung[240] ergibt sich der im linken Teil der Tabelle dargestellte Rentenzahlbetrag[241]. Alle Beträge sind in Preisen des Jahres 2014 ausgewiesen und mit einer jährlichen Preissteigerungs-

240 Es wird basierend auf dem Rechtsstand des Jahres 2014 ein Eigenanteil von insgesamt 8,1 Prozent für die Gesetzliche Krankenversicherung (7,3 Prozent Arbeitnehmeranteil plus 0,8 Prozent Zusatzbeitrag) und von 2,35 Prozent für die Gesetzliche Pflegeversicherung angenommen. Obwohl davon auszugehen ist, dass die Sozialversicherungsbeiträge in den nächsten Jahren mitunter erheblich steigen und somit die durchschnittlichen Rentenzahlbeträge nochmals nach unten korrigiert werden dürften (z. B. Hagist/Raffelhüschen, 2010; Moog/Raffelhüschen, 2010), werden die Sozialbeiträge als konstant bleibend angenommen und deren Entwicklung nicht simuliert. Somit ist gewährleistet, die Rentenzahlbeträge der jeweiligen Kohorten untereinander vergleichen zu können.

241 Analog zu den konstant bleibenden Sozialbeiträgen wird die individuelle Steuerlast nicht berücksichtigt, damit aufgrund der schrittweise eingeführten nachgelagerten Rentenbesteuerung die Rentenzahlbeträge einzelner Kohorten miteinander verglichen werden können.

rate von 1,5 Prozent diskontiert. Eine isolierte Betrachtung der Entwicklung der kumulierten Entgeltpunkte und des monatlichen Rentenzahlbetrags ist daher sinnvoll, weil die Dynamik des Lohnwachstums etwas oberhalb der angenommenen Steigerungsraten des aktuellen Rentenwerts liegt (Kap. 5.4.5). Dies ergibt sich aus dem in der Rentenformel enthaltenen Nachhaltigkeitsfaktor, der zu einem Absinken des aktuellen Rentenwerts führt.

Tabelle 6-3: Kumulierte Entgeltpunkte und monatlicher Rentenzahlbetrag

	kumulierte Entgeltpunkte				**monatlicher Rentenzahlbetrag**			
Bildung	***gering***	***mittel***	***hoch***	***gesamt***	***gering***	***mittel***	***hoch***	***gesamt***
Männer West								
1947–1951	36,4	41,4	51,3	41,7	1.082	1.145	1.388	1.164
1952–1956	33,9	41,0	53,1	39,9	858	1.101	1.317	1.0555
1957–1961	35,0	45,5	54,0	45,0	998	1.182	1.439	1.192
1962–1966	29,8	37,0	51,4	38,2	712	957	1.240	976
1967–1971	20,7	35,8	47,9	36,7	495	956	1.152	958
1972–1976	23,1	33,8	42,5	34,7	546	805	1.019	828
1977–1981		23,3	35,5	25,8		474	756	532
Männer Ost								
1947–1951	35,3	28,1	40,5	31,1	826	656	946	725
1952–1956	13,3	32,0	42,1	32,6	309	771	969	781
1957–1961	16,9	34,7	44,6	34,8	380	845	1.016	843
1962–1966	22,8	34,0	54,4	35,1	524	812	1.245	834
1967–1971	29,8	27,2	42,9	29,2	704	628	991	677
1972–1976	18,5	25,8	38,0	25,4	441	589	837	582
1977–1981		27,9		27,9		555		555
Frauen West								
1947–1951	18,2	14,6	25,7	16,0	511	372	650	419
1952–1956	20,0	21,6	31,6	22,0	498	586	771	587

	kumulierte Entgeltpunkte				monatlicher Rentenzahlbetrag			
Bildung	*gering*	*mittel*	*hoch*	*gesamt*	*gering*	*mittel*	*hoch*	*gesamt*
1957–1961	16,1	24,6	29,6	24,3	388	689	722	669
1962–1966	16,3	22,0	38,4	22,9	445	559	1.100	605
1967–1971	16,4	22,7	28,4	22,9	400	594	681	586
1972–1976	13,9	21,2	28,8	21,8	325	500	681	516
1977–1981	8,8	18,7	29,1	20,9	178	383	594	427
Frauen Ost								
1947–1951	12,7	14,6	37,3	16,2	267	340	858	376
1952–1956	14,4	26,4	37,4	27,6	322	585	810	608
1957–1961	12,8	27,0	38,5	27,9	282	606	858	626
1962–1966	16,0	22,6	37,6	23,7	349	502	818	524
1967–1971	11,8	24,3	34,0	25,3	276	545	766	568
1972–1976	8,0	21,3	33,7	22,9	178	469	724	500
1977–1981		21,5	12,5	15,0		429	254	302

Anm.: Kumulierte Entgeltpunkte zum Zeitpunkt des Rentenzugangs; der monatliche Rentenzahlbetrag ist in Euro ausgewiesen und entspricht der monatlichen Rentenhöhe abzüglich Kranken- und Pflegeversicherungsbeiträgen. Die Werte sind mit den modifizierten Hochrechnungsfaktoren gewichtet. Alle Beträge in Preisen des Jahres 2014, Inflationsrate 1,5 %.
Quelle: SOEPv30, FDZ-RV – SUFVSKT2012; eigene Berechnungen, eigene Darstellung.

Der durchschnittliche monatliche Rentenzahlbetrag sinkt insgesamt über alle Gruppen von 761 Euro in der ältesten Kohorte auf 651 Euro in den Geburtsjahrgängen 1972–1976; dies entspricht einem Rückgang von 14,5 Prozent. Gleichzeitig ist hingegen bei den Entgeltpunkten ein deutlich geringerer Rückgang zu verzeichnen. Die jüngsten Kohorten kumulieren mit durchschnittlich 27,7 Entgeltpunkten nur zwei Prozent weniger als die ältesten (28,2 Entgeltpunkte). Diese Beobachtung ist kongruent mit der in Abbildung 5–2 skizzierten unterschiedlich starken Dynamik des aktuellen Rentenwerts und der Durchschnittentgelte. Differenziert man nach Geschlecht, Region und Bildung, sind hinsichtlich der Entwicklung der Entgeltpunkte und des Rentenzahlbetrages mitunter starke Unterschiede feststellbar.

Die Anzahl der kumulierten Entgeltpunkte der westdeutschen Männer geht insgesamt um knapp 17 Prozent zurück. Diese Entwicklung fällt umso stärker aus, wenn man nach Bildung differenziert: Während der Rückgang bei Personen hoher und mittlerer Bildung mit 17 bzw. 18 Prozent in etwa gleichem Umfang erfolgt, reduzieren sich die Entgeltpunkte bei Personen geringer Bildung um gut ein Drittel. In ähnlichem Verhältnis zueinander sinkt der durchschnittliche Rentenzahlbetrag, wenngleich dieser Rückgang verglichen mit dem der Entgeltpunkte aufgrund der stärkeren Rentenanpassung deutlicher ausfällt. So ist der Rentenzahlbetrag der Personen geringer Bildung um knapp die Hälfte gesunken, während der der beiden oberen Bildungsgruppen mit 27 bzw. 30 Prozent etwas weniger stark zurückgeht. Insgesamt sinkt das Rentenniveau der westdeutschen Männer, die in den Jahren 1972–1976 geboren sind, auf 71 Prozent des Niveaus der ältesten betrachteten Jahrgänge.

Die Situation der ostdeutschen Männer stellt sich etwas anders dar. Sowohl die Anzahl der Entgeltpunkte als auch der durchschnittliche Rentenzahlbetrag gehen über alle drei Bildungsniveaus um ca. ein Fünftel zurück. Die weniger ungünstig verlaufende Rentenanpassung im Osten ist durch die in der Rentenformel angenommene Angleichung der Bruttoentgelte in beiden Regionen begründet. Demzufolge werden die Entgeltpunkte nicht auf Basis des tatsächlichen bzw. simulierten Durchschnittsentgelts berechnet, sondern auf Basis des in der Anlage 10 des SGB VI ausgewiesenen Durchschnittsentgelts Ost, welches sich aus dem mit dem Umrechnungsfaktor gewichteten Durchschnittsentgelt West ableitet.[242] Holthausen et al. (2012) sprechen in diesem Zusammenhang von einer „Ostaufwertung".[243] Insgesamt erreichen die jüngsten Jahrgänge noch gut drei Viertel des Rentenniveaus der Kohorten 1947–1951. Die kumulierten Entgeltpunkte und die durchschnittlichen Rentenzahlbeträge gehen in der unteren Bildungsklasse um die Hälfte und somit ähnlich stark wie im Westen zurück; in den oberen beiden Bildungsgruppen fällt dieser Rückgang hingegen etwas schwächer aus (ca. zehn Prozent).

Die kumulierten Entgeltpunkte der westdeutschen Frauen bleiben auf konstantem Niveau, wenn man die Jahrgänge 1952–1956 mit der jüngsten Kohorte vergleicht. Der Rückgang der kumulierten Beschäftigungszeiten (vgl. Tab. 6–1) scheint durch die ebenfalls gesunkenen Arbeitslosen- und Familienzeiten (Tab. 6–2) kompensiert zu werden. Mit Ausnahme der Personen niedrigster Bildung, von denen die jüngste Kohorte knapp ein Drittel weniger Entgeltpunkte hat als die älteste, wird diese Entwicklung in den jeweiligen Bildungsgruppen bestätigt. Die Entwicklung der durchschnittlichen Rentenzahlbeträge verläuft analog; allerdings kommen die Rentenkürzungen durch das Rentenanpassungsgesetz aufgrund des unveränderten Niveaus der Entgeltpunkte nicht so stark zum Tragen wie bei den westdeutschen Männern. Interessant ist festzustellen, dass die durchschnittlichen Rentenzahlbeträge in den mittleren Kohorten mitunter stark um mehr als die Hälfte (Jahrgänge 1957–1961) ansteigen. Dies ist allerdings

242 Da die tatsächliche Lohnentwicklung in Ost immer noch hinter der des Westens zurückbleibt, sodass bei der Entwicklung der Durchschnittsentgelte noch keine Anpassung stattgefunden hat, gleicht sich der Umrechnungsfaktor im Zeitverlauf an. Somit sind die Entgeltpunkte im Osten tendenziell überschätzt. Vgl. dazu z. B. Sinn (2015).

243 Vgl. dazu auch Börsch-Supan et al. (2009a), die dieses Phänomen ausführlich erläutern.

auch auf die Wahl der Referenzkohorten zurückzuführen, die hinsichtlich ihres Rentenzahlbetrages stark nach unten ausreißen. Wählte man die nächst älteren Kohorten 1952–1956 und ließe zudem die jüngste Kohorte außer Betracht, verharrt die Anzahl der Entgeltpunkte auf einem konstanten Niveau und der monatliche Rentenzahlbetrag schwankt nur geringfügig um einen Mittelwert von 610 Euro.

Die kumulierten Entgeltpunkte der ostdeutschen Frauen liegen in fast jeder Kohorte über dem Niveau der westdeutschen Frauen. Insbesondere die Frauen mit höchster Bildung heben sich deutlich vom Westen ab. Gleichwohl weisen die Verläufe in den einzelnen Bildungsklassen auf eine fallende Tendenz hin; so erreichen die Jahrgänge 1972–1976 nur noch 83 Prozent des Niveaus der Kohorten der Jahre 1952–1956. Wie schon im Fall der ostdeutschen Männer erläutert, bleibt die nachteilige Effekt durch die Rentenanpassung im Osten hinter der des Westens zurück, sodass die Rentenzahlbeträge nicht in dem Maße sinken wie die Entgeltpunkte.

Abbildung 6–1 zeigt die Entwicklung des Bruttorentenniveaus. Der Wert entspricht dem Anteil des jeweiligen mittleren Rentenniveaus am Durchschnittseinkommen aus dem Basisjahr 2012. Damit weicht diese Definition insofern vom konventionellen Begriff ab, als dass nicht die Standardrente (oder sog. „Eckrente") ins Verhältnis zum Bruttoentgelt des jeweiligen Jahres gesetzt wird, sondern die tatsächliche bzw. simulierte durchschnittliche Rente in Preisen des Basisjahres, weswegen die Werte entsprechend niedriger ausfallen. Als Referenzwert im Westen gilt ein Bruttoentgelt in Höhe von 2.764 Euro, im Osten 2.213 Euro im Jahr 2012.

Abbildung 6-1: Entwicklung des Rentenniveaus

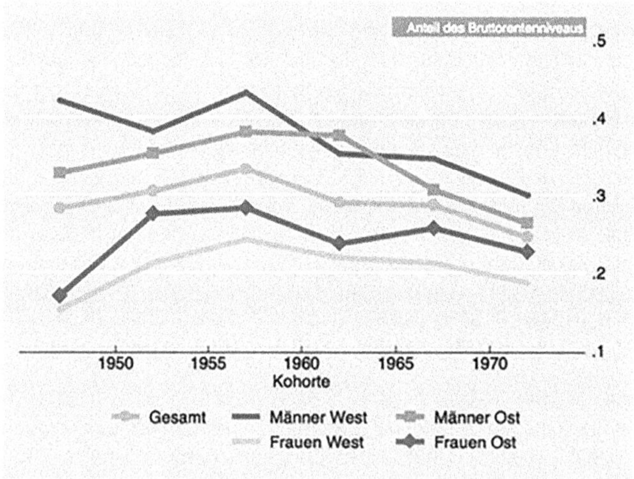

Anm.: Der Anteil des Rentenzahlbetrages am Durchschnittseinkommen des Basisjahres 2012 repräsentiert das Bruttorentenniveau. Im Westen beträgt das Durchschnittseinkommen 2.764 Euro, im Osten 2.213 Euro.
Quelle: SOEPv30, FDZ-RV – SUFVSKT2012; eigene Berechnungen, eigene Darstellung.

Das durchschnittliche Bruttorentenniveau beider Geschlechter und Regionen liegt für die Jahrgänge 1947 bis 1971 bei ca. 30 Prozent, d.h. die Rentenzugänge dieser Geburtenjahrgänge erhalten durchschnittlich ungefähr ein Drittel ihres monatlichen Bruttoeinkommens. Beim Blick auf Abbildung 6–1 wird jedoch schnell deutlich, dass zwischen beiden Regionen und Geschlechtern erhebliche Niveauunterschiede bestehen, die sich noch gravierender äußern, sobald man nochmals nach Bildung untergliedert. Verglichen mit der ältesten Kohorte sinkt das Bruttorentenniveau der Männer deutlich. Ausgehend von einem Niveau von 42 Prozent im Westen bzw. 33 Prozent im Osten sinkt das Verhältnis des durchschnittlichen Rentenzahlbetrages zum Durchschnittseinkommen des Jahres 2012 um jeweils ca. zehn Prozentpunkte. Wenn auch von einem deutlich niedrigeren Niveau ausgehend, steigt das der Frauen zunächst deutlich an, wenn man die Geburtsjahrgänge in den 1950er Jahren betrachtet. Auch wenn der Verlauf des weiblichen Bruttorentenniveaus auf eine Angleichung an das Ursprungsniveau hindeutet, liegt das der jüngsten Kohorten vier (West) bzw. sechs (Ost) Prozentpunkte über dem Niveau der ältesten Jahrgänge.

6.2.2 Altersarmut im Kontext der Gesetzlichen Rentenversicherung

Wie bereits in Kapitel 2.4 erläutert, handelt es sich bei der Armutsschwelle um eine statistisch ermittelte, relative Größe. Jedoch ist es bei Betrachtung der Alterseinkommen aus der Gesetzlichen Rentenversicherung hilfreich, sich im Kontext der Sozialversicherung an Schwellenwerten aus dem Sozialgesetzbuch zu orientieren. Zwar können durch Referenzwerte, die sich auf die Einkommensverteilung beziehen (wie etwa die Armutsschwelle[244]), Aussagen über die Ungleichheit innerhalb der jeweiligen Population gemacht werden; allerdings geht es im Kontext der Forschungsfrage darum, ob es für Personen mit einem Renteneinkommen unterhalb einer gesetzlich garantierten Grundsicherung im Alter rational ist, Alterssicherung zu betreiben. In diesem Zusammenhang erscheint es sinnvoller, mit den Werten von Sozialhilfe bzw. Grundsicherung im Alter eine (sozial-)politisch determinierte Armutsgrenze aus dem Sozialgesetzbuch als Bezugspunkt zu wählen.

Einerseits zielt die Orientierung am Sozialhilfeniveau, bestehend aus Regelbedarf sowie den Kosten der Unterkunft, auf den allgemeinen Lebensstandard sowie die Deckung eines menschenwürdigen Bedarfs ab, sodass soziokulturelle Teilhabe garantiert werden kann. Andererseits muss durch den Vergleich mit einer quasi gesetzlich garantierten Mindestrente der Anreizproblematik Rechnung getragen werden, die davon ausgeht. Ein Renteneinkommen unterhalb einer gesetzlich garantierten Fürsorgeleistung bei gleichzeitiger Beitragssatzpflicht während des Erwerbslebens stellt die Gesetzliche Rentenversicherung vor fundamentale Legitimationsprobleme.

Wichtig zu betonen ist an dieser Stelle, dass sich aus Einkommen begründet auf individuellen Rentenansprüchen nicht zwangsläufig eine Armutsgefährdung ablei-

244 Die Schwelle der Armutsgefährdung, d.h. 60 Prozent des Medianeinkommens.

ten lässt. Um eine Wirtschaftseinheit als einkommensarm zu klassifizieren, müssen die verfügbaren bedarfsorientierten, äquivalenzgewichteten Haushaltseinkommen als Maßstab angelegt werden (Bäcker/Schmitz, 2013). Bei der Armutsmessung sind demnach sämtliche Markt- und Transfereinkommen der Bedarfsgemeinschaft zu betrachten. Es gilt außerdem zu berücksichtigen, dass viele Rentnerinnen und Rentner nicht alleine leben; daher muss bei einer belastbaren Aussage über Altersarmut stets der Haushaltskontext betrachtet werden. Wie die folgende Analyse zeigt, relativiert sich dadurch der Umfang des relevanten Personenkreises. Dies wird gestützt durch die Tatsache, dass bereits heute die monatliche Höhe vieler Renten aus der GRV unterhalb des durchschnittlichen Referenzwertes liegt.

Demnach ist die tatsächliche Inanspruchnahme der Grundsicherung wesentlich niedriger als die prognostizierte Quote der Personen mit einer Rente unterhalb des jeweiligen Schwellenwertes (siehe Bäcker et al., 2010; Finkler/Traub, 2014). Ungeachtet einer zu berücksichtigenden Dunkelziffer aufgrund befürchteter Stigmatisierungseffekte und daraus resultierender versteckter Armut liegt die Quote der Inanspruchnahme der Grundsicherung im Alter durch Personen im rentenfähigen Alter bei weniger als drei Prozent (Statistisches Bundesamt, 2013a; 2013b).

6.2.3 Haushaltsebene

Um vor dem Hintergrund einer fehlenden Anreizkompatibilität einen Zusammenhang zwischen dem Aufbau einer Alterssicherung und der Grundsicherung im Alter als Referenzgröße herstellen zu können, müssen die Renteneinkommen nicht auf individueller Ebene, sondern in einem Haushaltskontext betrachtet werden. Die teilweise sehr geringen Rentenzahlbeträge werden ggf. in einem Paarhaushalt durch das Renteneinkommen des anderen Haushaltsmitglieds ausgeglichen.

In einem ersten Schritt wird dabei die Höhe eines Referenzwertes bestimmt. Die Grundsicherung im Alter betrug im Jahr 2014 im Bundesdurchschnitt 725 Euro pro Monat und setzt sich dabei aus einem Regelsatz und einem Anteil für Kosten und Unterkunft zusammen, die sich an die örtlichen Gegebenheiten orientieren und sich demnach von Region zu Region in ihrer Höhe unterscheiden. In diesem Modell werden für jeden Haushalt die jeweiligen Regelbedarfe zugrunde gelegt. Dieser entspricht im Falle eines Einpersonenhaushaltes einem monatlichen Betrag in Höhe von 399 Euro. Für jede weitere Person erhöht sich der Bedarf um 360 Euro.

Tabelle 6-4: Durchschnittliche Kosten der Unterkunft nach Bundesland

Bundesland	***Single-Haushalte***	***Paarhaushalte***
Berlin	352	438
Schleswig-Holstein	299	372
Hamburg	395	493

Bundesland	***Single-Haushalte***	***Paarhaushalte***
Niedersachsen	282	351
Bremen	308	384
Nordrhein-Westfalen	304	379
Hessen	317	396
Rheinland-Pfalz	268	334
Baden-Württemberg	308	384
Bayern	314	392
Saarland	295	368
Brandenburg	250	312
Mecklenburg-Vorpommern	269	335
Sachsen	245	305
Sachsen-Anhalt	260	325
Thüringen	233	291

Anm.: Durchschnittliche Kosten der Unterkunft differenziert nach Bundesland. Ausgehend von einem Durchschnittswert aller Haushalte in Höhe von 326 Euro pro Monat beträgt der Bedarf für Single-Haushalte 7 % weniger, der für kinderlose Paarhaushalte 16 % mehr. Diese Relation auf Bundesebene wird für alle einzelnen Bundesländer entsprechend übertragen. Angaben in Preisen des Jahres 2014.
Quelle: Statistisches Bundesamt (2013), IAQ (2014); eigene Berechnungen und Darstellung

Tabelle 6–4 gibt eine Übersicht über den durchschnittlichen Wohnkostenbedarf der einzelnen Bundesländer. Im Bundesdurchschnitt betragen die Kosten der Unterkunft für eine Single-Bedarfsgemeinschaft 305 Euro pro Monat. Ein Paar ohne Kinder[245] erhält mit 379 Euro pro Monat ca. 25 Prozent mehr (IAQ, 2014). Das Statistische Bundesamt (2013a, 2013b) weist für 2014 einen Durchschnittswert von 326 Euro pro Monat für die Kosten der Unterkunft im gesamten Bundesgebiet aus. Demnach liegen Single-Haushalte sieben Prozent darunter, Paarhaushalte 16 Prozent darüber. Es wird davon ausgegangen, dass diese für die Bundesebene geltenden Relationen auch auf den jeweiligen Landesebenen von Relevanz sind. Da in der amtlichen Statistik hinsichtlich der Kosten der Unterkunft lediglich Durchschnittswerte auf der Ebene der Bundesländer vorliegen, werden die zuvor beschriebenen Bedarfe

245 Da es sich bei allen relevanten Paarhaushalten dieser Simulation um Rentnerhaushalte handelt, werden ausschließlich Haushalte ohne Kinder angenommen.

der Single- und Paarhaushalten analog zur Bundesebene auf die einzelnen Länder übertragen.

Es kann zwar nicht der exakte Bedarf abgebildet werden, da innerhalb einzelner Bundesländer teilweise erhebliche Unterschiede zwischen verschiedenen Landkreisen bestehen. So dürften die Kosten der Unterkunft in urbanen Zentren die in eher ländlich geprägten Räumen stets übertreffen; dieser Schluss liegt bei einem Vergleich der Werte für Hamburg und Schleswig-Holstein nahe. Somit sind die für ein großes Bundesland wie Nordrhein-Westfalen ermittelten Werte wieder nur als Durchschnitte zu interpretieren. Um präzisere Aussagen treffen zu können, müssten Haushalte mit dem Wohnkostenbedarf des Landkreises abgeglichen werden, in dem sie wohnhaft sind.

Tabelle 6-5: Monatlicher Rentenzahlbetrag auf Haushaltsebene

	WEST		**OST**	
Bildung	***Renten-zahlbetrag***	***Anteil unterhalb der Grundsicherung***	***Renten-zahlbetrag***	***Anteil unterhalb der Grundsicherung***
Single-HH Männer				
1947–1951	804	31 %	749	26 %
1952–1956	972	18 %	632	54 %
1957–1961	645	18 %	713	46 %
1962–1966	906	24 %	699	52 %
1967–1971	822	18 %	600	50 %
1972–1976	751	36 %	570	67 %
1977–1981	454	100 %	–	–
Single-HH Frauen				
1947–1951	513	78 %	427	57 %
1952–1956	551	80 %	564	64 %
1957–1961	603	63 %	614	63 %
1962–1966	663	59 %	511	60 %
1967–1971	725	38 %	639	56 %
1972–1976	659	44 %	505	65 %
1977–1981	344	100 %	256	100 %

	WEST		OST	
Bildung	***Renten-zahlbetrag***	***Anteil unterhalb der Grundsicherung***	***Renten-zahlbetrag***	***Anteil unterhalb der Grundsicherung***
Paarhaushalte				
1947–1951	1.312	31%	1.161	34%
1952–1956	1.525	22%	1.440	16%
1957–1961	1.689	7%	1.345	22%
1962–1966	1.616	10%	1.342	17%
1967–1971	1.528	16%	1.291	30%
1972–1976	1.381	18%	1.403	6%
1977–1981	1.471	0%	1.510	0%

Anm.: Der monatliche Rentenzahlbetrag ist in Euro ausgewiesen und entspricht der monatlichen Rentenhöhe abzüglich Kranken- und Pflegeversicherungsbeiträgen. Die Werte sind mit den modifizierten Hochrechnungsfaktoren gewichtet. Die Einkommen der Paarhaushalte setzen sich aus den individuellen Rentenzahlbeträgen der Haushaltsmitglieder zusammen. Die Höhe der Grundsicherung im Alter ist ein für jedes Bundesland spezifischer Mittelwert. Alle Angaben in Preisen des Jahres 2014.
Quelle: SOEPv30, FDZ-RV – SUFVSKT2012, Statistisches Bundesamt (2013), IAQ (2014); eigene Berechnungen, eigene Darstellung.

In Tabelle 6-5 werden die monatlichen Rentenzahlbeträge in Relation gesetzt zu der Summe aus Regelbedarf der Grundsicherung im Alter und dem nach Bundesland und Haushaltstyp differenzierten Kosten der Unterkunft.[246] Es sind klare Unterschiede bezüglich des Anteils der Haushalte mit einem Renteneinkommen unterhalb der Grundsicherung im Alter ersichtlich. Single-Haushalte haben bis auf wenige Ausnahmen über alle Jahrgänge und beide Regionen hinweg eine höhere Quote mit Renteneinkommen unterhalb der Grundsicherung im Alter.

Während der Anteil von männlichen Single-Haushalten und Paarhaushalten in den beiden ältesten Jahrgangsgruppen in etwa gleich hoch ist (insbesondere im Westen), entwickelt er sich im Zeitverlauf auseinander. Gleiches gilt für das Verhältnis von Paarhaushalten zwischen Ost und West, wo erst beim Vergleich der jüngeren Jahrgänge Unterschiede zu Tage treten. Bei Betrachtung der weiblichen Single-Haushalte setzen die oben beschriebenen Entwicklungen der Biographiezeiten sowie der Renteneinkommen fort: Frauen sind gemessen am Referenzwert

246 Die monatlichen Rentenzahlbeträge der einzelnen Kohorten in Paar- bzw. Single-Haushalten mit den jeweiligen Haushaltsvorständen finden sich als Verteilungsfunktion in Kapitel A.4 im Anhang.

einem deutlich höheren Risiko der Altersarmut ausgesetzt als Haushalte mit alleinstehenden Männern.

Tabelle 6-6: Biographiezeiten und Entgeltpunkte bezogen auf die Referenzgrenze

	oberhalb	***unterhalb***
	der Grundsicherung	
Vollzeit	31,5	23,1
Teilzeit	5,2	6,6
Arbeitslosigkeit	1,8	4,2
Familie	4,6	8,4
Entgeltpunkte	34,8	17,1

Anm.: Durchschnittliche kumulierte Jahre der jeweiligen Tätigkeiten bzw. durchschnittliche kumulierte Anzahl der Entgeltpunkte; differenziert danach, ob das Simulierte Haushaltsrenteneinkommen unter-oder oberhalb der Grundsicherung im Alter liegt.
Quelle: SOEPv30, FDZ-RV – SUFVSKT2012; eigene Berechnungen und Darstellung

Die Unterschiede bzgl. kumulierter Biographiezeiten und Entgeltpunkte sind in Tabelle 6–6 illustriert. Die Diskrepanzen der jeweiligen Werte beider Gruppen sind das Resultat der Schätzungen und der daraus resultierenden *fitted values* und stellen angesichts der Determinanten einer in Altersarmut mündenden Erwerbsbiographie prinzipiell kein überraschendes Ergebnis dar. Personen mit einem Renteneinkommen unterhalb der Grundsicherung im Alter haben eine höhere Anzahl an Jahren in atypischer Beschäftigung, Arbeitslosigkeit und haushaltsnaher Tätigkeiten (die Werte beider Biographiezeiten sind ca. doppelt so hoch), während die kumulierte Dauer in Vollzeitbeschäftigung geringer ausfällt als bei Personen mit einem GRV-Einkommen oberhalb des Referenzwertes. Der Unterschied zwischen der Höhe der kumulierten Entgeltpunkte bei Renteneintritt auf beiden Seiten der Grenze fällt ebenfalls sehr deutlich aus: Mit ca. 17 persönlichen Entgeltpunkten ist die Anzahl weniger als halb so groß.

Insgesamt leben im gesamten Simulationszeitraum knapp ein Viertel aller Personen zum Zeitpunkt des Renteneintritts in Haushalten, die ein Renteneinkommen unterhalb des jeweiligen in Tabelle 6–5 ermittelten Referenzwertes haben. Untergliedert nach Haushaltstyp betrifft dies elf Prozent aller Paarhaushalte und 36,7 Prozent aller Single-Haushalte, d. h. mehr als drei Mal so viel. In diesem Zusammenhang ist es wichtig, die Situation in Paarhaushalten relativ zur Grundsicherung im Alter danach zu unterscheiden, ob die jeweiligen Renteneinkommen auf Individualebene oder im Haushaltskontext betrachtet werden.

Abbildung 6-2: Bedeutung des Haushaltskontextes für die relative Einkommensposition

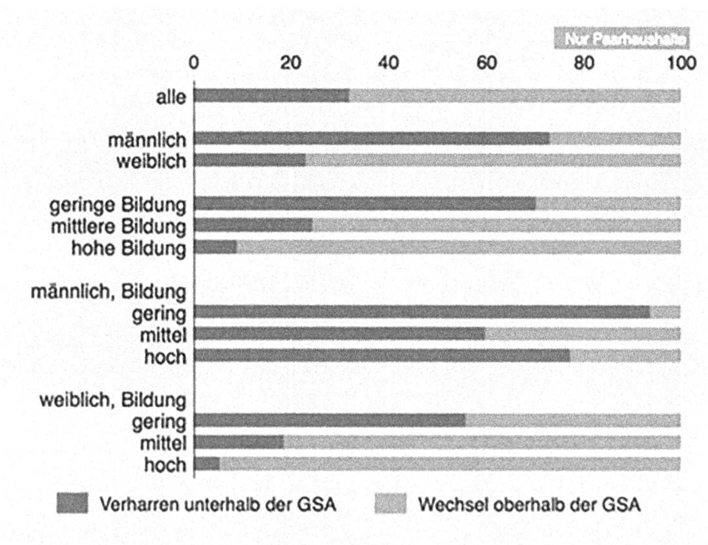

Anm.: Effekt auf die Einkommensposition relativ zur Grundsicherung im Alter bei Integration des Haushaltskontexts. Dabei wird untersucht, wie viele Personen in einem Paarhaushalt, die bei einer Individualbetrachtung ein Einkommen unterhalb der Grundsicherung im Alter erzielt hätten, ein anteiliges Haushaltseinkommen oberhalb der Grundsicherung im Alter erzielen, wenn das Einkommen des anderen Haushaltsmitglieds in die Analyse mit einbezogen wird.
Quelle: SOEPv30, FDZ-RV – SUFVSKT2012; eigene Berechnungen, eigene Darstellung.

Abbildung 6–2 veranschaulicht die Bedeutung des Haushaltskontextes. Diese kommt dadurch zum Ausdruck, dass mehr als zwei Drittel aller Personen in Paarhaushalten, die bei einer Individualbetrachtung ein Renteneinkommen unterhalb des Referenzwertes erzielt hätten, durch die Miteinbeziehung des Haushaltskontextes ein Einkommen oberhalb der Grundsicherungsgrenze erreichen (vgl. hellblaue Linie in der ersten Zeile). Noch deutlicher fällt dieser Effekt aus, wenn man nach Geschlecht differenziert. Im gesamten Simulationszeitraum sind nach Integration in einen Haushaltskontext mehr als drei Viertel aller Neurentnerinnen oberhalb der Grundsicherungsgrenze, die sich in einer Situation auf Individualebene darunter befunden hätten. Verglichen mit männlichen Rentenzugängen (27 Prozent) ist der Anteil somit knapp drei Mal hoch.

Der Anteil der „Statuswechsler" ist besonders hoch in der mittleren (75,5 Prozent) bzw. höchsten Bildungsschicht (91 Prozent). Allerdings verharren im Gegensatz dazu 70 Prozent aller Individuen in der untersten Bildungsklasse unterhalb der Grundsicherung, wenn man den Haushaltskontext mit einbezieht. Dies ist auf den Umstand zurückzuführen, dass in Haushalten mit einem Vorstand niedrigen

Bildungsniveaus der Partner bzw. die Partnerin ebenfalls in der gleichen Bildungsschicht zu verorten ist, welche ebenfalls ein tendenziell niedriges Rentenniveau zu erwarten haben. Untergliedert man sowohl nach Bildung als auch nach Geschlecht, sind unterschiedlich hohe Effekte bei Mann und Frau zu beobachten. Während die männliche „Verharrungsquote" in allen Bildungsschichten jeweils relativ hoch ist (mindestens 60 Prozent), sinkt die der Frauen mit steigendem Bildungsniveau von 56 auf fünf Prozent.

Diese genderspezifischen Diskrepanzen können erneut als ein Resultat der traditionellen Rollenverteilung der jeweiligen Geschlechter gewertet werden; während die männlichen Haushaltsmitglieder eher den Großteil des Haushaltseinkommens (unabhängig von dessen Niveau) erwirtschaften, steuert die durchschnittliche Frau einen geringeren Anteil bei, sodass sie bei einer Individualbetrachtung zum Anspruch auf eine Grundsicherungsleistung berechtigt wäre. Angesichts des Trends zur Individualisierung der Haushalte und der unterschiedlich hohen Inanspruchnahme der Grundsicherung im Alter zwischen Single- und Paarhaushalten ist auch aus dieser Perspektive von einem Anstieg der Altersarmut auszugehen. Es ist damit zu rechnen, dass das Altersarmutsrisiko insgesamt steigen wird, da Alleinlebende/-erziehende einerseits niedrigere Renteneinkommen haben und zum anderen, weil ihnen die Kompensationsmöglichkeit im Haushaltskontext fehlt.

Die Vorausberechnungen bzgl. der Entwicklung der Struktur der privaten Haushalte in Deutschland[247] lassen den Schluss zu, dass aufgrund der sinkenden durchschnittlichen Haushaltsgröße die Anzahl der Alleinlebenden in naher Zukunft steigen wird. Daher ist davon auszugehen, dass diese Haushalte einerseits erhöhten Einkommensrisiken ausgesetzt sind, da innerhalb des Haushalts eine Kompensationsmöglichkeit eines niedrigen Rentenniveaus durch übrige Haushaltsmitglieder nicht gegeben ist. Der Trend zur Individualisierung bedeutet jedoch auf der anderen Seite, dass von Alleinlebenden -die Erwartung der misslichen Einkommenssituation im Alter vorausgesetzt- grundsätzlich eine höhere Erwerbsbeteiligung zu erwarten ist, sodass folglich von höheren Rentenanwartschaften ausgegangen werden kann.

Insbesondere von weiblichen Singlehaushaushalten sind im Zuge einer allgemein sinkenden Fertilitätsrate in Kombination mit einer besseren Vereinbarkeit von Familie und Berufstätigkeit weniger geburts- bzw. kindererziehungsbedingte Erwerbsunterbrechungen zu erwarten. Es bleibt abzuwarten, welcher der beiden Effekte die Entwicklung der Renteneinkommen insbesondere weiblicher Single-Haushalte dominiert. Fest steht jedoch, dass sich aus veränderten privaten Lebensformen, einer wünschenswerten erhöhten und weiter steigenden weiblichen Erwerbsbeteiligung sowie die daraus abgeleitete Notwendigkeit besserer Vereinbarkeit von Familie und Beruf ein klar definiertes Handlungsfeld für die politische Ebene umreißen lässt (siehe Kapitel 8.5).

---

247 Vgl. dazu etwa die Prognosen des Statistischen Bundesamts (2014) oder die Berechnungen von Buslei et al. (2007) auf der Basis des Mikrozensus.

6.2.4 Ersparnis der Haushalte

Basierend auf den Ergebnissen des in Kapitel 5.4.6 geschätzten zweistufigen Modells[248] werden für die Population des restlichen Simulationszeitraumes die unkonditionierten Sparquoten ermittelt. Da die Datenbasis des Panel on Household Finances (PHF) der Deutschen Bundesbank nur die Jahre 2010 und 2011 umfasst, muss aus einem Querschnitt heraus auf einen Paneldatensatz geschlossen werden. Dadurch kann für Periodeneffekte nicht gesondert kontrolliert werden, sodass diese alle durch den Fehlerterm erfasst werden müssen. Grundsätzlich ist die Interpretation der Ergebnisse daher nicht ganz unproblematisch, wenn von einem Querschnittsdatensatz mittels einer Out-of-Sample Prediction auf einen knapp 30 Perioden umfassenden Paneldatensatz geschlossen werden muss. Es muss daher unterstellt werden, dass sich die Determinanten der Sparfunktion wie z.B. Region oder Bildungsniveau im Zeitablauf nicht verändern.

Tabelle 6-7: Sparquote (predicted values)

	BILDUNG			
	gering	***mittel***	***hoch***	***gesamt***
alle				
	0,58	1,45	1,88	1,44
Haushaltstyp				
Single-HH	0,36	1,50	2,00	1,48
Single-HH Männer	0,25	1,03	1,43	1,03
Single-HH Frauen	0,45	1,94	2,50	1,88
Paarhaushalte	0,96	1,34	1,63	1,34
Grundsicherung				
unterhalb	0,32	1,23	1,90	1,14
oberhalb	0,66	1,51	1,88	1,49
Region				
West	0,55	1,49	1,90	1,46
Ost	0,69	1,35	1,82	1,35

248 Die Ergebnisse der einzelnen alternativ geschätzten Tobit-Regressionen finden sich im Anhang (Kap. A.4). Es sei vorweggenommen, dass die darauf basierenden *predicted values* der Out-of-Sample Prediction wesentlich höher sind als die des zweistufigen Modells.

	BILDUNG			
	gering	*mittel*	*hoch*	*gesamt*
Alter				
30–35	0,22	0,75	0,91	0,75
35–40	0,26	0,81	1,15	0,83
40–45	0,35	0,77	1,09	0,81
45–50	0,32	0,72	0,98	0,74
50–55	0,23	0,63	0,83	0,63
55–60	0,17	0,45	0,6	0,46
60–65	0,11	0,28	0,32	0,26

Anm.: Sparquoten in Prozent auf Haushaltsebene; Anteil der Ersparnis vom Bruttoeinkommen mit konkretem Bezug zur Altersvorsorge. Berücksichtigt werden alle Haushalte, von denen noch mindestens ein Mitglied zu den aktiven Erwerbspersonen gezählt wird.
Quelle: SOEPv30, Panel on Household Finances (2011); eigene Berechnungen, eigene Darstellung.

Aus Tabelle 6–7 kann der typische altersspezifische Verlauf der Sparquote abgelesen werden. Diesbezüglich decken sich die Ergebnisse mit den Beobachtungen von Busl et al. (2012), die in ihrer Studie die Entwicklung der Sparquote vor dem Hintergrund des demographischen Wandels analysieren. Die Sparquote steigt in jungen Jahren an, verharrt ab den Dreißigern auf konstant hohem Niveau und flacht Mitte der Fünfziger wieder ab.[249] Dabei übersteigt die Ersparnis in keiner Altersgruppe mehr als ein Prozent vom Haushaltsbruttoeinkommen. Zwar ermitteln die Autoren ein insgesamt höheres Level für die Sparquote; allerdings bezieht sich die Analyse zum einen auf Daten des Mikrozensus, zum anderen wird die Ersparnis nicht in Relation zum Haushaltsbruttoeinkommen, sondern zum ausgabefähigen Einkommen gesetzt.[250] Bei genauerer Betrachtung von Tabelle 6–7 kann man ebenfalls feststellen, dass die Sparquote in jeder Altersgruppe positiv ist, was somit der klassischen Lebenszyklushypothese widerspricht, nach der in jungen Jahren entspart wird.

249 Den erneuten Anstieg der Sparquote im hohen Alter führen die Autoren sowohl auf einen geringeren Konsum als auch auf ein verstärktes Vererbungsmotiv zurück.

250 Darüber hinaus bezieht sich die Sparquote in dieser Untersuchung lediglich auf die Ersparnis, die unmittelbar der Altersvorsorge zuzurechnen ist.

Über alle kontrollierten Merkmale hinweg sparen die Haushalte im Durschnitt 1,44 Prozent des Bruttoeinkommens. Die unkonditionierte Sparquote erhöht sich mit steigendem Bildungsniveau; demnach ist die Sparquote der Haushalte mit mittlerem Bildungsniveau ca. anderthalbmal größer als die der unteren Bildungsgruppe.[251] Haushalte aus der obersten Bildungsschicht sparen verglichen mit der untersten Bildungsgruppe gar mehr als dreimal so viel ihres Bruttoeinkommens. Nicht nur, dass ostdeutsche Haushalte aufgrund des kurzen Zeitraums seit der Wiedervereinigung anderen Anfangsbedingungen bzgl. des Aufbaus eines Altersvorsorgevermögens ausgesetzt sind als Haushalte im Westen;[252] West-Haushalte sparen mehr als solche aus den neuen Bundesländern, sodass der Trend zwischen beiden Teilen Deutschlands weiter divergiert. Gleiches gilt, wenn man die Sparquoten von Single-Haushalten mit männlichem Haushaltsvorstand mit solchen vergleicht, denen eine Frau vorsteht. In beiden Fällen sind die Sparquoten jeweils signifikant voneinander verschieden.[253]

Auf den ersten Blick überraschend erscheint die Tatsache, dass die Sparquote von Paarhaushalten signifikant geringer ist als die in Single-Haushalten. Dies könnte darauf zurückzuführen sein, dass in Paarhaushalten folgerichtig ein in der Regel höheres Haushaltseinkommen zur Verfügung steht, was sich gemäß der geschätzten Koeffizienten *ceteris paribus* in einer niedrigeren Sparquote niederschlägt. Daraus resultierend könnte unter Umständen in Paarhaushalten nicht die Notwendigkeit bestehen, vermehrt für das Alter vorzusorgen, da die erste Säule der Alterssicherung die Aufgabe der Lebensstandardsicherung noch ausreichend erfüllt.[254]

Bei der Untersuchung der altersvorsorgerelevanten Ersparnis stellt sich die Frage, ob die Haushalte durch ihr Sparverhalten die ihre mangelnde Fähigkeit, zukünftige Ereignisse adäquat zu bewerten, zum Ausdruck bringen und sich somit beschränkt rational verhalten oder ob dieses Sparverhalten insbesondere für Risikogruppen[255] Ausdruck eines rationalen Entscheidungskalküls ist. Vor dem Hintergrund dieser eingangs aufgestellten Hypothese sowie der in Kapitel 4 analytisch hergeleiteten Ergebnisse liefert der Blick auf die Sparquoten ein interessantes Ergebnis.

Differenziert man danach, ob ein Haushalt beim Eintritt in die Rentenphase ein simuliertes Einkommen ober- oder unterhalb der jeweiligen Grundsicherungs-

---

251 Das Bildungsniveau bezieht sich dabei auf den Bildungsgrad des Haushaltsvorstandes. Von diesem wird angenommen, dass er bzw. sie auch die finanziellen Entscheidungen trifft.

252 Vgl. Steiner/Geyer (2010), S. 156 ff.

253 Die Tabellen mit den Outputs der *t*-Tests der *predicted values* befinden sich in Kapitel A.4 im Anhang (Tab. A-16).

254 Vgl. dazu die Ausführungen von Bäcker (2008).

255 Diese Gruppe umfasst Individuen und Haushalte mit soziodemographischen Merkmalen, die mit einem erhöhten Risiko verbunden sind, im Alter ein Einkommen unterhalb der Grundsicherung im Alter zu erzielen.

grenze erzielen wird, besteht ein signifikanter Unterschied beider Sparquoten:[256] Haushalte, die ein Einkommen unterhalb des Referenzwertes erzielen, sparen während der Erwerbsphase weniger als solche, die ein höheres simuliertes Renteneinkommen erwarten. Dieser Befund deckt sich insofern mit den Ergebnissen bzgl. der optimalen Sparquoten in einem OLG-Modell mit zeitkonsistenten Präferenzen, als dass weniger gespart wird, wenn im Alter ein Einkommen unterhalb der Grundsicherung im Alter erwartet wird (vgl. Gleichung 4.22). Dies erscheint zwar schlüssig, da erstens eben solche Haushalte unterhalb der Referenzgrenze erwartet werden, die sämtliche Armutsrisiken aufweisen, welche ebenfalls auf eine niedrige Sparfähigkeit und gleichzeitig -willigkeit schließen lassen. Zweitens mindert der Aufbau einer Ersparnis für Haushalte, die ein die Grundsicherung im Alter erwarten, den Gegenwartskonsum ohne hingegen die Konsummöglichkeiten im Alter zu steigern. Unter der Annahme vollständiger Rationalität dürften bzw. müssten die betroffenen Haushalte jedoch überhaupt keine Ersparnis mit dem Motiv der Altersvorsorge bilden, sodass im Rahmen einer Bedarfsprüfung auf dieses nicht zurückgegriffen werden müsste.

Im Folgenden wird für alle Haushalte des Simulationszeitraumes das zum Renteneintritt zur Verfügung stehende Altersvorsorgekapital ermittelt. Dabei wird anhand der geschätzten Parameter zunächst retrospektiv ermittelt, wie viel die Haushalte bisher bis zum Basisjahr gespart haben.[257] In einem zweiten Schritt wird anhand der geschätzten Sparquote sowie des aus den Entgeltpunkten abgeleiteten Haushaltseinkommens die Ersparnis des Haushalts bis zum Eintritt in die Altersrente ermittelt.

256 Vgl. den korrespondierenden *t*-Test in Tabelle A-16 im Anhang.

257 An dieser Stelle ist das Vorhaben mit einigen methodischen Schwierigkeiten konfrontiert, da die Riester-Rente bis zum Jahr 2004 überhaupt nicht existiert hat. Aufgrund der bereits in Kapitel zwei ausführlich diskutierten Vermutung, die Riester-Rente habe lediglich zu Verdrängungseffekten der nicht-subventionierten Ersparnis geführt, könnte diese Verzerrung wieder in die andere Richtung korrigiert werden. Zuletzt sei zu diesem Thema noch angemerkt, dass bis weit vor die Reformen der Finanzierungsseite der Gesetzlichen Rentenversicherung innerhalb der Versicherungsgemeinschaft und des politischen Diskurses noch kein breiter Konsens darüber bestand, außerhalb der ersten Säule für den Ruhestand vorzusorgen.

Abbildung 6-3: Barwert der simulierten Ersparnisse

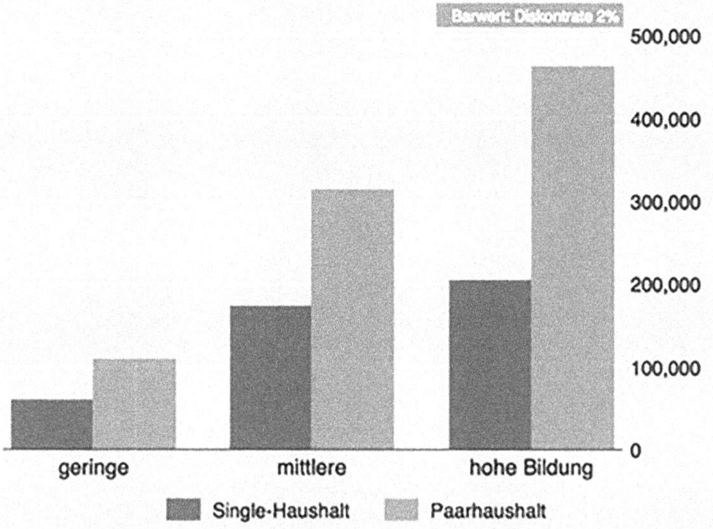

Anm.: Kumuliertes Altersvorsorgekapital von Single- bzw. Paarhaushalten zum Zeitpunkt des Renteneintritts. Anteil des Haushaltsbruttoeinkommens, der für private Altersvorsorge aufgewendet wird. Ersparnisse in Preisen von 2014; Barwerte zum Basisjahr 2014 mit einem Diskontierungszinssatz 2 %.
Quelle: SOEPv30, FDZ-RV – SUFVSKT2012, Panel on Household Finances (2011); eigene Berechnungen, eigene Darstellung.

Abbildung 6–3 zeigt die Barwerte des simulierten Altersvorsorgekapitals differenziert nach den drei verschiedenen Bildungslevels. Alle Ersparnisse sind definiert als Anteil des Haushaltsbruttoeinkommens, das seit Eintritt ins Erwerbsleben erzielt wurde, sodass die akkumulierte Ersparnis des ältesten Haushalts im Datensatz bis ins Jahr 1957 zurückreicht. Die Sparquoten der Haushalte ergeben sich aus den in Kapitel 5.4.6 geschätzten Modellen und umfassen demnach alle dort genannten für die Altersvorsorge relevanten Sparformen.[258] Bei der Simulation der Sparquote wird im Wesentlichen differenziert nach Alter und Bildungsniveau des Haushaltsvorstandes. Die Bruttohaushaltseinkommen sind in Preisen des Jahres 2014 aus-

258 Dazu gehören neben Direktversicherungen insbesondere die betriebliche Altersvorsorge, ungeförderte (z. B. kapitalbildende Lebensversicherungen) sowie staatlich subventionierte Altersvorsorgeprodukte, insb. die Riester-Rente in den verschiedensten Ausprägungen: Banksparplan, Bausparplan, Fonds, „klassische" Form, betriebliche Altersvorsorge sowie sonstige.

gewiesen, wobei wie bisher eine Preissteigerungsrate von 1,5 Prozent angenommen wird. Für die Berechnung der Barwerte zum Basisjahr 2014 wird ein jährlicher Diskontierungszinssatz von zwei Prozent unterstellt, d. h. es wird in der Folge von anhaltend niedrigen Zinsen ausgegangen.[259]

Zwischen den einzelnen Bildungsniveaus sind eindeutige quantitative Unterschiede zu erkennen. Während Single-Haushalte mit geringstem Bildungsabschluss knapp 60.000 Euro bis zum Ende ihres Erwerbslebens angespart haben, sparen solche mit mittlerer bzw. höchster Bildung knapp drei- bzw. dreieinhalb Mal so viel. Ähnliche Relationen sind bei Paarhaushalten abzulesen, wohingegen das angesparte Altersvorsorgekapital in Paarhaushalten mit einem hochgebildeten Haushaltsvorstand mehr als das viereinhalbfache dessen beträgt, was Paarhaushalte der geringsten Bildungsstufe fürs Alter vorsorgen. Trotz der Tatsache, dass die Lebenserwartung positiv mit dem Bildungsniveau korreliert, kann die bildungsspezifische Sterblichkeit nicht das unterschiedlich hohe periodische Einkommen eines Rentnerhaushalts ausgleichen.

Die Interpretation des angesparten Altersvorsorgekapitals ist mit zahlreichen Annahmen und damit zusammenhängenden Schwierigkeiten verbunden. So existieren z. B. keine Angaben über das konkrete Design des Altersvorsorgevertrags und insbesondere nicht über die darin vereinbarte Verzinsung des Kapitalstocks. Auch hinsichtlich der Auszahlung und der monatlichen Rentenhöhe können keine belastbaren Aussagen gemacht werden, sodass über die Verteilung der Renteneinkommen aus privater kapitalgedeckter Altersvorsorge nur schwer treffliche Angaben gemacht werden können. Bei einem Vergleich der privaten Altersvorsorgekapitalstöcke wird jedoch deutlich, dass zum Teil große Unterschiede zwischen Haushaltstyp und Bildungsniveau bestehen. Diese resultieren nicht nur aus einem unterschiedlich hohen Einkommen, aus dem sich die Ersparnis speist, sondern auch aus den unterschiedlich hohen geschätzten und vorhergesagten Sparquoten. Zwar können die unterschiedlichen Auswirkungen auf die monatliche Rentenhöhe nicht verglichen werden; gleichwohl kann gezeigt werden, dass sich die bereits gezeigte positive Korrelation zwischen Bildung und Renteneinkommen aus der Gesetzlichen Rentenversicherung auch auf die zu erwartenden Einkünfte aus privater Altersvorsorgeersparnis übertragen lässt.

Schlussendlich lässt sich feststellen, dass die Einkommen aus der Gesetzlichen Rentenversicherung sowie die Aufwendungen für die private (und die teilweise hier abgebildete betriebliche) Ersparnis noch nicht das gesamte Alterseinkommen abbilden können. Darüber hinaus können anderen Einkommensquellen existieren, zu denen Leistungen aus einem berufsständischen Versorgungswerk, Einkünfte aus Vermietung und Verpachtung, Nebenerwerbstätigkeit oder empfangene Unterhaltsleistungen zu zählen sind. Über die Rolle selbstgenutzten Wohneigentums

259 Da die Ergebnisse, zumal über solch lange Zeiträume, in erheblichem Maße von der Höhe der gewählten Diskontrate abhängen, sind im Anhang zusätzlich Barwerte mit anderen Diskontraten ausgewiesen.

im Alter wurde bereits an anderer Stelle umfassend diskutiert (vgl. z.B. Grabka/Westermeier, 2014; Steiner/Geyer, 2010). Anhand der in diesem Kapitel prognostizierten Einkünfte aus alterssicherungsrelevanter Ersparnis lassen sich zwar keine präzisen Schlüsse auf die Alterseinkommen ziehen, da deren Entwicklung insbesondere über einen längeren Zeitraum mit einigen Unsicherheiten und daher einschränkenden Annahmen verbunden ist. Gleichwohl kann aus den qualitativen Ergebnissen gefolgert werden, dass die Risikogruppen mit niedrigen Rentenansprüchen an die GRV – das sind in der Regel Geringgebildete, Frauen und Personen aus den jungen Bundesländern – ebenfalls einen niedrigen privaten Altersvorsorgeanteil erwarten lassen.

Die Ergebnisse sind somit konsistent mit den Erkenntnissen aus den Studien mit SAVE-Daten (z.B. Gasche/Lamla, 2012). Daraus geht hervor, dass Geringverdiener unterdurchschnittlich wenig sparen und die Rentenlücke nicht durch eine entsprechend hohe private Ersparnis schließen können. Daran schließen die Ausführungen von Fratzscher (2016) an, der feststellt, dass geringe Renten in der Regel nicht im Besitz hoher Vermögen sind, wodurch sich die Ungleichheit weiter fortpflanzt und verstärkt.

7 Auswirkungen vollständiger individueller Rationalität

Auf Grundlage der Simulation der Erwerbsbiographien sowie der Renteneinkommen auf Individual- und Haushaltsebene ist es möglich, eine Aussage über das zukünftige Rentenniveau zu treffen. Im Zuge dessen wurde im vorangegangen Kapitel die Entwicklung der durchschnittlichen Rentenzahlbeträge differenziert nach Kohortenzugehörigkeit, Geschlecht, Region und Bildung sowie nach Haushaltstyp detailliert analysiert (Kap. 6.2). Dadurch konnte identifiziert werden, mit welchen soziodemographischen Charakteristika ein erhöhtes Altersarmutsrisiko einhergeht, woraus sich zielgruppenorientierte Reformimplikationen ableiten lassen. Darauf aufbauend wird in diesem Kapitel eine eingehende Wohlfahrtsbetrachtung vorgenommen, wobei das simulierte Rentenniveau auf inter- und intragenerativer Ebene miteinander verglichen wird.

Aus der Analyse der Sparquoten im vorangegangen Kapitel geht hervor, dass Haushalte, die im Alter ein Einkommen unterhalb der Grundsicherung erwarten, signifikant weniger für den Aufbau einer Altersvorsorge sparen. Dies steht in Einklang mit dem theoretischen Ergebnis aus Kapitel 4. Dort wurde außerdem gezeigt, dass ein rational agierender Haushalt sein Arbeitsangebot dann reduziert, wenn er im Alter ein Einkommen unterhalb einer Mindestrente erwartet. Sodann weicht er in einem Modellrahmen mit zeitinkonsistenter Präferenzstruktur und hyperbolischem Diskontierungsmuster von seiner ursprünglichen Entscheidung ab und reduziert sein Arbeitsangebot bei einem Lohnniveau unterhalb eines Schwellenwertes.

Die Simulation und Auswertung der Rentenzahlbeträge im Status quo führen zu dem Ergebnis, dass Haushalte mit einem Renteneinkommen unterhalb der Grundsicherung im Alter dennoch Altersvorsorge betreiben. Da die Prognose rentenrechtlich relevanter Aktivitäten sowie die sich daraus ergebenden Rentenanwartschaften auf tatsächlich beobachteten Werten beruhen und die Erwerbsbiographien schon unterschiedlich weit fortgeschritten sind, beinhalten die Biographiedaten demnach bereits individuelles Verhalten. Daher können die verhaltensökomischen Modellaspekte nur eingeschränkt in der Simulation verarbeitet werden. Es wird daher zunächst von einem individuellen Rationalitätskalkül ausgegangen.

In einem intertemporalen Optimierungsprozess stellt sich nun die Frage, wie hoch ein Individuum sein sozialversicherungspflichtiges Arbeitsangebot wählt bzw. wählen soll, wenn es in einem Haushalt lebt, der in der Ruhestandsphase ein Einkommen unterhalb der Grundsicherung erwartet. Dabei steht die individuelle Rationalität im Fokus: Betreiben die Individuen durch die Entrichtung von Sozialbeiträgen im Rahmen eines sozialversicherungspflichtigen Arbeitsangebots dennoch Altersvorsorge, weil sie ihren Gegenwartskonsum befriedigen möchten oder tun sie dies, weil sie ihre Situation im Alter nicht antizipieren und somit myopisch agieren?

Vor diesem Hintergrund werden im Folgenden zwei Szenarien simuliert, die die Konsequenzen individueller Rationalität behandeln: Welche Auswirkungen gehen davon aus, wenn ein Haushalt die Situation im Alter bereits zu Beginn des Erwerbslebens antizipiert und unter der Annahme vollständiger Rationalität eine zeitkonsistente Entscheidung trifft (vgl. Kap. 4.2)? Welche Effekte gehen davon aus, wenn der Haushalt von seinem bisherigen Pfad abweicht und seine Entscheidung über die Höhe seines Arbeitsangebots ab einem bestimmten Zeitpunkt vor Renteneintritt ändert (vgl. Kap. 4.3)? In beiden Szenarien wird quantifiziert, in welcher Höhe der GRV Beiträge derjenigen entgehen, aus deren Perspektive aufgrund eines Renteneinkommens unterhalb der gesetzlichen garantierten Existenzminimums keine Rechtfertigung für die Beitragsentrichtung an die GRV besteht.

In Kapitel 7.1 wird zunächst eine umfassende Wohlfahrtsbetrachtung vorgenommen, in der unter Zuhilfenahme verschiedener Verteilungsmaße Aussagen über die inter- und intragenerative Verteilungsgerechtigkeit gemacht werden. Abschließend werden die fiskalischen Auswirkungen unter der Annahme vollständiger Rationalität quantifiziert (Kap. 7.2). Im Kontext des theoretischen Modellrahmens in Kapitel 4.3 treffen die relevanten Haushalte eingedenk ihres zu erwartenden Renteneinkommens in jedem Jahr bis zum Ende des Erwerbslebens eine Entscheidung über die Höhe ihres Arbeitsangebots.

7.1 Wohlfahrtsbetrachtung und Verteilungsmessung

Nachdem im vorangegangenen Kapitel 6 das zukünftige Rentenniveau und die durchschnittlichen Rentenzahlbeträge differenziert nach Kohortenzugehörigkeit, Geschlecht, Region und Bildung präsentiert und diskutiert wurden, wird in diesem Abschnitt eine Wohlfahrtsbetrachtung vorgenommen. Dabei sind nur jene Individuen und Haushalte Teil der Analyse, welche im Jahr 2012 im Datensatz vorhanden und im weiteren Simulationszeitraum Teil der Untersuchung sind. Es werden demnach nur Rentnerhaushalte im ersten Jahr des Rentenzugangs betrachtet; außerdem wird davon ausgegangen, dass keine Haushalte „nachwachsen“.[260] Die Haushaltseinkommen in der Aktiv- bzw. Ruhestandsphase werden gemäß der neuen OECD-Skala[261] gewichtet; da nur zwei Haushaltstypen relevant sind, werden Erwerbs- und Renteneinkommen von Paarhaushalten mit dem Faktor 1,5 gewichtet, während Einkommen von Singlehaushalten entsprechend unverändert bleiben.

---

260 Wie bereits im Kontext der Analyse der Ergebnisse in Kapitel 6.1 bemerkt wurde, ist die Simulation der Erwerbsbiographien der jüngsten Jahrgänge mit mehr Unsicherheiten behaftet als die der ältesten Jahrgänge. Diese Schlussfolgerung kann auf etwaig zu simulierende Jahrgänge übertragen werden, die im Basisjahr 2012 jünger als 30 Jahre sind.

261 Die neue oder auch modifizierte OECD-Skala geht zurück auf die Arbeit von Hagenaars et al. (1994). Demnach geht der Haushaltsvorstand mit dem Faktor 1 in die Gewichtung ein. Die Äquivalenzgewichte für jedes weitere Haushaltsmitglied betragen 0,5 bzw. 0,3 im Falle eines Kindes.

Abbildung 7-1: Vergleich der durchschnittlichen Lohn- und Renteneinkommen

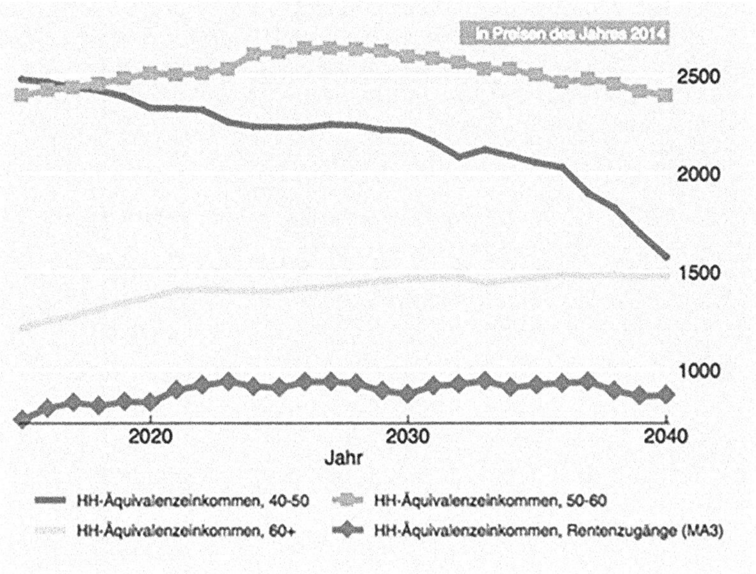

Anm.: Alle Beträge in Preisen des Jahres 2014, Inflationsrate 1,5 %. Die Zugehörigkeit zur Altersgruppe bezieht sich auf der Alter des Haushaltsvorstandes.
Quelle: SOEPv30, FDZ-RV – SUFVSKT2012; eigene Berechnungen.

Abbildung 7–1 illustriert das durchschnittliche Haushaltsäquivalenzeinkommen der jeweiligen Altersklassen verglichen mit dem durchschnittlichen monatlichen Äquivalenzeinkommen aller Haushalte, die im jeweiligen Kalenderjahr in Rente gehen.[262] Über alle Jahre des betrachteten Zeitraums hinweg sind die mitunter deutlichen Niveauunterschiede zwischen der Erwerbs- und der Rentenphase klar erkennbar. Die im Durchschnitt höchsten äquivalenzgewichteten Haushaltseinkommen mit ca. 2.500 Euro erzielen die Haushalte mit Haushaltsvorständen im Alter von 50–60 Jahren. Die Einkommen der Haushalte der Altersgruppe „60 plus" betragen im Basisjahr ca. 1.250 Euro und steigen im Zeitverlauf bis auf einen durchschnittlichen Wert von 1.500 Euro im Jahr 2040 an. Dies lässt sich sowohl zurückführen auf die allgemeine Verlängerung der Lebensarbeitszeit, woraus resultierend überdurchschnittlich verdienende Fachkräfte länger im Erwerbsleben verblieben. Zweitens ist dieser Effekt bedingt durch die insgesamt gestiegene Erwerbsbeteiligung in Form einer Substitution von (Alters-)Teilzeit durch Voll-

262 Aufgrund der relativ geringen Fallzahl der Rentenzugänge im jeweiligen Kalenderjahr werden die Renteneinkommen als gleitende Dreijahresdurchschnitte (MA3) dargestellt.

erwerb innerhalb dieser Altersklasse. Der starke Rückgang der Einkommen der Haushalte mit Haushaltsvorständen im Alter zwischen 40 und 50 Jahren ab dem Jahr 2030 resultiert unter anderem aus dem Umstand, dass die Erwerbsbiographien der relevanten Personen nahezu vollständig simuliert werden müssen und daher teilweise erheblichen Schwankungen unterworfen sind.[263] Der Anteil der Nettoäquivalenzeinkommen der Haushalte in der Rentenphase beträgt im Mittel 54 Prozent der Einkommen in der Erwerbsphase, wenn man nur solche Einkommen aus der GRV betrachtet.

In einem nächsten Schritt wird die Verteilung der Einkommen in beiden Phasen des Lebenszyklus im Zeitverlauf dargestellt und anhand verschiedener gängiger Ungleichheitsmaße analysiert und bewertet. Dabei wird zunächst anhand von Lorenzkurven in einer graphischen Analyse gezeigt, wie sich die Ungleichheit der Verteilung der Renteneinkommen unter dem Gesichtspunkt des Haushaltskontexts entwickelt.

Abbildung 7-2: Verteilung der Individual- und anteilige Haushaltseinkommen

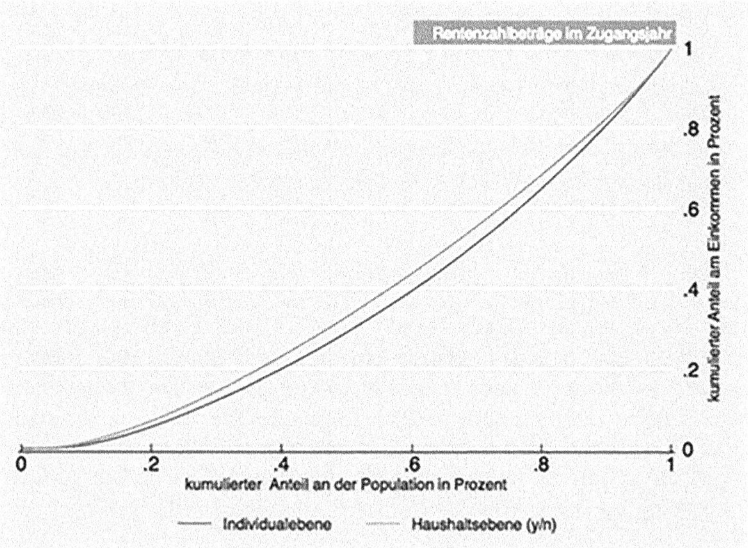

Anm.: Lorenzkurven für die Verteilung der Individualeinkommen sowie der individuellen Einkommen als hälftigen Anteil am Haushaltseinkommen.
Quelle: SOEPv30, FDZ-RV – SUFVSKT2012; eigene Berechnungen.

263 Darüber hinaus ist die Fallzahl dieser Altersklasse ab dem Jahr 2035 gering, sodass daraus extreme Werte resultieren.

Abbildung 7–2 illustriert die Verteilung der GRV-Einkommen im Jahr des Rentenzugangs auf Individual- und Haushaltsebene. Die dunkelblaue Linie illustriert die Lorenzkurve[264] der Verteilung der GRV-Einkommen auf Individualebene. Mit einem ermittelten Gini-Index von 29,6 Prozent liegt er damit etwas höher als der für die Gesamtbevölkerung ermittelte Wert.[265] Integriert man diese Einkommen in den Haushaltskontext, indem das gesamte Haushaltseinkommen anteilig auf die Haushaltsmitglieder verteilt wird, verschiebt sich die Lorenzkurve näher an die 45-Grad-Linie, sodass die Renteneinkommen gleichverteilter sind (Gini-Koeffizient 24,6 Prozent). Dies impliziert, dass innerhalb der Haushalte eine Umverteilung der GRV-Einkommen insofern stattfindet, als dass die Ungleichheit im Haushaltskontext verglichen mit der Individualbetrachtung geringer ausfällt.

Betrachtet man unter Zuhilfenahme von Quantilsvergleichen die Spreizung beider Einkommensverteilungen, ergibt sich ein ähnliches Bild. Während das durchschnittliche individuelle Renteneinkommen der obersten 90 Prozent dem 5,8-fachen der untersten zehn Prozent der Population entspricht, sinkt der Wert der oberen neun Dezile auf das 3,8-fache des untersten Dezils, wenn man die anteiligen Haushaltseinkommen betrachtet. Analog dazu steigt im Haushaltskontext der Einkommensanteil des untersten Dezils von 30 Prozent auf 38 Prozent des Medians, wohingegen sich der Anteil der obersten neun Dezile von 175 Prozent auf 145 Prozent des Medians verringert. Wie in Kapitel 6.2.3 bereits erläutert und in Abbildung 6–2 veranschaulicht, führt die Integration in einen Haushaltskontext bei mehr als zwei Dritteln aller Personen, die bei Individualbetrachtung ein Renteneinkommen unterhalb der Grundsicherung im Alter erzielt hätten, zu einer Besserstellung. Dabei profitieren insbesondere geringe Renteneinkommen im Allgemeinen und Rentnerinnen im Besonderen von den Mehreinkommen, die im Haushaltskontext zur Verfügung stehen, indem sich ihre jeweilige relative Einkommensposition verbessert.

Diese Ergebnisse lassen darauf schließen, dass im betrachteten Simulationszeitraum innerhalb der Haushalte eine starke Umverteilung der Einkommen aus der Gesetzlichen Rentenversicherung erfolgt.[266] Gemäß der in vielen Paarhaushalten

---

264 Vgl. Lorenz (1905). Die Lorenzkurve ist ein grundlegendes Instrument zur Messung von Einkommens- und Vermögensverteilungen. Sie basiert auf dem Lorenz'schen Axiomensystem und erfüllt somit das Transferprinzip (ein progressiver Transfer von reich zu arm senkt die Ungleichheit), sie ist skaleninvariant (homogen vom Grad Null in den Einkommen), d. h. die Maßeinheit ist unerheblich für das Ausmaß der Ungleichheit. Sie ist replikationsinvariant, d. h. eine Replikation der Bevölkerung hat keinen Einfluss auf die Lage der Lorenzkurve. Anhand dieses relativen Ungleichheitsmaßes kann graphisch und analytisch bestimmt werden, wieviel Prozent des gesamten Einkommens auf welchen Anteil an der Bevölkerung entfallen.

265 Vgl. Eurostat bzw. EU-SILC (2016), Daten aus 2012.

266 Dieser Umstand ist sogar gesetzlich verankert, indem Rentenansprüche auch an Ehepartner übertragen werden können, etwa im Falle einer Scheidung (Versorgungsausgleich) oder bei Tod (Hinterbliebenenrente).

noch immer vorherrschenden Geschlechterrollenverteilung[267] existiert zwischen beiden Haushaltsmitgliedern ein mitunter starkes Einkommensgefälle. In diesem Zusammenhang sei nochmals angemerkt, dass bei der Auswahl der Maßnahmen zur Bekämpfung von Altersarmut stets der Haushaltskontext betrachtet werden muss. Armutsprovozierende Renteneinkommen aufgrund niedriger individueller Anwartschaften implizieren nicht unweigerlich einen Bedarf nach staatlichen Fürsorgeleistungen. Stattdessen muss der Haushaltskontext herangezogen werden, um die tatsächliche Bedürftigkeit effizient ermitteln und bewerten zu können. Eine ausführliche Präsentation von Reformvorschlägen insbesondere zur Bekämpfung der Altersarmt wird mitsamt Bewertung in Kapitel 8 vorgenommen.

Abbildung 7-3: Einkommen in der Aktiv- und Ruhestandphase

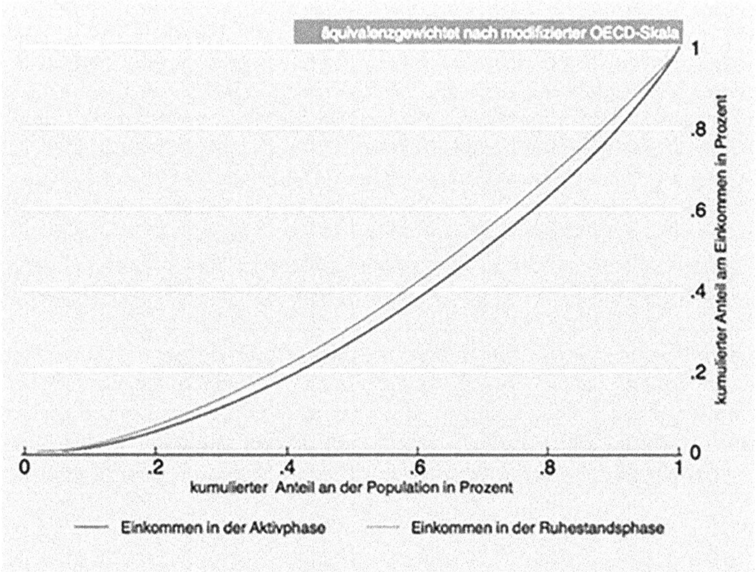

Anm.: Lorenzkurven für die Verteilung der äquivalenzgewichteten Haushaltseinkommen in der Erwerbsphase und in der Ruhestandsphase (erstes Jahr des Rentenzugangs).
Quelle: SOEPv30, FDZ-RV – SUFVSKT2012; eigene Berechnungen, eigene Darstellung.

---

267 Die Rollenverteilung innerhalb eines Haushalts im *Male Breadwinner Model* sieht einen gut verdienenden Mann als Ernährer der Familie vor; die Frau arbeitet hingegen gar nicht oder in Teilzeitbeschäftigung und ist mit der Aufgabe der Kindererziehung betraut. Vgl. dazu die Arbeiten von Jane Lewis und Ilona Ostner (z.B. Lewis/Ostner, 1994), die diesen Begriff zur Umschreibung des Zusammenspiels von Arbeit und Familie im Rahmen des traditionellen Geschlechterrollenverständnisses im traditionellen Wohlfahrtsstaat verwenden.

Bei einem Vergleich der äquivalenzgewichteten Haushaltseinkommen in der Erwerbsphase mit denen im ersten Jahr des Ruhestands ist in Abbildung 7–3 ersichtlich, dass die Rentenversicherung auch in diesem Fall zu einer Reduzierung der Ungleichheit der Verteilung der Einkommen beiträgt. Die Einkommensverteilung der Rentner im Zugangsjahr ist demnach gegenüber der Verteilung der Einkommen in der Aktivphase lorenzdominant[268], was durch die Lage näher an der 45-Grad-Linie angezeigt wird. Analog dazu ist der Gini-Index[269] der Einkommensverteilung der Rentenzugänge mit 0,245 höher als der der Einkommensverteilung der Aktiven (0,278). Dementsprechend ist die Spreizung der Einkommen in der Aktivphase auch höher, wenn man das oberste und das unterste Dezil der Verteilung betrachtet (4,15 vs. 3,65).

Diese Ergebnisse lassen den Schluss zu, dass die Gesetzliche Rentenversicherung zu einer gleicheren Verteilung der Haushaltsäquivalenzeinkommen in der Ruhestandsphase verglichen mit der Phase während des Erwerbslebens führt. Neben der institutionellen Deckelung nach oben durch die Beitragsbemessungsgrenze an dieser Stelle sei nochmals an die Beschränkungen erinnert, die durch die Datenverfügbarkeit auferlegt werden. Bei der Interpretation der Resultate ist daher zu berücksichtigen, dass die Analyse der Verteilung der Aktiven nur solche Haushalte beinhaltet, die bereits im Basisjahr 2012 im Datensatz verfügbar sind; demnach sind ältere Haushalte überrepräsentiert, sodass der Altersdurchschnitt der Haushalte im Zeitverlauf der Simulation stetig ansteigt. Eingedenk der geschätzten Alters-Lohn-Profile ist mit zunehmendem Alter hinsichtlich des Einkommensverlaufs eine bildungsspezifisch unterschiedlich starke Dynamik zu verzeichnen, was tendenziell die Ungleichverteilung der Einkommen der Aktiven erhöhen dürfte. Da die durchschnittlichen Einkommen Hochqualifizierter stärker steigen als die von Personen geringster Bildung, findet mit zunehmendem Alter eine stärkere Einkommensspreizung statt, die sich umso stärker auswirkt, je höher der Altersdurchschnitt ist.

---

268 Lorenzdominanz liegt vor, wenn die Lorenzkurve einer Verteilung $f(y_A)$ in jedem Punkt des Anteils an der betrachteten Population über der Lorenzkurve einer Verteilung $f(y_B)$ und damit näher an der Gleichverteilungsgraden (45-Grad-Linie) liegt.

269 Der Gini-Index ist ein aus der Lorenzkurve abgeleitetes verteilungsmaß. Er stellt die normierte Fläche zwischen der Gleichverteilungsgeraden (45-Grad-Linie) und der Lorenzkurve der tatsächlich beobachteten Verteilung dar und lässt sich formal beschrieben durch $I_G = \frac{A-B}{A}$. Dabei repräsentiert A die Fläche unterhalb der Lorenzkurve bei einer Gleichverteilung der betrachteten Einkommen, B die Fläche unterhalb der Lorenzkurve der tatsächlich beobachteten Verteilung. Der Gini-Koeffizient nimmt bei vollkommener Gleichverteilung einen Wert von Null an, während der Index bei maximaler Ungleichheit gleich eins ist.

Während mittels Lorenzkurven die Verteilung der Einkommen lediglich graphisch illustriert werden kann, werden zur Messung der Ungleichheit die gängigen Maße herangezogen und im Folgenden vorgestellt. Der ***Gini-Index*** (s. o.) ist ein unmittelbar aus der Lorenz-Kurve abgeleitetes Verteilungsmaß. Jedoch stellt die Analyse von Lorenzkurven bei der Messung von Ungleichheit ein lokales Verteilungsmaß dar. So können zwar Einkommen oder Vermögen von reich zu arm oder auch von arm zu reich umverteilt werden, sodass sich womöglich der Verlauf der Lorenzkurve ändert, der Gini-Index jedoch unverändert bleibt. Die Lorenzkurve ist demnach keine vollständige Ordnung; die beiden jeweiligen Lorenzkurven würden sich schneiden, weswegen eine valide Aussage über die Ungleichheit einer Verteilung durch die bloße Analyse der Lorenzkurven bzw. des Vergleichs von Gini-Indizes mitunter problematisch wäre. Daher ist im Rahmen einer konsistenten Verteilungsmessung eine Weiterentwicklung von Ungleichheitsmaßen geboten.

Der ***Theil-Index*** ist ein aus der Informationstheorie abgeleitetes Konzept und stellt einen Spezialfall generalisierter Entropie-Maße dar. Die von Henri Theil (1967) entwickelte Methode ist ein häufig verwandtes Instrument zur Messung der Ungleichheit von Einkommens- und Vermögensverteilungen. Es erfüllt elementare Anforderungen wie das Transferprinzip sowie der Zerlegbarkeit. Der Index kann formal ausgedrückt werden durch $I_T = \frac{1}{n}\sum_{i=1}^{n} \frac{y_i}{\mu} \log\left(\frac{y_i}{\mu}\right)$.[270] Theil selbst beschreibt den Index als *„the expected information content of the direct message which transforms the population shares as prior probabilities into the income shares as posterior probabilities“* (vgl. Theil, 1967, S. 125–126). Sen (1997, S. 36) charakterisiert den Theil-Index kritisch *als „an arbitrary formula, and the average of the logarithms of the reciprocals of income shares weighted by income is not a measure that is exactly overflowing with intuitive sense“*. Der Index hat sich trotz der Kritik als Instrument zur Verteilungsmessung etabliert und wird mittlerweile in Armuts- und Reichtumsberichten der Bundesregierung neben dem Gini-Index verwendet.

Da sowohl durch den Gini-Koeffizienten wie auch das Entropie-Maß von Theil nicht immer eine direkte Vergleichbarkeit zwischen zwei Verteilungen bzgl. der Verteilungsgerechtigkeit gewährleistet ist, wurde das ***Atkinson-Maß*** zur Lösung dieses Problems entwickelt.[271] Der Atkinson-Index zur Messung von Ungleichheit

270 Ungleichheits-Indizes der Klasse generalisierter Entropie-Maße ist definiert durch: $GE(a) = \frac{1}{a(a-1)} * \frac{1}{n}\sum_{i=1}^{n}\left(\left(\frac{y_i}{\mu}\right)^a - 1\right)$ für $a \neq 0, 1$, $GE(a) = \frac{1}{n}\sum_{i=1}^{n}\left(\frac{y_i}{\mu}\ln\left(\frac{y_i}{\mu}\right)\right)$, für $a = 1$ und $GE(a) = \frac{1}{n}\sum_{i=1}^{n}\ln\left(\frac{\mu}{y_i}\right)$ für $a = 0$.
Der Parameter a bezeichnet die Gewichtung der Differenz zwischen den jeweiligen Sektionen der Einkommens- bzw. Vermögensverteilung. Für die restlichen Variablen gelten die üblichen Bedeutungen. Jeder Index ist additiv in eine *within-group*- und eine *between-group*-Komponente zerlegbar.

271 Nach dem Atkinson-Theorem ist eine Lorenzkurvenordnung mit seinen drei Axiomen mit der Wohlfahrtsordnung einer sozialen Wohlfahrtsfunktion vom Atkinson-Typ (vier Axiome) identisch. Demnach können zwei zueinander lorenz-

gibt an, auf welchen prozentualen Anteil am Gesamteinkommen ein Individuum zu verzichten bereit ist, um eine absolute Gleichverteilung zu erzielen.[272] Der Atkinson-Index lässt sich formal beschreiben durch $I_A = 1 - \left[\sum_{i=1}^{n} \left(\frac{y_i}{\mu}\right)^{1-\epsilon} f(y_i)\right]^{\frac{1}{1-\epsilon}}$.[273] Seine Höhe ergibt sich aus der Elastizität des Grenznutzens (Arrow-Pratt-Maß für Risikoaversion); wenn die Ungleichheitsaversion ϵ sinkt, steigt demzufolge das Gleichheitsäquivalent y_{ede} und somit auch das Atkinson-Maß.[274] Der exogene Parameter ϵ charakterisiert die subjektive Aversion gegen Verteilungsungleichheit und wird als größer Null angenommen. Die Randlösung einer Ungleichheitsaversion $\epsilon = 0$ würde implizieren, dass die Einkommensverteilung keinerlei Auswirkungen auf das Ungleichheitsempfinden in der Gesellschaft hätte. Mit steigendem ϵ wächst folglich die Ungleichheitsaversion und erhöht sich dementsprechend der ermittelte Atkinson-Index für eine gegebene Verteilung.

In der folgenden Analyse wird das Atkinson-Maß mit drei verschiedenen Ausprägungen der Ungleichheitsaversion $\epsilon = 0{,}5$, $\epsilon = 1$ und $\epsilon = 2$ berechnet. Die Ungleichheitsaversion (Nutzenelastizität) wird durch die Form und den Verlauf der Nutzenfunktion und insbesondere durch die Elastizität des Grenznutzens bestimmt. Dies schlägt sich in der sozialen Wohlfahrtsfunktion nieder und findet somit in der Berechnung des Gleichheitsäquivalents y_{ede} Berücksichtigung, welches somit in die Berechnung des Atkinson-Maßes mit eingeht.

---

dominante Einkommensverteilungen mit identischen mittleren Einkommen (d. h. die beiden Kurven schneiden sich nicht) sowohl durch ein relatives Verteilungsmaß als auch durch eine soziale Wohlfahrtsfunktion in die exakt gleiche Ordnung gebracht werden.

272 Vgl. Atkinson (1970) zur Entwicklung dieses Maßes zur Berechnung von Ungleichheit einer Einkommens- und/oder Vermögensverteilung. Das von ihm entwickelte Maß stellt eine Weiterentwicklung des Dalton-Indexes dar, welcher das Kriterium der Skaleninvarianz nicht erfüllt.

273 Das Einkommen bzw. Vermögen des *i*-ten Individuums bzw. Haushalts der Verteilung wird dabei repräsentiert durch die Variable y_i. μ steht für das Durchschnittseinkommen, $f(y_i)$ bildet den Anteil der Mitglieder der Gruppe i an der gesamten Population.

274 Mit der Einführung des Gleichverteilungsäquivalents wird die Transformationsinvarianz des Ungleichheitsmaßes gewährleistet. Es beschreibt das gleichverteilte Pro-Kopf-Einkommensniveau, welches die gleiche Höhe an sozialem Nutzen stiftet wie die aktuell betrachtete Einkommensverteilung. Vereinfacht kann das Ungleichheitsmaß beschrieben werden durch $I_A = 1 - \frac{y_{ede}}{\mu}$. Unter der Annahme eines konstant bleibenden sozialen Nutzenniveaus muss bei einer einer gleicheren Verteilung das Ungleichheitsmaß I sinken, was ein höheres Gleichheitsäquivalent erfordert.

Tabelle 7-1: Verteilungsmaße der Rentenzugänge

		Jahrgang					
	gesamt	***1947***	***1952***	***1957***	***1962***	***1967***	***1972***
Durchschn. HH-Äquivalenzeinkommen		830	884	925	926	897	803
Gini-Koeffizient	0,237	0,336	0,268	0,221	0,203	0,196	0,199
Generalisiertes Entropie-Maß							
a=-1	0,922	3,988	1,267	0,307	0,123	0,133	0,124
a=0	0,163	0,428	0,224	0,115	0,083	0,088	0,085
a=1	0,103	0,213	0,133	0,084	0,069	0,070	0,069
a=2	0,089	0,179	0,111	0,075	0,064	0,062	0,064
Atkinson-Index							
$\epsilon = 0{,}5$	0,060	0,131	0,079	0,047	0,037	0,038	0,037
$\epsilon = 1$	0,150	0,348	0,201	0,109	0,080	0,084	0,081
$\epsilon = 2$	0,648	0,889	0,717	0,381	0,198	0,210	0,199
p90/p10-Ratio	3,469	21,626	5,596	2,994	2,703	3,196	2,715

Anm.: Messung der Verteilung äquivalenzgewichteter Haushaltseinkommen im Jahr des Rentenzugangs anhand verschiedener Verteilungsmaße. Äquivalenzgewichtung gem. der modifizierten OECD-Äquivalenzskala. Alle Beträge in Preisen des Jahres 2014, Inflationsrate 1,5 %.
Quelle: SOEPv30, FDZ-RV – SUFVSKT2012; eigene Berechnungen.

Die nach Kohortenzugehörigkeit der Rentenzugänge differenzierte Übersicht der Verteilungsmaße ist in Tabelle 7–1 dargestellt. Über alle Ungleichheitsmaße mit verschiedenen Sensitivitätsparametern ϵ bzw. *a* ergibt sich insofern ein konsistentes Bild, als dass die Ungleichheit der Verteilung äquivalenzgewichteter Haushaltseinkommen der Rentenzugänge tendenziell abnimmt, je jünger die betrachteten Haushalte sind. Die mitunter extremen Ausschläge der Indizes des ältesten Geburtsjahrgangs 1947 sind damit zu erklären, dass die überwiegende Mehrheit dieses Jahrgangs sich im Basisjahr der Simulation bereits in Rente befindet, sodass die Fallzahl relativ gering ist.

Abbildung 7-4: Verteilung der Renteneinkommen im Zeitverlauf

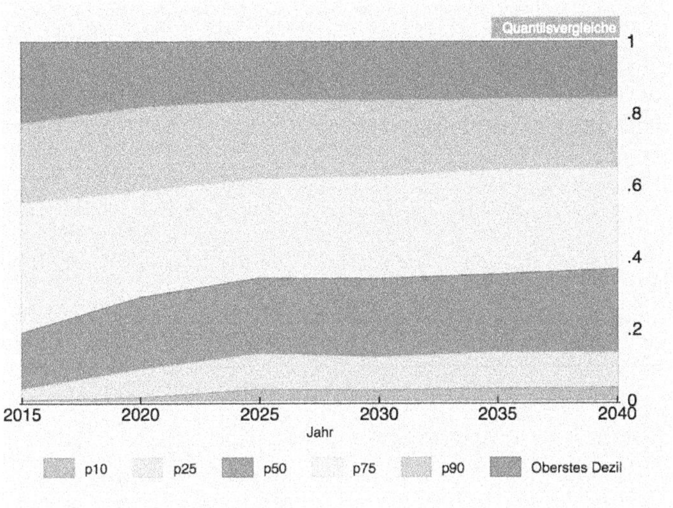

Anm.: Kumulierte Bevölkerungs- und Einkommensanteile. Aufgliederung der Bevölkerungsanteile in 10%-, 25%-, 50%-, 75%- und 90%-Quantile. Kumulierte Bevölkerungsanteile beziehen sich auf das äquivalenzgewichtete Renteneinkommen der Haushalte im Jahr des Rentenzugangs. Die Werte sind jeweils in Fünfjahres-Intervallen zusammengefasst. Äquivalenzgewichtung gem. der modifizierten OECD-Äquivalenzskala. Alle Beträge in Preisen des Jahres 2014, Inflationsrate 1,5%.
Quelle: SOEPv30, FDZ-RV – SUFVSKT2012; eigene Berechnungen, eigene Darstellung.

Die Verteilung der äquivalenzgewichteten Haushaltseinkommen im Jahr des Rentenzugangs ist nochmals in Abbildung 7–4 graphisch veranschaulicht. Dabei wird dargestellt, welcher kumulierte Bevölkerungsanteil wieviel Prozent des kumulierten Haushaltsäquivalenzeinkommens im Jahr bei Renteneintritt besitzt. Auch hier wird deutlich, dass im Zeitverlauf die unteren Einkommen stärker an der Gesamtverteilung partizipieren. Dies geschieht im Wesentlichen zu Lasten des obersten Quartils. So hat sich etwa der auf das unterste Dezil entfallende Anteil von gut 1,8 Prozent auf mehr als 3,6 Prozent im Verlauf des Simulationszeitraums mehr als verdoppelt. Der gleichen Entwicklung folgen die das untere Quartil sowie die gesamte untere Hälfte der Einkommensverteilung, die ihren Anteil bezogen auf das Ausgangsjahr verdoppeln oder gar verdreifachen konnten. Demnach bestätigt auch die graphische Analyse die Beobachtung, dass die GRV nicht nur verglichen mit den äquivalenzgewichteten Haushaltseinkommen in der Erwerbsphase zu einer gleicheren Verteilung führen, sondern dass auch im Zeitverlauf untere Einkommen stärker am Gesamteinkommen partizipieren.

Tabelle 7-2: Ungleichheitsmaße der Verteilung von Erwerbs- und Renteneinkommen

		Alterskohorte		
	Rentenzugang	**40**	**50**	**60**
Durchschn. HH-Äquivalenzeinkommen	878	2.273	2.509	1.405
Gini-Koeffizient	0,245	0,268	0,257	0,360
Generalisiertes Entropie-Maß				
a=-1	1,095	0,181	0,168	3,318
a=0	0,179	0,134	0,123	0,288
a=1	0,109	0,117	0,107	0,216
a=2	0,094	0,117	0,106	0,234
Atkinson-Index				
$\epsilon = 0{,}5$	0,064	0,060	0,056	0,112
$\epsilon = 1$	0,164	0,125	0,116	0,258
$\epsilon = 2$	0,687	0,266	0,252	0,869
$y_{ede} = 0{,}5$	822	2.135	2.369	1.247
$y_{ede} = 1$	734	1.988	2.218	1.053
$y_{ede} = 2$	275	1.668	1.877	184
p90/p10-Ratio	3,646	3,807	3,725	5,892

Anm.: Vergleich der Verteilungsmaße äquivalenzgewichteter Haushaltseinkommen im Jahr des Rentenzugangs mit äquivalenzgewichteten Haushaltseinkommen bezogen auf die Zugehörigkeit des Haushaltsvorstands zu einer bestimmten Alterskohorte (40: 40–49, 50: 50–59, 60: älter als 60). Äquivalenzgewichtung gem. der modifizierten OECD-Äquivalenzskala. Alle Beträge in Preisen des Jahres 2014, Inflationsrate 1,5 %.
Quelle: SOEPv30, FDZ-RV - SUFVSKT2012; eigene Berechnungen.

Analog zum Vergleich der Erwerbs- und Renteneinkommen verschiedener Altersjahrgänge bzw. im Jahr des Renteneintritts (vgl. Abb. 7–1) gibt Tabelle 7–2 eine Übersicht über die Verteilung eben dieser Einkommen im gesamten Simulationszeitraum. Aus der Analyse der Ungleichheitsmaße geht hervor, dass die Ungleichheit der äquivalenzgewichteten Haushaltseinkommen während der Erwerbsphase mit zunehmendem Alter des Haushaltsvorstandes ansteigt, während sie bei Eintritt in die Ruhestandsphase wieder (mitunter deutlich) reduziert wird. Dies dürfte wiederum auf die Tatsache zurückzuführen sein, dass sich durch ein einkommensspezifisches Renteneintrittsverhalten verglichen mit jüngeren Altersgruppen gegenläufige Entwicklungen in der Einkommensverteilung ergeben.

Abschließend lässt sich allgemein festhalten, dass bei Eintritt in die Renten- und Ruhestandsphase die Ungleichheit der Einkommensverteilung sowohl im Vergleich zur Verteilung der Erwerbseinkommen als auch im Zeitverlauf tendenziell eher abnimmt. Dies macht jedoch erstens noch keine Aussage über das im vorangegangenen Unterkapitel angesprochene allgemein sinkende und niedrige Niveau der Renteneinkommen. Zweitens sind bei der Verteilung der GRV-Einkommen noch nicht die übrigen materiellen und immateriellen Vermögenspositionen berücksichtigt, deren exakte Höhe und Verteilung bei Eintritt in die Ruhestandphase nicht ausreichend präzisiert werden kann (siehe Kapitel 5.4.6).

Verschiedene Studien mit Daten des Sozio-oekonomischen Panels weisen jedoch darauf hin, dass die Miteinbeziehung von Vermögen die Ungleichheit eher erhöht. Die Analysen fokussieren sich zwar im Wesentlichen auf die gesamte Population[275] aus Erwerbspersonen und Rentnern und nicht nur auf die Renteneinkommen, jedoch ließe sich durch simple Extrapolation auf eine ähnliche Situation im Rentenalter schließen. So kommen die Analysen von Frick/Grabka (2009) und Grabka/Westermeier (2014) zu dem Ergebnis, dass die Vermögensungleichheit in der jüngeren Vergangenheit zugenommen hat. Bei Auswertung der individuellen Nettovermögen ist eine Tendenz zur Vermögenskonzentration zu beobachten, was insbesondere das Risiko der Altersarmut für die bereits angesprochenen Risikogruppen weiter erhöht. Diese können die durch lückenhafte Erwerbsbiographien und niedrige Erwerbseinkommen ohnehin unterdurchschnittlich geringen Rentenansprüche nicht durch den Rückgriff auf Vermögenspositionen kompensieren, weil zum einen die jeweiligen Vermögensbestände ohnehin geringer sind; zum anderen findet bei diesen Risikogruppen bereits im mittleren Alter ein Entsparen statt.

In diesem Kontext weisen Frick und Grabka (2009) auf die Beziehung zwischen Vermögen und Einkommen hin. Obschon das verfügbare Einkommen der privaten Haushalte deutlich weniger konzentriert ist als die Nettovermögen, besteht zwischen beiden Größen ein signifikant positiver Zusammenhang; d. h. in Haushalten mit hohen laufenden Einkommen sind dementsprechend hohe Vermögensbestände zu erwarten. Umgekehrt sind einkommensschwache Haushalte vermögensarm. Eingedenk der Stabilisierung von Einkommensausfällen als elementarer Vermögensfunktion lässt sich daraus ableiten, dass die Miteinbeziehung von Vermögenspositionen die Situation der vom Risiko der Altersarmut betroffenen Haushalte nicht wesentlich verändert. Größere Vermögensbestände begünstigen also die Bildung von Eliten. Wer arm ist, bleibt demnach arm; wer mehr hat, bekommt immer mehr.[276]

---

275 In der Regel werden bei Analysen mit dem SOEP Personen in privaten Haushalten ab 17 Jahren betrachtet.

276 An dieser Stelle sei auf die Korrelation zwischen den Ansprüchen an die GRV mit potenziellen Einkommen aus der zweiten und dritten Säule hingewiesen. Versicherte mit unsteten Erwerbsbiographien haben auch –etwa aufgrund häufiger

Aus den Analysen der Haushaltsvermögen werden ebenfalls Unterschiede zwischen Haushalten mit bestimmten soziodemographischen Charakteristika deutlich. So weist Grabka (2014) auf die signifikante Diskrepanz der Vermögensbestände in Ost und West hin. Dieser Umstand würde die Ungleichverteilung der GRV-Einkommen in beiden Regionen (vgl. die Ergebnisse in Kap. 6.2) nochmals katalysieren. Demnach besitzen nach seiner Analyse privater Haushalte solche im Osten mit durchschnittlich 67.400 Euro nicht einmal halb so hohe Vermögen wie die in Westdeutschland (153.200 Euro). Bei selbstgenutzten Immobilien, einer der bedeutendsten Vermögenspositionen deutscher Haushalte,[277] kann kein Konvergenzprozess zwischen beiden Regionen beobachtet werden. Nicht nur die Verbreitungsquote ist geringer, auch der durchschnittliche Verkehrswert von Objekten in den jungen Bundesländern ist nur halb so hoch wie der im Westen Deutschlands.[278]

Frick und Grabka (2010) merken zwar an, dass Anwartschaften an gesetzliche, betriebliche, tarifliche und private Alterssicherungssysteme erhebliche Vermögenspositionen darstellen, deren Berücksichtigung die Ungleichheit dämpfen würde; allerdings ist deren Liquidation bzw. die Umwandlung insbesondere der Ansprüche an die Gesetzliche Rentenversicherung in Annuitäten mit Problemen verbunden. Fratzscher (2016) argumentiert, dass eine Rentenanwartschaft keine Vermögensposition im klassischen Sinn darstelle, welche in jeder Phase des Lebenszyklus beliebig liquidier- und beleihbar sei. Zudem bestünde kein „echter" Anspruch auf eine Rente, da man diese nur bekommt, wenn das Renteneintrittsalter auch tatsächlich erreicht wird.[279] Es sei daher nicht vergleichbar mit einer jederzeit liquidierbaren Vermögensposition wie bspw. einem Aktiendepot.

7.2 Fiskalische Auswirkungen

Wenn Haushalte im Rahmen eines intertemporalen Optimierungskalküls im Alter ein Einkommen unterhalb der gesetzlich garantierten Grundsicherung erwarten, ist es für sie rational, ihr sozialversicherungspflichtiges Arbeitsangebot zu reduzieren bzw. im Extremfall ganz einzustellen (vgl. theoretische Ergebnisse in Kap. 4). Zwar muss der Konsum bzw. ein Mindestbedarf während der Erwerbs-

---

eintretender Arbeitslosigkeit oder atypischer Beschäftigung– eine höhere Wahrscheinlichkeit, keine oder nur sehr niedrige Einkommen aus betrieblicher bzw. privater Altersvorsorge zu erwarten (vgl. Frommert/Thiede 2011).

277 Durch die dadurch entfallenden Mietausgaben spielt diese Vermögensform eine wichtige Rolle bei der Bewertung von Altersvorsorgevermögen.

278 Grabka (2014) führt dies zurück auf das niedrigere Lohnniveau, die insbesondere den ländlichen Raum betreffende nachteilige demographische Entwicklung sowie das weiterhin höhere Niveau der Arbeitslosigkeit im Osten Deutschlands.

279 Allerdings gehen die eigenen Rentenansprüche im Falle eines vorzeitigen Ablebens in Form einer Witwen-, Witwer- und/oder Waisenrente auf anspruchsberechtigte Hinterbliebene über.

phase gedeckt werden, sodass die plötzliche Einstellung sozialversicherungspflichtiger Beschäftigung nicht als sehr realistisch erscheint. Doch sowohl aus theoretischer als auch aus praktischer Sicht kann der betroffene Personenkreis den Versicherungszwang durch eine Verlagerung sozialversicherungspflichtiger Beschäftigung in nicht-sozialversicherungspflichtige Beschäftigung und in die Schattenwirtschaft umgehen. Da die Garantie eines Existenzminimums im Alter wie eine hundertprozentige Steuer auf all jene Rentenbeiträge wirkt, deren korrespondierendes Erwerbseinkommen zu einer Rente unterhalb der Grundsicherung führen würde, würden somit durch eine Umgehung der Beitragspflicht die Konsummöglichkeiten steigen. Die Aufkündigung des Generationenvertrages in der Alterssicherung ist zwar rechtlich nicht möglich, kann jedoch in der Praxis so realisiert werden.[280] Gleichwohl soll anhand dieser Extremlösung gezeigt werden, wie viele Personen betroffen wären und welche fiskalischen Auswirkungen von einer Situation mit perfekt rational agierenden Haushalten ausgingen.

Im Folgenden werden die fiskalischen Auswirkungen vollständiger individueller Rationalität quantifiziert. Dadurch wird in einem Extremszenario aufgezeigt werden, in welcher Höhe diejenigen Beiträge an die GRV entrichten, aus deren Perspektive aufgrund eines Renteneinkommens unterhalb der gesetzlichen garantierten Existenzminimums keine Rechtfertigung für die Beitragsentrichtung an die GRV besteht. Neben dem betroffenen Personenkreis werden die finanziellen Auswirkungen dargestellt, die der GRV durch entgangene Beitragszahlungen in Folge einer reduzierten sozialversicherungspflichtigen Beschäftigung entstehen. Dabei wird grundsätzlich zwischen zwei Szenarien unterschieden.

- *Szenario I:* In einer Basisvariante trifft ein repräsentatives Wirtschaftssubjekt mit dem Ziel der Nutzenmaximierung zum Beginn des Simulationszeitraumes[281] eine Entscheidung unter der Annahme perfekter Voraussicht. Die Höhe des sozialversicherungspflichtigen Arbeitsangebots wird dabei als Binärvariable modelliert, d.h. sofern sich das Haushaltseinkommen unterhalb des Referenzwertes (i.e. der jeweiligen Höhe der Grundsicherung im Alter) befindet, wird die sozialversicherungspflichtige Beschäftigung ab der nächsten Periode eingestellt. Die oben beschriebenen Ausweichreaktionen tragen dabei dem Umstand Rechnung,

280 Neben den angesprochenen Möglichkeiten besteht darüber hinaus die Alternative, in ein Land ohne umlagefinanziertes Zwangssystem auszuwandern. Ungeachtet dessen besteht in diesem Fall ebenfalls keine Absicherung anderer Risiken wie z.B. Krankheit.

281 Idealerweise müsste das Individuum eine Entscheidung vor Eintritt in das Erwerbsleben darüber treffen, ob es bei Berücksichtigung seiner zukünftig zu erwartenden Erwerbseinkommen überhaupt am Arbeitsmarkt partizipieren möchte. Da im Basisjahr der Simulation bereits Personen mit einem weit fortgeschrittenen bzw. fast vollendeten Erwerbsleben sind, wird angenommen, dass ein sozialer Planer den Individuen bzw. Haushalten an einem Stichtag anbietet, eine Entscheidung über die Höhe ihres Arbeitsangebotes zu treffen.

dass die Individuen zwar nach wie vor ihren Gegenwartskonsum befriedigen können; eine Entrichtung von Beiträgen an die GRV im Rahmen einer sozialversicherungspflichtigen Tätigkeit bleibt jedoch aus.

- *Szenario II:* In einem Alternativszenario wird nach jedem Jahr im Erwerbsleben eine Entscheidung unter der Annahme vollkommener Rationalität getroffen. Das bedeutet, dass das jüngste Individuum im Verlauf des Simulationszeitraumes 28 Mal entscheiden muss, ob es sein Arbeitsangebot einstellen möchte, sofern das Haushaltseinkommen in der Ruhestandsphase geringer als die Referenzgröße sein wird. Im Unterschied zum vorangegangen Szenario ist diese Variante etwas realitätsnäher, da den Versicherten aufgrund der Kenntnis über die zu erwartende monatliche Rentenhöhe durch die Renteninformation[282] mehr Informationen vorliegen, sodass eine fundiertere Entscheidung bzgl. des Arbeitsangebots getroffen werden kann.[283]

Die Modellvariationen sind mit der Einschränkung verbunden, dass die im Laufe der Erwerbsbiographie geschätzten simulierten Rentenansprüche bereits im Basisjahr der Simulation determiniert sind. Somit folgt die Entwicklung des Lohnniveaus, der persönlichen Erwerbsbiographie und des individuellen Einkommens von Anfang bis zum Ende des Simulationszeitraums einem von vornherein festgelegten Pfad. Der weitere Verlauf der Erwerbsbiographie wird demnach nicht zu Anfang jeder Periode neu simuliert, sodass die simulierten Entgeltpunkte sich aus den in den vorangegangenen Kapiteln durchgeführten Schätzungen ergeben.

Außerdem wird lediglich die Population aus dem Basisjahr 2012 betrachtet. Es wachsen also keine Haushalte nach, sodass nicht analysiert werden kann, wie sich jüngere Versicherte verhielten. Zur Veranschaulichung kann man sich ein Szenario vorstellen, in dem es in der Periode t den Versicherten in den betroffenen Haushalten unter Ausblendung des herrschenden Versicherungszwangs freigestellt ist, rational zu agieren, das Arbeitsangebot und somit die Beitragszahlungen einzustellen. In der darauffolgenden Periode $t+1$ besteht für jüngere Versicherte kein Versicherungszwang mehr, während für „Nicht-Risiko"-Versicherte Bestandsschutz gilt.

282 Die Deutsche Rentenversicherung verschickt die Renteninformation auf Grundlage von § 109 SGB VI jährlich automatisch an alle Versicherten, die mindestens 27 Jahre alt sind und mindestens fünf Jahre Beitragszeiten in ihrem Versichertenkonto vorweisen können. In der Renteninformation finden sich die bisher erworbenen Ansprüche an die GRV sowie eine Hochrechnung der Höhe der in Zukunft zu erwartenden Altersrente.

283 Vgl. dazu die Ergebnisse in Gruber/Wise (1999), Gruber/Wise (2001), Lumsdaine/Mitchell (1999) sowie die korrespondierenden Ausführungen in Kapitel 4.1.

Tabelle 7-3: Fiskalische Auswirkungen und betroffener Personenkreis

	Betroffene		***Entgangene Beitragszahlungen***	
	Personen	***Haushalte***	***gesamt***	***pro Kopf***
SZENARIO I				
Basisjahr 2014	17,7 Mio.	7,6 Mio.	254 Mrd. Euro	14.350 Euro
SZENARIO II				
5 Jahre vor Renteneintritt	6,49 Mio.	5,36 Mio.	83 Mrd. Euro	2.595 Euro
10 Jahre vor Renteneintritt	5,10 Mio.	4,21 Mio.	118 Mrd. Euro	3.765 Euro
15 Jahre vor Renteneintritt	3,81 Mio.	3,08 Mio.	135 Mrd. Euro	4.320 Euro
20 Jahre vor Renteneintritt	2,12 Mio.	1,75 Mio.	108 Mrd. Euro	3.786 Euro

Anm.: Entgangene Beitragszahlungen an die Gesetzliche Rentenversicherung aller Betroffenen Versicherten bzw. Haushalte. Als betroffen gelten all diejenigen Individuen und Haushalte, die bei Renteneintritt ein Renteneinkommen unterhalb der Grundsicherung im Alter hätten. Die Summe der zukünftigen Beitragszahlungen ist als Barwert im Basisjahr angegeben und wird mit der Rate 3 % diskontiert. Alle Beträge in Preisen des Jahres 2014, Inflationsrate 1,5 %.
Quelle: SOEPv30, FDZ-RV – SUFVSKT2012; eigene Berechnungen.

Tabelle 7–3 gibt einen Überblick über die in beiden Szenarien betroffenen Personen und Haushalte sowie die der Rentenversicherung entgangenen Beträge in Form nicht gezahlter Beiträge aufgrund des auf null reduzierten Arbeitsangebots. Die Summe der entgangenen Beitragszahlungen der GRV aufgrund rational agierender Individuen ist als Barwert mit der Diskontrate in Höhe von drei Prozent ausgewiesen. Eine solche Verhaltensänderung hätte also zur Folge, dass die entstandene Finanzierungslücke in der Gesetzlichen Rentenversicherung aufgrund der finanziellen Ansprüche der Versicherten die implizite Staatsschuld der Bundesrepublik Deutschlands erhöhen würde.[284] Gemäß des Prinzips der Generationenbilanzierung müsste der Staat Rückstellungen bilden; ähnlich wie in einem Unternehmen, dass bilanziell für den Fall zukünftiger finanzieller Lasten vorsorgt. Diese Rückstellung muss dem

284 Unter der Annahme, dass die plötzlich entstandene Finanzierungslücke über einen Bundeszuschuss und nicht über Beiträge finanziert würde.

Barwert, d.h. dem Gegenwartswert aller zukünftigen Zahlungsströme, aller in der Zukunft zu erwartenden Zahlungsausfälle entsprechen.

Wenn also die Versicherten, die im Alter innerhalb ihres Haushalts nicht über ein Renteneinkommen oberhalb der Grundsicherung hinauskämen, über Nacht rational agieren würden, würden der GRV unter Beibehaltung des institutionellen Status Quo im Barwert 254 Mrd. Euro an Beitragszahlungen aus dem Zeitraum von 2014 bis 2040 fehlen.[285] Diese Finanzierungslücke entstünde durch die entgangenen Beiträge von 17,6 Mio. Versicherten aus 7,6. Mio. Haushalten; diese würden vor dem Hintergrund vollständiger Rationalität und der (negativen) Anreizwirkung, die von einer gesetzlich garantierten Grundsicherung im Alter ausgeht, ihr sozialversicherungspflichtiges Arbeitsangebot einstellen und somit keine Beiträge mehr an die GRV entrichten. Die Reduzierung des Kreises der sozialversicherungspflichtigen Beschäftigten würde sich über den Rentnerquotienten in der Rentenformel auf die Höhe des aktuellen Rentenwertes auswirken; so wäre *ceteris paribus* im ersten Jahr nach perfekt vorausschauendem rationalen Verhalten der „kritischen Versicherten" ein sieben Prozent niedrigerer aktueller Rentenwert zu erwarten.[286]

In einem zweiten Szenario verhalten sich Individuen und Haushalte nicht ab einem absoluten Zeitpunkt rational, sondern treffen die Entscheidung über die Bereitstellung ihres Arbeitsangebots ab einem bestimmten Zeitraum vor Eintritt in die Rentenphase. In Tabelle 7–3 sind die Auswirkungen vierer Szenarien abgebildet, wenn die Haushalte fünf, zehn, 15 bzw. 20 Jahre vor Beginn der Rentenphase rational agieren würden und ihr Arbeitsangebot einstellen, sodass sie keine Beiträge an die GRV mehr entrichten müssten. Wie zu erwarten war ist der Barwert entgangener Beitragszahlungen umso größer, je größer der zeitliche Abstand zum Renteneintritt ist. Da ein größerer Zeitraum in der Erwerbsbiographie betrachtet wird, ist die Anzahl von Perioden mit simulierter sozialversicherungspflichtiger Beschäftigung auch höher. Der Barwert sinkt jedoch mit dem Abstand von 20 Jahren zum Renteneintritt wieder ab, da es im Basisjahr aufgrund der Altersstruktur weniger Versicherte gibt, die einen solch langen Zeitraum vor sich haben.

Wenn alle Versicherten 15 Jahre vor Rentenbezug (d.h. im Alter von ca. 50 Jahren) eine Entscheidung unter der Annahme vollständiger Rationalität treffen würden, entstünde der GRV eine Finanzierungslücke durch entgangene Beiträge in Höhe von 135 Mrd. Euro. Für den Einzelnen Versicherten bedeutet dieses Ergebnis, dass ihm 15 Jahre vor Renteneintritt durchschnittlich 4.320 Euro zur Verfügung stünden, die zum Konsum oder für private Altersvorsorge aufgewendet werden könnten. Den Ergebnissen von Jiménez-Martín (2015) folgend erscheinen die in

285 Da die Ergebnisse von Barwertberechnungen insbesondere bei langen Berechnungszeiträumen in erheblichem Maße von der gewählten Diskontrate abhängen, sind im Anhang zusätzliche Barwertberechnung für die Diskontraten 0 %, 2 % und 4 % angegeben (siehe Kap. A.6).

286 Durch das in den Folgeperioden ebenfalls niedrige, aber gleichbleibende Niveau der sozialversicherungspflichtig Beschäftigten pendelt sich der aktuelle Rentenwert auf einem konstant niedrigeren Niveau ein.

Szenario 2 präsentierten Ergebnisse umso realistischer, je geringer der Abstand zum Renteneintrittszeitpunkt ist. Demnach wirkt sich die Existenz einer staatlich garantierten Mindestrente negativ auf das Arbeitsangebot aus und sendet zudem Frühverrentungsanreize im höheren Erwerbsalter.[287]

Die Grenzen der Aussagekraft der durchgeführten Berechnungen in Form der üblichen zu treffenden Annahmen sowie der Frage der Realisierbarkeit aufgrund herrschenden Versicherungszwangs wurden bereits oben angesprochen. Allerdings kann durch die Berechnungen grundsätzlich gezeigt werden, wie hoch die Finanzierungslücke der GRV im Falle perfekter Rationalität wäre; auf der anderen Seite kann auch eine quantitative Aussage darüber gemacht werden, welches Ausmaß die Beitragszahlungen der jeweiligen Versicherten umfassen, die aufgrund einer staatlich garantierten Grundsicherung im Alter eigentlich nicht getätigt werden müssten. Aus individuell rationaler Sicht wäre es effizienter, auf Beitragszahlungen zu verzichten und diese privat anzulegen oder – je nach Nutzenelastizität zwischen beiden Lebensphasen – bereits in der Aktivphase zu verkonsumieren.

Es wird Aufgabe zukünftiger Forschungsvorhaben sein, im Rahmen eines Totalmodells die Folgeauswirkungen auf dem Arbeits- und Kapitalmarkt abzubilden und zu evaluieren.

287 Ein reduziertes Arbeitsangebot würde sich gem. der Rentenformel (Kap. 5.4.5) negativ auf die Höhe des aktuellen Rentenwerts auswirken, wenn alle anderen Determinanten als konstant angenommen würden.

8 Reformvorschläge und politische Handlungsoptionen

Mit der Finanzierungsseite der GRV wurde um die Jahrtausendwende der bedeutendste Pfeiler des Alterssicherungssystems in Deutschland umfassend reformiert, sodass deren langfristige Tragfähigkeit nachhaltig gesichert werden konnte (vgl. Kap. 2.2). Hingegen besteht in mehreren anderen Bereichen der deutschen Alterssicherung speziell angesichts eines in Zukunft drohenden nicht auskömmlichen Versorgungsniveaus der gesetzlichen Altersvorsorge in Verbindung mit einem in der Folge bevorstehenden Legitimationsproblem erheblicher Reformbedarf. Vor diesem Hintergrund werden die verschiedenen Ansatzpunkte zur Reformierung des deutschen Alterssicherungssystems in Kapitel 8.1 nach ihrem Invasionsgrad kategorisiert.

Zu den identifizierten Problemfeldern gehören in erster Linie die Leistungsseite und das Versorgungsniveau im Alter mit einem erhöhten Risiko in Zukunft drohender Altersarmut, wofür mehrere Faktoren verantwortlich sind. Neben dem für ein umlagefinanziertes Sozialversicherungssystem problematischen demographischen Wandel sind es in erster Linie unstete Erwerbsverläufe, die direkt und indirekt zu einem unzureichenden individuellen Rentenniveau führen. Erwerbsunterbrechungen insbesondere durch Arbeitslosigkeit und Kindererziehung sowie atypische Beschäftigung im Allgemeinen haben zur Folge, dass während des Erwerbslebens keine Anwartschaften in lebensstandardsicherndem Umfang erworben werden können. Zudem erschweren veränderte Haushaltsstrukturen in Form einer sinkenden durchschnittlichen Haushaltsgröße, während des Erwerbslebens entstandene interpersonelle Einkommensungleichgewichte in der Ruhestandsphase im Haushaltskontext auszugleichen. Mit der Idee einer armutsvermeidenden Mindestrente wird in Kapitel 8.2 ein kurativer Ansatz zur Bekämpfung von Altersarmut diskutiert und bewertet.

Zwar hat speziell seit der Einführung der staatlichen Subventionierung der privaten Altersvorsorge durch die Riester-Rente die notwendige Verlagerung weg von der ersten hin zur zweiten und dritten Säule der Alterssicherung stattgefunden. Gleichwohl sind angesichts des bisher unzureichenden Verbreitungsgrades zusätzlicher betrieblicher und privater Altersvorsorge effektivere Instrumente notwendig, dessen Aufbau zu stimulieren. Die derzeit existierenden Politikinstrumente müssen insbesondere für solche Personen angepasst werden, die sich hinsichtlich ihrer individuellen Altersvorsorgevorsorge beschränkt rational verhalten und systematischen Verzerrungen folgen. In diesem Zusammenhang wird in einem verhaltensökonomischen Ansatz (Kap. 8.3) eine Auswahl von *Nudges*[288] präsentiert, durch

288 Die Verwendung von Verhaltensanstößen (engl.: nudges; wörtlich: „Stubser") geht zur auf das Konzept eines libertären Paternalismus von Thaler und Sunstein (2003).

die es möglich sein kann, den Anteil betrieblicher und privater Altersvorsorge zu erhöhen, ohne jedoch die individuelle Freiheit und Konsumentensouveränität zu beschranken. Am Beispiel der Deutschland-Rente[289] wird in Kapitel 8.4 ein verhaltenswissenschaftlich basiertes Instrument im deutschen Alterssicherungssystem präsentiert, dessen Möglichkeit der Implementierbarkeit diskutiert sowie dessen Auswirkungen bewertet.

Abschließend wird in Kapitel 8.5 vor dem Hintergrund der Altersarmut anhand des in dieser Arbeit identifizierten Personenkreises gezeigt, aus welchen konkreten Maßnahmen auf verschiedenen Ebenen sich ein Lösungsvorschlag zusammensetzen muss, um Altersarmut wirksam zu bekämpfen und darüber hinaus die Legitimationskrise der GRV zu beheben.

8.1 Klassifizierung verschiedener Reformoptionen

In der politischen sowie wissenschaftlichen Debatte über eine Reform der Alterssicherung in Deutschland existiert eine Vielzahl von Reformvorschlägen aus verschiedenen Richtungen.[290] Insbesondere seit durch die Stärkung der dritten Säule des deutschen Rentensystems ein wichtiger Schritt zur Reformierung der Einnahmeseite unternommen wurde, richtete sich der Fokus in der Folge vermehrt auf den Umbau der Leistungsseite bzw. deren Zielfunktion. Dabei lässt sich vorab grundsätzlich die Frage stellen, ob das Ziel, die Bekämpfung von Armut, innerhalb eines Alterssicherungssystems realisiert werden soll oder nicht eher eine gesamtgesellschaftliche Aufgabe darstellt.

Innerhalb der Reformdiskussion kann bei der Betrachtung verschiedener Vorschläge im Wesentlichen zwischen vier Fragestellungen unterschieden werden, um die Reformdebatte bezüglich des deutschen Alterssicherungssystems zu klassifizieren (vgl. Bäcker und Schmitz, 2013). Dabei müssen bei der Bewertung und Klassifizierung zunächst grundsätzlich folgende Aspekte berücksichtigt werden: Welche Ziele soll eine solche Reform erfüllen? Bekämpft sie die Symptome oder setzt sie bei den Ursachen des Problems an? Wie kann eine Reform der Alterssicherung Altersarmut in Deutschland wirksam bekämpfen? Stehen dabei die Ziele „Vermeidung von Armut" und „Behebung der Legitimationskrise der GRV" in einem Konflikt?[291]

Um Altersarmut wirksam und vor allem nachhaltig zu bekämpfen, müssen nicht bloß die Symptome, sondern insbesondere die Ursachen eines zu geringen individuellen Rentenniveaus bekämpft werden. Dazu bedarf es mitunter ein-

Damit kann das individuelle Verhalten unter Wahrung der Privatautonomie in eine gesellschaftlich wünschenswerte Richtung gelenkt werden.

289 Vgl. Al-Wazir et al. (2015).

290 Einen Überblick über die bisher durchgeführten Reformen geben die Kapitel 2.2. und 2.3. An dieser Stelle wird skizziert, welche Handlungsfelder für zukünftige Reformmaßnahmen bestehen und wo diese ansetzen müssen.

291 Die im Folgenden vorgenommene Klassifizierung ist angelehnt an die Untergliederung von Bäcker und Schmitz (2013).

schneidender **Reformen auf dem Arbeitsmarkt**, um die Voraussetzungen für die Versicherten zu schaffen, während des Erwerbslebens mit entsprechenden Einkommensverläufen ausreichend hohe Rentenansprüche zu generieren (vgl. Bräuninger, 2008). Daher wäre es notwendig, Erwerbsunterbrechungen und atypische Beschäftigung im Allgemeinen während des Erwerbslebens so zu beschränken, dass Altersarmut im Idealfall vermieden oder der Korrekturbedarf in der Ruhestandsphase begrenzt wird.

Bei solchen auf dem Arbeitsmarkt ansetzenden Reformen der Alterssicherung in Deutschland muss in allen drei Säulen eine enge Verzahnung mit Erwerbstätigkeit und auch vorübergehenden Zeiten der Arbeitslosigkeit erfolgen. Reformoptionen müssen vorrangig bei Problemgruppen und deren arbeitsmarkttypischen Charakteristika ansetzen; dazu gehören Langzeitarbeitslose, Beschäftigte in Beschäftigungsverhältnissen ohne Versicherungspflicht (vornehmlich in geringfügigen), in Niedriglohnbranchen und -regionen (insbesondere in den neuen Bundesländern) sowie Beschäftige mit kurzen und unterbrochenen Erwerbsbiographien, außerdem „kleine" Selbständige und Scheinselbständige (vgl. Bäcker, 2008).

Die Rahmenbedingungen auf dem Arbeitsmarkt müssen insofern reformiert werden, dass sowohl eine ausreichende Anzahl von Beitrags- und Versicherungsjahren akkumuliert als auch eine sozialversicherungspflichtige Beschäftigung mit einem auskömmlichen Arbeitsentgelt realisiert werden kann. An dieser Stelle sei angemerkt, dass ein Mindestlohn – ungeachtet seiner vielfach in der ökonomischen Literatur diskutierten beschäftigungsfeindlichen Wirkung – nicht automatisch altersarmutsvermeidend wirkt. Steffen (2011) errechnet ein Mindestlohnniveau von mindestens 9,50 Euro, das bei einer Vollzeitbeschäftigung über mehrere Jahre erreicht werden müsste, um eine armutsvermeidende Rente zu erzielen. Traub und Finkler (2013) stellen fest, dass ein monatlicher Bruttolohn zwischen 2.100 und 2.400 Euro (bei angenommenen 30 Beitragsjahren) bzw. 1.800 bis 2.100 Euro (bei 35 Beitragsjahren) notwendig wäre, um einen individuellen Rentenzahlbetrag in Höhe der Grundsicherung zu realisieren. Dies entspräche einem Stundenlohn zwischen 10,20 Euro und 13,60 Euro, der somit nochmals deutlich über dem derzeitigen Mindestlohnniveau von 8,50 läge.[292] Auch unter dem Gesichtspunkt der Vermeidung von Altersarmut wird der Mindestlohn seinen seitens der Politik gestellten Anforderungen somit in keiner Weise gerecht.[293]

292 Bei den Berechnungen wird von durchschnittlich 22 Arbeitstagen im Monat mit einer täglichen Arbeitszeit von acht Stunden ausgegangen.

293 Vgl. dazu auch Börsch-Supan (2015b). Der Autor kommt zu dem Schluss, dass Mindestlöhne keine Armut vermeiden können, sondern lediglich den Insidern auf dem Arbeitsmarkt helfen, die bereits in einem sicheren Beschäftigungsverhältnis stehen. Das Ziel, Löhne leicht substituierbarer Arbeitsplätze (z.B. die von gering Qualifizierten, sozial Schwachen, Jugendlichen) zu erhöhen, verfehlt ein Mindestlohn deutlich. Stattdessen stellt ein durch ein effizientes soziales Sicherungssystem definiertes Mindesteinkommen ein adäquateres Armutsvermeidungsinstrument dar.

Berücksichtigt man in einem nächsten Schritt die schädlichen Beschäftigungseffekte, die von einem staatlich festgelegten, branchenübergreifenden Mindestlohn ausgehen, würde ein solcher das Ziel der Vermeidung von Armut im Alter konterkarieren. Insbesondere Geringqualifizierte sind häufiger von Mindestlohnregelungen betroffen, woraus ein erhöhtes Arbeitslosigkeitsrisiko und somit eine weitere Erwerbsunterbrechung resultieren. Ein Mindestlohn würde demnach – schädliche Beschäftigungswirkungen vorausgesetzt – die Situation des von einem erhöhten Altersarmutsrisiko betroffenen Personenkreises weiter verschärfen, anstatt zu einer Verbesserung beizutragen.

Reformen innerhalb des Rentensystems umfassen insbesondere Maßnahmen zur Reduzierung von (Langzeit-)Arbeitslosigkeit sowie die Erhöhung von Zeiten regulärer Beschäftigung vorrangig bei Risikogruppen. So könnte die Beschäftigungsquote bei Frauen in erster Linie dadurch erhöht werden, indem eine bessere Vereinbarkeit von Beruf und Familie (sowohl Kindererziehung als auch Pflege eines Angehörigen) geschaffen würde. Darüber hinaus könnte eine Sozialabgabenpflicht bei der Ausübung geringfügiger Beschäftigung zu einer Erhöhung der Rentenanwartschaften beitragen (Bonin, 2013). Während die Steuer- und Abgabenfreiheit nicht so sehr ins Gewicht fällt bei Personen, die eine geringfügige Beschäftigung als Zweitjob nutzen, wiegt die nachteilige Wirkung auf die Rentenanwartschaften umso schwerer, wenn eine oder mehrere geringfügige Beschäftigung als Substitut für ein Teilzeitarbeitsverhältnis dient.[294] Seit Beginn des Jahres 2013 unterliegen geringfügig entlohnte Beschäftigungsverhältnisse grundsätzlich der Versicherungspflicht in der Rentenversicherung.[295] Für alle nun versicherungspflichtig geringfügig Beschäftigten existiert eine Befreiungsmöglichkeit auf Antrag („Opting-Out"). Mit der Änderung des Status Quo können Verhaltensanomalien ausgenutzt und somit sprunghaft eine Erhöhung der sozialversicherungspflichtig Beschäftigten erreicht werden (siehe Kap. 8.3).

Grundsätzlich soll bei solchen Maßnahmen die Versicherungspflicht unter Wahrung der Teilhabeäquivalenz ausgeweitet werden. Eine Extremlösung stellt dabei mit Sicherheit die Ausdehnung des versicherungspflichtigen Personenkreises auf Selbständige und Beamte dar, sodass die Rentenversicherung eine echte Erwerbstätigenversicherung transformiert würde, so wie es bereits in zahlreichen anderen OECD-Staaten der Fall ist (vgl. Traub/Finkler, 2014). Insbesondere die Gruppe der Selbständigen gilt in Bezug auf das Altersarmutsrisiko als besonders gefährdet und

---

294 Gleichwohl muss konstatiert werden, dass das grundsätzliche Problem einer nicht auskömmlichen Rente in Bezug auf die Sicherung des Lebensstandards in den niedrigen Einkommen und weniger in der fehlenden bzw. nicht-obligatorischen Beitragsentrichtung liegt.

295 Vgl. das Gesetz zu Änderungen im Bereich der geringfügigen Beschäftigung vom 5. Dezember 2012 (BGBl. I S. 2474). Neben der grundsätzlichen Versicherungspflicht passt das Gesetz die Verdienstgrenzen für geringfügige Beschäftigungen und Beschäftigungen in der Gleitzone in Anlehnung an die allgemeine Lohnentwicklung zum 1. Januar 2013 an.

könnte von einer Integration in eine Pflichtversicherung profitieren (vgl. Fachinger/Frankus, 2011).

Neben der Ausweitung des Versichertenkreises gehören insbesondere die Anpassungen von Vermögensfreigrenzen zur Toolbox einer Rentenreform innerhalb des Systems. Vor dem Hintergrund des Ziels der Stärkung der dritten Säule des Deutschen Alterssicherungssystems wäre es geboten, die Vermögensfreigrenzen der Riester-Rente zu erhöhen. Somit können aus Sicht von Personen mit geringen Sparquoten bei der privaten Altersvorsorge Negativanreize abgebaut werden.

In diesem Zusammenhang diskutieren Breyer und Hupfeld (2009) vor dem Hintergrund fehlender Teilhabeäquivalenz die Einführung einer neuen Rentenformel. Diese trägt dem Umstand Rechnung, dass aufgrund höherer Lebenserwartung[296] eine Umverteilung zugunsten höherer Erwerbseinkommen stattfindet, was das Prinzip der Verteilungsneutralität verletzt sowie das Risiko der Altersarmut unter langjährig Versicherten deutlich reduzieren würde. Wollte man berücksichtigen, dass die Lebenserwartung und demnach die erwartete Rentenbezugsdauer bei Personen mit geringem Einkommen deutlich geringer sind, müsste man die monatliche Rente entsprechend anpassen. Somit wäre z. B. eine solche Reform deutlich besser geeignet, den Gerechtigkeitsgedanken in der GRV wieder zu beleben, Lebensleistung im Sinne langjähriger Beitragszahlungen zu honorieren und Altersarmut zu vermeiden. Doch auch ein solcher Schritt wäre mit einem langen Übergangszeitraum verbunden, sodass die Maßnahmen erst nach einer Generation sichtbar würden, wohingegen ein Zuschuss zur GRV-Rente unmittelbar sofort zu Tage träte.

Wie bei Reformen auf dem Arbeitsmarkt schlagen die Effekte oben skizzierter Rentenreformen ebenfalls erst wesentlich später zu Buche. Daher besteht für Politiker, die ihre Wiederwahl sichern wollen und um die Gunst von Interessengruppen werben müssen, ein Anreiz, eher solche Reformen durchzuführen, deren Effekte sofort sichtbar sind; dazu gehören etwa die „Rente mit 63“ oder auch die „Mütterrente“. Reformen mit erst in der langen Frist messbaren Wirkungen tangieren hingegen nicht bereits erworbene Anwartschaften, sodass die Einkommen jetziger Rentnerinnen und Rentner nicht erhöht werden und somit aktuelle bzw. in naher Zukunft drohende Altersarmut nicht bekämpft werden wird (vgl. Bäcker/Schmitz, 2013).

Die Abkehr vom Prinzip der Teilhabeäquivalenz durch die zunehmende Substitution von Versicherungs- durch Fürsorgeelemente würde für die GRV in ihrer derzeitigen Ausgestaltung zumindest einen **partiellen oder „schleichenden“ Systemwechsel** bedeuten. Insbesondere im Bereich niedriger Renteneinkommen ist dieser Aspekt von größerer Relevanz, wie in den vorangegangenen Kapiteln ausführlich dargelegt wurde: Aus Sicht von Versicherten mit einem zu erwartenden Renteneinkommen unterhalb der gesetzlich garantieren Grundsicherung steht den entrichteten Rentenversicherungsbeiträgen keine äquivalente Leistung gegenüber,

296 Unter der Annahme, dass Einkommen positiv mit Bildung korreliert, weisen Hochverdienende eine gesündere Lebensweise auf und haben daher eine höhere Lebenserwartung.

weswegen die GRV aus der Perspektive dieses Personenkreises vor einem echten Legitimitätsproblem steht.

Die Reform der Leistungsseite der GRV im Rahmen der Diskussion um eine armutsfeste Rentenversicherung beinhaltet zahlreiche, teilweise bereits in den vorangegangenen Kapiteln dargestellte Vorschläge (vgl. auch Hauser, 2009b; Himmelreicher/Frommert, 2006; Kumpmann, 2011; Leiber, 2009; Riedmüller/Willert, 2009; Steffen, 2011; Strengmann-Kuhn, 2008).[297] All diese Modelle lassen sich nach der unterschiedlichen Ausgestaltung ihrer Leistungshöhe sowie Anspruchsvoraussetzungen[298] kategorisieren.

Solche Reformvorschläge einer garantierten Mindestrente[299] heben niedrige Renteneinkommen des anspruchsberechtigten Personenkreises auf ein Plateau oberhalb des Grundsicherungsniveaus und tragen damit zwar der Anreizproblematik Rechnung, durchbrechen jedoch das zwischen Erwerbs- und Renteneinkommen herrschende Äquivalenzprinzip. Die Einführung einer Mindest- oder Garantierente versucht dabei nicht zielgenau, zusätzliche Lebensleistungen wie etwa Kindererziehungszeiten oder Zeiten der Pflege eines Angehörigen zu honorieren, sondern legt pauschal ein Mindesteinkommen innerhalb der GRV fest.

Der am weitesten reichende Reformvorschlag beinhaltet die Gliederung des derzeitigen Alterssicherungssystems in zwei voneinander getrennte Pfade. Die Rentenversicherung bestünde einerseits aus einer aus Steuermitteln finanzierten Basisrente, die um eine dem Äquivalenzprinzip folgende Komponente ergänzt würde. Dies stellte einen **grundlegenden Systemwechsel** dar. Das Basiselement stünde aufgrund der Finanzierungsquelle allen Steuerzahlern zu und hätte die Aufgabe, das soziokulturelle Existenzminium im Alter zu sichern. Darüber hinaus wäre es den Beitragszahlern innerhalb der zweiten Komponente möglich, Ansprüche für ein dem Lebensstandard in der Erwerbsphase äquivalentes Einkommen in der Ruhestandsphase zu erwerben. Diese Idee greift das Rentenmodell der katholischen Verbände (vgl. Werding et al., 2007) auf und entspricht im Kern der Ausgestaltung des Rentensystems in skandinavischen Wohlfahrtsstaaten[300] sowie des sozialen Alterssicherungszweigs bspw. im Vereinigten Königreich oder den Niederlanden (vgl. Traub/Finkler, 2014).

---

297 Bereits Hauser (2009a, 2010) präsentierte im Ausschuss für Arbeit und Soziales des Deutschen Bundestages mit seinem 30–30-Modell eine Reformidee, die eine Anhebung des individuellen Rentenanspruchs (auf einen Betrag, der mindestens 30 Entgeltpunkten entspricht) bei gleichzeitiger Erfüllung gewisser Anspruchskriterien (30 Beitragsjahre) vorsieht.

298 Dazu zählen insbesondere die unterschiedliche Behandlung von Beitrags-, Versicherungs- und Wartezeiten.

299 Siehe dazu Kapitel 8.2. Dort wird die „Solidarische Lebensleistungsrente" präsentiert und anschließend bewertet.

300 Vgl. Haupt/Kluth (2012), die das Alterssicherungssystem in Schweden präsentieren und dessen (teilweise) Übertragbarkeit auf Deutschland untersuchen. Siehe auch Börsch-Supan (2005a).

Als Vorbild für eine Alterssicherung nach einem grundlegenden Systemwechsel könnte auch das schwedische Rentensystem dienen (vgl. Haupt/Sesselmeier, 2012; Sesselmeier/Haupt, 2013). In Schweden besteht die staatliche Komponente des Rentenversicherungssystems aus drei Teilen, nämlich einer Garantierente (*garantipension*) einkommensabhängigen Altersrente (*inkomstpension*) sowie einer Prämienrente (*premiepension*).[301] Die steuerfinanzierte *garantipension* berechtigt die gesamte Bevölkerung nach einer Bedürftigkeitsprüfung zum Anspruch. Ihre Höhe orientiert sich an der Erfüllung verschiedener Kriterien wie etwa der Aufenthaltsdauer im Inland, der individuellen Einkommensrente sowie am Familienstand. Im Unterschied zur deutschen Grundsicherung im Alter werden Betriebsrenten und private Altersvorsorge nicht auf die Leistung angerechnet. Die umlagefinanzierte *inkomstpension* basiert auf den während des Erwerbslebens erzielten Einkünften und folgt somit dem Äquivalenzprinzip; darüber hinaus werden u. a. Zeiten für Kindererziehung angerechnet. Mit Entrichtung des Beitrags entsteht gleichzeitig ein Leistungsanspruch. Die dritte Komponente besteht aus der *premiepension* als obligatorische, kapitalgedeckte Altersvorsorge. Die Leistungshöhe hängt sowohl vom individuellen Einkommen als auch der Wertentwicklung des Anlagefonds ab. Dabei besteht grundsätzlich die Möglichkeit, zwischen ca. 850 Fonds zu wählen, während im Status quo in den schwedischen Staatsfonds investiert wird.

Die Transformation der Gesetzlichen Rentenversicherung zu einer steuerfinanzierten Basisversorgung mit individueller, einkommensabhängiger Komponente ähnlich der Ausgestaltung der staatlichen ersten Säule des Rentensystems in Schweden würde eine erstbeste Lösung darstellen. Eine Umsetzung dieses Vorschlags erscheint u. a. aufgrund zahlreicher, insbesondere politischer Hürden jedoch nicht sehr realistisch.[302] Aufgrund der Tatsache, dass derzeit knapp ein Viertel der Einnahmen der GRV aus Steuermitteln bestehen,[303] gewinnt die Idee einer steuerfinanzierten Garantierente jedoch faktisch immer mehr an Relevanz.

Die im Zusammenhang mit einem Systemwechsel stets diskutierte vollständige Substituierung des Umlage- durch das Kapitaldeckungsverfahren in der Alterssicherung scheint unter dem Pareto-Kriterium aus mehreren Gründen Ablehnung zu finden (Breyer, 2001; Corneo/Marquardt, 2000). Neben der Tatsache, dass eine Systemumstellung auf Kosten der jetzt lebenden Generation erfolgen würde, ist eine kapitalgedeckte einer umlagefinanzierten Altersvorsorge keineswegs eindeutig überlegen. Wie Sinn (2000) modelliert, ergeben sich keine Wohlfahrtsgewinne bei

---

301 Einen Überblick über die Ausgestaltung des schwedischen Rentensystems nach der Reform geben Könberg et al. (2006).

302 Werding et al. (2007) weisen in diesem Zusammenhang auf die erheblichen administrativen, verfassungsrechtlichen und finanziellen Probleme hin, die die damit verbundenen Systemanpassungen mit sich brächten.

303 Die Deutsche Rentenversicherung schätzt in ihrer mittelfristigen Finanzplanung (Herbst-Schätzung 2016), dass der Anteil bis 2020 weiter ansteigen wird (DRV, 2016b).

einem vollständigen Übergang zum Kapitaldeckungsverfahren.[304] Zu beachten ist auch, dass bei einer Abwägung zwischen beiden Alternativen nicht nur die Renditen (welche in einer kapitalisierten Alterssicherung höher sind) verglichen werden müssen, sondern auch das Risiko (Thøgersen, 1998).

8.2 Bewertung der Idee einer armutsvermeidenden Mindestrente

In Anlehnung an die Ausführungen in Kapitel 2.3 wird in diesem Abschnitt das bevorstehende Reformvorhaben in der Gesetzlichen Rentenversicherung vor dem Hintergrund künftig drohender Altersarmut bewertet. Diskussionsgrundlage ist dabei der bereits angesprochene Reformvorschlag der „Solidarischen Lebensleistungsrente", mit dem die Regierungskoalition aus CDU/CSU und SPD „Altersarmut verhindern" und „Lebensleistung würdigen" möchte (vgl. Koalitionsvertrag der 18. Wahlperiode aus CDU et al., 2013, S. 9).

Das diesen Vorschlag weiter fortführende, im November 2016 von der Bundesregierung vorgelegte Konzept einer „Gesetzlichen Solidarrente" soll die Situation von Personen mit „nicht idealtypisch verlaufene[n] Erwerbsbiographien" im Allgemeinen und Geringverdienern im Speziellen verbessern (BMAS, 2016b, S. 33).[305] So ist konkret vorgesehen, Versicherten mit mehr als 40 Beitragsjahren einen Anspruch auf eine staatliche Mindestrente zu garantieren. Ab 2023 sollen bereits 35 Beitragsjahre zum Leistungsempfang berechtigen. In beiden Szenarien können maximal fünf Jahre in Arbeitslosigkeit als Beitragsjahre behandelt werden. Bei Erfüllung der Anspruchskriterien sollen die individuell erworbenen Rentenansprüche mit einem zehnprozentigen Aufschlag versehen werden, sodass der Rentenzahlbetrag zehn Prozent über dem durchschnittlichen regionalen Grundsicherungsniveau liegt.[306] Während im Koalitionsvertrag[307] nur Personen mit weniger als 30 Entgeltpunkten

---

304 Zu ähnlichen Ergebnissen kommen auch Raffelhüschen und Kitterer (1989) in einer dynamischen Simulationsanalyse eines partiellen Systemwechsels in der Alterssicherung. Vergleicht man die Wohlfahrtsveränderungen aller betroffenen Generationen, resultiert in der kurzen Frist zunächst eine Pareto-Verschlechterung. Diese ist vor allem auf die immensen Wohlfahrtsverluste der Übergangsgeneration zurückzuführen, also die Generation, die sowohl geltende Rentenansprüche der alten Generation bedienen als auch einen Kapitalstock zur eigenen Altersvorsorge aufbauen muss. Ein Ausgleich zwischen Wohlfahrtsgewinnen und -verlusten findet in diesem Sieben-Generationenmodell erst nach einem relativ längeren Zeitraum von 56 Jahren statt.

305 Das Konzept beinhaltet zahlreiche einzelne Maßnahmen (vgl. BMAS, 2016a, S. 23 ff.), von denen an dieser Stelle nur die Verbesserung für Geringverdiener beleuchtet wird.

306 Zu den finanziellen Auswirkungen einer derart gestalteten Mindestrente mit einem Abstandsgebot zur Grundsicherung, vgl. Finkler/Traub (2014).

307 Vgl. CDU et al. (2013).

anspruchsberechtigt sein sollten, findet die Höhe der im Erwerbsleben erzielten Rentenansprüche im aktuellen Vorschlag keine Berücksichtigung mehr.

Auch wenn die Entscheidung über die konkrete Ausgestaltung der Reform noch nicht rechtlich verbindlich getroffen und insbesondere die Finanzierungsfrage noch nicht hinreichend beantwortet ist,[308] bietet der Reformvorschlag bereits im Vorfeld etliche Kritikpunkte. Innerhalb der Regierungskoalition wird bemängelt, dass das Reformvorhaben einer Solidarischen Lebensleistungsrente zu fragwürdigen Verteilungswirkungen und schweren Systembrüchen führe.[309] Zum einen merken die Kritiker zurecht an, dass ein Teil der Reformintention, nämlich Altersarmut zu verhindern, an der eigentlichen Zielgruppe vorbeiginge.

Im Rahmen der Diskussion um das gesamte vom Bundesarbeitsministerium vorgelegte Rentenpaket (BMAS, 2016b) wurde das Argument hervorgebracht, in Zukunft verstärkt drohender Altersarmut mit einer Anhebung des Rentenniveaus zu begegnen[310]. Neben der Tatsache, dass eine Anhebung des Rentenniveaus das Grundproblem der Alterssicherung in Deutschland – nämlich den demographischen Wandel – nicht löst, wird auch das zweite zentrale Problem verkannt. Die Wurzeln von Altersarmut liegen bekanntermaßen nicht in einem zu niedrigen Rentenniveau, sondern sind tatsächlich auf unstete Erwerbsbiographien zurückzuführen, die insbesondere von häufigen durch Arbeitslosigkeit bedingte Unterbrechungen sowie allgemein atypischer Beschäftigung herrühren (vgl. u. a. Fratzscher, 2016). Darüber hinaus würde ein ansteigendes bzw. konstant bleibendes Rentenniveau bedeuten, dass die Beitragssätze in naher Zukunft über die gesetzlich vereinbarte Grenze[311] steigen (Gunkel, 2016), was seitens der Bundesarbeitsministerin auch eingeräumt wurde (vgl. ZEIT ONLINE, 2016). Dies würde nach der „Mütterrente" und der „Rente mit 63" eine weitere enorme Belastung für die junge Generation bedeuten und den intergenerativen Verteilungskonflikt weiter verschärfen, da die Verursacher des

---

308 Zum Zeitpunkt der Präsentation des Konzepts im November 2016 war innerhalb der Regierungskoalition noch nicht abschließend ausverhandelt, ob die Finanzierung aus Sozialversicherungsbeiträgen oder Steuern finanziert werden soll. Vgl. dazu außerdem die Antwort der Bundesregierung (2015) auf eine kleine Anfrage der Bundestagsfraktion Bündnis90/Die Grünen (Drucksache 18/4558 bzw. Drucksache 18/4365) zum Ziel und Ausgestaltung der solidarischen Lebensleistungsrente. Bisher ist vorgesehen, die „Solidarische Lebensleistungsrente" aus Steuermitteln zu finanzieren. Dabei sollen die in der Grundsicherung im Alter und bei Erwerbsminderung anfallenden Minderausgaben im Rahmen des Bundeszuschusses an die Rentenversicherung fließen.

309 Vgl. die Aussagen von CDU-Bundestagsabgeordneten in der Frankfurter Allgemeinen Zeitung, Ausgabe vom 8. März 2016 (FAZ, 2016a).

310 Vgl. dazu etwa die Aussagen des SPD-Vorsitzenden Sigmar Gabriel vom 12. April 2016 in der Frankfurter Allgemeinen Zeitung (FAZ, 2016b).

311 Das RV-Nachhaltigkeitsgesetz (siehe Kap. 2.2) garantiert eine Beitragsobergrenze von 20 Prozent (30 Prozent) bis zum Jahr 2020 (2030) sowie ein Mindestleistungsniveau von 46 bzw. 43 Prozent. Beide Restriktionen stehen miteinander in Konflikt (vgl. Börsch-Supan/Wilke, 2004).

demographischen Wandels dessen Kosten erneut auf die nachfolgende Generation überwälzen würden (Schnabel, 2015).

Wie in den vorangegangenen Kapiteln eindeutig gezeigt wurde, stellen die unterschiedlich begründeten Erwerbsunterbrechungen das größte Armutsrisiko im Alter dar, sodass die jeweiligen Risikogruppen aufgrund der Anspruchsvoraussetzungen – z. B. einer bestimmten Anzahl an Beitragsjahren – nicht in den Genuss einer gesetzlichen Solidarrente kämen. Insbesondere Erwerbsunterbrechungen durch Arbeitslosigkeit oder Kindererziehung mit anschließender Beschäftigung in Teilzeit führen dazu, dass die Anspruchskriterien hinsichtlich der Beitragszeiten nicht erfüllt werden.[312] Wie aus Tabelle 6–6 in Kapitel 6.2.3 hervorgeht, beträgt die durchschnittliche Anzahl an Entgeltpunkten derjenigen mit einer erwarteten Rente unterhalb der Grundsicherung weit weniger als die in dem Reformvorschlag diskutierte Anzahl, nämlich 30. Da somit die Gruppen mit erhöhtem Altersarmutsrisiko die Anspruchskriterien nicht erfüllen und nicht in den Genuss der Sozialleistung kommen, wird das Hauptziel der gesetzlichen Solidarrente – Armut zu bekämpfen – im Wesentlichen verfehlt.

Zweitens lässt die Fokussierung auf Individualeinkommen außer Acht, dass darüber hinaus Vermögenspositionen bestehen und innerhalb einer Bedarfsgemeinschaft Einkünfte von Lebenspartnern existieren können. Zwar sieht der Vorschlag vor, das Einkommen von Partnern bis zum anderthalbfachen der Pfändungsfreigrenze von der Anrechnung freizustellen;[313] im Gegensatz zu den Regelungen der Grundsicherung im Alter und bei Erwerbsminderung wird keine Bedürftigkeitsprüfung vorgenommen werden, sodass Vermögenspositionen nicht erfasst werden. Dies konterkariert zum einen den Leistungsgedanken, wonach wirtschaftliche Leistungsfähigkeit ebenso wie Vermögen bei der Anspruchsberechtigung bedarfsorientierter Leistungen berücksichtigt werden. Zum anderen beinhaltet der Umstand, dass das anzurechnende Einkommen lediglich einmal zu Beginn stattfinden wird und eine „wiederholte Bedürftigkeitsprüfung unter Offenlegung aller Einkommensverhältnisse“ (vgl. BMAS, 2016b, S. 35) nicht vorgesehen ist, ein erhebliches Missbrauchsrisiko.

Neben dieser grundsätzlichen Kritik wurde außerdem der Vorschlag vorgebracht, die Grundsicherung im Alter zu reformieren, anstatt bestimmte Risikogruppen innerhalb der GRV zu alimentieren.[314] Zwar entstünden durch dieses alternative Ver-

---

312 Die im Reformvorschlag außerdem vorgesehene Miteinbeziehung der zusätzlichen Altersvorsorge bei der Prüfung der Anspruchsberechtigung ab dem Jahr 2023 ist zwar zu begrüßen, dürfte die Problemgruppen jedoch nur geringfügig tangieren.

313 Was rund 1.600 Euro entspricht, vgl. BMAS (2016b).

314 Die Abgeordneten Carsten Linnemann (CDU), Stefan Heck (CDU), der Vorsitzende der Jungen Union Deutschlands, Paul Ziemiak, kritisieren in einem mit Bernd Raffelhüschen (Institut für Finanzwissenschaft und Forschungszentrum für Generationenverträge an der Universität Freiburg) ausgearbeiteten Positionspapier grundsätzlich die Umsetzung des Reformvorhabens. Stattdessen soll die Grundsicherung im Alter bzw. deren Beantragung dergestalt reformieren werden, dass die

fahren ebenfalls höhere Kosten; allerdings würden die zu verwendenden Mittel nicht über die Rentenkasse umgewälzt, sondern flössen unmittelbar an bedürftige in der GVR Versicherte.

In diesem Zusammenhang ist es lohnenswert, nochmals die tatsächliche Inanspruchnahme der Grundsicherung im Alter zu rekapitulieren. Da diese nur auf Antrag und bei vorheriger Bedarfsprüfung gewährt wird, fallen die Quoten zum einen aus Gründen bestehender Stigmatisierungswirkungen entsprechend niedrig aus. So bezogen im Jahr 2005 ca. 340.000 Personen im Regelrentenalter Leistungen aus einer bedarfsorientierten Grundsicherung (vgl. Bäcker et al., 2010, S. 468). Dies entspricht in etwa einer Quote von knapp zwei Prozent bezogen auf den korrespondierenden Personenkreis, welche wesentlich niedriger ist als die im vorangegangenen Kapitel ermittelte Quote theoretisch anspruchsberechtigter Personen und Haushalte mit einer monatlichen Rente unterhalb der Grundsicherung im Alter. Daher liegt zum anderen die Vermutung nahe, dass in manchen Fällen eine tatsächliche Bedürftigkeit nicht vorhanden ist.

Grundsätzlich zu kritisieren an diesem Reformvorschlag und an den ihm verwandten[315] ist die Tatsache, dass die Fokussierung auf das individuelle Rentenniveau keine belastbare Aussage bzgl. der tatsächlichen Bedürftigkeit einer in der GRV versicherten Person machen kann. Individuelle Anspruchskriterien hinsichtlich erworbener Anwartschaften sowie geleisteter Beitragszeiten sind nicht in der Lage, die Betroffenheit von Altersarmut festzustellen und somit den Bedarf nach einer staatlichen Fürsorgeleistung zu rechtfertigen. Allerdings zielt der Reformvorschlag auch darauf ab, dass GRV-Versicherten bei Erfüllung der Anspruchskriterien eine Rente oberhalb der staatlich garantierten Grundsicherung im Alter gewährt wird. Ob dem Gerechtigkeits- und Fairnessgedanken bzw. der Vermeidung des Legitimationsproblems der GRV durch eine automatisch aufgestockte Rente genüge getan ist, darf allerdings stark bezweifelt werden. Ungeachtet der Verletzung des Äquivalenzprinzips und der Feststellung, dass Armutsvermeidung nicht in einer Individualbetrachtung, sondern in einem die Bedarfsgemeinschaft berücksichtigenden Ansatz betrieben werden muss, sei an dieser Stelle erlaubt, die Frage nach der Trennung bzw. Harmonisierung beider Institutionen aufzuwerfen.

Die Fixierung der Kriterien zur Anspruchsberechtigung auf eine bestimmte Anzahl von Beitragsjahren, so wie es beim Reformvorschlag der „Gesetzlichen

---

Rentenberatung der Sozialversicherung sowie die kommunalen Fürsorgestellen in einer gemeinsamen kommunalen Rentenstelle organisiert sein werden. Ziel dabei ist, der Beantragung der Grundsicherung im Alter den Stigmatisierungseffekt zu nehmen und somit Hemmschwellen abzubauen, die bedürftige Rentnerinnen und Rentner an einer Leistungsinanspruchnahme hindern.

315 Siehe dazu die ausführlichen Erläuterungen in Kapitel 2.3; die Reformvorschläge aller Parteien unterscheiden sich unwesentlich in der Höhe der gesetzlich garantierten Leistung sowie den Anspruchskriterien; hinsichtlich der Finanzierungsquelle (ob aus Steuer- oder allgemeinen Beitragsmitteln) bestehen jedoch Unterschiede.

Solidarrente" der Fall ist, ist insofern kritisch zu bewerten, als dass für Personen bereits knapp unterhalb der definierten Mindestkriterien ein starker Anreiz besteht, die Anzahl der Beitragsjahre nicht weiter zu erhöhen. Vor diesem Hintergrund wäre eine weniger trennscharfe Interpretation der Anspruchskriterien zielführender, sodass etwa in Form eines linearen Übergangsbereiches ein Aufschlag zwischen null und hundert Prozent gewährt würde (vgl. Kap. 3.4). In diesem Zusammenhang stellt sich auch die Frage, wie bei einer Festlegung auf die Anzahl der Beitragsjahre mit der Unterscheidung zwischen Erwerbstätigkeit in Vollzeit und Teilzeit verfahren werden muss.

Nicht zuletzt muss bei solchen Reformvorhaben grundsätzlich die Frage nach dessen Finanzierungsquelle beantwortet werden.[316] Der Differenzbetrag durch eine Aufstockung der tatsächlich erzielten Anwartschaft auf die „Solidarische Lebensleistungsrente" widerspräche dem Grundsatz der Beitragsäquivalenz und liefe somit dem ökonomischen Versicherungsgedanken in der GRV zuwider. Die Finanzierung aus Beitragsmitteln der Versicherten würde eine Beitragssatzerhöhung nach sich ziehen, welcher wiederum eine Bruttolohnerhöhung folgen würde, um die notwendige Referenzrente zu realisieren. Mit dem Unterschied eines größeren Kreises der an der Finanzierung beteiligten Personen gilt dies in gleichem Maße für eine steuerfinanzierte „Solidarische Lebensleistungsrente". Aus Gründen ihres Fürsorgecharakters wäre eine Steuerfinanzierung allerdings in jedem Fall vorzuziehen.[317]

Jiménez-Martín (2015) betrachtet die Institution der staatlichen garantierten Mindestrente unter dem Gesichtspunkt der von ihr ausgehenden Anreizeffekte. Dabei stellt er heraus, dass eine Mindestrente als bedarfsorientierte Fürsorgeleistung zwar den Lebensstandard von Bedürftigen sichern kann, nur moderate Anreizsignale zur Frühverrentung sendet und grundsätzlich von reich nach arm umverteilt.[318] Allerdings sind auf der anderen Seite einige Negativanreize zu nennen. Wie bereits in den vorangegangenen Kapiteln theoretisch und empirisch gezeigt wurde, gehen von einer staatlich garantierten Mindestrente für Geringverdiener im Speziellen und für Risikogruppen im Allgemeinen klare Fehlanreize auf das Arbeitsangebot aus. Insbesondere für Personen im frühverrentungsfähigen Alter sind diese Negativanreize auf das individuelle Arbeitsangebot am größten. Darüber hinaus sendet

---

316 Im Rahmen einer Bewertung des gesamtwirtschaftlichen Effekts ist zunächst grundsätzlich festzuhalten, dass aus der Anhebung der Renteneinkommen höhere Steuereinnahmen resultieren, welche mit dem finanziellen Mehrbedarf durch die Reform saldiert werden müssten. Die Auswirkung der Besteuerung von Rentnerinnen und Rentnern dürfte jedoch quantitativ nicht sehr bedeutend sein.

317 Vgl. die Argumentation in Traub/Finkler (2013).

318 Diesem Aspekt kann nicht unter jeder Bedingung zugestimmt werden, wie oben erläutert wurde. Je nach Ausgestaltung und Finanzierungsquelle der Sozialleistung wird nicht von reich nach arm, sondern von innerhalb der Mittelschicht oder sogar von arm nach reich umverteilt, wenn bspw. eine Person mit einem niedrigen individuellen Rentenanspruch, jedoch aufgrund anderer zu berücksichtigender Einkommen und Vermögen innerhalb des Haushaltskontextes nicht bedürftig ist.

die Existenz einer staatlich garantierten Fürsorgeleistung im Alter auch Signale an Individuen und Haushalte, die die die Beurteilung der Notwendigkeit zur Bildung einer Ersparnis verzerren. So kann es aus wohlfahrtsökonomischer Perspektive nicht wünschenswert sein, ein Renteneinkommen auf Kosten der Gesellschaft zu beziehen anstatt in Form des Aufbaus einer privaten Ersparnis eigenverantwortlich für die Ruhestandsphase vorzusorgen.

8.3 Verhaltensökonomischer Ansatz: Nudging in der Altersvorsorge

Wie mittlerweile auf etlichen anderen Feldern (z.B. der Umwelt- und Verbraucherschutzpolitik) wird auch in der Alterssicherung mit Lösungsansätzen aus der Verhaltensökonomie operiert. Da für die Gesetzliche Rentenversicherung ein Versicherungszwangszwang besteht, sind diese Ansätze insbesondere in der zweiten und dritten Säule der deutschen Alterssicherung von höherer Relevanz.

Das auf Thaler und Sunstein (2003) zurückgehende Konzept eines libertären Paternalismus verwendet sog. *nudges*. Darunter werden Verhaltensanstöße (wörtlich: „Stubser") verstanden, die das individuelle Verhalten in eine wünschenswerte Richtung lenken, ohne dabei jedoch die Privatautonomie zu gefährden, indem von der Verwendung von Anordnungen und Verboten abgesehen wird. Durch dieses Instrument kann es demnach möglich sein, den Anteil privater Altersvorsorge in Deutschland zu erhöhen, ohne jedoch die Freiheit und Souveränität der Konsumenten einzuschränken.

Aufgrund der Tatsache, dass die tatsächliche private Ersparnis mit dem Zweck der Altersvorsorge ein meritorisches Gut darstellt, müssen zunächst die Gründe dafür identifiziert werden, welches Verhalten zu einer nicht bedarfsgerechten Höhe der privaten Altersvorsorgeaufwendungen führt. Da individuelles Verhalten in der Realität in den meisten Fällen nicht dem Ansatz des *homo oeconomicus* folgt, sondern systematischen Verzerrungen (*biases*) unterliegt, müssen die Politikinstrumente entsprechend angepasst werden, wenn das Altersvorsorgesparen stimuliert werden soll.[319] Als solche Verzerrungen menschlichen Verhaltens in der Alterssicherung gelten vor allem:[320]

- Der *Status quo bias*, d.h. die Tendenz, die jetzige Situation einer Veränderung vorzuziehen und daher sein Verhalten nicht zu ändern
- *Myopie und Gegenwartspräferenz:* Geringschätzung zukünftiger Ereignisse
- *Prokrastination*, d.h. in der Zukunft liegende Ereignisse werden insbesondere dann aufgeschoben, wenn sie komplex und ungewohnt sind, sodass nur wenig auf Erfahrungswerte zurückgegriffen und sich einfacher Entscheidungsheuristiken nicht bedient werden kann
- *Hyperbolische Diskontierung:* aufgrund einer zeitinkonsistenten Präferenzstruktur ist der Wille, ein zukünftiges Ereignis zu realisieren, zum gegenwärtigen

319 Siehe dazu auch die Ausführungen im folgenden Kapitel 8.4.
320 Vgl. Reisch/Sandrini (2015).

Zeitpunkt stark ausgeprägt; je näher das Ereignis rückt, desto stärker ist der Drang, die Aufgabe aufzuschieben.

- *Mangelnde bzw. begrenzte Selbstkontrolle*
- *Informationsüberlastung:* Ist die Menge der zur Verfügung stehenden Optionen zu groß, kann der Entscheider schnell überfordert sein, was in Passivität und einem Nicht-Zustandekommen einer Entscheidung münden kann.

International wurden im Bereich der Alterssicherung bereits einige verhaltenswissenschaftlich fundierte Politiken erfolgreich implementiert. Mit dem „KiwiSaver"-Programm hat Neuseeland weltweit als erstes ein auf verhaltenswissenschaftlichen Prinzipien fundierendes lohnbasiertes, freiwilliges Altersvorsorgeprogramm entwickelt, in der automatisch alle Beschäftigten im erwerbsfähigen Alter versichert sind.[321] Für den Anteil der Ersparnis am Bruttogehalt existieren dabei wenige verschiedene, frei wählbare Möglichkeiten; sowohl die Sparquote als auch die Teilnahme an sich kann dabei angepasst werden. Um der mangelnden Selbstkontrolle Rechnung zu tragen, ist bis auf wenige Ausnahmen[322] ein Zugriff auf das angesparte Altersvorsorgekapital nicht vor Vollendung des 65. Lebensjahres möglich.

Das Setzen von Defaults hat sich im Falle des *401k*-Programms aus den USA ebenfalls als sehr effizientes Instrument erwiesen, wodurch die Verbreitungsquote privater Altersvorsorge erheblich angestiegen ist (vgl. Madrian/Shea, 2001). Allerdings weisen Choi et al. (2004) auch darauf hin, dass der Default sorgfältig gewählt werden muss, da die Teilnehmer des Programms nicht nur hinsichtlich der Teilnahme in ihren ursprünglichen Verhaltensmustern verharren, sondern auch bei der Wahl der Höhe ihrer Sparquote oder ihrer Portfoliozusammensetzung im Zeitverlauf keinerlei Anpassungen vornehmen, sodass potenziell attraktivere Alternativen unter Umständen keine Beachtung finden.[323]

Ähnliche Programme existieren mit dem „National Employment Savings Trust"-Programm[324] in Großbritannien, dem „Lifelong Income for Elderly"-Programm[325]

---

321 Vgl. MacPherson (2006).

322 Dazu gehört etwa der Erwerb eines Eigenheims, schwere Krankheiten oder der Umzug auf einen anderen Kontinent, siehe auch http://www.kiwisaver.govt.nz/new/about/

323 Daran knüpft der *Drop-Out*-Effekt an. Demnach können durch die Wahl eines Defaults zwar solche Personen erreicht werden, die vorher passiv waren. Aufgrund der sich einstellenden Passivität der Teilnehmer steht dies in Kontrast mit einer aktiven Entscheidungsfindung eines souveränen Konsumenten zuwider (vgl. Chaplin/Martin, 2012).

324 Im Zuge einer Regelung des „Pension Acts" von 2008 sind alle Arbeitgeber verpflichtet, Arbeitnehmer im Alter von 22 bis zum Renteneintritt ab einem bestimmten Einkommen verpflichtend zu versichern. Es besteht eine Opt-Out Option. Die Teilnahmequote am Rentenprogramm konnte dadurch um ca. ein Drittel gesteigert werden (vgl. Department for Work and Pension, 2016).

325 Durch das CFP LIFE Programm soll die Auswahl vereinfacht und das System mit einem zum Wohl der meisten Sparer vorteilhaften Default versehen werden.

in Singapur sowie dem „My Super“-Programm[326] in Australien. Diese machen sich sowohl den *Status quo bias* zu Nutze, indem der Default auf „Teilnahme“ gesetzt wird; darüber hinaus besteht in allen Programmen die Möglichkeit des Opting-Out. Nachdem die Standardeinstellung sowohl bei betrieblicher als auch bei privater Altersvorsorge auf „Automatische Altersvorsorge“ gesetzt wurde, entfällt diese erst nach explizitem Widerruf.[327]

8.4 Nudges in der deutschen Alterssicherung: Die Deutschland-Rente

Die Lenkung individuellen Verhaltens durch Nudges bietet im Bereich privater Altersvorsorge zahlreiche Umsetzungsmöglichkeiten. Haupt (2014) führt an, dass unter der Annahme geringer Konsumentensouveränität im Bereich freiwilliger, privater Altersvorsorge durch „weiche“ Nudges ein seitens des Staates bereitgestelltes Basisprodukt als Alternative zur Produktpalette privater Anbieter installiert werden könnte.

In diesem Kontext ist der Ende 2015 in der Rentendebatte aufgetauchte Vorschlag einer „Deutschland-Rente“ zu verorten.[328] Dieser umfasst die Idee eines zentral verwalteten Rentenfonds und soll eine attraktive Alternative zur betrieblichen Altersvorsorge und allgemein zu Riester-Produkten darstellen, wovon insbesondere letztere bisher nicht in alle Einkommensschichten durchgedrungen sind (vgl. Geyer/Steiner, 2009b; Börsch-Supan et al., 2013) und zudem aufgrund ihrer Ausgestaltung und mangelnden Übersichtlichkeit mit Akzeptanzproblemen zu kämpfen haben. So hat in Deutschland nur knapp jeder Zweite (bzw. jeder Vierte in kleinen Betrieben)

Ebenfalls wurde mittels eines Framing-Mechanismus der Begriff „Lifelong Insurance Scheme“ durch einen positiver konnotierten Begriff „Lifelong Income for the Elderly“ ersetzt. Vgl. dazu Low et al. (2011).

326 Basierend auf dem sog. „Cooper-Report“ (Cooper et al., 2010) beugen Altersvorsorgeprodukte des „My Super“-Programms dem Phänomen der Informationsüberlastung vor und nehmen -unter staatlicher Aufsicht- dem Sparer die komplexe Entscheidung bereits im Vorfeld ab.

327 Vgl. Choi et al. (2006), die außerdem feststellen, dass die Teilnehmerquote bei einem Opt-out-Modell deutlich höher ist als bei einem Opt-in-Modell wie der Riesterrente, bei der der Versicherungsnehmer aktiv werden muss, wenn er private Altersvorsorge betreiben möchte.

328 Der Vorschlag wurde durch die drei Staatsminister des Landes Hessen, namentlich Tarek Al-Wazir (B90/Grüne, Wirtschaft), Stefan Grütter (CDU, Soziales) und Thomas Schäfer (CDU, Finanzen) als alternativen Weg in der Altersvorsorge vorgeschlagen. Das Positionspapier von Al-Wazir et al. (2015) zur Deutschland-Rente ist online abrufbar unter www.deutschlandrente.hessen.de (Stand: 11. Mai 2016). In der korrespondierenden medialen Berichterstattung wurde der Begriff Deutschlandfonds synonym verwendet, vgl. Frankfurter Allgemeine Zeitung vom 23. Dezember 2015 (FAZ, 2015).

einen Anspruch auf eine betriebliche Alterssicherung erworben.[329] In einer ähnlichen Größenordnung bewegt sich der Verbreitungsgrad der Riester-Rente, welcher nochmals kleiner ist, je geringer das Einkommen ist. Vor dem Hintergrund einer aus der Schwächung der ersten Säule resultierenden Versorgungslücke weisen diese Zahlen auf einen dringend erforderlichen Nachholbedarf in der zweiten und dritten Säule des deutschen Alterssicherungssystems hin, wenn auch zukünftig ein vergleichbares Versorgungsniveau realisiert werden soll.

Wie im Fall der Riester-Rente würde ein solcher Fonds der Informationsüberlastung potenzieller Altersvorsorgesparer vorbeugen, ohne dabei die Möglichkeit eines Vertragsabschlusses bei einem alternativen Anbieter einzuschränken. Die Deutschland-Rente als staatlich verwalteter Fonds könnte außerdem eine vertrauenswürdige Standardanlageform anbieten, mit der zu geringen Kosten freiwillig für das Alter vorgesorgt werden kann. In der zweiten Säule würde er als Substitut für die betriebliche Altersvorsorge mit Opt-out-Option dem *Status quo bias* Rechnung tragen, indem standardmäßig jeder Arbeitnehmer zusätzlich kapitalgedeckte Altersvorsorge betreibt, solange er nicht aktiv Widerspruch dagegen einlegt.

Darüber hinaus könnten durch im Rahmen eines Beschäftigungsverhältnisses im Voraus festgelegte automatische Beitragssteigerungen (etwa mit jeder Lohnerhöhung) bei gleichzeitig flankierenden Opt-out-Regelungen die Sparquote kontinuierlich erhöht werden;[330] das Altersvorsorgekapital würde somit durch dynamische Beitragssätze akkumuliert. Haupt (2014) schlägt außerdem vor, im Bereich freiwilliger privater Altersvorsorge verstärkt Aufklärung über mögliche Verletzungen des Rationalitätsprinzips sowie der intertemporalen Nutzenmaximierung zu betreiben, um zusätzlich für die eben angesprochenen Strategien zu sensibilisieren.

Allerdings ist bei einem solchen staatlich organisierten Fonds einerseits zu beachten, dass das Altersvorsorgekapital bei einem aktiv gemanagten Fonds erheblichen politischen Risiken unterworfen ist. So dürften die politischen Entscheider unterschiedlicher Couleur teilweise diametral entgegengesetzte Vorstellungen haben, in welche Art von Anlagen der Fonds investieren sollte bzw. darf. Dies wiederum würde sich mitunter stark auf die zu erzielende Rendite auswirken. Der der Deutschland-Rente als Vorbild dienende norwegische Generationenfonds orientiert sein Investment an ethischen Standards. Dies mag zunächst wünschenswert erscheinen; allerdings sollte ein staatlicher Alterssicherungsfonds wie die Deutschland-Rente lediglich einer Rendite zur Sicherung der Alterseinkommen der Versicherten unterworfen sein. Das Risiko, dass Mittel aus dem Vermögen der die Deutschland-Rente verwaltenden Gesellschaft zur Finanzierung politisch gewollter Projekte (wie etwa dem Ankauf von Staatsanleihen, der Finanzierung prestigeträchtiger Infrastrukturprojekte oder der Begünstigung politischer Interessengruppen)

---

329 Vgl. Al-Wazir et al. (2015).

330 Vgl. Thaler/Benartzi (2004); „Save more tomorrow", das neben der automatischen Teilnahme an einem Altersvorsorgeprogramm als klassisches Beispiel für einen Nugde in der Altersvorsorge gilt.

finanziert würden, wäre in einem solchen Fall nicht zu vernachlässigen. In der Konsequenz würde dies einem der Ziele der Deutschland-Rente – nämlich „Vertrauen in die zusätzliche Altersvorsorge [zu] schaffen“ (Al-Wazir et al., 2015; S. 4) – zuwiderlaufen.

Auch vor dem Hintergrund ihres zweiten Ziels, „einen wichtigen Beitrag gegen eine massive Zunahme von Altersarmut“ (vgl. Al-Wazir et al., 2015; S. 4) zu leisten, lässt die Deutschland-Rente ein konsistentes Lösungskonzept vermissen. Zwar werden Personen ohne längere Unterbrechungen ihrer Erwerbsverläufe die Versorgungslücke im Alter durch zusätzliche private Vorsorge in Form einer Deutschland-Rente zumindest teilweise schließen können; da die Entrichtung der Beitragszahlungen in den Vorsorgefonds jedoch eng an die Erwerbstätigkeit gekoppelt ist, bleiben die in Kap. 5 und 6 identifizierten Personenkreise, die mit einem überdurchschnittlich hohen Altersarmutsrisiko konfrontiert sind, von den positiven Kompensationseffekten der Deutschland-Rente untangiert. Dazu gehören aufgrund ihres hohen Arbeitslosigkeitsrisikos bildungsferne Schichten im Allgemeinen und Frauen mit durch Kindererziehungszeiten bedingten Erwerbsunterbrechungen im Speziellen.

Neben weiteren bisher offenen Diskussionspunkten[331] am Konzept der Deutschland-Rente ist die Beschränkung der Anrechnung auf die Grundsicherung im Alter ein wichtiges und noch offenes Handlungsfeld. Vor dem Hintergrund der bereits mehrfach angesprochenen Legitimationskrise der Alterssicherung sowie Frage nach der individuellen Rationalität privater Altersvorsorge müssen Anreize zu einem Aufbau privater Altersvorsorge für solche Personen geschaffen werden, für die es aufgrund hoher Anrechnungsquoten bei der Grundsicherung im Alter nicht rational ist, Altersvorsorge zu betreiben. Konkrete Reformansätze zur Behebung der Altersarmut – insbesondere innerhalb der in dieser Arbeit identifizierten Problemgruppen – sind Gegenstand des folgenden Kapitels 8.5.

8.5 Problemgruppen im Fokus künftiger Reformanstrengungen

Wie durch die Ergebnisse des Mikrosimulationsmodells in Kapitel 6 gezeigt werden konnte, sind Personen mit bestimmten soziodemographischen Merkmalen mit einem überdurchschnittlich hohen Altersarmutsrisiko konfrontiert. Dies betrifft im Allgemeinen Geringgebildete und Frauen, insbesondere in Single-Haushalten. Daraus ergeben sich zielgruppenspezifische Reformbausteine, sodass sich eine klare

331 Dazu gehören etwa „technische Verbesserungen“ im heutigen Riester-Zulagensystem zur problemlosen Abführung der Beiträge über Arbeitgeber, Erweiterung des anspruchsberechtigten Personenkreises (d.h. die Ausweitung auf Beamte, Selbständige und Minijobbern) sowie die Etablierung einer Öffnungsklausel für beschränkte Garantien bei betrieblichen und privaten Altersvorsorgeprodukten im derzeitigen Niedrigzinsumfeld.

Montageanleitung für den notwendigen Umbau der Alterssicherung in Deutschland ableiten lässt.

Ungeachtet der Tatsache, dass bzgl. der ersten Säule der deutschen Alterssicherung eine Transformation zu einem System mit steuerfinanzierter Basisversorgung und individueller, einkommensabhängiger Komponente[332] die erstbeste Lösung darstellt und zudem ein wirksamer Ansatz zur Behebung der Legitimationskrise der GRV wäre, bestehen darüber hinaus vielfältige Reformoptionen auf mehreren Ebenen.

Anstatt kurativer Maßnahmen sind in erster Linie präventive Maßnahmen zu ergreifen, die Altersarmut gar nicht erst entstehen lassen. Dazu gehören insbesondere Reformen im Bildungssektor und auf dem Arbeitsmarkt, um mehr Chancengleichheit zu erreichen und somit soziale Teilhabe aus eigener Kraft über den gesamten Lebenszyklus hinweg zu ermöglichen. Bildungsbedingte fehlende Chancengleichheit pflanzt sich von frühen Lebensphasen über die gesamte Erwerbsbiographie in Form von gravierenden Einkommenslücken bis ins Alter fort und birgt die Gefahr, mittel- und langfristig in fehlender Akzeptanz der Alterssicherung zu münden und allgemein das Vertrauen in die soziale Marktwirtschaft weiter zu erodieren.

Für Erwerbspersonen, deren betrieblicher und privater Altersvorsorgeanteil bisher hinter einem lebensstandardsichernden Ausmaß zurückgeblieben ist, müssen Anreize zum Aufbau zusätzlicher Altersvorsorge geschaffen werden. Ein geeignetes Instrument stellt das Konzept der Deutschland-Rente dar, welches sich Erkenntnisse aus der Verhaltensökonomie zu Nutze macht. Zwar kann die Einführung verhaltensökonomisch fundierter Instrumente dazu beitragen, die Verbreitungsquote betrieblicher und privater Altersvorsorge zu erhöhen; dennoch sind die oben beschriebenen Instrumente stets eng mit Erwerbstätigkeit verbunden. Aus diesem Grund kann das Ziel der Vermeidung von Altersarmut selbst durch die Verwendung von Nudges in der Altersvorsorge weitgehend verfehlt werden, wenn Reformen auf dem Arbeitsmarkt ausbleiben, da die von Altersarmut gefährdeten Personenkreise nicht erreicht werden (können). Selbst wenn durch geeignete Nudges individuellen (kognitiven) Verhaltensanomalien entgegengewirkt werden kann, bleiben diese wirkungslos, wenn angesichts eines zu niedrigen Einkommens (etwa aufgrund atypischer oder gar keiner Beschäftigung) keine Mittel zur Verfügung stehen, eine altersvorsorgerelevante Ersparnis zu bilden.

Grundsätzlich sei an dieser Stelle angemerkt, dass aus verhaltensökonomischer Sicht für die jeweiligen identifizierten Problemfelder der Alterssicherung verschiedene Fragestellungen bestehen, die unterschiedliche Handlungsoptionen implizieren. Wie bereits angesprochen, ist für die private Altersvorsorge im Speziellen und für verhaltensökonomische Altersvorsorgepolitiken im Allgemeinen mehr Transparenz sinnvoll, um individuell rationales Handeln zu fördern (Haupt, 2014). Wie in den vorangegangenen Kapiteln gezeigt wurde, würde höhere individuelle Ra-

332 Dabei kann diese aus mehreren Elementen bestehen, sowohl kapitalgedeckt als auch umlagefinanziert, um sämtliche Risiken möglichst breit zu diversifizieren

tionalität hingegen dazu führen, dass sowohl die altersvorsorgerelevante Ersparnis als auch das sozialversicherungspflichtige Arbeitsangebot reduziert werden und die Individuen ihren Gegenwartskonsum im Extremfall durch Arbeit in der Schattenwirtschaft finanzieren.

Insbesondere für Geringverdiener bestehen sowohl aufgrund des knappen Budgets in der Erwerbsphase als auch hoher Anrechnungsquoten bei der Grundsicherung im Alter wenig Anreize zum Aufbau einer privaten Altersvorsorge. Eine ähnliche Problematik ergibt sich im Fall der GRV: Selbst mit 30 Beitragsjahren besteht bei einem zu geringen durchschnittlichen Einkommen während der Erwerbsphase das Risiko, im Alter ein Einkommen knapp oberhalb oder gar unterhalb der gesetzlich garantierten Grundsicherung im Alter zu erzielen.

Das trotz geleisteter Beiträge auftretende Problem eines unzureichenden Versorgungsniveaus kann zwar durch kurative Maßnahmen wie z. B. einer armutsvermeidenden Mindestrente (Kap. 8.2) zunächst gelöst werden; die daraus resultierende Legitimationskrise der GRV bleibt jedoch bestehen. Wirksam bekämpft werden kann diese nur durch die bereits angesprochenen Reformen im Bildungssektor und dem Arbeitsmarkt. Darüber hinaus ist an dieser Stelle nochmals festzuhalten, dass Symptome anstatt Ursachen bekämpfende Maßnahmen wie eine armutsvermeidende Mindestrente stets zu Lasten heutiger Beitragszahler gehen und den intergenerativen Verteilungskonflikt weiter verschärfen. Solche Maßnahmen müssten im Gegenzug durch eine Erhöhung der Rentenversicherungsbeiträge finanziert werden, sodass die Lohnkosten weiter steigen würden. Im Fall von Sparern, für die der Aufbau privater zusätzlicher Altersvorsorge nicht anreizkompatibel ist, kann durch die Einführung eines linearen Übergangsbereichs bei der Anrechnung auf die Grundsicherung im Alter begegnet werden (vgl. auch Abb. 3–2 in Kapitel 3.4). Somit können Geringsparer zumindest teilweise dafür belohnt werden, wenn sie eigenständig einen Teil zum Renteneinkommen aus kapitalgedeckter Altersvorsorge beitragen.

Beiträge zu einer betrieblichen, aber auch privaten Altersvorsorge stammen aus einem laufendem Einkommen und stehen dadurch in einem Zusammenhang mit Erwerbstätigkeit. Hauptursache von Altersarmut bleiben somit diskontinuierliche Erwerbsverläufe. Insbesondere bei atypischer Beschäftigung sowie Erwerbsunterbrechungen durch Kindererziehungszeiten und solche der Pflege eines Angehörigen haben nicht nur direkte Auswirkungen auf das aktuelle Erwerbs-, sondern auch auf das spätere Renteneinkommen. Davon sind insbesondere (alleinerziehende) Frauen betroffen, die sich darüber hinaus von der Erwerbsunterbrechung anschließend nur schwerlich erholen und nicht mehr an den Arbeitszeitumfang bzw. an das Lohnniveau aus der Zeit davor anknüpfen (vgl. Beblo/Wolf, 2002; Boll, 2009a, 2009b; Görlich/de Grip, 2007).

Demnach ist Altersarmut nicht nur eine renten-, arbeitsmarkt- bzw. bildungspolitische, sondern zusätzlich eine familienpolitische Frage. Veränderte Familienstrukturen gehen zwar einerseits mit einer gestiegenen ökonomischen Unabhängigkeit der Frau einher; gleichwohl steht das erhöhte Risiko, im Alter eine Rente unterhalb der Grundsicherung zu beziehen, damit in diametralem Widerspruch. Boll (2009a) kennzeichnet die bessere Vereinbarkeit von Familie und Beruf als „Schlüssel zur Verminderung [von] Lohneinbußen sowie der damit verbundenen Humankapitalentwertung von Frauen, Armut von Familien und Fehlanreizen für Geburten." (vgl. Boll, 2009a; S. 25). Dazu gehört in erster Linie ein flächendeckendes Angebot an Betreuungsplätzen in Kindertagesstätten, um für Familien echte Wahlfreiheit zu erzeugen. Boll und Reich (2012) unterziehen das mit der Intention der Wahlfreiheit zwischen der Inanspruchnahme eines öffentlichen Betreuungsangebotes und der Kindererziehung im privaten Haushalt durch einen Elternteil geschaffene Betreuungsgeld einer kritischen ökonomischen Analyse.[333] Sie entkräften zum einen sämtliche ökonomische Argumente der Befürworter (Wahlfreiheit zwischen Betreuungsalternativen, Anerkennung der elterlichen Betreuungsleistung, Ausgleich für einen Lohnausfall bzw. Nichtinanspruchnahme einer öffentlichen Leistung, Kindeswohl bzw. kindliche Entwicklung sowie sozialpolitische Motive).

Zum anderen weisen die Autorinnen für das Betreuungsgeld nachteilige Effekte sowohl auf Mikro-, als auch auf Makroebene aus. Dazu gehören in vorderster Front negative Effekte auf das elterliche Erwerbsverhalten sowie damit einhergehende Einkommens- und Armutseffekte. Da die Erziehungsleistung in Familien in Deutschland nach wie vor vom weiblichen Elternteil erbracht wird, zementieren sozialpolitische Instrumente wie ein Betreuungsgeld die geschlechtsspezifische Lohnlücke im Besonderen und konterkarieren die Gleichbehandlung von Mann und Frau im Allgemeinen.

Die Effekte solcher investiven Maßnahmen wie den oben genannten kommen zwar erst in der mittel- und langfristigen Frist zum Tragen; allerdings leisten sie nicht nur einen Beitrag zur Gleichberechtigung von Mann und Frau, sondern sind auch eher als konsumtive Maßnahmen in der Rentenpolitik dazu geeignet, das Übel der Altersarmut an der Wurzel zu bekämpfen. Wie aus den Ergebnissen der Mikrosimulation klar hervor geht, bilden insbesondere alleinerziehende bzw. in Singlehaushalten lebende Frauen eine der Gruppen, für die in der Zukunft ein erhöhtes Altersarmutsrisiko besteht. Die bessere Vereinbarkeit von Familie und Berufstätigkeit stellt daher neben Reformen im Bildungssektor eines der zentralen Handlungsfelder für zukünftige politische Maßnahmen zur Bekämpfung von Altersarmut dar.

---

333 Ungeachtet der negativen Auswirkungen für Mütter kritisieren Boll und Reich (2012) die negativen ökonomischen Aspekte für Kinder, die von einem Betreuungsgeld ausgehen.

9 Zusammenfassender Überblick und Schlussbetrachtungen

Ausgangslage war die Beobachtung, dass Individuen während des Erwerbslebens trotz eines sinkenden Versorgungsniveaus nicht im entsprechenden Umfang für das Alter vorsorgen, sodass der Lebensstandard auch in der Ruhestandsphase gehalten werden kann. So besteht in Politik und Wissenschaft weitgehend Konsens darüber,[334] dass in einigen Fällen das Ausmaß individuell betriebener Altersvorsorge nicht ausreichen wird und somit die GRV ihrem Auftrag nicht nachkommen kann, allgemein den Lebensstandard im Alter zu sichern und im Besonderen Altersarmut zu vermeiden. In dieser Arbeit konnte gezeigt werden, dass es für einen bestimmten Personenkreis nicht rational ist, gesetzliche oder freiwillige private Alterssicherung zu betreiben.

Vor diesem Hintergrund stellte sich die Frage, ob im Rahmen der individuellen Altersvorsorge zukünftige Ereignisse nicht adäquat bewertet werden oder ob es aufgrund der bloßen Existenz einer staatlich garantierten, faktischen Mindestrente und der institutionellen Ausgestaltung der Grundsicherung im Alter Ausdruck eines rationalen Entscheidungskalküls ist, den Umfang der Altersvorsorge zu Gunsten größeren Gegenwartskonsums zu reduzieren. Der Rückgang des staatlichen Einflusses auf das Angebot auf dem Gebiet der Alterssicherung ruft eine Diskussion darüber hervor, ob überhaupt noch eine Rechtfertigung für die Klassifizierung der Alterssicherung als meritorisches Gut im Musgravschen Sinne besteht. Angesichts eines sinkenden Versorgungsniveaus bei gleichzeitiger Existenz eines gesetzlich garantierten Existenzminimums sowie dessen institutioneller Ausgestaltung steht ein Alterssicherungssystem mit obligatorischem Charakter vor einem immensen Legitimationsproblem.

Um diese Frage zu beantworten, wurde zunächst theoretisch mit Hilfe eines Modells überlappender Generationen gezeigt, dass insbesondere Geringverdiener rational handeln, wenn sie den Umfang ihrer betriebenen Alterssicherung reduzieren (Kap. 4). Im Rahmen eines intertemporalen Optimierungskalküls ist es aufgrund einer staatlich garantierten, faktischen Mindestrente in Form der Grundsicherung im Alter für Haushalte unter perfekter Voraussicht anreizkompatibel, erstens das sozialversicherungspflichtige Arbeitsangebot und somit die Entrichtung von Beiträgen zur Gesetzlichen Rentenversicherung einzuschränken. Zweitens treffen solche Haushalte, die im Alter ein Renteneinkommen unterhalb der Grundsicherung erwarten, eine rationale Entscheidung, indem sie eine geringere Ersparnis bilden. Demnach reduziert die Existenz einer staatlich garantierten Mindestrente den Anreiz zum Aufbau eines privaten Altersvorsorgekapitalstocks.

334 Vgl. BMAS (2016b; 2016c), Börsch-Supan et al. (2006b), Färber (2004), Ruland/von der Heide (2004) und Schmähl (2004).

In einem alternativen OLG-Modell wurden dem repräsentativen Haushalt in einem verhaltensökonomischen Ansatz zeitinkonsistente Präferenzen und ein hyperbolisches Diskontierungsmuster unterstellt. Dabei wurde theoretisch gezeigt, dass ein beschränkt rational agierender Haushalt sein Arbeitsangebot im Verlauf des Erwerbslebens entgegen seiner ursprünglich getroffenen Entscheidung reduziert, wenn er lediglich einen Lohn unterhalb einer kritischen Schwelle erzielt. Daraus lässt sich ableiten, dass insbesondere Geringverdiener eine zeitinkonsistente Altersvorsorgeentscheidung treffen.

Basierend auf diesen modelltheoretischen Ergebnissen wurde ein mikroanalytisches Simulationsmodell entwickelt, mit dessen Hilfe das Altersvorsorgeverhalten zukünftiger Rentnergenerationen auf Grundlage von Daten der Deutschen Rentenversicherung Bund, des Sozio-oekonomischen Panels sowie der Deutschen Bundesbank simuliert wurde. Basierend auf dem bisherigen Erwerbsverhalten wurden die individuellen Erwerbsbiographien bis zum Renteneintritt fortgeschrieben, um eine Aussage über die Renteneinkommen auf Individual- und Haushaltsebene treffen zu können.

Die Simulation individueller Erwerbsbiographien sowie der daraus resultierenden Rentenzahlbeträge im Status quo hat ergeben, dass Haushalte mit einem zu erwartenden Renteneinkommen unterhalb der Grundsicherung im Alter dennoch Altersvorsorge betreiben. Die Garantie eines Existenzminimums im Alter wirkt wie eine hundertprozentige Steuer auf all jene Rentenbeiträge, deren korrespondierendes Erwerbseinkommen zu einer Rente unterhalb der Grundsicherung führen würde. Daher existiert aus Sicht des Haushalts der Anreiz, sich über die Beitragspflicht hinwegzusetzen und somit seine Konsummöglichkeiten in der Aktivphase zu steigern. Zwar besteht für den überwiegenden Anteil der Erwerbsbevölkerung in Deutschland Versicherungszwang, sodass die Aufkündigung des Generationenvertrages in der Alterssicherung nicht möglich ist. Allerdings kann dieser zumindest theoretisch etwa durch die Reduzierung des sozialversicherungspflichtigen Arbeitsangebots, den Wechsel in nicht-abhängige Beschäftigung, eine Abwanderung in die Schattenwirtschaft oder Emigration umgangen werden.

In einer Variante der Simulation wurde nun von einem individuellen Rationalitätsszenario ausgegangen, wonach intertemporal optimierende Haushalte gemäß ihrem rationalen Entscheidungskalkül ihr sozialversicherungspflichtiges Arbeitsangebot reduzieren, sofern sie im Alter ein Einkommen unterhalb der gesetzlich garantierten Grundsicherung erwarten. Zwar muss der Konsum bzw. ein Mindestbedarf während der Erwerbsphase gedeckt werden, sodass die plötzliche Einstellung sozialversicherungspflichtiger Beschäftigung nicht als sehr realistisch erscheint. Gleichwohl soll anhand dieser Extremlösung gezeigt werden, wie viele Personen betroffen wären und welche fiskalischen Auswirkungen von einer Situation mit perfekt rational agierenden Haushalten ausgingen.

Eine „über Nacht"-Rationalität der GRV-Versicherten würde unter Beibehaltung des institutionellen Status quo zu einem Ausfall von im Barwert 254 Mrd. Euro durch nicht gezahlte Beiträge von 17,6 Mio. Versicherten aus 7,6 Mio. Haushalten führen. In der Rentenformel würde die reduzierte Anzahl der sozialversicherungspflichtig Beschäftigten zu einem *ceteris paribus* um sieben Prozent niedrigeren aktuellen Rentenwert führen. In einer Variation des Szenarios wurde zwar weiterhin vom Rationalitätskalkül ausgegangen, allerdings verhalten sich Individuen und Haushalte nicht ab einem absoluten Zeitpunkt rational, sondern treffen die Entscheidung über die Bereitstellung ihres Arbeitsangebots ab einem bestimmten Zeitraum vor Eintritt in die Rentenphase. Erwartungsgemäß ist der Barwert entgangener Beitragszahlungen umso größer, je größer der zeitliche Abstand zum Renteneintritt ist.

Neben der Simulation der Höhe des individuellen Arbeitsangebots wurde außerdem die altersvorsorgerelevante Ersparnis betrachtet (Kap. 6). Deren Analyse bestätigt die aus dem theoretischen Modell gewonnenen Erkenntnisse: Haushalte, die ein Renteneinkommen unterhalb der Grundsicherung im Alter erwarten, sparen signifikant weniger für den Aufbau einer Altersvorsorge. Zunächst erscheint diese Schlussfolgerung naheliegend, da eben jene Haushalte unter der Referenzgrenze erwartet werden, die sämtliche Armutsrisiken aufweisen und somit die Verbindung zu einer niedrigen Sparfähigkeit (und -willigkeit) hergestellt werden kann. Dieser Personenkreis baut eine altersvorsorgerelevante Ersparnis auf, die jedoch aufgrund hoher Anrechnungsquoten ihr Ziel verfehlt: Die betroffenen Haushalte mindern ihren Gegenwartskonsum ohne gleichzeitig ihre zukünftigen Konsummöglichkeiten im Alter zu steigern. Unter der Annahme vollständiger Rationalität müsste die Ersparnis mit dem Motiv der Altersvorsorge gleich Null sein, sodass im Rahmen einer Bedarfsprüfung nicht darauf zurückgegriffen werden könnte.

Um aus der Entwicklung zukünftiger Renteneinkommen und insbesondere deren Verteilung Implikationen für zukünftige politische Reformen abzuleiten, wurden die simulierten Renteneinkommen einer umfassenden Analyse unterzogen. Diese hat ergeben, dass insbesondere geringqualifizierte, weibliche, in den neuen Bundesländern beheimatete oder in Single-Haushalten lebende Personen von einem erhöhten Altersarmutsrisiko betroffen sind. Deren Erwerbsleben ist gekennzeichnet durch sinkendende Vollzeitbeschäftigung und eine Zunahme atypischer Beschäftigung im Allgemeinen, häufige Diskontinuitäten in Form von Arbeitslosigkeit, Zeiten der Kindererziehung oder der Pflege eines Angehörigen. Im Rahmen der Fortschreibung der Erwerbsbiographie hat die Schätzung von Kohorteneffekten ergeben, dass beim Vergleich jüngerer mit älteren Geburtenjahrgängen sowohl bei Männern als auch bei Frauen der Umfang der Vollzeitbeschäftigung zumindest teilweise durch einen Anstieg atypischer Beschäftigung „kompensiert" wird. Aufgrund der geringeren Wertigkeit dieses Beschäftigungstypus in Form von Rentenansprüchen geht damit ein Rückgang des Niveaus der kumulierten Entgeltpunkte einher. Verstärkt wird dieser Umstand durch den Anstieg der Arbeitslosenzeiten. Zwar bestehen geschlechtsspezifisch verschiedene sowie regional unterschiedliche Tendenzen; allerdings ist die Zunahme von Arbeitslosigkeit unter Geringgebildeten enorm, sodass sich die Situation dieser Problemgruppe im Verlauf der Simulation weiter verschärft.

Die Betrachtung simulierter Renteneinkommen lässt den Schluss zu, dass für Individuen mit bestimmten soziodemographischen Merkmalen insofern ein erhöhtes Armutsrisiko besteht, als dass diese im Verlaufe ihres Erwerbslebens lediglich Ansprüche an die GRV in der Höhe erwerben konnten, die zu einem Einkommen unterhalb der Grundsicherung im Alter führen. Es existieren Situationen, in denen eine versicherte Person, die über viele Jahre des Erwerbslebens Beiträge entrichtet hat, nicht bessergestellt ist im Vergleich zu einer Person, die im Extremfall weder aktiv Beiträge entrichtet noch auf eine andere Art Ansprüche an die GRV erworben hat. Ein Renteneinkommen unterhalb einer gesetzlich garantierten Fürsorgeleistung bei gleichzeitiger Beitragssatzpflicht während des Erwerbslebens setzt die Gesetzliche Rentenversicherung demnach unter fundamentalen Rechtfertigungsdruck.

Die Auswertung der Renteneinkommen im Zusammenhang mit dem bundeslandspezifischen Referenzwert in Form der Grundsicherung im Alter führte zu einem wichtigen Ergebnis. Es wurde zunächst gezeigt, dass nach Aggregation der individuellen GRV-Einkommen auf Haushaltsebene die Ungleichheit der Renteneinkommen spürbar abnimmt, da innerhalb von Haushalten eine starke Umverteilung stattfindet. Aufgrund immer noch vorherrschender Geschlechterrollenbilder besteht zwischen beiden Haushaltsmitgliedern ein mitunter starkes Einkommensgefälle, welches durch die Integration des Haushaltskontextes ausgeglichen wird. In diesem Zusammenhang ist davon auszugehen, dass der Rückgang der durchschnittlichen Haushaltsgröße im Rahmen der Entwicklung hin zu einer stärkeren Verbreitung von Single-Haushalten tendenziell dazu beitragen wird, dass die Kompensationsmöglichkeiten niedriger Einkommen von Alleinstehenden abnehmen und eine Verschärfung des Altersarmutsrisikos zu befürchten ist.

Die Analyse hat außerdem ergeben, dass nach der Integration des Haushaltskontextes der Anteil der GRV-Einkommen unterhalb der Referenzgrenze deutlich abnimmt. Insbesondere weibliche Versicherte erfahren eine Aufwertung ihrer relativen Einkommensposition und sind im Gegensatz zu einer Situation der Individualbetrachtung nicht mehr zu einer Inanspruchnahme der Grundsicherung im Alter berechtigt, da die Bedürftigkeit unter diesen Umständen nicht mehr gegeben ist. Zentral ist an dieser Stelle das Ergebnis, dass mehr als zwei Drittel aller Personen, die bei einer bloßen Berücksichtigung der individuellen GRV-Einkünfte einen Wert unterhalb des jeweiligen Referenzwertes erzielt hätten, durch die Miteinbeziehung des Haushaltskontextes ein Einkommen oberhalb der Grundsicherungsgrenze erreichen. Bei einer geschlechterspezifischen Differenzierung fällt dieser Effekt noch deutlicher aus; verglichen mit einer Individualbetrachtung können so im gesamten Simulationszeitraum mehr als drei Viertel aller Rentnerinnen ein Renteneinkommen oberhalb des Referenzwertes erreichen. Der Wert männlicher Rentner beträgt hingegen lediglich 27 Prozent und ist somit nur ein Drittel so hoch.

Vor allem in der mittleren (75,5 Prozent) bzw. höchsten Bildungsschicht (91 Prozent) ist eine stark verbreitete Aufwärtsmobilität zu beobachten. So ist der Anteil derer besonders hoch, die sich relativ zur Referenzgrenze besserstellen, wenn ihr Alterseinkommen auf der Haushaltsebene betrachtet wird. Allerdings verharren im Gegensatz dazu 70 Prozent aller Individuen in der untersten Bildungsklasse unterhalb der Grundsicherung. Eine Begründung liefert die Tatsache, dass in Haushalten mit einem Vorstand niedrigen Bildungsniveaus der Partner bzw. die Partnerin ebenfalls in der gleichen Bildungsschicht zu verorten ist, welche ebenfalls ein tendenziell niedriges Rentenniveau zu erwarten haben. Aus den Ergebnissen geht außerdem hervor, dass Frauen in besonderem Maße von der Integration des Haushaltskontexts profitieren. Während die männliche „Verharrungsquote" in allen Bildungsschichten jeweils relativ hoch ist (mindestens 60 Prozent), sinkt die der Frauen mit steigendem Bildungsniveau von 56 auf fünf Prozent.

Die Integration des Haushaltskontextes liefert insofern wichtige Erkenntnisse, als dass angesichts der aktuellen Reformdebatte sämtliche derzeit diskutierten Vorschläge auf eine Individualbetrachtung abzielen, anstatt sich auf die Haushaltsebene zu beziehen. Dieser Rahmen ist jedoch immanent wichtig, da nur so die tatsächliche Bedürftigkeit ermittelt werden kann. Im Vorfeld einer Prüfung, ob tatsächliche Berechtigung zur Inanspruchnahme einer armutsvermeidenden Fürsorgeleistung besteht, müssen bei einer Bedarfsprüfung sämtliche übrigen Altersvorsorgearten mitberücksichtigt werden. Wie in den Kapiteln 5 und 6 erläutert wurde, sind belastbare Prognosen bzgl. der Renteneinkommen aus Altersvorsorgekapital über einen so langen Zeitraum mit etlichen Unsicherheiten behaftet, da die Determinanten vielfältig, zukünftige Rahmenbedingungen nicht genau vorhersehbar und ein konkretes Vertragsdesign oftmals nicht in vollem Umfang bekannt ist.

Fest steht, dass in Deutschland die unzureichende soziale Absicherung im Alter für einen immer größer werdenden Personenkreis zum existenziellen Problem werden wird, worauf verschiedene Umstände aus mehrerlei Richtungen einwirken. Individuelle Faktoren wie unterbrochene Erwerbsbiographien in Kombination mit niedrigen Löhnen und einem erhöhten Erwerbsminderungsrisiko einerseits, die Entwicklung gesamtwirtschaftlicher Größen wie dem Absinken des allgemeinen Rentenniveaus andererseits, der unzureichende Umfang der zu erwartenden privaten Altersvorsorge in Verbindung mit einem derzeit anhaltenden Niedrigzinsniveau sowie der herrschenden Anrechnungsquoten von Alterssicherungsvermögen bei der Grundsicherung im Alter tragen zu einem nicht auskömmlichen Versorgungsniveau im Alter bei. Da die Ersparnisse mit einem Altersvorsorgemotiv ein ähnliches Bild der Verteilung wie die während der Erwerbsphase erworbenen Rentenansprüche abgeben, liegt die Vermutung nahe, dass innerhalb der genannten Risikogruppen weder in der zweiten noch in der dritten Säule der Alterssicherung eine Kompensation der GRV-Einkommen stattfinden wird.

Zwar ist Altersarmut noch kein gegenwärtiges Problem von quantitativer Bedeutung;[335] allerdings weisen zahlreiche wissenschaftliche Untersuchungen darauf hin, dass die Anzahl betroffener Personen und Haushalte in naher Zukunft enorm zunehmen wird. Auch angesichts dessen muss an dieser Stelle nochmals betont werden, dass Altersarmut nicht in ihren Symptomen, sondern in ihren Ursachen

335 Insbesondere bei Betrachtung unterschiedlicher Phasen im Lebenszyklus wird deutlich, dass die gegenwärtige Armutsquote im Alter weit hinter der der Gesamtbevölkerung zurückbleibt.

bekämpft werden muss. Aus diesem Grund sind präventive Instrumente kurativen Maßnahmen vorzuziehen, wenn die Nachhaltigkeit und insbesondere die Akzeptanz der Alterssicherung in Deutschland langfristig gewahrt werden will.

Börsch-Supan (2015a) stellt fest, dass ein Anstieg der Armutsquote unter Personen im rentenfähigen Alter weniger aufgrund der Reformen der Finanzierungsseite des deutschen Alterssicherungssystems zu erwarten, sondern vielmehr auf die Situation auf dem Arbeitsmarkt zurückzuführen ist. Demnach besteht dort der größte Reformbedarf in Form investiver Maßnahmen anstatt konsumtiver Ausgaben für die aktuelle Rentnergeneration. Dazu bedarf es insbesondere einer verbesserten Aus- und Weiterbildung, umfangreicher Maßnahmen der beruflichen Qualifizierung sowie Integration von Problem- und Risikogruppen. Zwar wirken diese Reformen erst in der langen Frist, tragen jedoch dazu bei, die Alterssicherung in Deutschland auf ein langfristig tragfähiges Fundament zu stellen.

Neben arbeitsmarktpolitischen Maßnahmen existieren ebenfalls rentenpolitische Maßnahmen. Zu den Reformen innerhalb des bestehenden Systems zählen vorrangig die erneute Ausweitung der gesetzlich festgeschriebenen Lebensarbeitszeiten über die Altersgrenze von 65 bzw. 67 Jahren hinaus. Da eine solche Maßnahme nicht ausreicht, muss in einem umlagefinanzierten Alterssicherungssystem eine stärkere Verlagerung des Versorgungsauftrags auf die zweite und dritte Säule erfolgen. In diesem Kontext wurden in Kapitel 8 Instrumente präsentiert, die sich hauptsächlich aus dem Baukasten der verhaltenswissenschaftlichen Forschung bedienen. Dazu gehören bspw. das automatische Setzen des Defaults (mit Opt-Out-Option) auf eine verpflichtende betriebliche bzw. private Altersvorsorge sowie ein staatlich bereitgestelltes Angebot einer privaten Altersvorsorge wie etwa der Deutschland-Rente, mit Hilfe dessen die verzerrende Wirkung der Informationsüberlastung umgangen werden könnte.

Grundsätzlich muss an dieser Stelle angemerkt werden, dass durch geeignete Nudges individuellen (kognitiven) Verhaltensanomalien zwar entgegengewirkt werden kann, diese jedoch wirkungslos bleiben, wenn angesichts eines zu niedrigen Einkommens (etwa aufgrund atypischer oder gar keiner Beschäftigung) keine Mittel zur Verfügung stehen, eine altersvorsorgerelevante Ersparnis zu bilden. Darüber hinaus würde höhere individuelle Rationalität dazu führen, dass sowohl die altersvorsorgerelevante Ersparnis als auch das sozialversicherungspflichtige Arbeitsangebot reduziert werden und die Individuen ihren Gegenwartskonsum im Extremfall durch Arbeit in der Schattenwirtschaft finanzieren.

Insbesondere aus Sicht von Geringverdienern erscheint sowohl aufgrund des knappen Budgets in der Erwerbsphase als auch hoher Anrechnungsquoten bei der Grundsicherung im Alter der Aufbau einer privaten Altersvorsorge wenig attraktiv. Eine ähnliche Problematik ergibt sich im Fall der GRV: Im Fall eines zu geringen durchschnittlichen Erwerbseinkommens sind selbst über 30 Beitragsjahre keine Garantie, im Alter ein Einkommen knapp oberhalb oder gar unterhalb der gesetzlich garantierten Grundsicherung im Alter zu erzielen.

Da in dieser Arbeit die sozio-demographischen Charakteristika des Personenkreises mit einem erhöhten Altersarmutsrisiko eindeutig identifiziert werden konnten, müssen künftige Forschungsanstrengungen in der Konsequenz verstärkt auf die Kompensation entgangener Rentenansprüche von Risikogruppen gelegt werden. Dabei sind vornehmlich Frauen mit Zeiten der Kindererziehung sowie der Pflege eines Angehörigen zu nennen. Demnach sind beispielsweise Maßnahmen zu entwickeln, die Barrieren für die Reintegration von Frauen auf den Arbeitsmarkt abbauen sowie die Wiederaufnahme von Vollzeitbeschäftigung prinzipiell ermöglichen. Dazu gehört neben der Bereitstellung eines flächendeckenden Betreuungsangebots zur Schaffung echter Wahlfreiheit der Erziehungsform die Entwicklung von Lohnausgleichsmodellen, die sich nicht nur begünstigend auf die weibliche Erwerbsbeteiligung, sondern auch auf die Fertilitätsrate auswirken. Weiter entwickelte Mikrosimulationsmodelle könnten einen beratenden Beitrag bei der Ausarbeitung von Reformvorschlägen zu dieser Thematik leisten.

Literaturverzeichnis

Ackley, G. (1951). Reviewed Work: Income, Saving, and the Theory of Consumer Behavior by James S. Duesenberry. *Review of Economics and Statistics*, 33(3), 255–257.

Ainslie, G. (1975). Specious Reward: A Behavioral Theory of Impulsiveness and Impulse Control. *Psychological Bulletin*, 82(4), 463–496.

Ainslie, G. (1986). Beyond Microeconomics. Conflict among Interests in a Multiple Self as a Determinant of Value. In: Elster, J. (Hrsg.), *The Multiple Self*, 133–176.

Ainslie, G. und N. Haslam (1992a) Hyperbolic discounting. In: Loewenstein, G. und J. Elster (Hrsg.), *Choice Over Time*, 57–92.

Ainslie, G. und N. Haslam (1992b) Self-Control. In: Loewenstein, G. und J. Elster (Hrsg.), *Choice Over Time*, 177–209.

Alessie, R., A. Lusardi und A. Kapteyn (1999). Saving after retirement: evidence from three different surveys. *Labour Economics*, 6(2), 277–310.

Allais, M. (1947). Economie et Intérêt. Présentation nouvelle des problèmes fondamentaux relatifs au rôle économique du taux de intérêt et de leur solutions. *Revue économique*, 3(6), 892–895.

Al-Wazir, T., S. Grüttner und T. Schäfer (2015). Die Deutschland-Rente – Staat soll zentralen Rentenfonds organisieren. Vorschlag für einfache und sichere zusätzliche Altersvorsorge. In: Hessisches Ministerium der Finanzen, Hessisches Ministerium für Wirtschaft, Energie, Verkehr und Landesentwicklung und Hessisches Ministerium für Soziales und Integration (Hrsg.), *Positionspapier* vom 11. Mai 2016.

Andersen, S., G.W. Harrison, M.I. Lau und E.E. Rutström (2013). Discounting Behavior and the Magnitude Effect: Evidence from a Field Experiment in Denmark. *Economica*, 80(320), 670–697.

Andersen, S., G.W. Harrison, M.I. Lau und E.E. Rutström (2014). Discounting behavior: A reconsideration. *European Economic Review*, 71(2014), 15–33.

Ando, A. und F. Modigliani (1963). The "Life Cycle" Hypothesis of Saving: Aggregate Implications and Tests. *American Economic Review*, 53(1), 55–84.

Andridge, R. R., und R.J.A. Little (2010). A Review of Hot Deck Imputation for Survey Non-response. *International Statistical Review / Revue Internationale de Statistique*, 78(1), 40–64.

Arent, S. und W. Nagl (2010). A Fragile Pillar: Statutory Pensions and the Risk of Old- Age Poverty in Germany. *FinanzArchiv*, 66(4), 419–441.

Ariely, D. und G. Zauberman (2000). On the making of an experience: The effects of breaking and combining experiences on their overall evaluation. *Journal of Behavioral Decision Making*, 13(2), 219–232.

Arnds, P. und H. Bonin (2002). Frühverrentung in Deutschland: Ökonomische Anreize und institutionelle Strukturen. *IZA Discussion Paper* 666.

Arpino, B. und M. Cannas (2015). Comparing different approaches for propensity score matching with clustered data: a simulation study. *RECSM Working Paper* 43.

Atkinson, T. (1970). On the Measurement of Inequality. *Journal of Economic Theory*, 2(3), 244–263.

Atkinson, T., F. Bourguignon, C. O'Donoghue, H. Sutherland und F. Utili (2002). Microsimulation of Social Policy in the European Union: Case Study of a European Minimum Pension. *Economica*, 69(274), 229–243.

Auerbach, A.J. und L.J. Kotlikoff (1987). *Dynamic Fiscal Policy*. Cambridge University Press.

Bacher, J. (2002) Statistisches Matching: Anwendungsmöglichkeiten, Verfahren und ihre praktische Umsetzung in SPSS. *ZA-Information*, 51, 38–66.

Bäcker, G. (2008). Altersarmut als soziales Problem der Zukunft? *Deutsche Rentenversicherung*, 63(1), 291–312.

Bäcker, G. und E. Kistler (2014). Empirische Befunde: Die betriebliche Altersvorsorge in der Privatwirtschaft. Dossier Rentenpolitik, Bundeszentrale für politische Bildung.

Bäcker, G. und J. Schmitz (2013). Altersarmut und Rentenversicherung: Diagnosen, Trneds, Reformoptionen und Wirkungen. In: Vogel, C. und A. Motel-Klingebiel (Hrsg.), *Altern im sozialen Wandel: Die Rückkehr der Altersarmut*, 25–53.

Bäcker, G., G. Naegele, R. Bispinck, K. Hofemann und J. Neubauer (2010). *Sozialpolitik und soziale Lage in Deutschland: Band 1: Grundlagen, Arbeit, Einkommen und Finanzierung*. Springer-Verlag, Berlin.

Bankhofer U. (1983). *Unvollständige Daten- und Distanzmatrizen in der Multivariaten Datenanalyse*. Eul, Bergisch Gladbach.

Bankhofer, U. und D. Joenssen (2011) Hot-Deck-Verfahren zur Imputation fehlender Daten. Ergebnisse einer Simulationsstudie zur Untersuchung der Auswirkungen einer wiederholten Verwendung des Spenderobjekts. *Ilmenauer Beiträge zur Wirtschaftsinformatik: Arbeitsbericht* 2011–05,

Barrientos, A., M. Gorman und A. Heslop (2003). Old Age Poverty in Developing Countries: Contributions and Dependence in Later Life. *World Development*, 31(3), 555–570.

Barro, R.J. und X. Sala-i-Martin (2003). *Economic Growth. 2nd edition*. MIT Press, Cambridge.

Beblo, M. und E. Wolf (2002). Wage Penalties for Career Interruptions: An Empirical Analysis for West Germany. *ZEW Discussion Papers* 02–45.

Becker, G.S. (1962). Investment in Human Capital: A Theoretical Analysis. *Journal of Political Economy*, 70(5/2), 9–49.

Becker, G.S. (1964). *Human Capital: A Theoretical and Empirical Analysis with Special Reference to Education*. National Bureau of Economic Research, New York.

Becker, S.O. und A. Ichino (2002). Estimation of average treatment effects based on propensity scores. *The Stata Journal*, 2(4), 358–377.

Bernheim, B.D., A. Shleifer und L.H. Summers (1985). The Strategic Bequest Motive. *Journal of Political Economy*, 93(6), 1045–1076.

Bernheim, B.D., J. Skinner und S. Weinberg (2001). What Accounts for the Variation in Retirement Wealth among U.S. Households? American Economic Review, 91(4), 832–857.

Beznoska, M. (2016). Dokumentation zum Steuer-, Abgaben- und Transfer-Mikrosimulationsmodell des IW Köln (STATS). *IW-Report* 27/2016.

Bieber, U. und M. Stegmann (2008). Hintergründe und Fakten zum Thema Altersarmut – Empirische Ergebnisse zu einem vielschichtigen Phänomen. *Deutsche Rentenversicherung*, 63(1), 291–312.

Blanchard, O.J. und S. Fischer (1989). *Lectures on Macroeconomics*. MIT Press, Cambridge.

Blanchard, O.J. und G. Illing (2010). *Makroökonomie. 5., aktualisierte und erweiterte Auflage*. Pearson Studium, München.

Bloom, D.E., D. Canning, R.K. Mansfield und M. Moore (2007). Demographic change, social security systems and savings. *Journal of Monetary Economics*, 54(1), 92–114.

BMAS (2011). Verbreitung der Altersvorsorge 2011 (Endbericht). *Forschungsbericht Sozialforschung* 430.

BMAS (2003). Rürup-Bericht. Nachhaltigkeit in der Finanzierung der Sozialen Sicherungssysteme. *Bericht der Kommission*.

BMAS (2012). Alterssicherungsbericht 2012: Ergänzender Bericht der Bundesregierung zum Rentenversicherungsbericht 2012 gemäß § 154 Abs. 2 SGB VI. Bundesministerium für Arbeit und Soziales.

BMAS (2015). Rentenversicherungsbericht 2015: Bericht der Bundesregierung über die gesetzliche Rentenversicherung, insbesondere über die Entwicklung der Einnahmen und Ausgaben, der Nachhaltigkeitsrücklage sowie des jeweils erforderlichen Beitragssatzes in den künftigen 15 Kalenderjahren gemäß § 154 Abs. 1 und 3 SGB VI. Bundesministerium für Arbeit und Soziales.

BMAS (2016a). Statistik zur privaten Altersvorsorge: Entwicklung der Riester-Verträge. Bundesministerium für Arbeit und Soziales.

BMAS (2016b). Wir machen Deutschland zusammen stark. Das Gesamtkonzept zur Alterssicherung: Das Konzept im Detail. Bundesministerium für Arbeit und Soziales.

BMAS (2016c). Alterssicherungsbericht 2016: Ergänzender Bericht der Bundesregierung zum Rentenversicherungsbericht 2016 gemäß § 154 Abs. 2 SGB VI. Bundesministerium für Arbeit und Soziales.

Boll, C. (2009a). Einkommensefekte von Erwerbsunterbrechungen – mit besonderer Berücksichtigung möglicher Elterngeldeinflüsse auf der Unterbrechnungsmuster. *HWWI Policy Paper* 1–21.

Boll, C. (2009b). Lohneinbußen von Frauen durch geburtsbedingte Erwerbsunterbrechungen. *Wirtschaftsdienst*, 90(10), 700–792.

Boll, C. und N. Reich (2012). Das Betreuungsgeld – eine kritische ökonomische Analyse. *Wirtschaftsdienst*, 92(2), 121–128.

Bonin, H. (2009). 15 Years of Pension Reform in Germany: Old Successes and New Threats. *IZA Policy Paper* 11.

Bonin, H. (2013). Wie sinnvoll sind Minijobs? Minijobs drohen zur Falle zu werden. *ZEW nachgefragt* vom 7. März 2013, online verfügbar: http://www.zew.de/de/das-zew/aktuelles/wie-sinnvoll-sind-minijobs-minijobs-drohen-zur-falle-zu-werden/

Bonin, H., F. Pfeiffer, K. Reuß und H. Stichnoth (2013). Mikrosimulation ausgewählter ehe- und familienbezogener Leistungen im Lebenszyklus. Gutachten für die Prognos AG. *Forschungsbericht des ZEW Mannheim.*

Bork, C., U. Hochmuth, und R. Kleimann (1998). Aufkommens-und Verteilungswirkungen aktueller Reformvorschläge der Einkommensbesteuerung in der Bundesrepublik Deutschland. *Jahrbücher für Nationalökonomie und Statistik*, 217, 499–517.

Bork, C. und H.-G. Petersen (1999). Revenue and Distributional Effects of Current Tax Reform Proposal in Germany. An Evaluation by Microsimulation. *Finanzwissenschaftliche Diskussionsbeiträge* 26, Universität Potsdam.

Börsch-Supan, A. (1998). Germany: A Social Security System on the Verge of Collapse. In: Siebert, H. (Hrsg.), *Redesigning Social Security*, 129–160.

Börsch-Supan, A. (2000). Was lehrt uns die Empirie in Sachen Rentenreform? *Perspektiven der Wirtschaftspolitik*, 1(4), 431–451.

Börsch-Supan, A. (2001). International Comparison of Household Savings Behaviour: A Study of Life Cycle Savings in Seven Countries. *Research in Economics*, 55(1–2), 1–14.

Börsch-Supan, A. (2005a). From Traditional DB to Notional DC Systems: The Pension Reform Process in Sweden, Italy, and Germany. *Journal of the European Economic Association*, 3(2–3), 458–465.

Börsch-Supan, A. (2005b). Risiken im Lebenszyklus: Theorie und Evidenz. *Perspektiven der Wirtschaftspolitik*, 6(4), 449–469.

Börsch-Supan, A. (2015a). Armut im Alter. *MEA Discussion Papers* 11–2015.

Börsch-Supan, A. (2015b). Können Mindestlöhne Armut vermeiden? *MEA Discussion Papers* 02–2015.

Börsch-Supan, A. (2015c). Rational pension policies. *MEA Discussion Papers* 09–2015.

Börsch-Supan (2015d). Lehren aus der Rentenreform seit 1972. *Wirtschaftsdienst*, 95(13), 16–21.

Börsch-Supan, A. und L. Essig (2002). Sparen in Deutschland. Ergebnisse der ersten SAVE-Studie. Deutsches Institut für Altersvorsorge.

Börsch-Supan, A. und M. Gasche (2010a). Kann die Riester-Rente die Rentenlücke in der Gesetzlichen Rente schließen? *MEA Discussion Papers* 201–2010.

Börsch-Supan, A. und M. Gasche (2010b). Zur Sinnhaftigkeit der Riester-Rente. *MEA Discussion Papers* 197–2010.

Börsch-Supan, A. und A. Lusardi (2003) Saving: A Cross-National Perspective. In: Börsch-Supan, A. (Hrsg.): *Life-Cycle Savings and Public Policy – A Cross-National Study of Six Countries*, 1–32.

Börsch-Supan, A. und A. Reil-Held (2001). How Much Is Transfer and How Much Is Insurance in a Pay-as-You-Go System? The German Case. *Scandinavian Journal of Economics*, 103(3) 505–524.

Börsch-Supan, A. und K. Stahl (1991). Life Cycle Savings and Consumption Constraints: Theory, Empirical Evidence, and Fiscal Implications. *Journal of Population Economics*, 4(3), 233–255.

Börsch-Supan, A. und C.B. Wilke (2004). The German Public Pension System: How it was, how it will be. *NBER Working Paper* 10525.

Börsch-Supan, A., A. Reil-Held, R. Rodepeter, R. Schnabel und J. Winter (2000). Household Savings in Germany. *Beiträge zur angewandten Wirtschaftsforschung* 577–00. Institut für Volkswirtschaftslehre und Statistik, Universität Mannheim.

Börsch-Supan, A. A. Reil-Held, R. Rodepeter, R. Schnabel und J. Winter (2001). The German Savings Puzzle. *Research in Economics*, 55(1), 15–38.

Börsch-Supan, A., A. Ludwig und J. Winter (2006a). Ageing, Pension Reform and Capital Flows: A Multi-Country Simulation Model. *Economica*, 73(292), 625–658.

Börsch-Supan, A., A. Reil-Held und D. Schunk (2006b). Das Sparverhalten deutscher Haushalte: Erste Erfahrungen mit der Riester-Rente. Gutachten für das Bundesministerium für Bildung und Forschung im Rahmen des Vorhabens „Bildungssparen". Mannheim Research Institute for the Economics of Aging (MEA), Universität Mannheim.

Börsch-Supan, A., T. Bucher-Koenen, M. Gasche und C.B. Wilke (2009a). Ein einheitliches Rentensystem für Ost- und Westdeutschland – Simulationsrechnungen zum Reformvorschlag des Sachverständigenrates. *MEA Discussion Papers* 174–2009.

Börsch-Supan, A., M. Coppola, L. Essig, A. Eymann und D. Schunk (2009b). The German SAVE Study: Design and Results. *MEA Study* 6.

Börsch-Supan, A., M. Gasche und B. Lamla (2013). Anmerkungen zur Diskussion über Altersarmut. *Aus Politik und Zeitgeschichte*, 63(4–5), 23–29.

Boskin, M.J. (1977). Social Security and Retirement Decisions. *Economic Inquiry*, 15(1), 1–25.

Boskin, M.J. und M.D. Hurd (1978). The Effect of Social Security on Early Retirement. *Journal of Public Economics*, 10(3), 361–377.

Bosworth, S. und S. Bartke (2014). Implikationen von Nudging für das Wohlergehen von Konsumenten. *Wirtschaftsdienst*, 94(11), 774–777.

Bräuninger, D. (2008). Problem Altersarmut. Vorbeugen und vorsorgen statt mehr umverteilen. *Aktuelle Themen* 427, Deutsche Bank Research.

Breyer, F. (1989). On the Intergenerational Pareto Efficiency of Pay-as-you-go Financed Pension Systems. *Journal of Institutional and Theoretical Economics*, 145(4), 643–658.

Breyer, F. (2001). Why funding is not a Solution to the „Social Security Crisis". *IZA Discussion Paper* 328.

Breyer, F., W. Franz, S. Homburg, R. Schnabel und E. Wille (2004). *Reform der sozialen Sicherung*. Springer-Verlag, Berlin.

Breyer, F. und W. Buchholz (2007). *Ökonomie des Sozialstaats*. Springer-Verlag, Berlin.

Breyer, F. und S. Hupfeld (2009). On the Fairness of Early Retirement Provisions. *German Economic Review*, 11(1), 60–77.

Breyer, F. und M. Straub (1993). Welfare effects of unfunded pension systems when labor supply is endogenous. *Journal of Public Economics*. 50(1), 77–91.

Brown, T. (1952). Habit Persistence and Lags in Consumer Behaviour. *Econometrica*, 20(3), 355–371.

Brunner, J.K. (1996). Transition from a Pay-as-you-go to a Fully Funded Pension System: The Case of Differing Individuals and Intragenerational Fairness. *Journal of Public Economics*, 60(1), 131–146.

Bundesregierung (2015). Antwort der Bundesregierung auf die Kleine Anfrage der Abgeordneten Markus Kurth, Dr. Wolfgang Strengmann-Kuhn, Brigitte Pothmer, weiterer Abgeordneter und der Fraktion Bündnis 90/Die Grünen. Drucksache 18/4365. Ziel und Ausgestaltung der solidarischen Lebensleistungsrente. Deutscher Bundestag, 18. Wahlperiode, Drucksache 18/4558 vom 7. April 2015.

Bündnis 90/Die Grünen (2012) Beschluss der Bundestagsfraktion vom 27. Januar 2012. Berlin.

Burbidge, J. und A. Robb (1980). Pensions and Retirement Behaviour. *The Canadian Journal of Economics / Revue Canadienne D'Economique*, 13(3), 421–437.

Burtless, G. (1986). Social Security, Unanticipated Benefit Increases, and the Timing of Retirement. *Review of Economic Studies*, 53(5), 781–805.

Busl, C., Z. Iliewa, S. Jokisch, M. Kappler, T. Roscher, F. Schindler, F. Schleer (2012). Sparen und Investieren vor dem Hintergrund des demografischen Wandels. Endbericht an das Bundesministerium der Finanzen zum Forschungsauftrag fe11/11

(Az I A 3 – Vw 3170/11/10029). Zentrum für Europäische Wirtschaftsforschung (ZEW), Mannheim.

Buslei, H., E. Schulz und V. Steiner (2007). Auswirkungen des demographischen Wandels auf die private Nachfrage nach Gütern und Dienstleistungen in Deutschland bis 2050. *Politikberatung kompakt* 26, DIW Berlin.

Caliendo, M. und S. Kopeinig (2005). Some Practical Guidance for the Implementation of Propensity Score Matching. *DIW Discussion Papers* 485.

Cameron, A.C. und P.K. Trivedi (2005). *Microeconometrics: Methods and Application.* Cambridge University Press, Cambridge.

Carroll, C.D. (1997). Buffer-Stock Saving and the Life Cycle/Permanent Income Hypothesis. *Quarterly Journal of Economics.* 112(1), 1–55.

Carroll, C.D. und L.H. Summers (1987). Why have Private Savings Rates in the United States and Canada diverged? Journal of Monetary Economics, 20(2), 249–279.

Carroll, C.D., R.E. Hall und S.P. Zeldes (1992). The Buffer-Stock Theory of Saving: Some Macroeconomic Evidence. *Brookings Papers on Economics Activity*, 1992(2), 61–156.

CDU, CSU und FDP (2012). Lebensleistungsrente. Beschlüsse des Koalitionsausschusses vom 4. November 2012. Berlin.

CDU, CSU und SPD (2013). Deutschlands Zukunft gestalten. Koalitionsvertrag zwischen CDU, CSU und SPD der 18. Legislaturperiode des Deutschen Bundestages.

Chaplin, A. und D.J. Martin (2012). Defaults and Attention: The Drop Out Effect. *NBER Working Paper* 17988.

Chapman, G.B. (1996). Expectations and Preferences for Sequences of Health and Money. *Organizational Behavior and Human Decision Processes*, 67(1), 59–75.

Choi, J.J., D. Laibson, B.C. Madrian und A. Metrick (2004). For Better or for Worse: Default Effects and 401(k) Savings Behavior. In: Wise, D. (Hrsg.), *Perspectives on the Economics of Aging*, 81–126, University of Chicago Press.

Choi, J.J., D. Laibson, B.C. Madrian und A. Metrick (2006). Saving for Retirement on the Path of Least Resistance. In: McCaffrey, E. und J. Slemrod (Hrsg.), *Behavioral Public Finance: Toward a New Agenda*, 304–351, Russell Sage Foundation, New York, NY.

Chung, S.-H. und R.J. Herrnstein (1961). Relative and Absolute Strengths of Response as a Function of Frequency of Reinforcement. *Journal of the Experimental Analysis of Animal Behavior*, 4(3), 267–272.

Cooper, J., K. Casey, G. Evans, S. Grant, D. Guen, M. Heffron, I. Martin und B. Wilson (2010). Super system review. Final report part one. Overview and recommendations. Commonwealth of Australia. Abrufbar unter www.supersystemreview.gov.au

Coppola, M. (2008). Das Sparverhalten der deutschen Haushalte. Wie viel, warum und wie spart man in Deutschland? *MEA policy brief* 5, 10/2008.

Coppola, M. und A. Reil-Held (2009). Dynamik der Riester-Rente: Ergebnisse aus SAVE 2003 bis 2008. *MEA Discussion Papers* 195–2009.

Corneo, G. und M. Marquardt (2000). Public Pensions, unemployment insurance, and growth. *Journal of Public Economics*, 75(2), 293–311.

Corneo, G., M. Keese und C. Schröder (2007). Erhöht die Riester-Förderung die Sparneigung von Geringverdienern? *Diskussionsbeiträge des Fachbereichs Wirtschaftswissenschaft der Freien Universität Berlin* 2007/23.

Corneo, G., M. Keese und C. Schröder (2009). The Riester Scheme and Private Savings: An Empirical Analysis based on the German SOEP. *Schmollers Jahrbuch*, 129(2), 321–332.

Corneo, G., M. Keese und C. Schröder (2010). The Effect of Saving Subsidies on Household Saving. Evidence from Germany. *Ruhr Economic Papers* 170.

Cragg, J.G. (1971). Some Statistical Models for Limited Dependent Variables with Application to the Demand for Durable Goods. *Econometrica*, 39(5), 829–844.

Creedy, J. (2003). Survey Reweighting for Tax Microsimulation Modelling. *New Zealand Treasury Working Paper* 3/17.

Creedy, J. und I. Tuckwell (2004). Reweighting Household Surveys for Tax Microsimulation Modelling: An Application to the New Zealand Household Economic Survey. *Australian Journal of Labour Economics*, 7(1), 71–88.

Cronbach, L.J. (1970). *Essentials of Psychological Testing. 3rd edition.* Harper & Row, New York.

Davies, J. (1981). Uncertain Lifetimes, Consumption and Dissaving in Retirement. *Journal of Political Economy*, 89(3), 561–578.

Deaton, A. (1997). *The Analysis of Household Surveys.* John Hopkins University Press, Baltimore.

Deaton, A. und C. Paxson (1994). Saving, Growth and Aging in Taiwan. In: Wise, D.A. (Hrsg.), *Studies in the Economics of Aging*, 331–362.

Department for Work and Pensions (2016). National Employment Savings Trist Corporation. Annual Report and accounts 2015–2016. Presented to Parliament pursuant to schedule 1 to the Pensions Act 2008 Ordered by the House of Commons to be printed on 7 July 2016.

DRV (2015). Rentenversicherung in Zahlen 2015. Statistik der Deutschen Rentenversicherung.

DRV (2016a). Rentenversicherung in Zahlen 2016. Statistik der Deutschen Rentenversicherung.

DRV (2016b). Modellergebnisse: Einnahmen der allgemeinen Rentenversicherung. Stand: Herbst-Schätzung 2016. Online verfügbar: http://bit.ly/2hw8opg

Deville, J.-C. und C.-E. Särndal (1992). Calibration Estimators in Survey Sampling. *Journal of the American Statistical Association*, 87(418), 376–382.

Diamond, P.A. (1965). National Debt in a Neoclassical Growth Model. *American Economic Review*, 55(5/1), 1126–1150.

Diamond, P.A. (1977). A Framework for Social Security Analysis. *Journal of Public Economics*, 8(3), 275–298.

Diamond, P.A. und B. Köszegi (2003). Quasi-Hyperbolic Discounting and Retirement. *Journal of Public Economics*, 87(9–10), 1839–1872.

Domingue, B. und D.C. Briggs (2009). Using linear regression and propensity score matching to estimate the effect of coaching on the SAT. *Multiple Linear Regression Viewpoints*, 35(1), 12–29.

D'Orazio, M., M. Di Zio und M. Scanu (2006). *Statistical Matching – Theory and Practice*. John Wiley & Sons, New Jersey.

Döring, D. (2008). Wege zur armutsfesten Alterssicherung. *Deutsche Rentenversicherung*, 63(1), 401–413.

Drabinski, T. (2004). *Umverteilungseffekte des deutschen Gesundheitssystems: Eine Mikrosimulationsstudie*. Schriftenreihe Institut für Mikrodatenanalyse, Kiel.

Duesenberry, J.S. (1949). *Income, Saving, and the Theory of Consumer Behavior*. Harvard University Press, Cambridge.

EC (2010). Angemessene, nachhaltige und sichere europäische Pensions- und Rentensysteme. Grünbuch der Europäischen Kommission. COM(2010) 365 final.

EC (2012). Eine Agenda für angemessene, sichere und nachhaltige Pensionen und Renten. Weißbuch der Europäischen Kommission. COM(2012) 55 final.

Ehrentraut, O. (2007). Alterssicherung in Deutschland – Das Zusammenspiel der drei Säulen. *Deutsche Rentenversicherung*, 62(8–9), 579–589.

Ehrentraut, O. und M. Heidler (2008). Zur nachhaltigen Finanzierung der GRV: Der Beitrag der Altersgrenzenanhebung im Rentenreformprozess. *Perspektiven der Wirtschaftspolitik*, 9(4), 424–445.

Eichenhofer, E. (2008). Armutsfeste Alterssicherung als gesamtgesellschaftliche Aufgabe. *Deutsche Rentenversicherung*, 63(1), 368–381.

Fachinger, U. und A. Frankus (2011). Sozialpolitische Probleme bei der Eingliederung von Selbständigen in die Gesetzliche Rentenversicherung. Expertise im Auftrag der Abteilung Wirtschafts- und Sozialpolitik der Friedrich-Ebert-Stiftung. WISO Diskurs. *Expertisen und Dokumentationen zur Wirtschafts- und Sozialpolitik*. Abteilung Wirtschafts- und Sozialpolitik der Friedrich-Ebert-Stiftung.

Fachinger, U. und K.D. Himmelreicher (2008). Alters-Lohn-Profile und Einkommensdynamik von westdeutschen Männern im späten Erwerbsleben. *DRV-Schriften* 55/2008, 212–232.

Faik, J. und T. Köhler-Rama (2013). Anstieg der Altersarmut? Anmerkungen zu einem Gutachten des wissenschaftlichen Beirats beim Bundeswirtschaftsministerium. *Wirtschaftsdienst*, 93(3), 159–163.

Färber, G. (2004). Wie ist das Nachhaltigkeitsgesetz zur Rentenversicherung zu beurteilen? *Wirtschaftsdienst*, 84(4), 207–210.

Favreault, M.M., K.E. Smith und R.W. Johnson (2015). The Dynamic Simulation of Income Model (DYNASIM): An Overview. *Urban Institute Research Report.*

FAZ (2015). Hessische Minister: CDU und Grüne schlagen „Deutschland-Rente" vor. Erschienen online am 23. Dezember 2015.

FAZ (2016a). Rente für Geringverdiener: Junge Abgeordnete gegen Lebensleistungsrente. Erschienen online am 8. März 2016.

FAZ (2016b). Sigmar Gabriel: Dann wird die Bundestagswahl zum Votum über die Rente". Erschienen online am 12. April 2016.

FDZ-RV (2012). Codeplan FDZ-Biografiedatensatz für die Biografiedaten der Versicherten (VSKT) 2012: SUFVSKT2012_Fix und SUFVSKT2012_"Verlaufsmerkmal". Forschungsdatenzentrum der Deutschen Rentenversicherung.

Feigenbaum, J.A. und T.S. Findley (2015). Quasi-Hyperbolic Discounting and Delayed Retirement. *Theoretical Economic Letters*, 5(2), 325–331.

Feldstein, M. (1974). Social Security, Induced Retirement, and Aggregate Capital Accumulation. *Journal of Political Economy*, 82(5), 905–926.

Feldstein, M. (1985). The Optimal Level of Social Security Benefits. *Quarterly Journal of Economics*, 100(2), 303–320.

Feldstein, M. (1995). Would Privatizing Social Security Raise Economic Welfare? *NBER Working Paper* 5281.

Findley, T.S. und J.A. Feigenbaum (2013). Quasi-Hyperbolic Discounting and the Existence of Time-Inconsistent Retirement. *Theoretical Economic Letters*, 3(2), 119–123.

Finkler, S. und S. Traub (2014). Finanzielle Auswirkungen der Einführung eines Grundsicherungsabstandsgebotes auf die Gesetzliche Rentenversicherung – Ergebnisse einer Mikrosimulation. *Zeitschrift für Sozialreform*, 60(1), 61–82.

Ford B. (1983). An Overview of Hot-Deck Procedures. In: Madow, W., H. Nisselson und I. Olkin (Hrsg.), *Incomplete Data in Sample Surveys*, 3, 185–207.

Fratzscher, M. (2016) *Verteilungskampf. Warum Deutschland immer ungleicher wird.* Hanser, München.

Frederick, S., G. Loewenstein und T. O'Donoghue (2002). Time Discounting and Time Preference: A Critical Review. *Journal of Economic Literature*, 40(2), 351–401.

Freyland, F. (2005). Household Composition and Savings: An Empirical Analysis based on the German SOEP Data. *MEA Discussion Papers* 88–2005.

Frick, J.R. und M.M. Grabka (2009). Gestiegene Vermögensungleichheit in Deutschland. *DIW-Wochenbericht* 4/2004, 54–68.

Frick, J.R. und M.M. Grabka (2010). Alterssicherungsvermögen dämpft Ungleichheit – aber große Vermögenskonzentration bleibt bestehen. *DIW Wochenbericht* 3/2010, 2–13.

Friedman, M. (1957). *A Theory of the Consumption Function.* Princeton University Press, New Jersey.

Friedrich, K. und A. Schultz (2005). Mit einem noch Bein im Osten? Abwanderung aus Ostdeutschland in sozialgeographischer Perspektive. In: Dienel, C. (Hrsg.), *Abwanderung, Geburtenrückgang und regionale Entwicklung. Ursachen und Folgen des Bevölkerungsrückgangs in Ostdeutschland,* 203–216.

Frommert, D. und R. Thiede (2011). Alterssicherung vor dem Hintergrund unterschiedlicher Lebensverläufe. In: Klammer, U. und M. Motz (Hrsg.), *Neue Wege – Gleiche Chancen. Expertisen zum Ersten Gleichstellungsbericht der Bundesregierung,* 431–465.

Fuller, W.A. und J.K. Kim (2005). Hot deck imputation for the response model. *Survey Methodology,* 31(2),139–149.

Garrido, M.M., A.S. Kelley, J. Paris, K. Roza, D.E. Meier, R.S. Morrison und M.D: Aldridge (2015). Methods for constructing and assessing propensity scores. *Health Services Research,* 49(5), 1701–1720.

Gasche, M. (2010). Rentenanpassung 2010 – Wem nützt die Rentengarantie? *MEA Discussion Papers* 199–2010.

Gasche, M. und B. Lamla (2012). Erwartete Altersarmut in Deutschland: Pessimismus und Fehleinschätzungen – Ergebnisse aus der SAVE-Studie. *MEA Discussion Papers* 264–2012.

Gerstorf, S. und J. Schupp (Hrsg.) (2013). *SOEP Wave Report 2013.* DIW Berlin.

Geyer, J. (2014). Zukünftige Altersarmut. *DIW Roundup: Politik im Fokus* 25.

Geyer, J. und V. Steiner (2009a). Statistisches Matching von SOEP und SUFVSKT2005. *DRV-Schriften* 55/2009, 55–73.

Geyer, J. und V. Steiner (2009b). Zahl der Riester-Renten steigt sprunghaft – aber Geringverdiener halten sich noch zurück. *DIW Wochenbericht* 32/2009, 534–542.

Geyer, J. und V. Steiner (2010a). Erwerbskarrieren in Ostdeutschland – 20 Jahre nach der Deutschen Einheit und darüber hinaus. *Zeitschrift für Arbeitsmarkt-Forschung,* 43(2), 169–190.

Geyer, J. und V. Steiner (2010b). Public pensions, changing employment patterns, and the impact of pension reforms across birth cohorts – a microsimulation analysis for Germany. *SOEPppapers* 276. DIW Berlin.

Geyer, J. und V. Steiner (2014). Future Public Pensions and Changing Employment Patterns Across Birth Cohorts. *Journal of Pension Economics and Finance,* 13(2), 172–209.

Gigerenzer, G. (2007). *Bauchentscheidungen: Die Intelligenz des Unbewussten und die Macht der Intuition.* Bertelsmann Verlag, München.

Goebel, J. und M.M. Grabka (2011). Entwicklung der Altersarmut in Deutschland. *Vierteljahreshefte zur Wirtschaftsforschung*, 80(1), 101–118.

Goebel, J., M.M. Grabka und C. Schröder (2015). Einkommensungleichheit bleibt weiterhin hoch – junge Alleinlebende und Berufseinsteiger sind zunehmend von Armut bedroht. In: DIW Berlin (Hrsg.), Einkommensungleichheit und Armutsrisiko, *DIW Wochenbericht* 25/2015, 571–586.

Görlich, D. und A. de Grip (2007). Human Capital Depreciation During Family-related Career Interruptions in Male and Female Occupations. *Kiel Working Papers* 1379.

Grabka, M.M. (2014). Private Vermögen in Ost- und Westdeutschland gleichen sich nur langsam an. *DIW Wochenbericht* 40/2014, 959–967.

Grabka, M.M. und C. Westermeier (2014). Anhaltend hohe Vermögensungleichheit in Deutschland. *DIW-Wochenbericht* 9/2014, 151–165.

Gravelle, J.G. (1991). Do Individual Retirement Accounts Increase Savings? *Journal of Economic Perspectives*, 5(2), 133–148.

Green, L., A.F: Fry und J. Myerson (1994). Discounting of Delayed Rewards: A Life-Span Comparison. *Psychological Science*, 5(1), 33–36.

Green, L., J. Myerson und E. McFadden (1997). Rate of temporal discounting decreases with amount of reward. *Memory & Cognition*, 25(5), 715–723.

Gruber, J. und D. Wise (1998). Social Security and Retirement: An International Comparison. *American Economic Review*, 88(2), 158–163.

Gruber, J. und D. Wise (Hrsg.) (1999). *Social Security and Retirement around the World.* University of Chicago Press, Chicago.

Gruber, J. und D. Wise (2001), Social Security Retirement Incentives: An International Perspective. In: Auerbach, A.A. (Hrsg.), *Demographic Change and Fiscal Policy*, 159–201.

Guilford, J.P. (1959). *Personality.* McGraw Hill, New York.

Gunkel, A. (2016). Das Rentenniveau – Bedeutung und Relevanz für das System der Gesetzlichen Rentenversicherung. Rede beim 12. aktuellen Presseseminar der Deutschen Rentenversicherung Bund am 9. Und 10. November 2016 in Würzburg.

Gustman, A. und T. Steinmeier (1986). A Disaggregated, Structural Analysis of Retirement by Race, Difficulty of Work and Health. *Review of Economics and Statistics*, 68(3), 509–513.

Haan, P. und V. Steiner (2004). Distributional and Fiscal Effects of the German Tax Reform 2000 – A Behavioral Microsimulation Analysis, *DIW Discussion Papers* 419.

Habermann, C. (2008). Vermeidung von Altersarmut. *Deutsche Rentenversicherung*, 63(1), 390–400.

Hagenaars, A.J., K. de Vos und M.A. Zaidi (1994). *Poverty statistics in the late 1980s: research based on mirco-data.* Office for Official Publications of the European Communities.

Hagist, C. und B. Raffelhüschen (2010). Gesundheitsversorgung und Demografie. Die Nachhaltigkeitslücke der Gesetzlichen Krankenversicherung. *Politische Bildung*, 43(4), 23–40.

Halder, G. (2008). *Demographischer Wandel und politische Antworten in Deutschland: Eine Simulationsstudie im Rahmen eines allgemeinen Gleichgewichtsmodells.* Peter Lang, Frankfurt.

Haupt, M. (2014). Nudging im Bereich der Alterssicherung – wie und warum? *Wirtschaftsdienst*, 94(11), 784–787.

Haupt, M. und S. Kluth (2012). Das schwedische Beispiel der kapitalgedeckten Altersvorsorge – Ein Vorbild für Deutschland? *Vierteljahreshefte zur Wirtschaftsforschung*, 2(2012), 213–230.

Haupt, M. und W. Sesselmeier (2012). Altersvorsorgeinformation in Schweden – ein Vorbild für Deutschland? *Deutsche Rentenversicherung* 2/2012.

Hauser, R. (2007). Probleme des deutschen Beitrags zu EU-SILC aus der Sicht der Wissenschaft: Ein Vergleich von EU-SILC, Mikrozensus und SOEP. *SOEPpapers* 69. DIW Berlin.

Hauser, R. (2009a). Das 30–30-Modell zur Bekämpfung gegenwärtiger und künftiger Altersarmut. *Soziale Sicherheit*, 58(7/8) 264–269.

Hauser, R. (2009b). Neue Armut im Alter. *Wirtschaftsdienst*, 89(4), 248–256.

Hauser, R. (2010). Das 30–30-Modell zur Bekämpfung gegenwärtiger und künftiger Altersarmut. In: Deutscher Bundestag, Ausschuss für Arbeit und Soziales (Hrsg.), *Zusammenstellung der schriftlichen Stellungnahmen*, Ausschussdrucksache 17(11)263 vom 22. September 2010.

Hauser, R., U. Hochmuth und J. Schwarze (1993). *Mikroanalytische Grundlagen der Gesellschaftspolitik. Sonderforschungsbereich 3 der Deutschen Forschungsgemeinschaft*, Band 1 und 2. Akademie Verlag, Berlin.

Heckman, J.J., H. Ichimura und P.E. Todd (1997). Matching as an Econometric Evaluation Estimator: Evidence from Evaluating a Job Training Programme. *Review of Economic Studies*, 64(4), 605–654.

Heckman, J.J., H. Ichimura und P.E. Todd (1998a). Matching as an Econometric Evaluation Estimator. *Review of Economic Studies*, 65(2), 261–294.

Heckman, J.J., H. Ichimura, J. Smith und P.E. Todd (1998b). Characterizing Selection Bias Using Experimental Data. *NBER Working Paper* 6699.

Heckman, J.J., R.J. Lalonde und J.A. Smith (1999). The Economics and Econometrics of Active Labor Market Programs. In: Ashenfelter, O.C. und D. Card (Hrsg.), *Handbook of Labor Economics*, 3(A), 1865–2097.

Heidler, M. (2009). *Reformen der gesetzlichen Rentenversicherung: politisches Risiko und intergenerative Umverteilung*. Peter Lang, Frankfurt.

Himmelreicher, R.K. und D. Frommert (2006). Gibt es Hinweise auf zunehmende Ungleichheit der Alterseinkünfte und zunehmende Altersarmut? Der Einfluss von Erwerbs- und Familienbiographien auf die Rentenhöhe in Deutschland. *Vierteljahreshefte zur Wirtschaftsforschung*, 75(1), 108–130.

Hoch, S.J. und G.F. Loewenstein (1991). Time-Inconsistent Preferences and Consumer Self-Control. *Journal of Consumer Research*, 17(4), 492–507.

Holland, P.W. (1986). Statistics and Causal Inference. *Journal of the American Statistical Association*, 81(396), 945–960.

Holthausen, A., J. Rausch und C. Wilke (2012). MEA-PENSIM 2.0: Weiterentwicklung eines Rentensimulationsmodells, Konzeption und ausgewählte Anwendungen. *MEA Discussion Papers* 254–2012.

Homburg, S. (1990). The Efficiency of Unfunded Pension Schemes. *Journal of Institutional and Theoretical Economics*. 146(4), 640–647.

Homburg, S. (2000). Compulsory savings in the welfare state. *Journal of Public Economics*, 77(2), 233–239.

Hu, S.C. (1979). Social Security, the Supply of Labor, and Capital Accumulation. *American Economic Review*, 69(3), 274–283.

Hurd, M. (1987). Savings of the Elderly and Desired Bequests. *American Economic Review*, 77(3), 298–312.

Hurd, M.D. (1990). The Joint Retirement Decision of Husbands and Wives. In: Wise, D.A. (Hrsg.), *Issues in the Economics of Aging*, 231–254.

IAQ (2014). Grundsicherungsbedarf und Höhe der Zugangsrenten 2005–2014. *Sozialpolitik aktuell*. Institut Arbeit und Qualifikation an der Fakultät für Gesellschaftswissenschaften der Universität Duisburg-Essen

IAQ (2016). Entwicklung des Netto-Rentenniveaus vor Steuern 1990–2029 und 2030. Netto-Standardrente vor Steuern (45 Versicherungsjahre) in % des durchschnittlichen Jahresentgelts. *Sozialpolitik aktuell*. Institut Arbeit und Qualifikation an der Fakultät für Gesellschaftswissenschaften der Universität Duisburg-Essen

Imrohoroglu, A., S. Imrohoroglu und D.H. Jones (2003). Time-Inconsistent Preferences and Social Security. *Quarterly Journal of Economics*, 118(2), 745–784.

Isengard, B. (2002). Machbarkeitsstudie zur Erhebung einkommensschwacher und einkommensstarker Haushalte im Sozio-oekonomischen Panel. *SOEPpapers* 17. DIW Berlin.

Jiménez-Martín, S. (2015). The incentive effects of minimum pensions. Minimum pension programs reduce poverty in old age but they can also reduce the labor supply of low-income workers. *IZA World of Labor* 2014:84.

Kahneman, D. und A. Tversky (1971). Belief in the law of small numbers. *Psychological Bulletin*, 76(2), 105–110.

Kahneman, D. und A. Tversky (1979). Prospect Theory: An Analysis of Decision under Risk. *Econometrica*, 47(2), 263–291.

Kahneman, D. und A. Tversky (1984). Choices, values, and frames. *American Psychologist*, 39(4), 341–350.

Kahneman, D. und A. Tversky (2009). *Schnelles Denken, langsames Denken.* Penguin Verlag, München.

Kennickell, A. und A. Lusardi (2005). Disentangling the importance of the precautionary saving motive. *CFS Working Paper* 2006/15.

Kerschbaumer, J. (2010). ver.di-Stellungnahme zum EU-Grünbuch „Rente". *sopoaktuell* 102.

Keynes, J.M. (1936) *The General Theory of Employment, Interest, and Money.* Palgrave Macmillan, London.

Kim, J.K., und W. Fuller (2004). Fractional hot deck imputation. *Biometrika*, 91(3), 559–578.

Kirby, K.N. (1997). Bidding on the Future: Evidence against Normative Discounting of Delayed Rewards. *Journal of Experimental Psychology*, 126(1), 54–70.

Kirby, K.N. und N.N. Marakovic (1995). Modeling Myopic Decisions: Evidence for Hyperbolic Delay-Discounting within Subjects and Amounts. *Organizational Behavior and Human Decision Processes*, 64(1), 22–30.

Könberg, B., E. Palmer und A. Sundén (2006). The NDC Reform in Sweden: The 1994 Legislation to the Present. In: Holzmann, R. und E. Palmer (Hrsg.): *Pension Reform: Issues and Prospects for Non-Financial Defined Contribution (NDC) Schemes*, 449–466. Washington, D. C., World Bank.

Kotlikoff, L., A. Spivak und L.H. Summers (1982). The Adequacy of Savings. *American Economic Review*, 72(5), 1056–1069.

Kotlikoff, L., K. Smetters, und J. Walliser (1998). The Economic Impact of Privatizing Social Security. In: Siebert, H. (Hrsg.), *Redesigning Social Security*, 327–348.

Kraft, S. (2010). Rentensystem nach Bismarck oder Beveridge? Eine ländervergleichende Analyse der Systemwirkungen auf Arbeitsmarkt, Versorgungsniveau Altersarmut und Rentenverteilung. *Zeitschrift für Nachwuchswissenschaftler – German Journal for Young Researchers*, 2(1), 27–46.

Krenz, S. und W. Nagl (2009). Die Entwicklung der Ansprüche an die Gesetzliche Rentenversicherung bis zum Jahr 2020. *Aktuelle Forschungsergebnisse – ifo Dresden berichtet* 2/2009.

Kreyenfeld, M. und T. Mika (2008). Erwerbstätigkeit und Fertilität: Analysen mit der Versicherungskontenstichprobe der deutschen Rentenversicherung. *Deutsche Rentenversicherung* 79 (Sonderausgabe), 71–95.

Krieger, T. und S. Traub (2008). Back to Bismarck? Shifting Preferences for Intragenerational Redistribution in OECD Pension Systems. *CIE Working Paper Series* 2008–06.

Krieger, T. und S. Traub (2009). Wie hat sich die intragenerationale Umverteilung in der staatlichen Säule des Rentensystems verändert? Ein internationaler Vergleich auf Basis von LIS-Daten. *CIE Working Paper Series* 2009–06.

Kumpmann, I. (2011). Politikoptionen gegen Altersarmut. *Gesetzliche Rentenversicherung*, 66(4), 291–303.

Kumpmann, I., M. Gühne und H.S. Buscher (2012). Armut im Alter – Ursachenanalyse und eine Projektion für das Jahr 2023. *Jahrbücher für Nationalökonomie und Statistik*, 232(1), 61–83.

Kuznets, S. (1942). *Uses of National Income in Peace and War.* NBER Books.

Laibson, D. (1997). Golden Eggs and Hyperbolic Discounting. *Quarterly Journal of Economics*, 112(2), 443–478.

Laibson, D. (1998). Life-cycle consumption and hyperbolic discount functions. *European Economic Review*, 42(3–5), 861–871.

Laibson, D. A. Repetto und J. Tobacman (1998). Self-Control and Saving for Retirement. *Brookings Papers on Economic Activity*, 1998(1), 91–172.

Lewis, G.H. und R.C. Michel (Hrsg.) (1990). *Microsimulation Techniques for Tax and Transfer Analysis.* Urban Institute, Washington DC.

Lewis, J. und I. Ostner (1994). Gender and the evolution of European social policies. *ZeS-Arbeitspapier* 4/94.

Leiber, S. (2009). Armutsvermeidung im Alter: Reformbedarf und Handlungsoptionen. *WSI-Diskussionspapier* 166.

Leibfried, S. und W. Voges (Hrsg.) (2009). Armut im modernen Wohlfahrtsstaat. *Kölner Zeitschrift für Soziologie und Sozialpsychologie*, 32.

Little, R.J.A. und D.B. Rubin (1987). *Statistical Analysis with Missing Data.* John Wiley & Sons, New Jersey.

Loewenstein, G.F. (1988). Frames of Mind in Intertemporal Choice. *Management Science*, 34(2), 200–214.

Loewenstein, G.F. und D. Prelec (1992). Anomalies in Intertemporal Choice: Evidence and an Interpretation. *Quarterly Journal of Economics*, 107(2), 573–597.

Loewenstein, G.F. und D. Prelec (1993). Preferences for Sequences of Outcomes. *Pychological* Review, 100(1), 91–108.

Lorenz, M.O. (1905). Methods of Measuring the Concentration of Wealth. *Publications of the American Statistical Association*, 9(70), 209–219.

Low, E.L., S.K. Lim, A. Chung und K.C. Goh (2011). Pre-service teachers' reasons for choosing teaching as a career in Singapore. *Asia Pacific Journal of Education*, 31(2), 195–210.

Lüdeke, R. (1988). Staatsverschuldung, intergenerative Redistribution und umlagefinanzierte gesetzliche Rentenversicherung: Eine andere Sicht der Lasten durch ein negatives Bevölkerungswachstum. In: Klaus, J. und P. Klemmer (Hrsg.), *Wirtschaftliche Strukturprobleme und soziale Fragen*, 167–182.

Lumsdaine, R.L. und O.S. Mitchell (1999). New Developments in the Economic Analysis of Retirement. In: Ashenfelter, O. und D. Card (Hrsg.), *Handbook of Labor Economics*, (3C), 3261–3307.

MacPherson, L. (2006). Kiwisaver – A Behavioural Approach to the Case of the Reluctant Saver. In: OECD (Hrsg.), *Roundtable on Demand-Side Economics for Consumer Policy: Summary Report*, DSTI/CP(2006)3/Final.

Madrian, B.C. and D.F. Shea (2001). The Power of Suggestion: Inertia in 401(k) Participation and Savings Behavior. *Quarterly Journal of Economics*, 116(4), 1149–1187.

Mankiw, G. (2011). *Principles of Macroeconomics. 6th edition.* South-Western Cengage Learning.

Mankiw, G. und M.P. Taylor (2016). *Grundzüge der Volkswirtschaftslehre. 6. Auflage.* Schäffer-Pöschel, Stuttgart.

Merten, D. (2008). Armutsfeste Alterssicherung und Verfassungsrecht. *Deutsche Rentenversicherung*, 63(1), 382–389.

Merz, J., H. Stolze und M. Zwick (2002). Professions, entrepreneurs, employees and the new German tax (cut) reform 2000: A MICSIM microsimulation analysis of distributional impacts. *FFB-Diskussionspapier* 34.

Merz, J., P. Böhm, D. Hanglberger, R. Rucha und H. Stolze (2007). Wann werden Serviceleistungen nachgefragt? Ein Mikrosimulationsmodell alternativer Ladenöffnungszeiten mit Daten der Zeitbudgeterhebung ServSim. *MPRA Paper* 5739.

Merz, J., P. Böhm, D. Hanglberger und R. Rucha (2011). The Timing of Daily Demand for Goods and Services. Microsimulation Policy Results of an Aging Society, Increasing Labour Market Flexibility and Extended Public Childcare in Germany. *FFB Discussion Paper* 90.

Metzger, C. (2015). Who is saving privately for retirement and how much? New evidence for Germany. *FZG Discussion Papers* 57.

Michel, P. und P. Pestieau (2013). Social Security and Early Retirement in an Overlapping-Generations Growth Model. *Annals of Economics and Finance*, 14(2B), 705–719.

Mincer, J. (1957). *A Study of Personal Income Distribution.* Unveröffentlichte Dissertation, Columbia University.

Mincer, J. (1958). Investment in Human Capital and Personal Income Distribution. *Journal of Political Economy*, 70(5/2), 50–79.

Mincer, J. (1974). *Schooling, Experience, and Earnings.* National Bureau of Economic Research, New York.

Modigliani, F. und R.H. Brumberg (1954). Utility analysis and the consumption function: an interpretation of cross-section data. In: Kurihara, K.K. (Hrsg.), *Post-Keynesian Economics*, 388–436.

Moog, S. und B. Raffelhüschen (2010). Herausforderungen der Legislaturperiode für die Tragfähigkeit der Renten- und Pflegeversicherung. *Vierteljahreshefte für Wirtschaftsforschung*, 79(1), 27–43.

OECD (2013). Pensions at a Glance 2013. OECD and G20 Indicators.

O'Hare, J.F. (2000). Impute or Match? Strategies for Microsimulation Modeling. In: Gupta, A. und V. Kapur (Hrsg.), *Microsimulation in Government Policy and Forecasting*, 467–486.

Orcutt, G.H. (1957). A New Type of Socio-Economic System. *Review of Economics and Statistics*, 39(2), 116–123.

Orcutt, G.H. (1960). Simulation of Economic Systems. *American Economic Review*, 50(5), 893–907.

Orcutt, G.H., M. Greenberger, J. Korbel und A.M. Rivlin (1961). *Microanalysis of Socioeconomic Systems: A Simulation Study*. Harper & Row, New York.

Petersen, H.-G. (1986). Mikroökonomische Simulationsmodelle zur Erhöhung der Rationalität in Finanz- und Sozialpolitik. *Finanzwissenschaftliche Arbeitspapiere* 8, Universität Gießen.

Pfarr, C. und U. Schneider (2010). Angebotsinduzierung und Mitnahmeeffekt im Rahmen der Riester-Rente: eine empirische Analyse, *SOEPpapers* 341.

Phelps, E.S. und R.A. Pollak (1968). On Second-Best National Saving and Game-Equilibrium Growth. *Review of Economic Studies*, 35(2), 185–199.

Poterba, J. (2004). The Impact of Population Aging on Financial Markets. *NBER Working Paper* 10851.

Raffelhüschen, B. und B. Kitterer (1989). Übergangsprobleme eines Systemwechsels in der sozialen Alterssicherung. Eine dynamische Simulationsanalyse. In: Felderer, B. (Hrsg.): Bevölkerung und Wirtschaft, *Schriften des Vereins für Socialpolitik*, 202, 405–424.

Rasner, A. (2007). Vorarbeiten für ein Statistisches Matching von Befragungs- und Registerdaten – Das Sozio-oekonomische Panel und der Scientific Use File Vollendete Versichertenleben 2004. In: Deutsche Rentenversicherung Bund (Hrsg.), Etablierung und Weiterentwicklung. Bericht vom vierten Workshop des Forschungsdatenzentrums der Rentenversicherung, *DRV-Schriften* 55/2007. 201–207.

Rasner, A., R.K. Himmelreicher, M.G. Grabka und J.R. Frick (2007). Best of Both Worlds – Preparatory Steps in Matching Survey Data with Administrative Pension Records. The Case of the German Socio-Economic Panel and the Scientific Use File Completed Insurance Biographies 2004. *SOEPpapers* 70. DIW Berlin.

Rasner, A., J.R. Frick und M.G. Grabka (2011). Extending the Empirical Basis for Wealth Inequality Research Using Statistical Matching of Administrative and Survey Data. *SOEPpapers* 359. DIW Berlin.

Rässler, S. (2001). *Alternative Approaches to Statistical Matching with an Application to Media Data (Alternative Verfahren der Datenfusion mit einer Anwendung auf Media-Daten).* Habilitationsschrift, Nürnberg.

Rässler, S. (2002). *Statistical Matching. A Frequentist Theory, Practical Applications, and Alternative Bayesian Approaches.* Springer-Verlag, New York.

Raghunathan, T.E., J.M. Lepkowski, J. van Hoewyk und P. Solenberger (2001). A multivariate technique for multiply imputing missing values using a sequence of regression models. *Survey Methodology,* 27(1), 85–95.

Rainieri, A. und H. Rachlin (1993). The effect of temporal constraints on the value of money and other commodities. *Journal of Behavioral Decision Making,* 6(2), 77–94.

Read, D. (2001). Is time-discounting hyperbolic or subadditive? *LSEOR Working Paper* 01–35, London School of Economics, Department of Operational Research.

Reifner, U. und A. Tiffe (2002). Riester-Rente aus Verbrauchersicht. *Bertelsmann Stiftung Vorsorgestudien* 13.

Reisch, L.A. und J. Sandrini (2015). *Nudging in der Verbraucherpolitik. Ansätze verhaltensbasierter Regulierung.* Nomos Verlag, Baden-Baden.

Riedmüller, B. und M. Willert (2008). Die Zukunft der Alterssicherung. Analyse und Dokumentation der Datengrundlagen aktueller Rentenpolitik. Gutachten im Auftrag der Hans-Böckler-Stiftung.

Rische, H. (2004). Reform der Alterssicherung: Aufbruch statt Resignation und Perspektivlosigkeit. *Die Angestellten Versicherung DAngVers – Zeitschrift der Bundesversicherungsanstalt für Angestellte,* 51, 1–6.

Rodepeter, R. (1997) Identifikation von Sparprofilen im Lebenszyklus. *Arbeitspapier* 97–01, Sonderforschungsbereich 504, Universität Mannheim.

Roelofsma, P.H.M.P. und D. Read (2000). Intransitive Intertemporal Choice. *Journal of Behavioral Decision Making,* 13(2), 161–177.

Romer, P. (2006). *Advanced Macroeconomics. 3rd edition.* Mc-Graw-Hill, New York.

Rosenbaum, P.R. (1989). Optimal Matching for Observational Studies. *Journal of the American Statistical Association.* 84(408), 1024–1032.

Rosenbaum, P.R. und D.B. Rubin (1983). The central role of the propensity score in observational studies for causal effects. *Biometrika,* 70(1), 41–55.

Rosenbaum, P.R. und D.B. Rubin (1985). Constructing a Control Group Using Multivariate Matched Sampling Methods That Incorporate the Propensity Score. *The American Statistician,* 39(1), 33–38.

Royston, P. (2004). Multiple imputation of missing values. *The Stata Journal,* 4(3), 227–241.

Rubin, D.B. (1973). Matching to Remove Bias in Observational Studies. *Biometrics,* 29(1), 159–183.

Rubin, D.B. (1974). Estimating Causal Effects of Treatments in Randomized and Nonrandomized Studies. *Journal of Educational Psychology*, 66(5), 688–701.

Rubin, D.B. (1987). *Multiple Imputation for Nonresponse in Surveys.* John Wiley & Sons, New Jersey.

Rubinstein, A. (2003). "Economics and Psychology"? The Case of Hyperbolic Discounting. *International Economic Review*, 44(4), 1207–1216.

Ruland, F. und D. von der Heide (2004). Das Nachhaltigkeitsgesetz – ein weiterer Schritt zur langfristigen Stabilisierung der Rentenversicherung. *Wirtschaftsdienst*, 84(4), 218–221.

Samuelson, P.A. (1958). An Exact Consumption-Loan Model of Interest with or without the Social Contrivance of Money. *Journal of Political Economy*, 66(6), 467–482.

Sande, I.G. (1983). Hot-Deck Imputation Procedures. In: Madow, W., H. Nisselson und I. Olkin (Hrsg.), *Incomplete Data in Sample Surveys*, 3, 339–349.

Santos Silva, J.M.C., S. Tenreyro und F. Windmeijer (2015). Testing competing models for non-negative data with many zeros. *Journal of Econometric Methods*, 4(1), 29–46.

Schatz, C. und J. Merz (2000). Die Rentenreform in der Diskussion. Ein Mikrosimulationsmodell für die Altersvorsorge in Deutschland (AVID-PRO). *FFB-Diskussionspapier* 28.

Schmähl, W. (2004). Ein ‚Nachhaltigkeitsgesetz' für die Rentenversicherung: Anspruch und Wirklichkeit. *Wirtschaftsdienst*, 84(4), 210–218.

Schmähl, W. (2005a). Einige Thesen zur Situation und weiterer Entwicklung der Alterssicherung in Deutschland – Zugleich Hinweis auf die Empfehlungen der Kommission für den 5. Altenbericht der Bundesregierung. Rentenfachgespräch der Volkssolidarität in Berlin am 17. November 2005.

Schmähl, W. (2005b). Einkommenslage und Einkommensverwendungspotential Älterer in Deutschland. *Wirtschaftsdienst*, 85(3), 156–165.

Schmähl, W. (2007). Die Einführung der „dynamischen Rente" 1957. Gründe, Ziele und Maßnahmen – Versuch einer Bilanz. *ZeS-Arbeitspapier* 3/2007.

Schmähl, W. (2011). Warum ein Abschied von der „neuen deutschen Alterssicherungspolitik" notwendig ist. *ZeS-Arbeitspapier* 1/2011.

Schmidt, U. und S. Traub (2002). An Experimental Test of Loss Aversion. *Journal of Risk and Uncertainty*, 25(3), 233–249.

Schnabel, R. (2015). Das Rentenpaket 2014 – eine ökonomische Beurteilung. *Wirtschaftsdienst*, 95(13), 22–27.

Schnabel, R. und M. Miegel (2001). *Rentenreform 2001: Auf dünnem Eis gebaut.* Deutsches Institut für Altersvorsorge, Köln.

Schreiber, W. (1955). Existenzsicherheit in der industriellen Gesellschaft. *BKU Diskussionsbeiträge* 28. Bund Katholischer Unternehmer e. V.: Unveränderter Nachdruck des "Schreiber-Planes" zur dynamischen Rente aus dem Jahr 1955.

Schulze Buschoff, K. (2011) Atypisch Beschäftigt = typisch arm im Alter? Die Flexibilisierung der Arbeitsmärkte und der staatliche Schutz vor Altersarmut – ein europäischer Vergleich. Internationale Politikanalyse, Friedrich-Ebert-Stiftung Berlin.

Schunk, D. (2007). What Determines the Saving Behavior of German Households? An Examination of Saving Motives and Saving Decisions. *MEA Discussion Papers* 124–2007.

Schupp, J. (2009). Is there a growing risk of old-age poverty in East Germany? *Applied Economics Quarterly Supplement*, 55(60), 51–54.

Sen, A. (1997). *On Economic Inequality*. Clarendon Press, Oxford.

Sesselmeier, W. und M. Haupt (2013). Eine Analyse der Altersvorsorgeinformation in Schweden. *FNA-Journal* 3/2013.

Shefrin, H.M. und R.H. Thaler (1988). The Behavioral Life-Cycle Hypothesis. *Economic Inquiry*, 26(4), 609–643.

Sinn, H.-W. (1997). The Value of Children and Immigrants in a Pay-as-you-go Pension System: A Proposal for a Partial Transition to a Funded System. *NBER Working Paper* 6229.

Sinn, H.-W. (2000). Why a Funded Pension System is Useful and Why It is Not Useful. *International Tax and Public Finance*, 7(4), 389–410.

Sinn, H.-W. (2015). Konvergenz oder holländische Krankheit? Vortrag bei der wissenschaftlichen Tagung „25 Jahre Deutsche Einheit: Wo stehen wir – wie geht es weiter?" am 8. Oktober 2015.

Solow, R.M. (1956). A contribution to the Theory of Economic Growth. *Quarterly Journal of Economics*, 70(1), 65–94.

Soman, D., G. Ainslie, S. Frederick, X. Li, J. Lynch, P. Moreau, A. Mitchell, D. Read, A. Sawyer, Y. Trope, K. Wertenbroch und G. Zauberman (2005). The Psychology of Intertemporal Discounting: Why are Distant Events Values Differently from Proximal Ones? *Marketing Letters*, 16(3–4) 347–360.

Sozialbeirat (2012). Gutachten des Sozialbeirats zum Rentenversicherungsbericht 2012 und zum Alterssicherungsbericht 2012.

Sozialpolitische Forschergruppe (1979). SPES-Projekt: Schlussbericht 1972 bis 1978. Sozialpolitisches Entscheidungs- und Indikatorensystem für die Bundesrepublik Deutschland. *Schlussbericht der Sozialpolitischen Forschergruppe*, Frankfurt am Main und Mannheim.

Spataro, L. (2002). New Tools in Micromodeling Retirement Decisions: Overview and Applications to the Italian Case. *CeRP Working Papers* 28.

Spataro, L. (2003). Correcting dynamic inefficiency when labor supply is endogenous: a steady state analysis. *Working Paper* 90. Centre for Research on the Public Sector, Università Commerciale Luigi Bocconi, Milano.

SPD (2012). Eckpunkte für ein Konzept zur Bewältigung der rentenpolitischen Herausforderungen. Berlin.

Speier, C., J.S. Valacich und I. Vessey (1998). The Influence of Task Interruption on Individual Decision Making: An Information Overload Perspective. *Decision Sciences*, 30(2), 337–360.

Spremann, K. (1984). Intergenerational Contracts and Their Decomposition. *Zeitschrift für Nationalökonomie*, 44, 237–253.

Statistische Ämter des Bundes und der Länder (2011). Bevölkerungs- und Haushaltsentwicklung im Bund und in den Ländern. *Demographischer Wandel in Deutschland*, Heft 1. Statistisches Bundesamt, Wiesbaden.

Statistisches Bundesamt (2011). *Bevölkerung und Erwerbstätigkeit: Sterbetafel Deutschland 2008/10*. Statistisches Bundesamt, Wiesbaden.

Statistisches Bundesamt (2013a). Sozialleistungen. Empfänger und Empfängerinnen von Hilfe zum Lebensunterhalt und Grundsicherung im Alter und bei Erwerbsminderung. *Fachserie* 13, Reihe 2.2. Statistisches Bundesamt, Wiesbaden.

Statistisches Bundesamt (2013b). Sozialleistungen. Empfänger und Empfängerinnen von Leistungen nach dem 5. bis 9. Kapitel SGB XII. *Fachserie* 13, Reihe 2.3. Statistisches Bundesamt, Wiesbaden.

Statistisches Bundesamt (2014). *Wirtschaft und Statistik. Sozialhilfe- und Asylbewerberleistungsstatistik, Personalschlüssel in Kindertageseinrichtungen, CO2-Emissionen, Labor Force Survey – web questionnaire, Auslandskontrollierte Unternehmen.* Statistisches Bundesamt, Wiesbaden.

Statistisches Bundesamt (2015a). *Bruttoinlandprodukt 2014 für Deutschland.* Statistisches Bundesamt, Wiesbaden.

Statistisches Bundesamt (2015b). *Bevölkerung Deutschland bis 2060: 13. koordinierte Bevölkerungsvorausberechnung*. Statistisches Bundesamt, Wiesbaden.

Statistisches Bundesamt (2015c). 20,6 % der Bevölkerung Deutschland von Armut oder sozialer Ausgrenzung bedroht – Anteil EU-weit bei 24,4 %. *Pressemitteilung* vom 5. November 2015 (407/15). Statistisches Bundesamt, Wiesbaden.

Steffen, J. (2011). Niedriglohn und Rente. Instrumente zur Absicherung von Beschäftigtenzeiten mit Niedriglohn in der Gesetzlichen Rentenversicherung. *Arbeitnehmerkammer Bremen* 07/2011.

Steiner, V. und J. Geyer (2010). Erwerbsbiographien und Alterseinkommen im demographischen Wandel – eine Mikrosimulationsstudie für Deutschland. *Politikberatung kompakt* 55, DIW Berlin.

Steiner, V., K. Wrohlich, P. Haan und J. Geyer (2012). Documentation of the Tax-Benefit Microsimulation Model STSM: Version 2012. *DIW Data Documentation* 63.

Stevens, Y., und L. van Assche (2013). Information über Altersrentenansprüche. Peer Review zu Sozialschutz und sozialer Eingliederung. Synthesebericht an die Europäische Kommission.

Strauß, S. und A. Ebert (2010). Langfristige Konsequenzen von Erwerbsunterbrechungen auf das Lebenseinkommen – bildungs- und geschlechtsspezifische Unterschiede. *DRV-Schriften* 55/2010, 209–231.

Strengmann-Kuhn, W. (2008). Altersarmut in Deutschland – Empirische Bestandsaufnahme und sozialpolitische Perspektiven. *Deutsche Rentenversicherung* 63(1), 120–133.

Strotz, R.H. (1956). Myopia and Inconsistency in Dynamic Utility Maximization. *Review of Economic Studies*, 23(3), 165–180.

Sutherland, H. und F. Figari (2013). EUROMOD: The European Union tax-benefit microsimulation model. *International Journal of Microsimulation*, 6(1), 4–26.

SVR (2011). Herausforderungen des demographischen Wandels. Expertise des Sachverständigenrats zur Begutachtung der gesamtwirtschaftlichen Entwicklung im Auftrag der Bundesregierung.

Thaler, R.H. (1980). Toward a Positive Theory of Consumer Choice. *Journal of Economic Behavior and Organization*, 1(1), 39–60.

Thaler, R.H. (1981). Some Empirical Evidence on Dynamic Inconsistency. *Economic Letters*, 8(3), 201–207.

Thaler, R.H. und S. Benartzi (2004). Save more Tomorrow™: Using Behavioral Economics to Increase Employee Saving. *Journal of Political Economy*, 112(S1), S164–S187. Papers in Honor of Sherwin Rosen: A Supplement to Volume 112.

Thaler, R.H. und C. Sunstein (2003). Libertarian Paternalism. *American Economic Review*, 93(2), 175–179. Papers and Proceedings of the One Hundred Fifteenth Annual Meeting of the American Economic Association, Washington, DC, January 3–5, 2003 (May, 2003).

Thaler, R.H. und C. Sunstein (2009). *Nudge: Wie man kluge Entscheidungen anstößt.* Econ, Düsseldorf.

Theil, H. (1967). *Economics and Information Theory.* Rand McNally and Company, Chicago.

Thøgersen, Ø. (1998). A note on intergenerational risk sharing and the design of pay-as-you-go pension programs. *Journal of Population Economics*, 11(3), 373–378.

Tobin, J. (1958). Estimation of Relationships for Limited Dependent Variables. *Econometrica*, 26(1), 24–36.

Traub, S. (1999). *Framing Effects in Taxation. An Empirical Study Using the German Income Tax Schedule.* Physica-Verlag, Heidelberg.

Traub, S. und S. Finkler (2013). Ein Grundsicherungsabstandsgebot für die Gesetzliche Rentenversicherung? Ergebnisse einer Mikrosimulation. *ZeS-Arbeitspapiere* 01/2013.

Traub, S. und S. Finkler (2014). Die soziale Absicherung von Selbständigen im internationalen Vergleich. *Wirtschaftspolitische Blätter* 3/2014, Wien.

Traub, S. und S. Finkler (2015). Typische Diskontinuitäten in Versichertenbiografien der GRV: Wie relevant ist heute noch die Normalerwerbsbiografie? Beitrag im Rahmen der *Jahrestagung des Forschungsnetzwerks Alterssicherung* „Kontinuität und Diskontinuität in der Altersvorsorge“ am 29. Und 30. Januar 2015 in Berlin. Unveröffentlichtes Manuskript. Präsentation zum Download verfügbar: https://goo.gl/sRtBGA

Trischler, F. (2012). Auswirkungen diskontinuierlicher Erwerbsbiografien auf die Rentenanwartschaften, *WSI-Mitteilungen*, 65(4), 253–261.

Tversky, A. und D. Kahneman (1992). Advances in Prospect Theory: Cumulative Representation of Uncertainty. *Journal of Risk and Uncertainty*, 5(4), 297–323.

VDR (2004). Stellungnahme anlässlich der öffentlichen Anhörung vor dem Ausschuss für Gesundheit und Soziale Sicherung des Deutsches Bundestages am 11. Februar 2004 zum Entwurf eines „Gesetzes zur Sicherung der nachhaltigen Finanzierungsgrundlagen der gesetzlichen Rentenversicherung (RV-Nachhaltigkeitsgesetz)“. Verband Deutscher Rentenversicherungsträger.

Verbon, V.A.A. (1989). Conversion Policies for Public Pension Plans in a Small Open Economy. In: Gustafsson, B.A. und N.A. Klevmarken (Hrsg.), *The Political Economy of Social Security*, 83–95.

van Buuren, S. (2007). Multiple imputation of discrete and continuous data by fully conditional specification. *Statistical Methods in Medical Research*, 16(3), 219–242.

von Kalckreuth, U., M. Eisele, J. Le Blanc, T. Schmidt und J. Zhu (2012). The PHF: A comprehensive panel survey on household finances and wealth in Germany. *Deutsche Bundesbank Discussion Paper* 13/2012.

von Weizsäcker, J. (2003). The Hayek Pension. An Efficient Minimum Pension to Complement the Welfare State. *Cesifo Working Paper* 1064.

Wagner, G.G., J. Göbel, P. Krause, R. Pischner und I. Sieber (2008). Das Sozio-oekonomische Panel (SOEP): Multidisziplinäres Haushaltspanel und Kohortenstudie für Deutschland – Eine Einführung (für neue Datennutzer) mit einem Ausblick (für erfahrene Anwender). *Wirtschafts- und Sozialstatistisches Archiv*, 2(4), 301–328.

Werding, M., H. Hofmann und H.-J. Reinhard (2007). Das Rentenmodell der katholischen Verbände. Studie im Auftrag des Ministeriums für Arbeit, Gesundheit und Soziales des Landes Nordrhein-Westfalen, der Katholischen Arbeitnehmer-Bewegung Deutschlands und des Familienbundes der Katholiken. ifo Institut für Wirtschafsforschung, München.

Westermeier, C. und M.M. Grabka (2015). Große statistische Unsicherheit beim Anteil der Top-Vermögenden in Deutschland. In: DIW Berlin (Hrsg.), Erbschaftsteuer, *DIW Wochenbericht* 7/2015, 123–133.

Whiteford, P. und E. Whitehouse (2006). Pension Challenges and Pension Reforms in OECD Countries. *Oxford Review of Economic Policy*, 22(1), 78–94.

Wilke, C.B. (2004). Ein Simulationsmodell des Rentenversicherungssystems: Konzeption und ausgewählte Anwendungen von MEA-PENSIM. *MEA Discussion Papers* 48–2004.

Zanutto, E.L. (2006). A Comparison of Propensity Score and Linear Regression Analysis of Complex Survey Data. *Journal of Data Science*, 4(1), 67–91.

ZEIT ONLINE (2016). Rentenpolitik: Nahles rechnet mit steigendem Rentenbeitrag. Erschienen online am 5. Oktober 2016.

Zhang, L. (2013). Saving and retirement behavior under quasi-hyperbolic discounting. *Journal of Economics*, 109(1), 57–71.

Zhu, J. und M. Eisele (2013). Multiple imputation in a complex household survey – the German Panel on Household Finances (PHF): challenges and solutions. *PHF User Guide*, Deutsche Bundesbank.

Anhang

A.1 Zwischenschritte des OLG-Modells

Durch Auflösung von Gleichung (2) nach der Ersparnis ergibt sich

$$s_t^1 = (1 - \tau_t)w_t(1 - l_t) - c_t^1 \tag{A.1}$$

Einsetzen in (3):

$$\begin{aligned} c_{t+1}^2 = (1 + r_{t+1})(1 - \tau_t)w_t(1 - l_t) - (1 + r_{t+1})c_t^1 \\ + \tau_t w_t(1 - l_t)(1 + \eta_{t+1}) \end{aligned} \tag{A.2}$$

umformen ergibt

$$c_t^1 + \frac{c_{t+1}^2}{1 + r_{t+1}} = (1 - \tau_t)w_t(1 - l_t) + \tau_t w_t \frac{(1 - l_t)(1 + \eta_{t+1})}{1 + r_{t+1}}$$

$$= w_t(1 - l_t)\frac{(1 - \tau_t)(1 + r_{t+1}) + \tau_t(1 + \eta_{t+1})}{1 + r_{t+1}}$$

$$= w_t(1 - l_t)\left(\frac{1 + r_{t+1}}{1 + r_{t+1}} - \tau_t\frac{1 + r_{t+1}}{1 + r_{t+1}} + \tau_t\frac{1 + \eta_{t+1}}{1 + r_{t+1}}\right)$$

$$= w_t(1 - l_t)\left(1 - \tau_t\left(1 - \frac{1 + \eta_{t+1}}{1 + r_{t+1}}\right)\right)$$

$$c_t^1 + \frac{c_{t+1}^2}{1 + r_{t+1}} = w_t(1 - l_t)\left(1 - \tau_t\left(1 - \frac{1 + \eta_{t+1}}{1 + r_{t+1}}\right)\right) \tag{A.3}$$

Die notwendige Bedingung in Gleichung (4.5) wird nun nach λ aufgelöst und in Gleichung (4.7) eingesetzt.

$$\frac{\alpha}{l_t} = \frac{w_t}{c_t^1}\left(1 - \tau_t\left(1 - \frac{1+\eta_{t+1}}{1+r_{t+1}}\right)\right) \tag{A.4}$$

$$c_t^1 = w_t \frac{l_t}{\alpha} K \tag{A.5}$$

Einsetzen der notwendigen Bedingung (4.6) in (4.7) ergibt:

$$\frac{\alpha}{l_t} = \frac{w_t \beta}{c_{t+1}^2}(1 + r_{t+1})\left(1 - \tau_t\left(1 - \frac{1+\eta_{t+1}}{1+r_{t+1}}\right)\right)$$

$$c_{t+1}^2 = \frac{w_t l_t \beta}{\alpha}(1 + r_{t+1})K \tag{A.6}$$

Umformen und einsetzen in die Budgetrestriktion für zu Gleichung (4.8), wenn l_t nach aufgelöst wird.

$$\frac{w_t l_t}{\alpha} K + \frac{w_t l_t \beta}{(1 + r_{t+1})\alpha}(1 + r_{t+1})K = w_t(1 - l_t)K \tag{A.7}$$

$$\frac{1+\beta}{\alpha} l_t = (1 - l_t)$$

$$\frac{1+\beta}{\alpha} l_t + \frac{\alpha}{\alpha} l_t = 1$$

$$\frac{1+\alpha+\beta}{\alpha} l_t = 1$$

$$\frac{\alpha}{1+\alpha+\beta} = l_t \qquad \text{(A.8)}$$

Durch Einsetzen in (4.5) bzw. (4.6) erhält man die Gleichungen (4.9) bzw. (4.10). Die Zwischenschritte im Szenario mit Grundsicherung erfolgen analog und werden im Folgenden nicht mehr gesondert aufgeführt.

A.2 Bewertung des Matchingverfahrens: *t*-Tests

Im Folgenden werden die *t*-Tests, auf denen die Bewertung des jeweiligen Matching-Verfahrens basiert, ausführlich dargestellt. Als Grundlage dienen dabei die tatsächlich beobachteten sowie die aus dem jeweils gewählten Matching-Verfahren kumulierten Entgeltpunkte.

Tabelle A-1: Matching by Regression (OLS)

	Mittelwert VKST	**Mittelwert SOEP**	**Differenz**	***p*-value**
Alle Strata	20,03	20,36	-0,32	0,07
Durchschnitt	*20,03*	*20,11*	*-0,07*	*0,72*
Männer West				
gering	19,44	19,96	-0,51	0,64
mittel	25,98	26,34	-0,37	0,37
hoch	24,06	24,70	-0,64	0,43
Männer Ost				
gering	16,25	16,26	-0,01	1,00
mittel	21,06	21,30	-0,24	0,64
hoch	26,91	27,19	-0,28	0,86

	Mittelwert VKST	Mittelwert SOEP	Differenz	*p*-value
Frauen West				
gering	14,76	14,76	-0,00	1,00
mittel	15,82	15,83	-0,00	0,98
hoch	13,26	13,45	-0,19	0,74
Frauen Ost				
gering	13,06	13,19	-0,14	0,93
mittel	17,70	17,79	-0,09	0,83
hoch	21,30	21,49	-0,19	0,89

Anm.: Bewertung des Matching-Verfahrens nach dem Verfahren *Matching by Regression (OLS)*. Dargestellt sind die Ergebnisse eines zweiseitigen *t*-Tests der tatsächlich beobachteten (VSKT) sowie die aus dem jeweiligen Matching-Prozess resultierenden kumulierten Entgeltpunkte (SOEP); Personen zwischen 30 und 67 Jahren, keine Beamten, nur gültige Bildungsangaben.

Quelle: SOEPv30, FDZ-RV – SUFVSKT2012; eigene Darstellung.

Tabelle A-2: Hotdeck Imputation

	Mittelwert VKST	Mittelwert SOEP	Differenz	*p*-value
Alle Strata	20,03	23,83	-3,79	0,00
Durchschnitt	*20,03*	*23,38*	*-3,35*	*0,05*
Männer West				
gering	19,44	22,70	-3,26	0,00
mittel	25,98	31,62	-5,64	0,00
hoch	24,06	29,32	-5,26	0,00
Männer Ost				
gering	16,25	15,86	0,39	0,86
mittel	21,06	25,35	-4,29	0,00
hoch	26,91	30,28	-3,37	0,04

	Mittelwert VKST	Mittelwert SOEP	Differenz	*p*-value
Frauen West				
gering	14,76	14,60	0,15	0,80
mittel	15,82	18,16	-2,34	0,00
hoch	13,26	15,65	-2,39	0,00
Frauen Ost				
gering	13,06	18,13	-5,07	0,00
mittel	17,70	19,51	-1,80	0,00
hoch	21,30	25,45	-4,15	0,00

Anm.: Bewertung des Matching-Verfahrens nach dem Verfahren der *Hotdeck Imputation*. Dargestellt sind die Ergebnisse eines zweiseitigen *t*-Tests der tatsächlich beobachteten (VSKT) sowie die aus dem jeweiligen Matching-Prozess resultierenden kumulierten Entgeltpunkte (SOEP); Personen zwischen 30 und 67 Jahren, keine Beamten, nur gültige Bildungsangaben.

Quelle: SOEPv30, FDZ-RV – SUFVSKT2012; eigene Darstellung.

Tabelle A-3: Univariate Imputation Sampling (UVIS)

	Mittelwert VKST	Mittelwert SOEP	Differenz	*p*-value
Alle Strata	20,03	20,36	-0,32	0,07
Durchschnitt	*20,03*	*20,6*	*-0,54*	*0,88*
Männer West				
gering	19,44	19,44	-0,00	1,00
mittel	25,98	26,36	-0,39	0,32
hoch	24,06	24,06	-0,00	1,00
Männer Ost				
gering	16,25	16,29	-0,04	0,98
mittel	21,06	21,43	-0,37	0,46
hoch	26,91	26,91	-0,00	1,00

	Mittelwert VKST	Mittelwert SOEP	Differenz	*p*-value
Frauen West				
gering	14,76	14,91	-0,15	0,79
mittel	15,82	15,84	-0,18	0,94
hoch	13,26	13,46	-0,20	0,73
Frauen Ost				
gering	13,06	13,22	-0,17	0,92
mittel	17,70	17,74	-0,05	0,91
hoch	21,30	21,49	-0,19	0,89

Anm.: Bewertung des Matching-Verfahrens nach dem Verfahren der *Univariate Imputation Sampling (UVIS)*. Dargestellt sind die Ergebnisse eines zweiseitigen *t*-Tests der tatsächlich beobachteten (VSKT) sowie die aus dem jeweiligen Matching-Prozess resultierenden kumulierten Entgeltpunkte (SOEP); Personen zwischen 30 und 67 Jahren, keine Beamten, nur gültige Bildungsangaben.

Quelle: SOEPv30, FDZ-RV – SUFVSKT2012; eigene Darstellung.

Tabelle A-4: Propensity Score Matching (nearest neighbour, no replacement)

	Mittelwert VKST	Mittelwert SOEP	Differenz	*p*-value
Alle Strata	20,03	22,09	-2,05	0,00
Durchschnitt	*20,03*	*23,56*	*-3,53*	*0,00*
Männer West				
gering	19,44	22,19	-2,75	0,01
mittel	25,98	31,30	-5,32	0,00
hoch	24,06	30,10	-6,04	0,00
Männer Ost				
gering	16,25	17,39	-1,14	0,62
mittel	21,06	25,37	-4,31	0,00
hoch	31,25	26,90	-4,34	0,00

	Mittelwert VKST	Mittelwert SOEP	Differenz	*p*-value
Frauen West				
gering	14,76	15,94	-1,19	0,05
mittel	15,82	18,37	-2,54	0,00
hoch	13,26	16,90	-3,63	0,00
Frauen Ost				
gering	13,06	15,35	-2,29	0,19
mittel	17,70	19,60	-1,90	0,00
hoch	21,30	24,85	-3,55	0,01

Anm.: Bewertung des Matching-Verfahrens nach dem Verfahren des *Propensity Score Matching (nearest neighbour, no repelacement).* Dargestellt sind die Ergebnisse eines zweiseitigen *t*-Tests der tatsächlich beobachteten (VSKT) sowie die aus dem jeweiligen Matching-Prozess resultierenden kumulierten Entgeltpunkte (SOEP); Personen zwischen 30 und 67 Jahren, keine Beamten, nur gültige Bildungsangaben.

Quelle: SOEPv30, FDZ-RV – SUFVSKT2012; eigene Darstellung.

A.3 Schätzung von Kohorteneffekten: Ergebnisse der Tobit-Modelle

Tabelle A5: Kumulierte Dauer in Vollzeit

	MÄNNLICH						WEIBLICH					
	WEST			OST			WEST			OST		
Kohorte	*gering*	*mittel*	*hoch*	*gering*	*mittel*	*hoch*	*gering*	*mittel*	*hoch*	*gering*	*mittel*	*hoch*
1952–1956	-2,021***	-0,576***	-1,035***	0,017	-0,055	-0,441***	-0,404	0,846***	0,810*	-6,394***	0,797***	-1,487***
1957–1961	-2,764***	-0,877***	-0,807***	-2,736***	-0,483***	-1,398***	-1,330***	0,507***	0,392	-0,767	-0,307	-3,114***
1962–1966	-3,298***	-1,234***	-0,885***	-4,225***	0,274	0,433***	-3,892***	-0,226	0,011	-5,192***	-1,652***	-5,807***
1967–1971	-3,921***	-1,610***	-1,512***	-4,775**	0,683**	0,068**	-4,531***	-0,177	-0,259	-8,100***	-2,615***	-7,943***
1972–1976	-4,534***	-1,605***	-1,355***	-3,894*	0,396	1,801***	-6,603***	-1,083***	-0,424	-9,023***	-2,425***	-7,887***
1977–1981	-5,330***	-1,848***	-0,893**	-4,984*	0,977**	1,635***	-6,626***	-1,639***	-0,076	-9,752***	-2,806***	-10,168***
1982–1986	-6,358***	-2,302***	-1,308***	-4,978*	1,023**	1,861***	-7,277***	-2,597***	-0,970	-9,443***	-3,446***	-11,348***
1987–1991	-6,596***	-2,071***	-1,893	-5,327	2,011***	-16,653	-11,081***	-2,924***	-3,085**	-9,960***	-2,243*	-12,062***
1992–1996	-7,241***	-2,501***		-5,089	-17,903		-11,856***	-3,469**		-9,659*	41,082	
Alter												
15	-60,819						-71,185					
16							-27,721***			-43,264		
17	-37,239***	-27,983***		-46,845***	-34,523		-26,176***	-27,639***		-6,393	-13,202***	

	MÄNNLICH						WEIBLICH					
	WEST			OST			WEST			OST		
18	-36,133***	-26,618***		-45,640***	-17,538***		-23,737***	-22,021***		-4,542	-11,645***	
19	-34,313***	-24,834***		-43,918***	-14,025**		-19,887***	-18,936***	-22,896***	-2,563	-10,212**	-3,423
20	-32,123***	-24,220***		-42,419**	-13,469**		-16,436***	-17,232***	-22,238***	2,734	-10,033**	-6,039
21	-30,645***	-23,476***		-40,149***	-12,880**		-13,138***	-16,104***	-19,728***	5,917	-9,336**	23,063***
22	-29,346***	-22,638***	-36,558***	-38,756***	-12,183*	11,404***	-11,325***	-14,987***	-20,570***	7,041	-8,328**	25,664***
23	-28,421***	-21,847***	-35,788***	-38,332***	-11,285*	11,164***	-10,265***	-14,065***	-19,919***	8,434*	-7,533*	27,251***
24	-27,733***	-21,112***	-36,598***	-37,677***	-10,493*	11,771***	-9,100***	-13,045***	-19,789***	9,048*	-6,695*	26,793***
25	-27,064***	-20,407***	-35,858***	-37,710***	-9,753*	13,720**	-8,139***	-11,973***	-19,047***	8,457*	-5,692	26,329***
26	-26,537***	-19,704***	-35,218***	-37,256***	-8,925	14,759***	-7,226***	-10,806***	-18,481***	9,396**	-4,848	26,157***
27	-25,822***	-18,839***	-34,489***	-36,772***	-8,056	15,290***	-6,757***	-9,704***	-17,926***	10,301**	-4,102	26,812***
28	-24,883***	-18,020***	-33,800***	-36,516***	-7,093	15,810***	-5,866***	-8,617***	-17,197***	10,419**	-3,264	26,910***
29	-24,127***	-17,115***	-33,043***	-35,886***	-6,147	16,760***	-5,092***	-7,626***	-16,224***	9,913**	-2,426	27,479***
30	-23,454***	-16,228***	-32,464***	-35,056***	-5,199	17,825***	-4,662***	-6,815***	-15,362***	9,981**	-1,966	28,101***
31	-22,556***	-15,334***	-31,625***	-33,382***	-4,258	18,602***	-4,214***	-5,969***	-14,554***	11,245***	-1,313	28,553***
32	-21,677***	-14,387***	-30,846***	-32,449***	-3,265	19,587***	-3,926***	-5,233***	-13,621***	10,696**	-0,539	29,010***
33	-20,894***	-13,517***	-30,110***	-32,084***	-2,336	20,518***	-3,389***	-4,581***	-12,539***	11,792***	0,181	29,721***

	MÄNNLICH						WEIBLICH					
	WEST			OST			WEST			OST		
34	-20,242***	-12,597***	-29,253***	-31,436***	-1,414	21,795***	-3,038**	-4,010***	-11,722***	12,796***	0,792	30,101***
35	-19,586***	-11,655***	-28,291***	-29,474***	-0,489	22,789***	-2,762*	-3,473***	-11,066***	14,035***	1,440	30,814***
36	-18,708***	-10,659***	-27,493***	-29,170***	0,497	24,121***	2,321*	-3,103**	-10,355**	14,609***	2,037	31,443***
37	-17,807***	-9,791***	-26,593***	-28,305***	1,625	25,240***	-1,680	-2,668**	-9,772**	15,207***	2,851	31,821***
38	-16,778***	-8,830***	-25,679***	-28,379***	2,562	26,133***	-1,249	-2,254*	-9,098**	15,076***	3,366	32,766***
39	-15,975***	-7,909***	-24,621***	-28,725***	3,504	27,278***	-1,095	-1,845	-8,647**	16,285***	4,035	33,363***
40	-15,313***	-6,955**	-23,750***	-26,807***	4,538	28,163***	-0,469	-1,470	-7,959*	16,101***	4,785	33,915***
41	-14,414***	-5,935**	-22,784***	26,389***	5,523	29,401***	-0,053	-0,996	-7,754*	16,441***	5,447	34,868***
42	-13,634***	-5,084*	-21,646***	-25,858***	6,515	30,428***	0,184	-0,631	-7,003*	16,083***	6,338*	35,455***
43	-13,011***	-4,095	-20,704***	-25,078***	7,493	31,363***	0,772	-0,246	-6,598*	16,416***	7,323*	36,051***
44	-11,907**	-3,140	-19,728***	-24,501***	8,514	32,581***	1,065	0,133	-6,143	17,794***	8,327**	36,839***
45	-11,020**	-2,119	-18,664***	-24,170***	9,480	33,654***	1,796	0,658	-5,554	18,902***	9,139**	37,426***
46	-10,065*	-1,176	-17,712***	-23,850***	10,311*	34,570***	2,170*	1,116	-5,139	19,382***	10,066**	38,125***
47	-9,138*	-0,294	-16,859***	-23,449***	11,460*	35,617***	2,700*	1,564	-4,222	19,915***	10,965***	38,657***
48	-7,880*	0,747	-15,799***	-21,432***	12,610*	36,491***	3,457**	2,147*	-3,815	20,853***	11,775***	39,508***
49	-6,992	1,720	-14,885***	-21,075***	13,557**	37,464***	4,074***	2,642**	-3,282	21,918***	12,417***	40,212***
50	-6,017	2,637	-13,935***	-20,539***	14,515**	38,419***	4,467***	2,956**	-2,756	22,083***	13,172***	40,755***

	MÄNNLICH						WEIBLICH					
	WEST			OST			WEST			OST		
51	-5,675	3,639	-13,082***	-19,641***	15,524**	39,271***	4,684***	3,244**	-1,005	21,390***	13,760***	41,399***
52	-4,786	4,639*	-12,044***	-19,497***	16,554***	40,045***	4,629***	3,694***	-0,512	22,962***	14,675***	42,031***
53	-4,493	5,556*	-10,923***	-18,127***	17,597***	41,201***	4,386***	4,414***	-0,071	22,730***	15,567***	42,633***
54	-3,471	6,462**	-9,983**	-17,478***	18,480***	42,187***	5,096***	4,965***	0,789	22,937***	15,998***	42,537***
55	-2,659	7,363**	-9,165**	-16,848***	19,615***	43,183***	5,451***	5,314***	1,463	23,947***	16,472***	43,909***
56	-2,106	8,391***	-8,108**	-15,403***	20,403***	44,360***	5,712***	5,508***	2,068	24,500***	16,877***	44,574***
57	-1,448	9,284***	-7,215*	-13,469***	21,437***	45,417***	5,462***	6,073***	2,896	25,341***	17,341***	45,183***
58	-0,690	10,178***	-6,533*	-12,326***	22,108***	46,136***	5,743***	6,281***	2,683	25,530***	18,163**	45,871***
59	0,081	11,000***	-5,547	-10,834***	22,713***	46,826***	6,321***	6,382***	2,618	26,675***	18,740***	46,954***
60	0,574	11,583***	-4,489	-10,230***	23,504***	47,587***	5,416***	6,317***	2,099	26,647***	19,230***	46,577***
61	0,993	12,540***	-3,515	-7,503***	24,906***	49,181***	4,334***	5,629***	3,800	24,720***	20,364***	47,259***
62	1,942	13,278***	-2,973	-6,652***	25,833***	49,990***	4,326***	4,489***	3,074	22,260***	20,779***	47,844***
63	2,280	13,817***	-2,112	-3,720**	26,751***	50,889***	3,584**	4,412***	2,496	21,313***	19,809***	46,689***
64	3,023	14,040***	-1,527	-5,460*	27,849***	52,303***	3,219**	4,188***	3,220	20,600***	19,307***	41,983***
65	2,291	14,023***	-0,789	-7,127	28,015***	52,956***	2,826*	3,958***	1,111	21,906***	18,559***	43,853***
66	2,988	13,074***	-1,637	-5,040*	25,693***	53,910***	3,138*	5,340***	2,608	24,722***	20,706***	52,992***
67	1,270	10,914***	-1,560	-4,985**	19,522***	55,668***	3,237*	5,187***	4,067	22,860***	17,797***	44,793***

	MÄNNLICH						WEIBLICH					
	WEST			OST			WEST			OST		
68	-0,015	9,309***	-0,482	-3,884*	13,624*	62,362***	2,672*	4,192**	2,805	21,667***	13,940***	41,399***
69	-0,229	6,842**	-2,223	-3,441*	9,622	37,407***	1,734	2,473	2,003	19,817***	10,794**	41,092***
70	-1,483	4,697	-2,548		2,626		0,460	1,064	2,567	12,981***	4,225	38,545***
Beruf und Karriere												
Alter Berufseinstieg	0,619***	0,550***	0,743***	1,763***	0,841***	0,768***	2,130***	1,145***	1,974***	2,292***	1,148***	1,217***
$(\text{Alter Berufseinstieg})^2$	-0,027***	-0,023***	-0,020***	-0,059***	-0,025***	-0,022***	-0,046***	-0,025***	-0,046***	-0,048***	-0,027***	-0,030***
Bildung												
ISCED=1	-1,483***			-1,336***			-0,597***			-4,349***		
ISCED=2												
ISCED=3		2,362***			1,336***			1,822***			0,806***	
ISCED=4		-0,633***			-1,993***			-3,143***			-3,497***	
ISCED=5												
ISCED=6			1,868***			0,204***			0,890***			-0,580***
ISCED=7												

	MÄNNLICH						WEIBLICH					
	WEST			OST			WEST			OST		
Nationalität												
deutsch	-0,426***	0,067	-0,485**	3,456**	-2,664***	4,422**	-3,026***	-0,083	-0,941**		1,011	1,918***
Familie												
1 Kind	3,446**	-0,550	7,112***	17,154***	-0,041	16,703***	-2,545	9,710***	36,374***	-16,277**	14,921***	25,496***
2–3 Kinder	3,212*	-0,349	7,228***	16,994***	-0,019	16,397***	-5,562***	6,046***	32,877***	-15,105**	13,564***	23,984***
4 oder mehr Kinder	2,672*	-0,979	6,883***	20,137***	-1,994**	17,324***	-6,630***	2,114*	26,925***	-14,658**	9,588***	19,149***
Verheiratet	1,325***	0,960***	0,278**	2,828***	1,366***	0,662***	-2,316***	-1,466***	-1,519***	1,170*	-1,016***	0,021
Alter bei Geburt des ersten Kindes	-0,173	0,062	-0,305***	-1,202***	0,064	-0,987***	-0,195	-1,230***	-2,612***	1,133**	-1,216***	-1,684***
(Alter bei Geburt des ersten Kindes)^2	0,003*	-0,001*	0,004**	0,021***	-0,002*	0,014***	0,008***	0,026***	0,044***	-0,020*	0,023***	0,027***
Konstante	33,806***	22,138***	30,050***	29,391***	5,793	-26,916***	-2,562*	5,922***	0,216	-24,065***	-3,569	-27,867***
σ	4,702***	3,199***	3,602***	3,794***	3,320***	3,080***	9,344***	7,206***	6,231***	8,946***	6,767***	4,883***
Pseudo-R^2	0,345	0,343	0,286	0,437	0,327	0,329	0,131	0,082	0,109	0,261	0,138	0,206
linkszensiert	3.706	912	171	1.053	402	32	9.855	3.472	609	1.534	838	67
unzensiert	10.166	48.931	11.353	1.254	20.297	3.876	21.611	59.589	7.475	1.828	22.162	4.069

	MÄNNLICH						WEIBLICH					
	WEST			OST			WEST			OST		
AIC	61.930,27	254.276,9	61.828,31	7.328,182	107.104,1	19.955,08	165.722,8	409.903,4	49.636,95	13.952,09	149.143,2	24.750,32
BIC	62.699,11	255.185	62.534,12	7.850,859	107.866,2	20.506,91	166.583,6	410.835,7	50.329,72	14.539,63	149.923,4	25.326,12

Anm.: Ergebnisse der Tobit-Schätzung; abhängige Variable ist die kumulierte Dauer in Vollzeit der jeweiligen Periode. Bei den Variablen *Alter bei Berufseinstieg* und *Alter bei Geburt des ersten Kindes* handelt es sich jeweils um Interaktionsterme mit den Binärvariablen *job* bzw. *kid*. Die Klassifikation der Bildungslevel orientiert sich an der eingangs des Kapitels erläuterten Gliederung. σ: Quadratwurzel der geschätzen Residualvarianz (Standardfehler). * / ** / ***: statistisch signifikant von Null verschieden auf 10 %- % 5 %- / 1 %-Niveau.

Quelle: SOEPv30; eigene Berechnungen, eigene Darstellung.

Tabelle A-6: Kumulierte Dauer in Teilzeit

	MÄNNLICH						WEIBLICH					
	WEST			OST			WEST			OST		
Kohorte	*gering*	*mittel*	*hoch*	*gering*	*mittel*	*hoch*	*gering*	*mittel*	*hoch*	*gering*	*mittel*	*hoch*
1952–1956	0,719*	0,936***	1,870***	0,668***	-0,135	1,208***	2,109***	1,239***	1,287***	2,165*	-2,205***	1,229***
1957–1961	2,065***	0,947***	1,180***	3,946***	0,150	3,076***	2,835***	2,084***	2,157***	-5,726***	-1,191***	2,266***
1962–1966	1,196***	1,972***	2,040***	4,398***	-0,223	0,707***	3,248***	2,348***	1,968***	-0,234	-0,335	4,742***
1967–1971	3,192***	2,601***	2,939***	5,874***	-0,108	1,318***	2,842***	2,079***	2,578***	1,530	0,142	6,603***
1972–1976	4,292***	2,577***	3,432***	6,210***	-0,286	1,718***	4,479***	2,735***	3,210***	-1,885	0,944	7,486***
1977–1981	4,414***	3,022***	2,934***	7,898***	-0,331	2,443***	5,679***	4,419***	3,142***	1,875	1,256	10,714***
1982–1986	5,703***	3,819***	2,978***	8,577***	0,258	1,156***	7,837***	6,076***	4,826***	3,136	2,669**	11,710***
1987–1991	5,558***	3,763***	0,144	9,294***	-0,112	3,376***	8,371***	6,373***	6,234***	1,153	3,404**	16,043***
1992–1996	5,893***	3,761***		10,688***	2,204		11,868***	8,417***		1,388	7,432***	
Alter												
15	-30,751						-58,197					
16	-30,751						-60,668			-49,163		
17	-8,113***	-21,973		2,776***	-1,071		-16,374***	-50,196		-16,414***	-45,329	
18	-6,714***	-5,580***		3,734***	-4,457*		-14,015***	-7,124***		-13,185***	-4,569	
19	-5,701***	-6,512***		4,519***	-3,673**		-12,351***	-5,373***	-44,051	-11,407**	-4,128	24,782***
20	-5,476***	-6,047***		4,903***	-3,736**		-11,937***	-6,306***	-43,932	-9,736**	-2,442	26,521***

	MÄNNLICH						WEIBLICH					
	WEST			OST			WEST			OST		
21	-5,411***	-5,527***		4,248***	-3,350*		-12,383***	-6,009**	-13,142**	-9,927**	-2,283	25,190***
22	-5,706***	-5,399***	-25,385	4,591***	-3,071*	22,124***	-12,393***	-5,643***	-11,953**	-9,511**	-2,477	24,360***
23	-5,729***	-4,976***	-3,469	5,129***	-2,723*	21,647***	-11,541***	-5,441***	-10,600**	-10,431**	-1,632	21,732***
24	-5,122***	-4,666***	-3,649	5,605***	-2,586	22,227***	-10,953***	-4,872***	-10,566***	-11,260**	-0,833	23,592***
25	-4,641**	-4,451***	-1,608	6,526***	-2,415	22,695***	-10,517***	-4,888***	-9,710**	-9,352**	-0,508	25,015***
26	-4,123**	-4,264***	-1,818	6,969***	-2,434	22,493***	-9,910***	-4,714***	-8,913*	-9,202**	-0,163	26,403***
27	-3,754*	-4,257***	-1,466	7,255***	-2,425	22,968***	-9,180***	-4,559***	-8,554*	-8,109*	0,165	26,949***
28	-3,633*	-4,181***	-1,246	7,909***	-2,352	23,449***	-8,370***	-4,313***	-8,373*	-7,569*	0,539	27,852***
29	-3,480*	-4,101***	-1,059	8,436***	-2,348	23,974***	-7,770***	-4,071***	-8,164*	-6,702	0,993	28,458***
30	-3,100*	-3,910***	-0,807	7,696***	-2,315	23,396***	-7,485***	-3,412***	-8,047*	-5,208	1,742	28,889***
31	-2,937*	-3,752***	-0,691	7,824***	-2,224	23,806***	-6,541***	-3,052**	-7,576*	-4,281	2,358	29,427***
32	-3,073*	-3,710***	-0,772	7,410***	-2,248	23,872***	-6,223***	-2,543**	-7,576*	-3,940	2,470	29,929***
33	-2,830	-3,607***	-0,443	7,024***	-2,393	24,196***	-5,879***	-1,917	-7,525*	-3,723	2,750	29,929***
34	-2,639	-3,520***	-0,291	8,088***	-2,348	23,770***	-5,002***	-1,259	-7,382*	-4,018	3,189	30,796***
35	-2,133	-3,416***	-0,392	8,158***	-2,348	23,953***	-4,750***	-0,718	-7,298	-3,326	3,517	30,901***
36	-1,949	-3,429***	-0,215	8,468***	-2,328	23,537***	-4,310***	-0,059	-6,924	-4,842	3,828	31,463***
37	-1,852	-3,272***	-0,154	8,794***	-2,360	23,344***	-3,765***	0,416	-6,442	-6,080	4,044	31,644***
38	-1,830	-3,286***	-0,031	9,076***	-2,317	23,469***	-3,271**	0,915	-5,958	-5,187	4,490	31,911***

	MÄNNLICH						**WEIBLICH**					
	WEST			OST			WEST			OST		
39	-1,744	-3,171***	-0,109	9,744***	-2,292	23,350***	-2,650*	1,461	-5,874	-4,883	4,837	32,058***
40	-1,467	-3,047***	-0,132	9,680***	-2,173	23,038***	-2,524*	1,981*	-5,784	-3,105	5,021	32,155***
41	-1,495	-3,172***	-0,153	9,171***	-2,301	23,010***	-1,946	2,346*	-5,000	-2,965	5,179	32,210***
42	-0,991	-2,904***	-0,443	8,575***	-2,380	22,608***	-1,450	2,854**	-4,909	-2,158	5,460	32,840***
43	-0,854	-2,984***	-0,040	8,563***	-2,459	22,685***	-1,177	3,261***	-4,173	-2,961	5,364	33,294***
44	-1,174	-2,947***	0,113	9,168***	-2,419	22,757***	-0,317	3,675***	-4,009	-2,467	5,460	33,648***
45	-0,710	-2,848***	0,079	9,194***	-2,408	23,031***	-0,152	4,058***	-3,662	-3,111	5,519	34,089***
46	-0,812	-2,640***	0,183	10,051***	-2,375	23,252***	-0,052	4,369***	-3,543	-1,963	5,543	34,473***
47	-1,023	-2,551***	0,244	9,920***	-2,366	23,290***	0,442	4,720***	-3,609	-1,329	5,705	34,911***
48	-0,935	-2,377**	0,235	10,537***	-2,547	23,254***	0,547	5,071	-2,939	-1,365	5,980*	35,344***
49	-0,718	-2,335**	0,404	10,543***	-2,443	23,515***	0,618	5,343**	-2,719	-0,608	6,469*	35,403***
50	-1,018	-2,257**	0,386	12,039***	-2,504	23,560***	1,016	5,657***	-2,519	0,085	6,508*	36,316***
51	-0,204	-2,296**	0,674	11,140***	-2,466	24,010***	1,636	6,119**	-3,148	1,165	6,881*	36,718***
52	-0,495	-2,210**	0,697	12,391***	-2,447	24,000***	2,069	6,311***	-2,628	0,934	6,769*	36,999***
53	-0,057	-2,111**	0,610	12,904***	-2,412	23,924***	2,815*	6,459***	-1,882	2,488	6,827*	37,294***
54	0,084	-1,881*	0,585	13,204***	-2,374	24,026***	3,186**	6,359***	-1,679	1,715	7,088*	38,111***
55	-0,206	-1,775*	0,567	13,754***	-2,245	24,288***	3,257**	6,815***	-1,863	1,640	7,580**	38,411***
56	0,335	-1,727*	0,759	14,020***	-2,211	23,975***	3,401**	7,194***	-1,443	0,702	7,720**	38,306***

	MÄNNLICH						WEIBLICH					
	WEST			OST			WEST			OST		
57	0,185	-1,657*	1,164	13,136***	-2,185	24,122***	4,034***	7,165***	-1,405	0,455	7,663**	38,775***
58	0,636	-1,613*	1,512	12,480***	-2,200	24,410***	3,871***	7,538***	-0,585	0,351	7,644**	39,027***
59	0,625	-1,279	1,659	11,863***	-1,966	24,646***	3,793***	7,597***	0,200	0,710	7,816**	38,323***
60	0,916	-0,945	1,364	12,190***	-1,966	24,646***	3,373**	7,525***	0,750	1,228	8,040**	39,299***
61	1,710	-0,660	1,151	11,065***	-1,830	24,716***	2,473*	6,510***	0,230	2,311	7,294*	38,620***
62	0,875	-0,983	1,835	11,405***	-1,971	25,028***	2,301*	5,539***	-0,279	3,300	6,933*	38,743***
63	1,246	-0,621	1,690	11,912***	-2,068	25,135***	2,050	4,172***	-0,249	3,188	6,714*	39,917***
64	0,989	-0,473	1,630	13,590***	-2,287	24,283***	1,193	3,062**	-1,734	1,619	7,473*	41,894***
65	0,983	-0,189	1,291	14,505***	-2,091	25,276***	0,970	2,038	1,132	1,712	7,016*	39,981***
66	0,858	-0,376	0,660	-0,080	0,508	24,400***	0,794	0,588	-3,922	2,917	7,705*	3,414
67	-0,475	-0,361	0,772	0,522	0,535	24,813***	0,321	-0,196	-1,729	3,096	7,219*	0,143
68	2,070	-0,235	2,153	0,554	1,108	0,669	-0,018	-0,161	-1,810	1,917	7,287*	0,900
69	0,562	-0,406	0,943	0,893	0,951	-0,570	-0,104	-0,587	-0,547	2,685	4,134	1,046
70	-0,297	-0,458	0,110		1,797		-0,017	-1,102	-1,802	3,451	3,391	0,754
Beruf und Karriere												
Alter Berufseinstieg	0,488***	0,001	-0,428**	0,767***	0,128*	-0,292***	1,140***	0,691***	0,345***	1,050***	0,552***	-0,041***

	MÄNNLICH						WEIBLICH					
	WEST			OST			WEST			OST		
(Alter Berufseinstieg)²	-0,014***	-0,001	0,002	-0,027***	-0,002*	0,004***	-0,019***	-0,013***	-0,008***	-0,018***	-0,011***	-0,002***
Bildung												
ISCED=1	1,224***			0,722***			-0,808***			1,790**		
ISCED=2		-1,842***										
ISCED=3		1,027***			-0,401***			0,117			0,272	
ISCED=4					1,939***			1,004***			1,482**	
ISCED=5			-1,595***									
ISCED=6						-0,876***			-0,874***			1,660***
ISCED=7												
Nationalität												
deutsch	-0,256	0,056	1,557***	-3,715***	1,491	-5,799***	2,881***	1,241***	1,435***		5,282**	-5,323***
Familie												
1 Kind	8,442***	3,276***	-11,911***	-7,136***	-0,032	-9,924***	2,645	4,240***	-7,961*	-12,681*	-9,179***	-15,797***
2–3 Kinder	9,607***	3,209***	-11,986***	-7,155***	0,119	-9,991***	3,773*	4,808***	-5,907	-11,766*	-9,183***	-14,216***
4 oder mehr Kinder	8,511***	3,815***	-11,524***	-7,508***	0,497	-10,168***	1,769	3,999***	-8,682*	-12,456*	-,9632***	-13,480***

	MÄNNLICH						WEIBLICH					
	WEST			OST			WEST			OST		
Verheiratet	-0,596**	-0,939***	-0,465**	-0,990***	-0,603***	0,027	1,077***	1,521***	1,087***	0,713	2,229***	-0,651***
Alter bei Geburt des ersten Kindes	-0,721***	-0,248***	0,583***	0,527***	-0,006	0,410***	-0,053	0,279***	0,674**	1,223*	0,855***	1,023***
(Alter bei Geburt des ersten Kindes)^2	0,012***	0,004***	-0,008***	-0,010***	0,001	-0,004***	0,000	-0,010***	-0,012**	-0,028**	-0,018***	-0,016***
Konstante	-6,735***	0,304	5,597	-16,253***	-1,839	-14,667***	-16,623***	-15,871***	-0,745	-8,908**	-16,435***	-31,941***
σ	4,416***	3,298***	4,182***	2,421***	2,750***	3,699***	9,161***	8,130***	6,279***	8,011***	7,702***	5,313***
Pseudo-R^2	0,044	0,053	0,053	0,133	0,020	0,050	0,074	0,061	0,039	0,114	0,032	0,034
links-zensiert	10.784	42.428	7.613	1.891	16.168	2.753	16.424	25.121	2.477	1.985	10.217	1.996
unzensiert	3.088	7.415	3.911	416	4.531	1.155	15.042	37.940	5.607	1.377	12.783	2.140
AIC	25.435,63	61.138,39	29.116,55	3.000,305	33.522,49	8.660,711	125.998,3	299.279,7	40.571,59	11.288,19	101.936,2	15.758,81
BIC	26.204,47	62.037,68	29.815,01	3.522,982	34.300,4	9.199,999	126.850,7	300.203	41.250,36	11.875,74	102.716,4	16.302,97

Anm.: Ergebnisse der Tobit-Schätzung; abhängige Variable ist die kumulierte Dauer in Teilzeit der jeweiligen Periode. Bei den Variablen *Alter bei Berufseinstieg* und *Alter bei Geburt des ersten Kindes* handelt es sich jeweils um Interaktionsterme mit den Binärvariablen *job* bzw. *kid*. Die Klassifikation der Bildungslevel orientiert sich an der eingangs des Kapitels erläuterten Gliederung. σ: Quadratwurzel der geschätzen Residualvarianz (Standardfehler). * / ** / ***: statistisch signifikant von Null verschieden auf 10 %- % 5 %- / 1 %-Niveau.

Quelle: SOEPv30; eigene Berechnungen, eigene Darstellung.

Tabelle A-7: Kumulierte Dauer in Arbeitslosigkeit

	MÄNNLICH						WEIBLICH					
	WEST			OST			WEST			OST		
Kohorte	*gering*	*mittel*	*hoch*	*gering*	*mittel*	*hoch*	*gering*	*mittel*	*hoch*	*gering*	*mittel*	*hoch*
1952–1956	2,260***	0,310***	-0,144	-1,143***	0,198	-1,041***	1,586***	0,599***	0,536***	0,725***	-0,451**	-0,065*
1957–1961	2,607***	0,454***	0,358**	-1,799***	0,245	-0,824***	2,313***	0,770***	0,076	-3,905***	-1,263***	-0,163***
1962–1966	3,058***	0,482***	-0,351*	-2,330***	-0,601**	-1,856***	2,541***	1,160***	0,051	-2,200***	-1,074***	-0,360***
1967–1971	3,581***	0,686***	-0,006	-4,149***	-0,696**	-2,356***	3,132***	0,475***	-0,689***	-2,829***	-1,674***	-0,837***
1972–1976	4,377***	0,779***	-0,068	-5,033***	-0,651*	-3,795***	3,453***	1,056***	-0,587**	-2,953***	-3,481***	-1,529***
1977–1981	5,672***	1,553***	0,036	-5,659***	-1,424***	-3,874***	3,696***	1,055***	0,600**	-5,932***	-4,165***	-0,843***
1982–1986	4,855***	1,290***	-0,287	-7,298***	-1,999***	-4,216***	3,813***	1,065***	-0,254	-6,566***	-4,901***	-1,269***
1987–1991	4,272***	0,818***	-1,705	-12,358***	-3,629***	-18,098	2,965***	0,656***	-1,089	-8,800***	-6,556***	-16,687
1992–1996	3,476***	0,476		-13,431***	-23,634		3,915***	-0,874		-12,555***	-11,266***	
Alter												
15	-31,113						-24,950					
16	-31,082						-5,487**			11,232		
17	-11,352***	-4,419**		20,298***	-12,450		-6,516***	-17,067		27,324***	-10,486	
18	-9,341***	-2,599***		21,285***	5,155**		-4,737***	-2,225*		28,073***	12,208***	
19	-7,410***	-2,496***		23,304***	5,499***		-3,427***	-0,249	-12,944	29,403***	11,212***	14,307***

	MÄNNLICH						WEIBLICH					
	WEST			OST			WEST			OST		
20	-5,847***	-2,125***		24,388***	5,399***		-2,071***	0,179	-12,977	30,692***	11,595***	14,407***
21	-4,557**	-1,664**		25,605***	5,766***		-1,135*	0,227	-12,626	31,723***	11,669***	14,197***
22	3,470*	-1,367**	1,876	25,520***	5,638***	14,829***	-0,594	0,534	-1,956	31,505***	11,101***	13,399***
23	-3,026	-1,236*	0,787	25,560***	5,913***	12,204***	-0,457	0,716	-0,542	31,453***	10,914***	13,329***
24	-2,674	-1,072*	0,151	25,278***	6,057***	12,915***	-0,256	0,818	-0,273	31,940***	11,008***	13,053***
25	-2,394	-0,843	0,917	26,220***	6,049***	12,660***	-0,045	0,936	-0,407	32,195***	10,831***	13,423***
26	-2,023	-0,527	0,598	26,405***	5,945***	12,806***	0,067	1,061	-0,544	31,544***	10,774***	413,287***
27	-1,775	-0,393	0,732	26,478***	5,975***	12,410***	0,376	1,116	-0,332	31,539***	10,509***	13,124***
28	-1,560	-0,263	0,838	26,652***	6,005***	12,206***	0,570	1,218	-0,083	31,732***	10,427***	13,365***
29	-1,278	-0,135	1,065	26,895***	6,052***	12,229***	0,869	1,303	0,071	31,337***	10,297***	13,156***
30	-0,997	-0,091	1,025	26,694***	6,054***	11,988***	0,845	1,376	0,131	31,369***	10,272***	13,168***
31	-0,859	0,070	1,148	25,730***	5,925***	12,326***	1,175*	1,466*	0,335	32,608***	1,238***	13,172***
32	-0,674	0,166	1,442	25,916***	5,899***	12,215***	1,311*	1,568*	0,656	32,584***	10,098***	13,134***
33	-0,552	0,330	1,576	27,149***	5,972***	12,118***	1,549**	1,573*	0,703	32,404***	9,971***	13,362***
34	-0,299	0,324	1,804	27,598***	6,073***	11,958***	1,658**	1,666*	0,805	31,999***	9,633***	13,276***
35	0,005	0,396	1,776	27,294***	6,015***	11,758***	1,847**	1,627*	1,048	31,799***	9,505***	13,551***
36	0,022	0,403	1,933	26,139***	5,944***	11,622***	1,770**	1,582*	1,144	31,459***	9,565***	13,524***

	MÄNNLICH						WEIBLICH					
	WEST			OST			WEST			OST		
37	0,283	0,474	1,968	25,574***	5,915***	11,448***	1,911***	1,633*	1,290	30,992***	9,383***	13,475***
38	0,525	0,554	2,014	26,066***	5,939***	11,546***	1,968***	1,573*	1,292	30,391***	9,314***	13,291***
39	0,583	0,628	1,956	26,265***	5,990***	11,494***	1,991***	1,535*	1,373	30,041***	9,239***	13,295***
40	0,788	0,649	2,035	25,543***	5,964***	11,372***	2,048***	1,513*	1,337	30,008***	9,021***	13,541***
41	0,878	0,639	1,950	25,735***	5,963***	11,081***	2,196***	1,409	1,285	30,072***	8,860**	13,373***
42	0,561	0,711	1,959	25,668***	5,949***	11,071***	2,323***	1,371	1,289	30,105***	8,779***	13,255***
43	0,985	0,744	1,755	25,280***	5,892***	11,005***	2,318***	1,364	1,228	30,224***	8,884***	13,011***
44	0,983	0,790	1,823	25,285***	5,887***	10,839***	2,357***	1,414	1,239	30,111***	8,609***	12,799***
45	1,020	0,673	1,681	25,225***	5,959***	10,720***	2,560***	1,452*	1,172	29,818***	8,525***	12,592***
46	0,865	0,656	1,726	25,722***	6,021**	10,435***	2,593***	1,421*	1,005	29,514***	8,453***	12,568***
47	1,152	0,688	1,832	25,906***	5,796***	10,398***	2,437***	1,443*	1,085	28,614***	8,332***	12,530***
48	1,063	0,654	1,749	24,483***	5,773**	10,315***	2,555***	1,477*	0,889	29,833***	8,197***	12,359***
49	0,898	0,652	1,797	24,753***	5,811***	10,046***	2,593***	1,460*	0,906	29,525***	8,125***	12,514***
50	1,175	0,618	1,928	24,168***	5,793***	10,099***	2,807***	1,481*	0,656	28,977***	8,069***	12,485***
51	1,452	0,548	1,976	24,537***	5,789***	10,118***	2,861***	1,591*	0,836	29,626***	8,003***	12,583***
52	1,763	0,422	2,025	24,262***	5,655***	10,231***	2,951***	1,632*	1,132	29,554***	8,027***	12,694***
53	2,780	0,439	2,020	23,267***	5,765***	10,076***	2,902***	1,573*	0,980	29,599***	8,086***	12,778***

	MÄNNLICH						WEIBLICH					
	WEST			OST			WEST			OST		
54	2,969	0,504	2,051	22,980***	5,777***	10,156***	3,053***	1,565*	1,010	29,429***	8,278***	12,628***
55	3,429	0,568	1,971	22,584***	5,721***	9,988***	3,112***	1,645*	0,930	29,061***	8,230***	12,057***
56	3,865*	0,661	1,970	21,590***	5,848***	10,128***	3,211***	1,665*	0,943	28,714***	8,292***	11,974***
57	4,123*	0,811	2,423*	21,942***	6,118***	9,979***	3,264***	1,750*	0,983	28,698***	8,307***	12,196***
58	4,401*	1,050*	2,088	22,553***	6,330***	10,145***	3,338***	1,968**	1,032	28,836***	8,455***	12,338***
59	4,729**	1,326*	2,119	22,259***	6,593***	10,336***	3,293***	2,126**	0,924	28,336***	8,466***	12,282***
60	4,638**	1,559**	2,086	22,570***	6,475***	10,363***	3,355***	2,047**	1,106	28,045***	8,300***	12,199***
61	4,127*	1,195*	2,056	19,930***	5,902***	9,570***	2,894***	1,432	0,820	26,536***	7,166***	12,210***
62	4,674*	1,189*	2,343*	19,707***	5,604***	9,552***	2,505***	1,231	0,444	26,421***	6,721***	12,373***
63	4,549*	0,988	2,000	17,892***	5,290***	9,434***	2,349***	1,105	0,219	24,751***	6,334***	12,906***
64	4,163*	1,128*	1,821	20,334***	4,822**	9,152***	1,842**	1,113	0,435	24,885***	5,657**	13,615***
65	4,071*	1,240*	1,596	15,233***	4,585**	8,945***	1,286*	0,962	0,188	25,518***	5,513**	11,692***
66	3,029	0,781	1,216	7,462	3,272	-2,604	1,545*	1,091	0,466	25,619***	4,748*	-1,195
67	2,958	0,800	1,255	4,434	-12,674	-1,760	1,168	0,925	0,400	25,522***	4,341*	-1,344
68	0,797	0,837	-0,107	4,438	-13,982	-1,785	0,801	0,648	0,202	23,861***	2,292	-0,513
69	0,548	0,759	0,114	3,926	-14,919	-1,903	0,802	0,297	0,197	24,491***	1,435	-0,590
70	0,569	0,222	-0,061		-15,255		0,421	0,227	-0,121	22,628***	-17,801	-2,104

	MÄNNLICH						WEIBLICH					
	WEST			OST			WEST			OST		
Beruf und Karriere												
Alter Berufseinstieg	-0,000	0,013	-0,095***	0,021***	-0,225***	0,024***	0,236***	0,119***	0,060*	-0,024***	-0,153***	0,083***
(Alter Berufseinstieg)^2	-0,001**	0,000	0,001	-0,005***	0,003***	-0,002***	-0,005***	-0,002***	-0,002***	-0,003***	0,002***	-0,003***
Bildung												
ISCED=1	-0,042			-0,193***			-0,100			-1,665***		
ISCED=2												
ISCED=3		0,478***			0,804***			0,756***			1,380***	
ISCED=4		-0,827***			-0,064			-0,029			-0,495	
ISCED=5												
ISCED=6			0,095			0,825***			-0,084			0,569***
ISCED=7												
Nationalität												
deutsch	-0,796***	-1,048***	-0,118	-0,400***	0,318	-4,663***	-1,096***	-0571***	-0,328*		-0,499	13,602***

	MÄNNLICH						WEIBLICH					
	WEST			OST			WEST			OST		
Familie												
1 Kind	8,527***	4,161***	1,391	-12,768***	2,787***	-19,631***	2,789***	6,703***	4,303***	11,638***	4,603***	-3,306***
2–3 Kinder	8,810***	3,836***	0,804	-12,395***	2,594**	-19,469***	2,161**	6,516***	3,499**	11,522***	4,531***	-2,940***
4 oder mehr Kinder	9,721***	4,920***	1,027	-16,915***	6,014***	-20,020***	2,381**	6,316***	-0,617	12,503***	6,760***	-2,538***
Verheiratet	-1,048***	-1,126***	0,890***	-3,260***	-1,670***	0,236***	-1,301***	-1,033***	-0,631***	0,289***	-0,814***	-0,423***
Alter bei Geburt des ersten Kindes	-0,572***	-0,257***	-0,072	0,969***	-0,246***	1,272***	-0,105	-0,410***	-0,212*	-0,982***	-0,233**	0,244***
(Alter bei Geburt des ersten Kindes)^2	0,009***	0,004***	0,001	-0,018***	0,005***	-0,021***	0,001	0,007***	0,003	0,019***	0,003	-0,004***
Konstante	-1,489	-1,199*	-0,785	-12,263***	-0,553	-3,528***	-5,823***	-4,912***	-1,297	-19,095***	-3,503*	-27,032***
σ	4,643***	3,052***	2,204***	3,619***	3,098***	2,259***	3,972***	3,041***	2,246***	3,661***	3,789***	2,578***
Pseudo-R^2	0,079	0,019	0,029	0,198	0,070	0,068	0,065	0,022	0,043	0,207	0,059	0,033
links-zensiert	8.471	33.497	8.780	1.334	10.493	2.526	21.939	42.504	5.501	2.037	10.969	2.570
unzensiert	5.401	16.376	2.744	973	10.206	1.382	9.527	20.557	2.583	1.325	12.031	1.566

	MÄNNLICH						WEIBLICH					
	WEST			OST			WEST			OST		
AIC	39.564,39	115.065,2	18.911,68	6.258,459	63.637,59	8.657,215	70.992,98	143.617,1	16.667,64	8.654,783	79.302,79	10.183,52
BIC	40.333,23	115.937,3	19.617,49	6.781,136	64.367,87	9.183,96	71.853,72	144.540,4	17.339,41	9.236,211	80.074,95	10.715,03

Anm.: Ergebnisse der Tobit-Schätzung; abhängige Variable ist die kumulierte Dauer in Arbeitslosigkeit der jeweiligen Periode. Bei den Variablen *Alter bei Berufseinstieg* und *Alter bei Geburt des ersten Kindes* handelt es sich jeweils um Interaktionsterme mit den Binärvariablen *job* bzw. *kid*. Die Klassifikation der Bildungslevel orientiert sich an der eingangs des Kapitels erläuterten Gliederung. σ: Quadratwurzel der geschätzen Residualvarianz (Standardfehler). * / ** / ***: statistisch signifikant von Null verschieden auf 10 %- % 5 %- / 1 %-Niveau.

Quelle: SOEPv30; eigene Berechnungen, eigene Darstellung.

Tabelle A-8: Kumulierte Dauer in Familienzeit

	MÄNNLICH						WEIBLICH					
	WEST			OST			WEST			OST		
Kohorte	*gering*	*mittel*	*hoch*	*gering*	*mittel*	*hoch*	*gering*	*mittel*	*hoch*	*gering*	*mittel*	*hoch*
1952–1956	3,719***	1,144***	0,767***	-9,566	-2,679***	0,786***	-2,154***	-3,155***	-4,075***	7,612***	-0,177	0,469***
1957–1961	0,280***	0,592***	0,176**	-1,263***	-1,625***	0,452***	-3,103***	-3,503***	-4,543***	7,234***	0,739**	1,444***
1962–1966	-0,592***	0,903***	-0,329***	-10,749	-1,344***	0,632***	-1,710***	-3,609***	-4,278***	10,310***	1,977***	2,790***
1967–1971	0,796***	0,752***	-1,022***	0,020	-1,330***	0,188***	-1,843***	-4,086***	-4,229***	14,040***	4,779***	4,362***
1972–1976	0,192***	0,482***	-0,192***	2,879***	-1,926***	0,329***	-0,519	-3,538***	-5,481***	19,524***	5,366***	4,009***
1977–1981	-0,452***	1,694***	-0,566***	1,508***	-2,848***	0,518***	-2,904***	-3,396***	-3,951***	19,557***	5,790***	5,116***
1982–1986	-2,541***	1,689***	0,351***	1,795***	-3,078***	0,231***	-1,752**	-2,403***	-1,595	21,064***	5,658***	5,023***
1987–1991	-1,316***	2,516***	-1,264***	0,896***	-4,239***	6,110***	-4,791***	-3,721***	-4,009	24,787***	6,016***	-14,732
1992–1996	-3,289***	-21,138		1,460***	-14,547		-12,769***	-5,503*		28,374***	7,263**	
Alter												
15	1,561						-60,500					
16	0,593						-11,953*			-49,320		
17	18,729***	2,448		3,141***	3,101		-19,912***	-8,897**		-21,840***	-27,509	
18	18,838***	26,491***		4,363***	1,762		-15,479***	-8,703***		-21,756***	-1,109	
19	20,709***	26,046***		4,338***	12,226***		-12,911***	-9,741***	-46,352	-18,161***	-4,108	18,573***

	MÄNNLICH						WEIBLICH					
	WEST			OST			WEST			OST		
20	20,315***	26,425***		2,812***	11,741***		-10,959***	-9,086***	-1,949	-16,071***	-1,494	18,965***
21	20,930***	25,409***		3,692***	12,289***		-9,550***	-8,540***	-5,369	-14,075**	-1,353	18,091***
22	21,252***	25,836***	4,229	4,115***	12,281***	0,640	-9,178***	-8,182***	-4,570	-12,133**	-0,482	16,470***
23	21,025***	26,228***	24,420***	3,840***	12,282***	0,462	-8,988***	-8,048***	-4,259	-10,239*	-0,141	12,152***
24	21,263***	25,885***	23,922***	3,010***	12,106***	0,338	-8,264***	-7,826***	-4,284	-10,430*	0,355	13,863***
25	21,263***	26,318***	21,633***	-4,675	12,154***	0,591***	-8,110***	-7,787***	-5,085	-8,898	0,449	15,497***
26	21,606***	26,431***	22,560***	-4,935	11,901***	5,472***	-7,808***	-7,783***	-4,194	-8,082	0,865	15,590***
27	21,694***	25,962***	24,212***	5,232	11,800***	5,441***	-7,020***	-7,857***	-3,409	-7,320	1,066	15,785***
28	22,223***	26,156***	23,344***	3,387***	11,664***	5,033***	-7,154***	-7,500***	-3,682	-6,825	1,349	15,716***
29	21,657***	26,668***	23,889***	3,859***	11,211***	5,295***	-6,954***	-7,460***	-3,946	-7,824	1,513	16,477***
30	22,282***	27,142***	23,707***	3,427***	10,960***	5,147***	-6,557***	-7,380***	-4,384	-7,179	1,745	16,483***
31	22,392***	27,026***	24,192***	3,482***	11,282***	5,298***	-6,090***	-7,287***	-4,270	-6,804	1,718	16,370***
32	22,630***	26,938***	24,162***	3,397***	11,157***	5,361***	-5,936***	-7,039***	-4,566	-5,712	1,742	16,550***
33	22,376***	26,669***	24,065***	3,662***	11,081***	5,338***	-5,793***	-6,958***	-4,515	-4,483	1,749	16,695***
34	22,234***	26,910***	23,946***	3,665***	10,956***	5,285***	-5,299***	-6,967***	4,697	-3,519	1,877	16,527***
35	22,506***	26,914***	23,555***	-6,408	10,920***	5,281***	-5,099***	-6,785***	4,321	-4,314	2,018	16,293***
36	22,170***	26,793***	23,398***	2,962***	10,589***	4,902***	-4,450**	-6,594***	-4,083	-4,098	2,218	16,607***

	MÄNNLICH						WEIBLICH					
	WEST			OST			WEST			OST		
37	22,141***	26,810***	23,110***	3,345***	10,224***	4,950***	-4,340**	-6,361***	-4,003	-2,307	2,331	16,743***
38	21,601***	27,096***	22,949***	5,353***	10,217***	5,029***	-3,987**	-6,193***	-4,331	-0,608	2,549	16,651***
39	21,444***	26,769***	23,071***	5,522***	10,088***	5,279***	-3,561*	-5,931***	-4,062	0,254	2,503	17,069***
40	21,752***	26,978***	23,204***	5,994***	10,080***	4,991***	-3,455*	-5,767***	-4,077	-0,237	2,697	16,974***
41	21,940***	26,928***	22,732***	7,139***	10,099***	5,084***	-3,165*	-5,605***	-3,582	0,476	2,778	16,882***
42	22,300***	26,897***	22,687***	6,952***	10,118***	4,995***	-2,872*	-5,432***	-3,385	0,870	2,827	16,966***
43	22,163***	27,028***	22,310***	6,734***	10,066***	5,287***	-2,814	-5,163***	-3,685	1,635	2,901	17,183***
44	21,368***	27,365***	22,084***	6,279***	10,006***	4,798***	-2,563	-4,933***	-3,141	1,029	2,932	17,167***
45	21,309***	27,426***	22,189***	6,464***	9,912***	4,828***	-2,419	-4,917**	-3,071	0,860	3,183	17,600***
46	21,200***	27,133***	21,720***	-2,369	9,839***	4,634***	-1,862	-4,767**	-2,747	2,104	3,241	17,571***
47	21,485***	27,232***	21,740***	6,352***	9,782***	4,561***	-1,619	-4,431**	-2,816	2,630	3,135	17,685***
48	21,227***	27,146***	21,716***	-2,629	9,620***	4,634***	-1,166	-4,574**	-2,744	3,367	3,306	17,599***
49	20,662***	27,370***	21,866***	5,478***	9,534***	4,833***	-0,920	-4,288**	-2,735	3,222	3,741	17,364***
50	20,388***	27,609***	21,849***	5,597***	9,279***	4,644***	-0,730	-4,013**	-2,267	4,725	4,106	17,419***
51	20,518***	27,548***	21,850***	5,382***	9,247***	4,292***	-0,508	-3,773**	-2,286	5,594	4,285	17,283***
52	20,904***	27,529***	21,825***	5,110***	8,819***	4,729***	-0,049	-3,479*	-2,578	6,255	4,390	17,129***
53	21,016***	27,841***	21,301***	5,312***	8,813***	4,778***	0,851	-3,126*	-2,576	7,203	4,535	16,965***

	MÄNNLICH						WEIBLICH					
	WEST			OST			WEST			OST		
54	21,874***	27,994***	21,072***	5,367***	8,871***	4,140***	0,833	-2,835	-2,395	7,542	4,942	18,003***
55	21,746***	28,102***	21,453***	5,376***	8,910***	4,764***	1,645	-2,429	-1,789	7,066	5,044	18,011***
56	21,891***	28,110***	21,416***	5,174***	9,090***	4,066***	2,132	-1,914	-1,998	7,462	5,588*	17,608***
57	22,106***	28,186***	21,757***	5,754***	8,818***	4,504***	2,560	-1,523	-1,936	7,364	5,929*	17,135***
58	21,710***	28,032***	21,480***	5,548***	8,955***	4,323***	2,965*	-1,033	-2,220	7,971	6,035*	17,331***
59	21,770***	27,867***	21,261***	5,894***	8,918***	4,297***	3,616*	-0,167	-1,733	8,437	6,275*	17,312***
60	21,515***	28,041***	21,476***	6,029***	8,966***	4,749***	5,434***	0,796	-1,078	10,087*	6,284*	17,389***
61	21,577***	28,282***	21,537***	5,909***	8,718***	4,982***	8,185***	3,750*	-1,286	13,331**	7,518**	18,833***
62	21,931***	28,297***	21,714***	6,313***	8,978***	4,657***	9,089***	6,499***	0,919	14,919**	7,941**	20,569***
63	23,002***	28,633***	22,079***	6,237***	7,763***	4,678***	10,537***	8,197***	1,881	18,234***	8,598**	22,058***
64	22,345***	28,261***	21,859***	6,058***	8,468***	-0,069	12,311***	10,212***	3,083	18,244***	8,806**	27,042**
65	23,752***	28,805***	21,967***	-2,568	9,560***	0,225	13,097***	11,322***	3,081	15,200**	9,560**	28,422***
66	0,721	28,455***	23,890***	0,067	11,678***	0,909	12,327***	10,413***	7,522	11,946*	6,092	23,288***
67	1,117	25,899***	24,439***	0,677	11,640***	0,941	10,495***	7,902***	2,815	9,525	5,347	21,998***
68	1,090	28,459***	0,059	0,450	11,579***	1,002	8,279***	6,579***	4,387	7,927	4,181	-0,254
69	0,920	26,222***	2,403	0,619	11,259***	-0,053	5,184**	4,094*	3,516	7,452	2,350	-0,074
70	0,631	26,878***	-0,884		0,101		3,400	1,642	1,170	3,525	0,527	-2,666

	MÄNNLICH						WEIBLICH					
	WEST			OST			WEST			OST		
Beruf und Karriere												
Alter Berufseinstieg	-0,166***	-0,037***	-0,293***	0,188***	0,058***	-0,058***	-0,863***	-0,249***	-0,666***	0,251***	0,289***	0,093***
(Alter Berufseinstieg)^2	0,006***	0,002***	0,004***	-0,010***	-0,003***	-0,001***	0,017***	0,005***	0,017***	-0,006***	-0,005***	-0,002***
Bildung												
ISCED=1	-0,010			-0,150**			-1,659***			-1,686**		
ISCED=2												
ISCED=3		-1,597***			0,186***			0,806***			0,535***	
ISCED=4		-0,068			1,604***			3,342***			3,806***	
ISCED=5												
ISCED=6			0,577***			-0,045			1,667***			1,664***
ISCED=7												
Nationalität												
deutsch	-0,814***	-1,761***	-2,927***	8,129***	-2,188***	3,843***	-1,130***	-1,405***	-2,996***		-8,898***	0,055

	MÄNNLICH						**WEIBLICH**					
	WEST			**OST**			**WEST**			**OST**		
Familie												
1 Kind	8,639***	-1,927***	-0,558***	-5,181***	-1,332***	28,410***	13,326***	-2,948**	-9,582**	29,344***	-1,866	-14,047***
2–3 Kinder	8,401***	-1,966***	-0,800***	-3,995***	-0,454***	-28,826***	16,038***	0,592	-6,847*	25,926***	0,280	-11,865***
4 oder mehr Kinder	7,153***	-2,487***	-2,818***	-13,164	0,401***	-33,821	19,729***	5,013***	2,474	27,850***	4,026***	-5,280***
Verhei-ratet	-0,313***	-0,100*	0,379***	-0,105	0,314***	0,397***	5,893***	3,690***	4,518***	0,701	1,461	0,554***
Alter bei Geburt des ersten Kindes	-0,577***	0,132***	-0,091***	0,385***	0,001	1,990***	-0,287*	1,129***	1,237***	-1,680***	0,372***	0,988***
(Alter bei Geburt des ersten Kindes)^2	0,008***	-0,002***	0,004***	-0,006***	0,001***	-0,035***	0,003	-0,021***	-0,021***	0,031***	-0,005**	-0,013***
Konstante	-26,372***	-34,405***	-24,000***	-19,517***	-9,931***	-8,991***	8,538***	0,200	4,990	-23,321***	-8,031*	-27,153***
σ	4,346***	4,957***	4,389***	1,635***	2,129***	1,034***	10,924***	8,883***	6,936***	7,372***	4,946***	3,905***
Pseudo-R^2	0,092	0,025	0,064	0,226	0,100	0,233	0,132	0,117	0,165	0,149	0,061	0,088

	MÄNNLICH						WEIBLICH					
	WEST			OST			WEST			OST		
links-zensiert	13.173	48.308	10.889	2.229	20.115	3.771	9.668	21.717	3.999	2.185	11.727	2.532
unzensiert	699	1.535	635	78	584	137	21.798	41.344	4.085	1.177	11.273	1.604
AIC	7.318,978	18.298,8	6.650,163	787,308	5.821,823	1.108,117	175.365,5	318.460,5	30.506,16	9.535,009	81.002,99	11.211,44
BIC	8.042,59	19.180,46	7.311,86	1.246,805	6.560,042	1.584,696	176.226,2	319.392,9	31.191,93	10.122,56	81.783,19	11.761,94

Anm.: Ergebnisse der Tobit-Schätzung; abhängige Variable ist die kumulierte Dauer in Familienzeit der jeweiligen Periode. Bei den Variablen *Alter bei Berufseinstieg* und *Alter bei Geburt des ersten Kindes* handelt es sich jeweils um Interaktionsterme mit den Binärvariablen *job* bzw. *kid.* Die Klassifikation der Bildungslevel orientiert sich an der eingangs des Kapitels erläuterten Gliederung. σ: Quadratwurzel der geschätzen Residualvarianz (Standardfehler). * / ** / ***: statistisch signifikant von Null verschieden auf 10 %- % 5 %- / 1 %-Niveau.

Quelle: SOEPv30; eigene Berechnungen, eigene Darstellung.

A.4 Schätzung einer Sparfunktion – Alternativer Ansatz

Alternativ zu dem in Kapitel 5 geschätzten zweistufigen Modell (*two-tiered model*) wurde die Sparfunktion außerdem für jede Imputation in einem Tobit-Ansatz geschätzt. Der Regressionsoutput der fünf Tobit-Modelle ist in der folgenden Tabelle A-9 dargestellt.

Tabelle A-9: Schätzung einer Sparfunktion (Tobit)

imp	**m=1**	**m=2**	**m=3**	**m=4**	**m=5**
Alter	0,00855***	0,00665***	0,01248***	0,00871***	0,01524***
Alter2	-0,00010***	-0,00008***	-0,00015***	-0,00011***	-0,00018***
Geschlecht	-0,01651	-0,00978	-0,01306	-0,01721	-0,02182
Bildung					
2	0,04395***	0,03349***	0,06070**	0,04493***	0,07183**
3	0,05487***	0,04342***	0,08635***	0,05709***	0,09624***
Haushaltseinkommen	-0,00000	-0,00000	-0,00000	-0,00000*	-0,00000
Haushaltseinkommen2	0,00000	0,00000	0,00000	0,00000	0,00000
Verheiratet	0,01100	0,00602	0,00729	0,00766	0,01507
Kinder					
1	-0,03517**	-0,02305*	-0,03291	-0,02639*	-0,04273
2	-0,02162*	-0,01367	-0,00761	-0,02248*	-0,02530
3	-0,03303	-0,03161*	-0,02330	-0,02870	-0,06030
Haushaltsgröße					
2	-0,01996*	-0,01252	-0,00739	-0,01225	-0,01277
3	-0,01258	-0,00434	-0,00511	-0,00534	-0,01161
4	-0,02427*	-0,01918*	-0,00707	-0,01361	-0,01050
5	-0,04355**	-0,03705**	-0,03546	-0,03742*	-0,04836
Erwerbshaushalt	0,02763***	0,02422***	0,04246***	0,02983***	0,05070***
Beamtenhaushalt	0,00300	-0,00028	-0,00047	0,00186	0,00466
Selbständigenhaushalt	0,03826***	0,03473***	0,04964***	0,04575***	0,05821***

imp	m=1	m=2	m=3	m=4	m=5
Konstante	-0,22872***	-0,17148***	-0,36854***	-0,23586***	-0,45491***
Sigma	0,11716***	0,09606***	0,18310***	0,12283***	0,22552***
Pseudo-R^2	-3,18167	-1,09072	0,63117	-10,72156	0,37024
N (linkszensiert)	1.714	1.712	1.711	1.714	1.711
N (unzensiert)	1.752	1.756	1.754	1.753	1.750
aic	-1003,2	-1638,9	471,61	839,14	1183,9

Anm.: Ergebnisse der Tobit-Schätzung für jede einzelne Imputation (N=5); abhängige Variable des Probit-Modells ist die Sparquote. * / ** / ***: statistisch signifikant von Null verschieden auf 10 %- % 5 %- / 1 %-Niveau.
Quelle: Panel on Household Finances (2011); eigene Berechnungen.

Die nachfolgende Tabelle A-10 stellt die Ergebnisse des HPC-Tests (vgl. Santos Silva et al., 2015) für jede Stufe des multiplen Imputation dar. Es kann gezeigt werden, dass im vorliegenden Fall die Verwendung eines zweistufigen Modells bestehend aus einem Probit- und einem OLS-Ansatz einem Tobit-Modell überlegen ist. Somit ist gerechtfertigt, die Sparentscheidung von der Entscheidung über die Höhe der Sparquote getrennt voneinander zu modellieren.

Tabelle A-10: HPC-Test nach Imputation

	Modell A: Tobit-Modell	**Modell B: zweistufiges Modell**
H_0:	*„model A is valid"*	*„model B is valid"*
Imputation		
1		
t	4,6e+05	-3,347
Prob>t	0,000	1,000
N	3.234	3.349
2		
t	7,274	-2,215
Prob>t	0,000	0,987
N	3.255	3.349

	Modell A: Tobit-Modell	Modell B: zweistufiges Modell
3		
t	7,012	-5,987
Prob>t	0,000	1,000
N	3.056	3.349
4		
t	5,218	-5,479
Prob>t	0,000	1,000
N	3.194	3.349
5		
t	5,304	-6,801
Prob>t	0,000	1,000
N	3.077	3.349

Anm.: Ergebnisse des HPC-Tests für jede einzelne Imputationsstufe.
Quelle: Panel on Household Finances (2011); eigene Berechnungen.

In den nachfolgenden Tabellen A-11 bis A-15 sind die *predicted values* für jede Imputationsstufe des alternativ geschätzten Tobit-Modells dargestellt.

Tabelle A-11: Sparquote (predicted values) des alternativ geschätzten Tobit-Modells (m=1)

	BILDUNG			
	gering	***mittel***	***hoch***	***gesamt***
alle				
	2,60	3,71	4,37	3,71
Haushaltstyp				
Single-HH	2,00	3,56	4,25	3,53
Single-HH Männer	1,94	3,28	3,86	3,26
Single-HH Frauen	2,05	3,82	4,59	3,76
Paarhaushalte	3,62	4,07	4,62	4,12

	BILDUNG			
	gering	*mittel*	*hoch*	*gesamt*
Grundsicherung				
unterhalb	1,94	3,28	3,73	3,11
oberhalb	2,78	3,81	4,42	3,83
Region				
West	2,59	3,77	4,32	3,74
Ost	2,62	3,57	4,56	3,61
Alter				
30–35	2,64	4,25	5,02	4,34
35–40	2,59	4,26	5,17	4,30
40–45	2,89	4,50	4,91	4,47
45–50	3,05	4,43	4,92	4,41
50–55	2,87	4,07	4,81	4,09
55–60	2,11	3,41	3,98	3,40
60–65	1,71	2,74	3,18	2,68

Anm.: *Predicted values* des für Imputation m=1 geschätzten Tobit-Modells. Sparquoten in Prozent auf Haushaltsebene; Anteil der Ersparnis vom Bruttoeinkommen mit konkretem Bezug zur Altersvorsorge. Berücksichtigt werden alle Haushalte, von denen noch mindestens ein Mitglied zu den aktiven Erwerbspersonen gezählt wird. Die Sparquote ist in Prozent angegeben.

Quelle: SOEPv30, Panel on Household Finances (2011); eigene Berechnungen, eigene Darstellung.

Tabelle A-12: Sparquote (predicted values) des alternativ geschätzten Tobit-Modells (m=2)

	BILDUNG			
	gering	*mittel*	*hoch*	*gesamt*
alle	2,51	3,39	3,94	3,39
Haushaltstyp				
Single-HH	1,93	3,20	3,79	3,18
Single-HH Männer	1,90	3,00	3,52	2,99

	BILDUNG			
	gering	***mittel***	***hoch***	***gesamt***
Single-HH Frauen	1,96	3,39	4,02	3,35
Paarhaushalte	3,50	3,80	4,27	3,86
Grundsicherung				
unterhalb	1,81	2,94	3,38	2,80
oberhalb	2.70	3,49	3,99	3,51
Region				
West	2,51	3,41	3,90	3,40
Ost	2,50	3,32	4,13	3,35
Alter				
30–35	2,66	4,02	4,72	4,11
35–40	2,58	3,99	4,82	4,03
40–45	2,76	4,20	4,59	4,17
45–50	2,86	4,11	4,57	4,09
50–55	2,74	3,74	4,42	3,76
55–60	1,99	3,16	3,70	3,17
60–65				

Anm.: *Predicted values* des für Imputation m=2 geschätzten Tobit-Modells. Sparquoten in Prozent auf Haushaltsebene; Anteil der Ersparnis vom Bruttoeinkommen mit konkretem Bezug zur Altersvorsorge. Berücksichtigt werden alle Haushalte, von denen noch mindestens ein Mitglied zu den aktiven Erwerbspersonen gezählt wird. Die Sparquote ist in Prozent angegeben.

Quelle: SOEPv30, Panel on Household Finances (2011); eigene Berechnungen, eigene Darstellung.

Tabelle A-13: Sparquote (predicted values) des alternativ geschätzten Tobit-Modells (m=3)

	BILDUNG			
	gering	***mittel***	***hoch***	***gesamt***
alle	3,94	5,21	6,29	5,28
Haushaltstyp				
Single-HH	2,98	4,81	5,89	4,82
Single-HH Männer	2,86	4,51	5,54	4,55
Single-HH Frauen	3,07	5,08	6,20	5,07
Paarhaushalte	5,60	6,16	7,13	6,28
Grundsicherung				
unterhalb	2,87	4,57	5,78	4,41
oberhalb	4,25	5,36	6,33	5,45
Region				
West	3,95	5,24	6,22	5,29
Ost	3,92	5,15	6,60	5,23
Alter				
30–35	4,25	5,97	7,30	6,22
35–40	4,20	6,36	7,84	6,48
40–45	4,82	6,76	7,67	6,82
45–50	4,78	6,68	7,74	6,71
50–55	4,38	5,98	7,48	6,09
55–60	3,21	5,10	6,28	5,16
60–65	2,76	4,14	5,23	4,13

Anm.: *Predicted values* des für Imputation m=3 geschätzten Tobit-Modells. Sparquoten in Prozent auf Haushaltsebene; Anteil der Ersparnis vom Bruttoeinkommen mit konkretem Bezug zur Altersvorsorge. Berücksichtigt werden alle Haushalte, von denen noch mindestens ein Mitglied zu den aktiven Erwerbspersonen gezählt wird. Die Sparquote ist in Prozent angegeben.

Quelle: SOEPv30, Panel on Household Finances (2011); eigene Berechnungen, eigene Darstellung.

Tabelle A-14: Sparquote (predicted values) des alternativ geschätzten Tobit-Modells (m=4)

	BILDUNG			
	gering	***mittel***	***hoch***	***gesamt***
alle	2,91	3,97	4,56	3,96
Haushaltstyp				
Single-HH	2,19	3,76	4,39	3,71
Single-HH Männer	2,04	3,40	3,94	3,37
Single-HH Frauen	2,30	4,08	4,78	4,01
Paarhaushalte	4,15	4,46	4,92	4,51
Grundsicherung				
unterhalb	2,09	3,49	4,04	3,32
oberhalb	3,14	4,08	4,60	4,09
Region				
West	2,90	3,99	4,50	3,97
Ost	2,94	3,90	4,80	3,93
Alter				
30–35	2,98	4,65	5,43	4,73
35–40	2,94	4,74	5,69	4,77
40–45	3,23	4,97	5,43	4,94
45–50	3,40	4,88	5,43	4,86
50–55	3,13	4,42	5,23	4,45
55–60	2,31	3,74	4,32	3,73
60–65	1,94	2,99	3,47	2,93

Anm.: *Predicted values* des für Imputation m=4 geschätzten Tobit-Modells. Sparquoten in Prozent auf Haushaltsebene; Anteil der Ersparnis vom Bruttoeinkommen mit konkretem Bezug zur Altersvorsorge. Berücksichtigt werden alle Haushalte, von denen noch mindestens ein Mitglied zu den aktiven Erwerbspersonen gezählt wird. Die Sparquote ist in Prozent angegeben.

Quelle: SOEPv30, Panel on Household Finances (2011); eigene Berechnungen, eigene Darstellung.

Tabelle A-15: Sparquote (predicted values) des alternativ geschätzten Tobit-Modells (m=5)

	BILDUNG			
	gering	***mittel***	***hoch***	***gesamt***
alle	4,57	6,09	7,16	6,12
Haushaltstyp				
Single-HH	3,47	5,66	6,75	5,64
Single-HH Männer	3,31	5,26	6,25	5,25
Single-HH Frauen	3,59	6,03	7,18	5,98
Paarhaushalte	6,46	7,09	8,05	7,19
Grundsicherung				
unterhalb	3,32	5,35	6,39	5,13
oberhalb	4,92	6,26	7,22	6,32
Region				
West	4,57	6,14	7,09	6,15
Ost	4,57	5,96	7,47	6,04
Alter				
30–35	4,73	6,85	8,12	7,04
35–40	4,69	7,20	8,71	7,29
40–45	5,28	7,65	8,45	7,65
45–50	5,29	7,57	8,56	7,56
50–55	4,93	6,85	8,30	6,93
55–60	3,72	5,83	6,91	5,85
60–65	3,08	4,72	5,67	4,66

Anm.: *Predicted values* des für Imputation m=5 geschätzten Tobit-Modells. Sparquoten in Prozent auf Haushaltsebene; Anteil der Ersparnis vom Bruttoeinkommen mit konkretem Bezug zur Altersvorsorge. Berücksichtigt werden alle Haushalte, von denen noch mindestens ein Mitglied zu den aktiven Erwerbspersonen gezählt wird. Die Sparquote ist in Prozent angegeben.
Quelle: SOEPv30, Panel on Household Finances (2011); eigene Berechnungen, eigene Darstellung.

Im Folgenden (Tab. A-16) sind die Ergebnisse der jeweiligen *t*-Tests der *predicted values* dargestellt. Verglichen werden die durchschnittlichen Sparquoten der einzelnen Haushalte mit den entsprechenden soziodemographischen Merkmalen.

Tabelle A-16: t-Test der predicted values

Mittelwert 1		**Mittelwert 2**		**Differenz**	***p*-value**
Region					
West	1,33	Ost	1,24	0,89	0,00
Bildung					
niedrig	0,49	mittel	1,30	-0,81	0,00
mittel	1,30	hoch	1,71	-0,41	0,00
niedrig	0,49	hoch	1,71	-1,22	0,00
Haushaltstyp					
Single	1,37	Paar	1,22	0,15	0,00
Haushaltsvorstand (Single)					
Mann	0,99	Frau	1,67	0,67	0,00
Grundsicherung im Alter					
unterhalb	1,09	oberhalb	1,36	0,27	0,00

Anm.: Dargestellt sind die Ergebnisse eines zweiseitigen *t*-Tests der erwarteten Sparquote der jeweiligen Haushalte mit den entsprechenden soziodemographischen Charakteristika. Die Sparquote ist in Prozent angegeben.

Quelle: SOEPv30, Panel on Household Finances (2011); eigene Berechnungen, eigene Darstellung.

A.5 Verteilungsfunktion der monatlichen Rentenzahlbeträge in Paar- und Single-Haushalten

Im Folgenden wird die Verteilung der monatlichen Rentenzahlbeträge in Single- und Paarhaushalten, getrennt nach Geschlecht des Haushaltsvorstandes und Region des Haushalts, ausgewiesen. Dabei wird die Kohortenzugehörigkeit des Haushaltsvorstandes gruppiert (1947–1961 und 1962–1977), sodass jung mit alt verglichen werden kann.

Abbildung A-1: Single-Haushalte, männlich, West, Kohorten 1947–1961

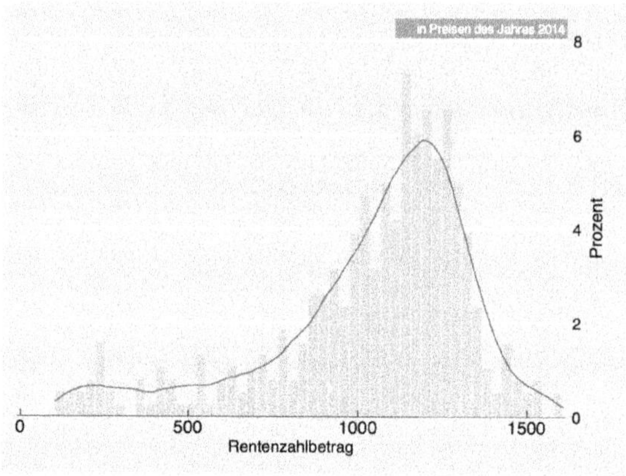

Anm.: Der monatliche Rentenzahlbetrag ist in Euro ausgewiesen und entspricht der monatlichen Rentenhöhe abzüglich Kranken- und Pflegeversicherungsbeiträgen. Die Werte sind mit den modifizierten Hochrechnungsfaktoren gewichtet. Die Einkommen der Paarhaushalte setzen sich aus den individuellen Rentenzahlbeträgen der Haushaltsmitglieder zusammen. Alle Angaben in Preisen des Jahres 2014.
Quelle: SOEPv30, FDZ-RV – SUFVSKT2012; eigene Berechnungen, eigene Darstellung.

Abbildung A-2: Single-Haushalte, männlich, West, Kohorten 1962–1977

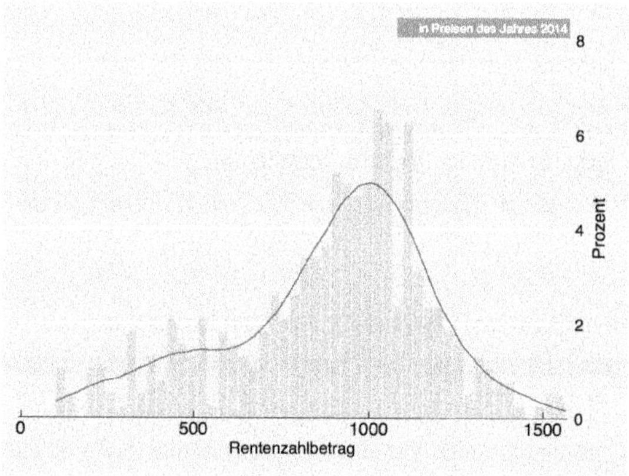

Anm.: Der monatliche Rentenzahlbetrag ist in Euro ausgewiesen und entspricht der monatlichen Rentenhöhe abzüglich Kranken- und Pflegeversicherungsbeiträgen. Die Werte sind mit den modifizierten Hochrechnungsfaktoren gewichtet. Die Einkommen der Paarhaushalte setzen sich aus den individuellen Rentenzahlbeträgen der Haushaltsmitglieder zusammen. Alle Angaben in Preisen des Jahres 2014.
Quelle: SOEPv30, FDZ-RV – SUFVSKT2012; eigene Berechnungen, eigene Darstellung.

Abbildung A-3: Single-Haushalte, männlich, Ost, Kohorten 1947–1961

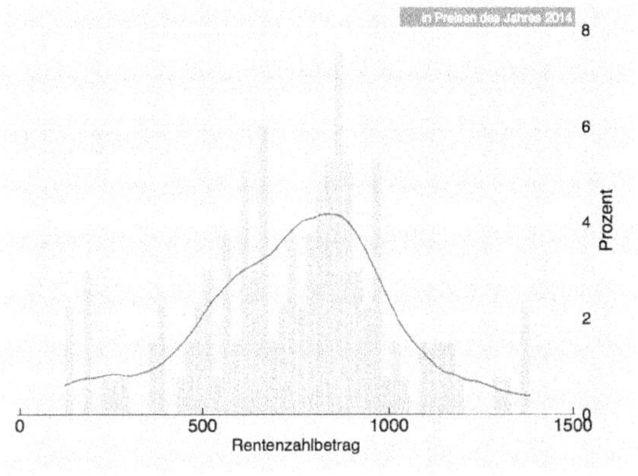

Anm.: Der monatliche Rentenzahlbetrag ist in Euro ausgewiesen und entspricht der monatlichen Rentenhöhe abzüglich Kranken- und Pflegeversicherungsbeiträgen. Die Werte sind mit den modifizierten Hochrechnungsfaktoren gewichtet. Die Einkommen der Paarhaushalte setzen sich aus den individuellen Rentenzahlbeträgen der Haushaltsmitglieder zusammen. Alle Angaben in Preisen des Jahres 2014.
Quelle: SOEPv30, FDZ-RV – SUFVSKT2012; eigene Berechnungen, eigene Darstellung.

Abbildung A-4: Single-Haushalte, männlich, Ost, Kohorten 1962–1977

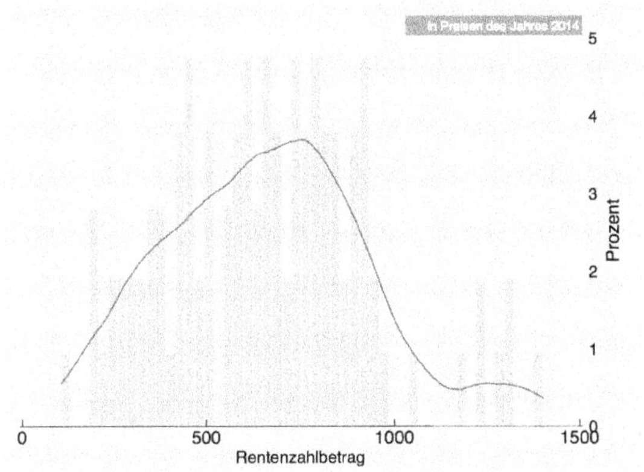

Anm.: Der monatliche Rentenzahlbetrag ist in Euro ausgewiesen und entspricht der monatlichen Rentenhöhe abzüglich Kranken- und Pflegeversicherungsbeiträgen. Die Werte sind mit den modifizierten Hochrechnungsfaktoren gewichtet. Die Einkommen der Paarhaushalte setzen sich aus den individuellen Rentenzahlbeträgen der Haushaltsmitglieder zusammen. Alle Angaben in Preisen des Jahres 2014.
Quelle: SOEPv30, FDZ-RV – SUFVSKT2012; eigene Berechnungen, eigene Darstellung.

Abbildung A-5: Single-Haushalte, weiblich, West, Kohorten 1947–1961

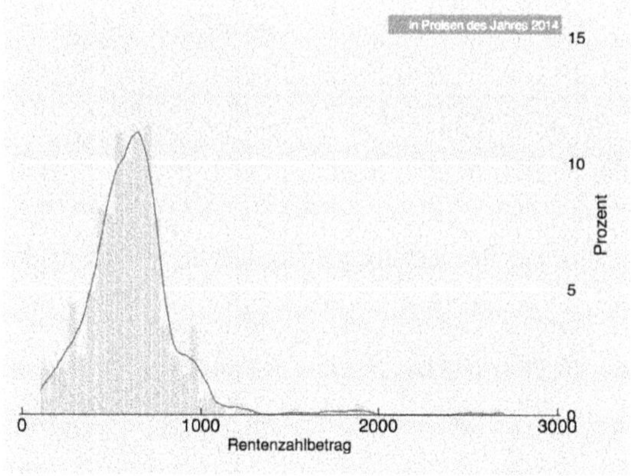

Anm.: Der monatliche Rentenzahlbetrag ist in Euro ausgewiesen und entspricht der monatlichen Rentenhöhe abzüglich Kranken- und Pflegeversicherungsbeiträgen. Die Werte sind mit den modifizierten Hochrechnungsfaktoren gewichtet. Die Einkommen der Paarhaushalte setzen sich aus den individuellen Rentenzahlbeträgen der Haushaltsmitglieder zusammen. Alle Angaben in Preisen des Jahres 2014.
Quelle: SOEPv30, FDZ-RV – SUFVSKT2012; eigene Berechnungen, eigene Darstellung.

Abbildung A-6: Single-Haushalte, weiblich, West, Kohorten 1962–1977

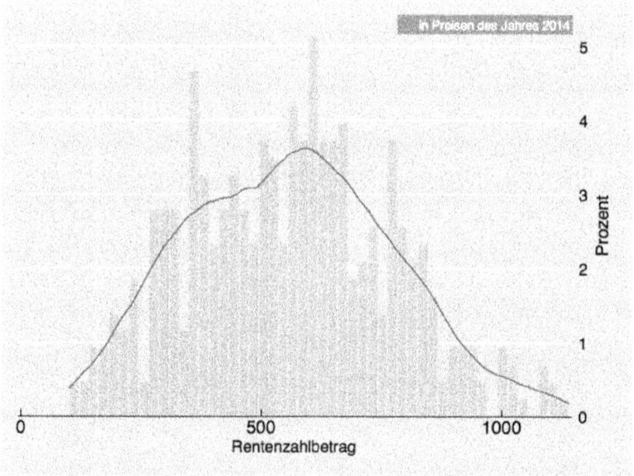

Anm.: Der monatliche Rentenzahlbetrag ist in Euro ausgewiesen und entspricht der monatlichen Rentenhöhe abzüglich Kranken- und Pflegeversicherungsbeiträgen. Die Werte sind mit den modifizierten Hochrechnungsfaktoren gewichtet. Die Einkommen der Paarhaushalte setzen sich aus den individuellen Rentenzahlbeträgen der Haushaltsmitglieder zusammen. Alle Angaben in Preisen des Jahres 2014.
Quelle: SOEPv30, FDZ-RV – SUFVSKT2012; eigene Berechnungen, eigene Darstellung.

Abbildung A-7: Single-Haushalte, weiblich, Ost, Kohorten 1947–1961

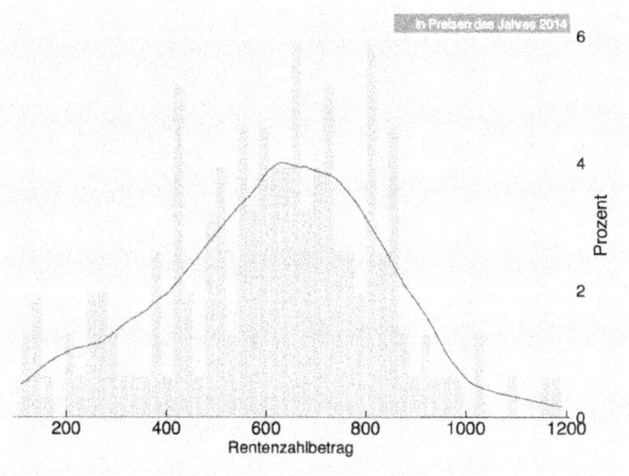

Anm.: Der monatliche Rentenzahlbetrag ist in Euro ausgewiesen und entspricht der monatlichen Rentenhöhe abzüglich Kranken- und Pflegeversicherungsbeiträgen. Die Werte sind mit den modifizierten Hochrechnungsfaktoren gewichtet. Die Einkommen der Paarhaushalte setzen sich aus den individuellen Rentenzahlbeträgen der Haushaltsmitglieder zusammen. Alle Angaben in Preisen des Jahres 2014.
Quelle: SOEPv30, FDZ-RV – SUFVSKT2012; eigene Berechnungen, eigene Darstellung.

Abbildung A-8: Single-Haushalte, weiblich, Ost, Kohorten 1962–1977

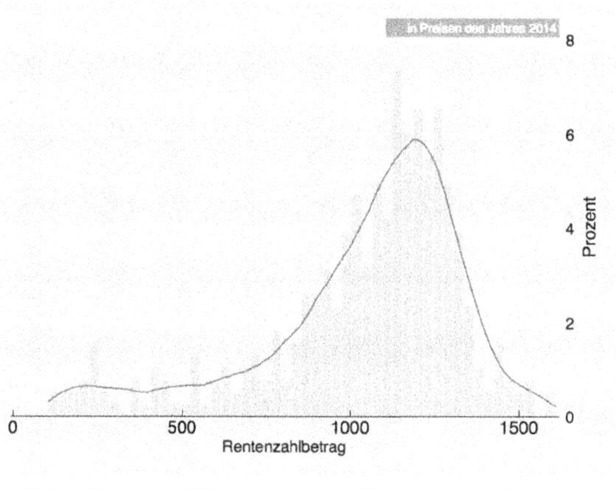

Anm.: Der monatliche Rentenzahlbetrag ist in Euro ausgewiesen und entspricht der monatlichen Rentenhöhe abzüglich Kranken- und Pflegeversicherungsbeiträgen. Die Werte sind mit den modifizierten Hochrechnungsfaktoren gewichtet. Die Einkommen der Paarhaushalte setzen sich aus den individuellen Rentenzahlbeträgen der Haushaltsmitglieder zusammen. Alle Angaben in Preisen des Jahres 2014.
Quelle: SOEPv30, FDZ-RV – SUFVSKT2012; eigene Berechnungen, eigene Darstellung.

Abbildung A-9: Paarhaushalte, West, Kohorten 1947–1961

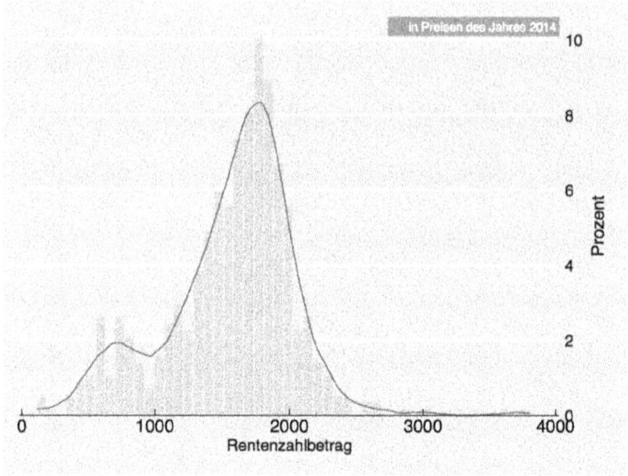

Anm.: Der monatliche Rentenzahlbetrag ist in Euro ausgewiesen und entspricht der monatlichen Rentenhöhe abzüglich Kranken- und Pflegeversicherungsbeiträgen. Die Werte sind mit den modifizierten Hochrechnungsfaktoren gewichtet. Die Einkommen der Paarhaushalte setzen sich aus den individuellen Rentenzahlbeträgen der Haushaltsmitglieder zusammen. Alle Angaben in Preisen des Jahres 2014.
Quelle: SOEPv30, FDZ-RV – SUFVSKT2012; eigene Berechnungen, eigene Darstellung.

Abbildung A-10: Paarhaushalte, West, Kohorten 1962–1977

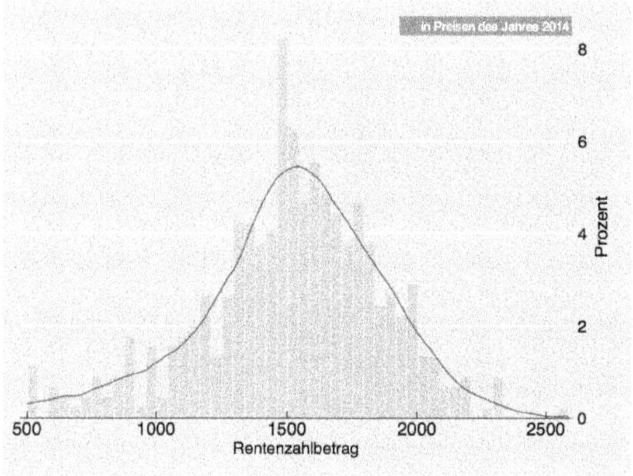

Anm.: Der monatliche Rentenzahlbetrag ist in Euro ausgewiesen und entspricht der monatlichen Rentenhöhe abzüglich Kranken- und Pflegeversicherungsbeiträgen. Die Werte sind mit den modifizierten Hochrechnungsfaktoren gewichtet. Die Einkommen der Paarhaushalte setzen sich aus den individuellen Rentenzahlbeträgen der Haushaltsmitglieder zusammen. Alle Angaben in Preisen des Jahres 2014.
Quelle: SOEPv30, FDZ-RV – SUFVSKT2012; eigene Berechnungen, eigene Darstellung.

Abbildung A-11: Paarhaushalte, Ost, Kohorten 1947–1961

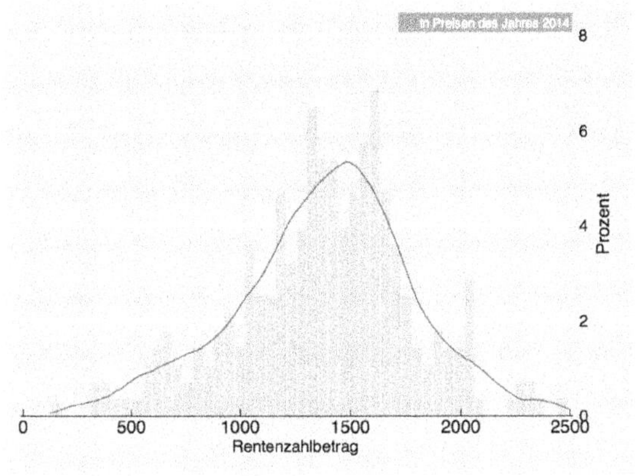

Anm.: Der monatliche Rentenzahlbetrag ist in Euro ausgewiesen und entspricht der monatlichen Rentenhöhe abzüglich Kranken- und Pflegeversicherungsbeiträgen. Die Werte sind mit den modifizierten Hochrechnungsfaktoren gewichtet. Die Einkommen der Paarhaushalte setzen sich aus den individuellen Rentenzahlbeträgen der Haushaltsmitglieder zusammen. Alle Angaben in Preisen des Jahres 2014.
Quelle: SOEPv30, FDZ-RV – SUFVSKT2012; eigene Berechnungen, eigene Darstellung.

Abbildung A-12: Paarhaushalte, Ost, Kohorten 1962–1977

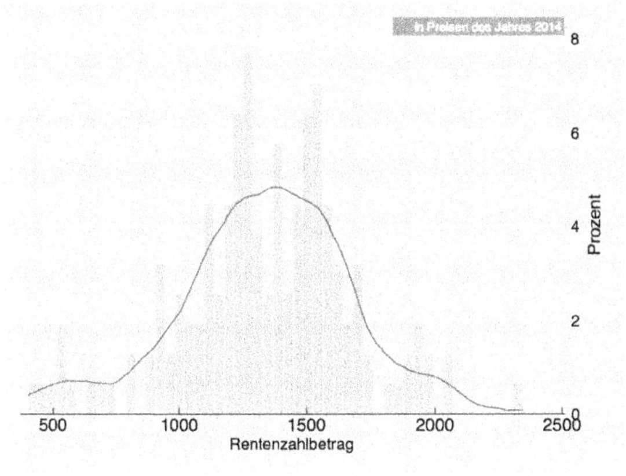

Anm.: Der monatliche Rentenzahlbetrag ist in Euro ausgewiesen und entspricht der monatlichen Rentenhöhe abzüglich Kranken- und Pflegeversicherungsbeiträgen. Die Werte sind mit den modifizierten Hochrechnungsfaktoren gewichtet. Die Einkommen der Paarhaushalte setzen sich aus den individuellen Rentenzahlbeträgen der Haushaltsmitglieder zusammen. Alle Angaben in Preisen des Jahres 2014.

Quelle: SOEPv30, FDZ-RV – SUFVSKT2012; eigene Berechnungen, eigene Darstellung.

A.6 Berechnung des Barwerts des Altersvorsorgekapitals: Szenarien mit alternativen Diskontraten

Ergänzend zu den in Kapitel 7 durchgeführten Berechnungen werden in Folge Barwerte mit alternativen Diskontraten ausgewiesen. Die durch die Reduzierung des sozialversicherungspflichtigen Arbeitsangebots entgangenen Beitragszahlungen werden jeweils mit null, zwei und vier Prozent diskontiert und als Summe sowie als Pro-Kopf-Größe ausgewiesen.

Tabelle A-17: Fiskalische Auswirkungen

	gesamt			**pro Kopf**		
	r=0 %	***r=2 %***	***r=4 %***	***r=0 %***	***r=2 %***	***r=4 %***
SZENARIO I						
Basisjahr 2014	317 Mrd.	272 Mrd.	238 Mrd.	17.910	15.367	13.446
SZENARIO II						
5 Jahre vor Renteneintritt	115 Mrd.	92 Mrd.	76 Mrd.	3.586	2.875	2.354
10 Jahre vor Renteneintritt	164 Mrd.	131 Mrd.	106 Mrd.	5.251	4.188	3.399
15 Jahre vor Renteneintritt	186 Mrd.	149 Mrd.	122 Mrd	5.948	4.786	3.916
20 Jahre vor Renteneintritt	149 Mrd.	120 Mrd.	99 Mrd.	5.200	4.188	3.438

Anm.: Entgangene Beitragszahlungen an die Gesetzliche Rentenversicherung aller Betroffenen Versicherten bzw. Haushalte. Als betroffen gelten all diejenigen Individuen und Haushalte, die bei Renteneintritt ein Renteneinkommen unterhalb der Grundsicherung im Alter hätten. Die Summe der zukünftigen Beitragszahlungen ist als Barwert im Basisjahr angegeben und werden mit 0 %, 2 % bzw. 4 % diskontiert. Alle Beträge in Euro und in Preisen des Jahres 2014, Inflationsrate 1,5 %.

www.ingramcontent.com/pod-product-compliance
Ingram Content Group UK Ltd.
Pitfield, Milton Keynes, MK11 3LW, UK
UKHW021841290926
8980IPUK00005B/583

9 783631 742471